Entführung in die Antike

Entführung in die Antike

Neue Geschichten um griechische Mythen

Herausgeber
Steffen Marciniak

Vorwort
Michael Speier

Zeichnungen
Hans-Christian Tappe

PalmArtPress
Berlin

Bibliografische Information der Deutschen Nationalbibliothek
Die Deutsche Nationalbibliothek verzeichnet diese Publikation in der
Deutschen Nationalbibliografie; detaillierte bibliografische Daten sind
im Internet über http://www.dnb.de abrufbar.

ISBN: 978-3-96258-0-039-1

Alle Rechte vorbehalten
© 2019 Alle Autoren, Steffen Marciniak
Lektorat: Edit Engelmann
Umschlagbild: „Hermes", John Woodrow Kelley
Gestaltung: Catharine J. Nicely
Druck: Schaltungsdienst Lange, Berlin

PalmArtPress
Verlegerin: Catharine J. Nicely
Pfalzburger Str. 69, 10719 Berlin
www.palmartpress.com

Hergestellt in Deutschland

Inhaltsverzeichnis

Vorwort
Mit den Windgöttern in die Antike
Michael Speier — 11

Kapitel 1: GÖTTER

Aiolos – Von Götterzorn und Menschenlos
Alexander Günther — 14
Ahnung von Apollon
Renate Reschke — 21
Die Eule der Athena
Salean A. Maiwald — 29
Priapos tanzt für die Sinnlichkeit
Hans-Christian Tappe — 35
Sonett mit Morpheus / Pans Stunde
Nobert Hummelt — 40
Der Brustpanzer des Hephaistos
Christoph Geiser — 42
Homer und Aphrodite – Wenn Götter flirten
Bernd Kebelmann — 49

Kapitel 2: TITANEN

Chaos versus Inyan – Eine Schöpfung der Welt
Kerstin Groeper — 62
Gaia
Rolf Hochhuth — 73
Nyx und ihre Tochter Ker
Heidi Ramlow — 74
Verfahren Prometheus
Volker Braun — 79
Die Pfeile des Eros
Erika Tappe — 82

Kapitel 3: CHIMÄREN

Schwierige Beziehung oder Dichter und M--use
Ralf Gnosa   90
Die Chimäre / Galateia und der Kyklop / Der Satyr
Joachim Werneburg   96
Im Labyrinth des Minotauros
J. Walther   99
Io, die Mordskuh
Martin A. Völker   104
Der Wächter Talos
Peter Weber   109
Cheiron und seine Kentauren in der Arena
Matthias Bünemann   110
Marsyas
Jürgen Polinske   123
Arachne spinnt
Renate Gutzmer   124

Kapitel 4: UNTERWELT

Pluto / Hekate
Christoph Meckel   132
Erinnyen
Dennis Stephan   134
Hypnos / Im Reich des Hades
Max Drushinin   139
Dioskuren – Durch Leid zu den Sternen
Patrick & Kevin Hattenberg   143
An Sisyphos
Bela Chekurishvili   148
Thanatos und der Husten
Harald Gröhler   150
Orpheus Digitalis: Der verfehlte Opfergang
Wolfgang Fehse   159

Kapitel 5: WASSERWESEN

Das Boot des Charon
Kostas Papanastasiou   166
Nerites oder Das Begehr der Götter
Steffen Marciniak   167
Proteus / Leda und der Schwan
Ulrich Grasnick   196
Poseidon war wütend
Edit Engelmann   205
Sag mir Sirene was
Dirk Uwe Hansen   214
Die Tränen der Nestis
Anselm Retzlaff   216

Kapitel 6: EPHEBEN

Zephyr im Januar / Ödipus
Thomas Böhme   222
Antinous am Nil
Maria Ioanna Fakitsa   224
Phaethon / Adonis / Ikaros
Rolf Schilling   227
Hermaphroditos, die zehn Sonnen und der Mond
Wenhung Wang   230
Geliebter Narkissos
Achim Wannicke   243
Hylas auf Neeros
Björn Petrov   249
Wann soll ich Patroklos erschlagen?
Melitta Kessaris   256

Kapitel 7: NYMPHEN

Arethusa – Eine Nymphe erfährt die Liebe
Charlotte Ueckert   264
Hyas, der vom Tode Geküsste
Tamara Labas   268
Thetis machtlos
Slavica Klimkowsky   274
Chelona und Achill
Boris Schapiro   280
Daphne – Vom Erdboden verschluckt
Edeltraud Schönfeldt   282
Syrinx und die Flöte des Pan
Gerburg Tsekouras   284

Kapitel 8: HEROEN

Der Wunsch des Hephaistion
Iosif Alygizakis   292
Drei Momentaufnahmen: Hektor vor Achill
Gerd Adloff   300
Aktive Spiegel. Giorgos Seferis, die Argonauten und die Sprache der Engel
Gregor Kunz   302
Aias
Peter Nusser   312
Himmelsjäger Orion und sein Hund oder Der gestirnte Himmel
Detlev Block   322
Gesang des jungen Paris / Gesang des alten Achilleus
Peter Völker   327
Im Namen von Theseus. 19 Betrachtungen einer Heldenreise
Thanasis Triantafyllou   331

Kapitel 9: MENSCHEN

Vom tiefen Fall des Tantalos
Patricia Holland Moritz   344
Daidalos – Vom Menschenflug
Bertram Reinecke   353
Abschied von der schönen Klytaimnestra
Carmen-Francesca Banciu   359
Medea
Frederike Frei   361
Bea & Phil. Eine Philemon- und Baucis Variation
Wolfgang Heyder   365
Menschen für die Götter / Die Röschen des Adonis / Kassandra
Thomas Luthardt   369
Teiresias vor den Göttern
Günther Rose   371
Pygmalion 1978 / Karyatiden
Günter Kunert   384

Nachwort
Mnemosyne oder Der Versuch eines Ausklangs
Steffen Marciniak   387
Mnemosyne
Albert H. Rausch   389

Autorenverzeichnis   390
Glossar   414
Quellenverzeichnis   448

Vorwort

Michael Speier

Mit den Windgöttern in die Antike

Wie dürftig und spracharm unser Dasein,
wenn mythische Sprache nicht in ihm gilt!

- Karl Jaspers

Wiederholt suchte abendländisch-christliche Kunst und Kultur den Dialog mit der griechischen, und immer hat solche Berührung der Sphären dem Kunstwollen neue Impulse vermittelt. Wurde die Vorbildhaftigkeit der Griechen unter wechselnden Aspekten begriffen (aus der florentinischen Perspektive des 15. Jahrhunderts etwa anders als aus der der Weimarer Klassik), so wird das Verständnis des Griechentums, wie die Rezeptionsgeschichte seiner Plastik und Literatur lehrt, durch einige zentrale Begriffe geprägt, die als deren übergreifender griechisches Daseins- und Weltverständnis erscheinen: Als ganzheitliches Selbsterlebnis, das sich in den Elementen der Natur zu Haus weiß (seit Nietzsche kennen wir auch dessen dunkle Seiten). Diese Weltauffassung wiederum bestimmt, ja bewirkt griechisches Kunstschaffen, namentlich das plastische. Plastische Gestaltung war Lebensausdruck, war eingeborene Funktion griechischen Daseins, Form der Welterfahrung und sichtbares göttliches Gesetz. Die Dominanz plastischen Denkens regierte Kunst und Literatur.

In der Darstellung des menschlichen Körpers gelang es den Griechen, die Erlebnisformen ihres Seins zu anschaulicher Synthese zu bringen; die „einverleibte" Bewegung des Myron'schen Diskobol als „sich selbst bindende, sich selbst aufhebende Kraft" umschreibt die Erfahrungsweise griechischer Klassik. Die Darstellung des Schönen im Artefakt war zugleich Darstellung des Höchsten, war heimliche, werkimmanente Theodizee.

Mehr als zweitausend Jahre sind inzwischen vergangen, und machtlos wird die biologische Identität des Menschen angesichts der historischen Verschiedenheit. Erscheint die Kunst des hochklassischen Stils aus den Händen eines Phidias, Polykleitos oder Myron als einmalige, vollkommene und unwiederbringliche Blüte, so ließe sich fragen, ob Mythos heute überhaupt noch den Rang gestalteter Daseinsäußerung in der Kunst beanspruchen darf.

Vor 200 Jahren gab bereits Jean Paul eine Antwort, unterschiedlich im Hinblick auf die einzelnen Kunstgattungen: *„Die körperliche Gestalt, die körperliche Schönheit hat Grenzen der Vollendung, die keine Zeit weiterrücken kann. Hingegen den äußern und den innern Stoff der Poesie häufen die Jahrhunderte reicher auf; und die geistige Kraft, die ihn in ihre Formen nötigt, kann an der Zeit sich immer stärker üben."* Die in den Formen der Plastik für immer gebannte Mythenkraft vermag demnach im Sprachlichen erneut frei zu werden. Auch für die heutige Zeit könnte daher der Satz von Karl Jaspers gelten: *„Wie dürftig und spracharm unser Dasein, wenn mythische Sprache nicht in ihm gilt!"*

In diesem Sinne will Steffen Marciniaks neue Sammlung von Gedichten und Kurzprosa das Griechische im Mythischen erkunden. Der Mythos gibt sich dabei klassisch, stellt Bezüge zu anderen Mythen her oder aber er kommt in lockerem modernen Gewand, etwa als *„der träge Pluto mit den feuchten Füßen"* (Christoph Meckel). Der Windgott Aiolos und seine acht Winde, die Anemoi, pusten aus allen Himmelsrichtungen den Leser in die Welt der Götter, Titanen, Nymphen, Chimären und anderen wundersamen Wesen. Dorthin entführt möge sich der Schleier über der farbigen Welt der Mythen ein weiteres Mal ein wenig lüften.

1.
Götter

Aiolos

Herrscher aller Winde
Geheimnis schwimmender Sageninsel
Wehrlos schwankt ein Halm

Steffen Marciniak

Alexander Günther

Aiolos – Von Götterzorn und Menschenlos

Eine Unruhe, die selbst einen Gott aus der Stille riss, konnte nicht ignoriert werden. Schwach war die Göttin der Morgenröte Eos, seine Frau. Anders er, Aiolos, Gott der Winde, und so eilte er geschwind zur Aufklärung des Auslösers. Seine göttliche Intuition rief ihn ans Ufer seiner Insel Aiolia. Vor kurzem war Odysseus mit seiner Mannschaft hier gelandet. Aiolos bot den erschöpften Seeleuten Unterkunft und Verpflegung, da er Wohlwollen für die Menschen empfand. Doch so ruhig das Meer auch lag, als Odysseus eintraf, umso stürmischer wogte es jetzt. Titanengleiche Wellen schlugen so hoch in den morgendlichen Himmel, dass sie die Morgenröte zu verschlucken drohten. Dies war der Grund für Eos' Schwäche: Ein stärkerer Gott zeigte seinen entfesselten Zorn.

Als Aiolos sich bereit machte, seine mächtigsten Winde auszusenden, da rollten die Wellen von allein ins Meer zurück und offenbarten den Aggressor: Poseidon, erhaben und mächtig erhob er sich aus den Fluten.

„Aiolos! Du beherbergst Menschen bei dir!", grollte Zeus' Bruder, als gebiete er selbst über den Donner.

Aiolos wusste nicht, was den Meeresgott so in Wallung versetzt hatte. Doch es musste einen besonderen Grund haben, dass er sich dermaßen empört nach Aiolia begeben hatte.

„Odysseus ist mein Gast, das ist wahr. Woran störst du dich?", entgegnete Aiolos.

„Offenbar ist dir durchaus bewusst, wer dieser Mensch ist! Odysseus ist der Mann, der das Pferd für eine Kriegslist entweiht hat. Erinnere dich an Troja. Seine List mit dem hölzernen Pferd erzürnt mich noch immer. Und nun muss ich feststellen, dass du diesem Menschen Unterschlupf vor meiner Rache gewährst."

Aiolos entsann sich, verstand die Aufregung. Poseidon forderte die Auslieferung Odysseus zurück an das Meer, auf dass dessen Irrfahrt sich fortsetzen würde. Aiolos wusste sehr genau, dass nach Poseidons Willen die Schiffe des Odysseus irgendwann auf dem Meeresgrund enden würden. Das konnte er nicht gutheißen. Aiolos hatte Odysseus als einen klugen und gerechten Menschen kennengelernt. Er schätzte das Leben des Helden höher als den verletzten Stolz des Meeresgottes.

„Ich fand nichts Schlechtes an diesem Menschen", sagte er. „Somit werde ich nicht aufhören, ihm meine Gunst zu erweisen." Aiolos erwartete einen Wutausbruch seines Gegenübers, doch Poseidon blieb regungslos. Einzig dessen Blick starrte ihn beharrlich an.

„Nichts Schlechtes sagst du? Odysseus ist ein Mensch, das ist seine Natur! Menschen sind gierig, eigensinnig und undankbar. Wenn du Opfer oder Ergebenheit erwartest für deine Gönnerschaft, dann wirst du bitter enttäuscht werden."

„Ich erwarte nichts dergleichen, und trotzdem verbürge ich mich für diesen Mann und seine Leute. Sie sollen weiter in meiner Obhut sein."

Poseidon grinste spöttisch, und Aiolos spürte den aufziehenden Sturm in sich anwachsen, der ihn zur Vorsicht mahnte.

„Du verbürgst dich für diese Menschen?", fuhr Poseidon fort. „Dann lass uns ein Abkommen schließen. Ich meine, sie verdienen keine göttliche Fürsprache, du widersprichst mir. Also lass die Zeit zeigen, wer im Recht ist."

Aiolos wurde unruhig, die Winde strichen über den Strand seiner Insel. Er konnte nicht mehr zurück. „Sprich!", forderte er den Meeresgott auf. Den Überlegenen spielend erklärte dieser dem Aiolos die Einzelheiten ihrer göttlichen Wette.

Der Aufenthalt der Seefahrer auf Aiolia neigte sich dem Ende zu. Odysseus' Sehnsucht nach der Heimat zog ihn samt seiner Mannschaft zurück auf die Schiffe. Aiolos zeigte sich verständnisvoll, und Odysseus versprach, ihn mit Gebeten zu ehren. Zum Abschied überreichte ihm der Gott der Winde einen geheimnisvollen Schlauch, gefertigt aus der Haut eines neunjährigen Stieres.

„Was ist das?", wollte der Seemann wissen. Er war verwirrt, da der Gott sich so mysteriös gab.

„Darin sind die schlechten Winde. Ich gebe sie dir in die Hand, damit nur die guten Winde in deinen Segeln liegen. Mögest du somit sicher deinen Heimathafen anlaufen, Odysseus."

Der Held der Griechen verbeugte sich dankend. Als er sich wieder aufrichtete, ergriff Aiolos ihn an den Schultern, beugte sich vor und raunte dem Helden warnend seine Bedingung ins Ohr: „Ich erweise dir eine außerordentliche Gunst, allein um deinetwillen. Du musst das unbedingt geheim halten! Kein Sterbenswort zu deinen Männern. Schwöre es!"

Odysseus gelobte, sich daran zu halten, wunderte sich aber insgeheim. Weshalb diese Heimlichkeit? Wie dem auch sei, er hatte geschworen; wenn ein Gott Schweigen forderte, musste er dem nachkommen.

Mit einem knappen Winken verabschiedete er sich von Aiolos und begab sich zu seiner Mannschaft auf die Schiffe. Den Rindslederschlauch verbarg er in seiner Kajüte. Erst wenn sie am Ziel waren, durfte er ihn öffnen, das hatte Aiolos ihm eingeschärft, damit die schlechten Winde wieder entweichen konnten.

Die Seeleute indes waren misstrauisch. Zwar lichteten sie kommentarlos die Anker und hissten die Segel, doch tuschelten sie insgeheim. Sie wunderten sich, zwar in des Windgottes Gunst zu stehen, jedoch keine Gaben erhalten zu haben. Niemandem war es gestattet worden, einen Wunsch zu äußern. Alle hatten gesehen, als Odysseus das Gespräch mit dem Windgott führte. Zurückgekommen war er lediglich mit einem Rindslederbeutel. Diesen jedoch hatte er zu verbergen versucht und kein Wort darüber verloren. Stattdessen ertönten seine Befehle, die Segel zu setzen und bald war er in seiner Kajüte verschwunden. Seitdem hatte keiner das Säckchen wieder gesehen. Einer der Männer behauptete gar, er habe den Schlauch versteckt. Was trug dieser in sich?

„Sicherlich ist es Trinkwasser, welches niemals zur Neige geht", vermutete einer der Ruderer.

„Oder es ist ein unermesslich wertvoller Schatz darin - Juwelen vielleicht!", mutmaßte ein anderer.

Die weitere Fahrt verlief von nun an erstaunlich ereignislos und ruhig. Sie kamen ihrer Heimat stetig näher. Dies verwunderte die Mannschaft zusätzlich und gab ihnen Gelegenheit, die Gerüchte weiter anzuheizen.

Odysseus zeigte sich nur noch selten an Deck, die Neugier der Gefährten schlug langsam in Missgunst um. Nur wenige Tage trennten sie von der Heimat Ithaka, da beschlossen sie, am Geheimnis teilhaben zu wollen. Wenn der mysteriöse Schlauch einen Schatz in sich trug, so wollten sie ebenfalls bedacht sein. Eine kleine Gruppe schlich sich nachts in Odysseus' Kajüte. Dieser schlief tief und fest. Leise und vorsichtig suchten die Männer, fanden den Beutel und öffneten ihn begierig.

Die Winde entwichen, wirbelten alles in der Kajüte umher. Odysseus erwachte schlagartig und fand einige seiner Männer vor seiner Koje. Ihre Augen waren schreckgeweitet; alle waren auf die Knie oder den Rücken gefallen. Der Lederschlauch, welchen er von Aiolos erhalten hatte, lag schlaff auf den Planken und zuckte noch zischend. So rasch wie der Spuk begonnen hatte, war er auch schon vorüber.

Und genauso verhielt es sich mit dem zuvor ruhigen Seegang, Stürme und wolkenbruchartige Regenfälle schleuderten seine Schiffe durch das wogende Meer, die Mannschaften konnten sich kaum festhalten. Das Chaos war perfekt.

„Was habt ihr da angerichtet?", rief Odysseus, zu entsetzt, um erzürnt zu sein.

Mit vereinten Kräften stemmten sich die Seefahrer gegen Wind und Wetter, versuchten die Schiffe wieder unter Kontrolle zu bekommen. Vergebens. Gegen die losgelassenen, schlechten

Winde kamen sie nicht an. Innerhalb kürzester Zeit hatten die Naturgewalten die Schiffe an die Küste Aiolias zurück geschleudert und etliche am Ufer auf Sand gesetzt.

Einige Schiffe waren in einem derart erbärmlichen Zustand, dass sie nur schwerlich als seetüchtig bezeichnet werden konnten. Viele der Gefährten waren verletzt.

Aiolos war zornig. Poseidon hatte Recht behalten: Menschen waren gierig. Wenn auch Odysseus ihm versicherte, sich genau an die Anweisungen gehalten zu haben, so hatte Aiolos dennoch die Wette verloren. Ganz ruhig lag das Meer. Geduldig, denn Poseidon wusste, dass Aiolos sein Wort einlösen würde. Er hatte Zeit.

„Ich habe keine weitere Gabe für dich, Odysseus" sagte Aiolos. „Du bist ab jetzt auf dich allein gestellt." Er drehte sich weg und verließ die Gestrandeten.

Odysseus war verzweifelt. Der Gott der Winde wollte ihm nicht mehr helfen. Auf den noch fahrtüchtigen Schiffen versammelte der tapfere Seemann seine Leute und legte wieder ab, in grimmiger Entschlossenheit, sein Schicksal zu besiegen. Immerhin stellte Odysseus fest, dass die wilden Winde zu Aiolos zurückgekehrt zu sein schienen, das Meer stürmte nicht mehr. Über den genauen Kurs hatte der Held dagegen jegliche Macht verloren. Seine Männer konnten Segel setzen wie sie wollten, kein Hauch blies sie auf. Bei jedem kläglichen Versuch zu rudern, brachen die Ruder an der Gewalt der kräftigen Wellen, welche hart gegen den Bug der Schiffe krachten, während die Besatzungen nicht einmal ins Torkeln gerieten.

Odysseus´ Verzweiflung wuchs stetig, die Wogen lagen unter den Schiffskielen wie Wolken, die Seeleute konnten die Steuerräder nun halten oder nicht. Es machte keinen Unterschied. Die Schiffe waren unlenkbar und behielten ihren eigensinnigen Kurs bei.

„Land!", rief eines Morgens einer der Seefahrer. Es war der siebte Tag nach dem Verlassen der Insel des Aiolos. Aber Odysseus freute sich nicht. Er ahnte, dass dies noch nicht das Ende der Strafe sein würde, die sie ereilen sollte, weil seine Gefährten die ungünstigen Winde des Aiolos befreit hatten. Erstmals seit dem Öffnen des verhängnisvollen Rindslederschlauches wehte wieder ein leichter Wind. Weder Odysseus noch seine erfahrensten Schiffsführer wussten genau, wo sie sich befanden. Aber sie schienen eine Insel anzusteuern. Wie von Geisterhand geführt schaukelten die wehrlosen Schiffe in eine Bucht hinein. Nur Odysseus' eigenes wurde plötzlich von einem stärker werdenden Gegenwind gepackt und in eine andere Richtung gedrängt. Odysseus befahl seinen Leuten, den anderen Schiffen zu folgen, doch hatte er nach den letzten Vorfällen nur die jüngsten seiner Kameraden bei sich und diese schafften es nicht. Die Flotte driftete auseinander. Der Wind war stärker. Von der Insel hörte man aus den tiefen Wäldern ein unheimliches Brüllen herüber schallen.

Voller Angst schrien die Männer auf den abtreibenden Booten. Dort ging es nicht mit rechten Dingen zu. Aufgeregt drängte es die Besatzungen zur Reling, sie scheiterten aber schon daran, Beiboote zu Wasser lassen. Eine Flucht war unmöglich. Hilflos musste Odysseus aus sicherer Entfernung zusehen, wie seine anderen Schiffe in seichtes Wasser gerieten. Und während die Segel des Schiffes, auf dem er sich befand, sich plötzlich im Wind aufblähten und es in volle Fahrt brachten, da sah er noch, wie riesenhafte Wesen aus den Wäldern hervor stapften. Laistrygonen. Diese kannibalischen Nachkommen Poseidons machten sich daran, seine bedauernswerten Gefährten von den anlandenden Schiffen auf ihre langen Speere zu spießen um sie augenblicklich zu verschlingen. Niemand, der diese unheimliche Insel Telepylos je betrat, konnte sicher vor ihnen sein.

Aiolos befahl seinen Winden die Umkehr. Er hatte getan, was er konnte, um wenigstens Odysseus und einige seiner Gefährten vor diesem Schicksal zu bewahren. Aiolos wünschte ihm, dass er Ithaka erreichen möge. Dann verbannte er ihn für immer aus seinen Gedanken.

Renate Reschke

AHNUNG VON APOLLON

Hommage à Winckelmann anno 2017

Sein weiches Haar spielt wie die zarten und flüssigen Schlingen edler Weinreben, gleichsam von einer sanften Luft bewegt, um dieses göttliche Haupt.
Johann Joachim Winckelmann (1717-1768)

Alpha &...

Anno 1756. Auftritt Winckelmann

Da stand er beim schwachen Licht der Laterne vor seinem Gott. In großartiger Demut, in erhabener Verehrung der steingewordenen Schönheit Apollons verfallen. Er hatte es immer schon geahnt. Nein, er hatte gewusst: Schönheit kann nur hier sein. Nun sah er sie im flackernden Schein der Kerzen. Und fand seine Gedanken, wie er Freunden später schreiben würde, in Bewegung gesetzt. Der lange Weg zu diesem Ort, die Zweifel und Entbehrungen, die Selbstverleugnungen und Demütigungen: Alles war vergessen, hatte keine Bedeutung mehr vor dieser Größe. Vor diesem Wunderwerk der Kunst. Entrückt fühlte er sich in die Welt der Griechen. Und nach Delos erhoben zu göttlicher Nähe.

Hier in Rom konnte er sie sehen, die Originale der Alten. Endlich und wann immer er wollte. Eine durch nichts zu ersetzende Glückseligkeit. Wenn er auch jedes Mal dem mürrischen Wächter ‚ein gewisses Geld' dafür in die Hand zählen musste. Was aber war der Obolus gegen den Anblick der göttlichen Lichtgestalt? Allein mit ihm zu sein und durch niemanden gestört, konnten sich seine Augen nicht satt sehen an der vollendeten makellosen Gestalt. Sah er den Gott durch die lykischen Haine ziehen auf der siegreichen Jagd nach dem Python, nach Macht und Liebe.

Apollon, Sohn des Zeus, Menschengestalt gewordenes Ideal. Im Zwiegespräch mit der Statue träumte Winckelmann sich seine Sehnsüchte, seine Hoffnungen zur Realität. Nur hier sah er sie, konnte sie berühren. Wurden sie unter seinen Blicken für Momente der Ewigkeit wirklich.

Apollon wollte Aufmerksamkeit, verweigerte sich vorübergehenden schnellen Blicken. Duldete keine gefälligen Urteile. Sich ihm zu nähern, brauchte es Geduld, Aufmerksamkeit, geheimes Einverständnis. Den forschenden, aufschauenden, liebenden Blick. Winckelmanns Augen, Winckelmanns Blick, Winckelmanns Passion.

Sehen als Leidenschaft. Sehen als Weg zu guten Gedanken. Sehendes Nachdenken, erkennendes Sehen. Sich Schönheit, antike Schönheit im Sinne des Wortes ersehen. Alles, nur nicht ‚halbsehend‘ bleiben. Das hieße, auf halbem Wege stehenbleiben und im Vergeblichen innehalten, ja. Um den Blick zu öffnen für spektakuläre Weiten, Perspektiven, Entdeckungen. Apollon als Entdeckung, der so ergründete Gott als Wegweiser zu neuen, ungeheuren Möglichkeiten.

Sich wiederholende Begegnungen, wiederholendes Sehen. Und dabei immer ein neues, ein anderes Sehen. Apollon, der fremde Gott, wurde vertrauter. Langsam und plötzlich zugleich.

Das Gesehene, Entdeckte aber wollte gesagt sein. Der lesende Blick wollte, musste geschriebenes Wort, der richtige Ton dazu gefunden werden. Prosaisch und hymnisch in einem. Winckelmann brachte auf Papier, was genaue Beschreibung, anbetende Idealisierung und Sprachrausch zugleich war. Klar, poetisch, enthusiastisch. Einem Dithyrambus gleich und Grenzen auflösend zwischen Poesie und Prosa. ‚Ut pictura poesis‘ auf eine überraschende Weise? So schrieb er sich seinen Apollon schön, übersetzte dessen schöne Bild-Gestalt ins schöne Sprach-Bild. Er wurde ihm die Kunst-Gegenwart, die ihre Metamorphose ins Wirkliche verdiente. Der schöne Schein sollte wirklich werden. Für alle Zukunft. Für Winckelmann war er es bereits, hatte die Zukunft schon begonnen.

Mythos Apollon. Utopie Apollon. Mythos lösend war ihm der Gott sprachmächtig lebendig. Der visionäre Blick des ‚deutschen Griechen' machte ihn in seiner jugendlichen Männlichkeit, seiner körperlichen Schönheit und siegesgewissen Kraft zum Hoffnungsträger und Zukunftsbild einer neuen Gesellschaft in Freiheit und Gleichheit. Und Brüderlichkeit. Statt wie am Versailler Hof, „Sire Apollo", vor dem devot der Hut zu ziehen war, Bürger Apollon? Zukunftsbürger Apollon?

Utopien vergehen. Winckelmann im Halbdunkel des Bretterverschlags, hinter dem die geliebte Statue verborgen war, ahnte es vielleicht. Ahnte es bis zur nicht eingestandenen Gewissheit. Spätere werden despektierlich von seiner ‚Erfindung der Antike' sprechen. Sie werden auch seine Apollon-Apotheose damit meinen. Sie sei nichts als die Phantasiegeburt eines Mannes, dem die düsteren Erfahrungen in der noch düsteren Heimat buchstäblich zu Kopf gestiegen seien. Und hinweg geträumt werden mussten. Apollon, ein Ästhetik gewordenes Asyl. Verständlich aber lebensfern und ohne Hoffnung auf Bestand und Zukunft. Ein Intellektuellen-Traum mehr, wie so viele in jenen Jahren?

Ein Hauch von Trauer lag in ihm. Gewiss. Winckelmann wusste darum. Besonders dann, wenn er zurück ins laute römische Leben an sein Schreibpult ging.

MARMOR, APOLLINISCH

Efeu klettert an ihm hoch
Umgreift Beine
Und Brust und macht Halt
Am Kopf für einen kurzen
Moment unterbrochener
Vergänglichkeit.

Wie lang braucht Apollon
Dem Schein seiner selbst
Zu widerstehen?

Verflogen der Ambrosiaduft
Und kein Geschmack mehr
Von Musik auf den Lippen.
In Händen die Lyra lauscht
Apollon am Morgen ihrer
Unhörbar gewordenen
Melodie.

In weisser Nacht

Wenn alle Träume sich neigen
Ins mondfahle Licht und
Sterne wandern und schwarze
Zypressen stehen
Geht durch den Hain
Ein weißer
Wind.

Komm Apollon dann
Gehen wir in die Nacht
Schmücken die Seelen
Lorbeergrün ehe sich
Kälte legt auf die
Wege ins tönende
Schweigen.

Was willst du Gott…

In dieser Zeit wo
Niemand mehr sich vor
Dir erhebt und deiner
Schönheit sich verehrend
Unterwirft.

Deinem großen Fürsprecher
Winden wenige noch
Kränze und wo doch
Mit verständnisloser
Werdenden Gesten.

Was also willst du
Von uns?

Nichts – sagt Apollon.
Ich gebe nur den Dingen
Und Worten Form
Und Klang und noch
Immer das schöne
Gesicht.

… Omega

Anno 2017. Auftritt Apollon.

Ein junger Mann in Jeans und T-Shirt, mit Kopfhörern und Sonnenbrille, lehnt im Innenhof der vatikanischen Museen lässig an einer Säule. Er beobachtet die vielen sich drängenden Touristen, die mit Kameras, Smartphones und Tablets die Apollon-Statue, über die sie in Reiseführern und Apps flüchtig gelesen haben, erobern wollen. Und auf den günstigsten Augenblick warten, den Gott für die digitale Ewigkeit einzufangen. Ein Klick und ab in die Cloud. Oder sich einfach vor ihn hinzustellen, um ein Selfie zu machen und es sofort zu posten. Damit alle Welt es sehen kann. Ob sie es will oder nicht. Ich und … wer ist dies noch mal? Apollon, ach ja.

Vielfältiges Stimmengewirr. Sprach-Babylon. Unruhe. Hast. Der schnelle Blick. Sind dies die berühmten Antiken? Gut, das wir sie gefunden haben. Mach schnell. Bloß weg von dem Gedränge. Was müssen wir denn noch sehen? Nur eine junge Frau scheint unbeirrt von diesem Trubel. Sie liest in einem Buch. Hin und wieder schaut sie auf die Götterstatue. In ihrem Blick liegen Erstaunen und ein gewisser Zweifel. Über das Gelesene, das Gesehene oder über Text und Marmor?

Der junge Mann löst sich von seiner Säule, bahnt sich durch die Touristen mühsam einen Weg zu ihr. Er weiß nicht warum, aber sie und ihre Lektüre interessieren ihn. Als er sie erreicht, fragt er, was sie da lese. „Das ist nichts für Sie", antwortet sie knapp, nachdem sie ihn kurz gemustert hat. „Ich versuche, mich mit der antiken Kunst und den Mythen ihrer Götter vertraut zu machen. Wissen Sie, diese Schönheit fasziniert mich. Ich weiß natürlich, dass wir heute ganz andere Vorstellungen haben. Wir sind irgendwie nüchterner, nicht mehr so harmoniesüchtig, nicht mehr so schönheitsverfallen. Und doch… Sie werden das nicht verstehen".

„Was finden Sie denn an diesem Apollon? Glauben Sie wirklich, in Büchern die Antwort zu finden?" Die Fragen des jungen Mannes, der inzwischen die Kopfhörer abgenommen hat, klingen zweifelnd, fast besorgt. Als habe er in Geschriebenes kein Vertrauen. „Wissen Sie, in den meisten Büchern steht viel gutgemeinter Unsinn über uns." „Über uns?" Die junge Frau ist sichtlich irritiert. „Ich meine, über unser Kunstverständnis", beeilt sich der junge Mann zu antworten. Ach so.

„Wissen Sie", erzählt der junge Mann weiter, „es gab da mal einen, der hat viel verstanden. Aber das ist lange her. Der wusste, was Schönheit heißt und welchen Preis die Vollkommenheit hat. Dass Schönheit Macht bedeutet. Und Leidenschaft. Und Leiden. Dabei kam er von weit her. Nicht so wie die Touristen hier und heute. Er wollte sehen und verstehen. Hatte dafür viel aufgegeben." „Wie ich", wirft die junge Frau erfreut ein. „Ja, vielleicht. Rom als Fluchtpunkt sozusagen. Er kam aus Deutschland, wollte hier eine bessere Welt finden. Gefunden hat er sie sicher nicht, aber erfunden hat er sie sich. Winckelmann hieß er. War zu seiner Zeit ein vielgefragter Kenner der alten Kunst."

„Aber den lese ich ja", sagt die junge Frau und deutet auf ihr Buch. „Glauben Sie nicht, dass er als Kunstführer taugt?" „Ich weiß nicht", antwortet der junge Mann. „Wirklich verstanden hat der am Ende auch nicht. Wissen Sie, das ist kein Vorwurf. Jeder versteht nur, was seine Zeit ihn verstehen lässt. Außerdem, was können Sterbliche schon von Göttern wissen? Sie machen sich ja nur Bilder von ihnen und sind enttäuscht, wenn die Götter dann doch anders sind. Das ist immer das gleiche. Egal, wie sie vorgestellt werden, als makellose Schönheiten, als Superhelden in belanglosen Comics, als seelenlose Wesen, die nur Nektar und Ambrosia im Kopf haben." Die junge Frau betrachtet den jungen Mann jetzt aufmerksam. Irgendetwas an ihm stimmt nicht, denkt sie. Jedenfalls reicht sie ihm das Buch.

Der junge Mann nimmt es, schlägt es auf. Da steht auch nur etwas von ewiger und unsterblicher Schönheit drin. Denkt er sich. Hat jemals jemand darüber nachgedacht, was Ewigkeit und Unsterblichkeit bedeuten? Er seufzt leicht. Welche Last es ist, ewig zu leben? Sich immer neuen Herausforderungen zu stellen, immer auf der Hut vor den aufdringlichen Sterblichen zu sein? Er nimmt die Sonnenbrille ab, blickt auf die Apollon-Statue und sagt ganz leise zu sich: „Aus Marmor müsste man sein. Leblos."

Laut sagt er: „Nur der Marmor sollte unsterblich sein." Die junge Frau starrt ihn an. Sie hat auch den Satz davor gehört. Sie blickt ihm jetzt aufmerksam in die Augen und glaubt zu verstehen. Auf seinem T-Shirt ist der Kopf der berühmten Statue abgedruckt, darunter in markantem Schriftzug: ‚I am Apollon. Forever.' Der junge Mann erwidert ihren Blick. Er glaubt zu verstehen, dass sie verstanden hat. Zuckt mit den Schultern, lächelt ein wenig. Eigentlich will er sich umdrehen und gehen. Bleibt aber stehen. „Die Wahrheit", sagt er, „glaubt man am wenigsten."

Salean A. Maiwald

Die Eule der Athena

In der verwinkelten Gasse ist es still, weder Musik noch Stimmen sind vom nahegelegenen Monastiraki-Platz zu hören. Rasche Wolkenbewegung am Nachthimmel, das unstete Mondlicht lässt die Tempelanlage der Akropolis nur kurz sichtbar werden. Eine Eule flattert durch die Gasse, schickt ihr *Uhuhu* zu den Wolken. Schritte nähern sich, langsam, müde. Um die Ecke biegt eine Gruppe Menschen, sie schleppen Plastiktüten mit sich, manche tragen eine Decke unter dem Arm. Sie reden nicht, gelegentlich schaut sich einer von ihnen um. Suchend. Plötzlich erscheint eine junge Frau. Ihre Hände sind frei von jeder Last. Die Eule fliegt zu ihr und lässt sich auf ihrer Schulter nieder. Die Frau greift in ihre Hosentasche, formt die Hände zu einer Schale. Silberne Münzen schimmern im Laternenlicht. Die Menschen drängeln sich zu der Frau, Hände grabschen nach dem Geld, 1-Euro-Münzen. In die Rückseite ist eine Eule geprägt, dieselbe Eule, die zuvor schon die Drachme schmückte; der antike Münzdruck war im gesamten hellenischen Kulturkreis verbreitet. Wieder wühlt die junge Frau in der Hosentasche, formt ihre Hände zur gefüllten Schale. Schmutzige Finger greifen hinein, Münzen für eine Mahlzeit, eine heiße Dusche, vielleicht sogar ein Bett für eine Nacht.

Eine Sirene schwillt an und verstummt. Kurz darauf eilen zwei Polizisten heran. Die Menschen nehmen ihre Plastiktüten, stieben auseinander. Der jüngere Beamte richtet seine Taschenlampe auf die Frau und ruft seinem Kollegen zu: „Nach der Beschreibung ist sie es!" Dann wendet er sich der Frau zu.

„Ausweis!" Das Wort schrillt aus seinem Mund.

Die junge Frau schüttelt abwehrend den Kopf.

„Name!"

„Athena schickt mich." Ihre Stimme klingt unaufgeregt.

„Wohnort!"

Die Frau schiebt eine Lockensträhne aus ihrem Gesicht.

„Wohnen? Da, wo ich gerade bin."

Der ältere Polizist verzieht unwillig den Mund. „Du stiftest Unruhe. Wenn du auftauchst, werden die Obdachlosen zudringlicher und belästigen die Touristen noch mehr als sonst. Wir nehmen dich mit."

Er macht eine heftige Handbewegung, um die Eule von der Schulter zu verscheuchen. Doch sie bleibt sitzen. Der Polizist ergreift den Arm der Frau, zieht sie mit sich. Sie summt eine Melodie, und nach wenigen Schritten fliegt die Eule davon, ihr heiseres *Uhuhu* hallt in der Gasse. Eine Feder fällt herab, intuitiv hebt der junge Polizist sie auf und steckt sie ein, wie ein Beweisstück.

Vom Monastiraki-Platz aus fährt das Polizeiauto durch das nächtliche Athen. Konzentriert schaut die junge Frau durch das Fenster, ihr Blick sucht nach einer jeden Abbiegung erneut die Akropolis. Sie ist einverstanden mit sich. Es war richtig gewesen, das Dorf im Norden Griechenlands zu verlassen. Schon lange hat sie die Stimme der Göttin in sich rufen hören, nach Athen zu reisen. Jedoch die Eltern unversorgt zurückzulassen, das hat sie nicht fertiggebracht. Als die Mutter und kurz darauf der Vater starb, verkaufte sie das kleine Haus, um unverzüglich nach Athen aufzubrechen.

Bis dahin hat sie nur einmal als Kind die Stadt besucht, und auch die Akropolis. Als sie damals die Überreste der großflächigen Tempelanlage bestaunte, erblickte sie eine Gestalt im weißen Gewand mit einer Eule auf der Schulter, mitten zwischen den Tempelsäulen. Nur ein kurzer Moment, doch bis heute erinnert sich die junge Frau an den frohgemuten Schreck, der sie als Kind erfasste. Niemandem hat sie davon erzählt. Sie war Einzelkind, und die Mitschüler empfanden sie ohnehin als ein wenig seltsam. Manchmal träumte sie von der weißen Gestalt und ihrer Eule. In der Dorfbibliothek gab es Bücher mit Sagen und Geschichten über den Olymp und auch Athena. Der Göttin war es wichtig, dass sich die Menschen um Bildung bemühen. Das Mädchen fühlte sich beim häufigen Schuleschwänzen ertappt und passte nun besser im Unterricht auf und versuchte, weniger in den Tag zu träumen.

Auf der Polizeiwache gibt die junge Frau ihre Personalien und als Wohnort eine kleine Pension in Athen an. Der ältere Polizist fragt sich, woher sie die vielen Münzen hat? Kürzlich wurde eine Bank überfallen, doch eigentlich traut er ihr das nicht zu. Er will mehr über diese Frau erfahren, die auf eigentümliche Weise in sich zu ruhen scheint. Er lässt ihr Kaffee bringen und hält ihr eine Packung Karelia hin. Sie nimmt eine Zigarette, setzt sich bequem auf den Stuhl.

„Pallas Athena schickt mich." Sie spricht von sich aus.

Der junge Polizist grinst. „Pallas! Reicht Athena nicht als Name?"

Energisch schüttelt sie den Kopf. Es sprudelt aus ihr, dass Pallas der Name von Athenas Spielgefährtin war. Im Wettstreit tötete Athena sie versehentlich mit ihrem Wurfspeer. Aus Kummer und um ihre Tat nicht zu vergessen, fügte sie den Namen der Getöteten dem eigenen hinzu.

Der ältere Polizist blickt der Frau aufmerksam ins Gesicht. Als gebürtiger Athener meint er, bestens über die Stadt und ihre wechselhafte Vergangenheit Bescheid zu wissen. Seiner Erfahrung nach hegen viele junge Leute kaum noch Interesse für die Geschichte. Diese Frau hier scheint anders zu sein.

„Erzähl, was du über Athena weißt." Er zieht einen Stuhl heran und setzt sich.

Die Frau holt weit aus: „Der Name Athena ist vorgriechisch, seine Bedeutung unklar. Auf Knossos wurde ein 3500 Jahre altes Tontäfelchen gefunden. In mykenischer Schrift ist der Name *a-ta-na-po-ti-ni-ja* geschrieben, der als *Mädchen von Athen* gedeutet wird und zeigt, wie lange Athena schon mit der Stadt verbunden ist. „

Blitzartig lässt die junge Frau Ereignisse aus Athenas Leben aufleuchten. Der junge Polizist hat sein Mobiltelefon gezückt, drückt immer wieder Tasten und liest über Athenas Wirken. Abwehr und Überheblichkeit in seinen Gesichtszügen wechseln über in Staunen, seinem Willen entgegen nickt er manchmal zustimmend.

„Mit welchen Tricks wurde sie denn zur Schirmherrin von Athen? Sicherlich nutzte sie ihre Beziehungen als Tochter von Oberboss Zeus aus?" Sein Ton ist herausfordernd.

Unbeirrt erzählt die Frau, dass Meergott Poseidon und Athena um die Schirmherrschaft für eine Stadt buhlten. Die olympischen Götter bestimmten: Wer das nützlichste Geschenk für die Bevölkerung findet, der siegt. Poseidon ließ auf dem Berg von Athen eine Quelle entspringen, Athena pflanzte einen Olivenbaum – und wurde zur Siegerin erklärt.

„Ob das die richtige Entscheidung war, diese unweibliche Göttin über die Stadt bestimmen zu lassen?" Herablassend zieht der junge Polizist über die kriegerische Athena her.

Die junge Frau unterbricht seine polemischen Äußerungen und erklärt, dass Athena eine Meisterin der Strategie und des Verhandelns ist und wütende Rache ablehnt. So befahl sie Achilleus, das Schwert wegzustecken, als dieser Agamemnon töten wollte.

Der ältere Polizist springt auf: „Das habe ich im Studententheater gespielt. Steht am Anfang der Ilias: *„Deinen Zorn zu stillen, gehorchst du, kam ich vom Himmel. Aber wohlan, lass fahren den Streit, und zücke das Schwert nicht. Magst du mit Worten ihn doch beleidigen, wie es dir einfällt."* (*1)

Ermattet lässt der Mann sich wieder in den Stuhl fallen, Gedanken springen ihm durch den Kopf. Er könnte einen neuen Anlauf bei der Laientheatergruppe in seinem Wohnbezirk nehmen. Er wischt sich über die Stirn und nimmt sich vor, weniger stur in Ermittlungsakten zu wühlen, sondern genauer hinzuschauen, welche Art von Übeltätern er vor sich hat. Muss ihn diese junge Frau daran erinnern, dass Athena den Menschen auf Bitten von Prometheus Wissen und Weisheit eingeflößt hat. Sicherlich, nur eine Sage. Doch hat er nicht an diesen entscheidenden Moment in der Geschichte der Menschheit gedacht, als er einst Polizist wurde. Der Vorsatz, das ihm übertragene Recht gewissenhaft zu verwalten, ist im Laufe der Jahre verblasst.

Gelangweilt wühlt der junge Polizist in seiner Hosentasche und sticht sich an der Eulenfeder. Kaum spricht er das gerade gefundene Wort „Eulenäugige Athena" aus, da ruft ihm sein Kollege zu: „Das müsstest du als Athener wissen! Homerische Hymne:

Von Pallas Athena, der
hehren Göttin will ich euch singen,
der Eulenäugigen, der Immerklugen." (*2)

Da bricht er ab, schaut seinen jungen Kollegen streng an: „Nicht bei Wiki schauen, kommt doch jeder drauf, weshalb sie so bezeichnet wird. Die Eule sieht im Dunkeln, und Athena kann mit ihrem Wissen durch das Zukunftsdunkel schauen. Falls die Menschen sie darum bitten. Doch sie hören ja nur noch auf TV-Nachrichten, statt mal in unseren Klassikern zu lesen."

Der junge Polizist lacht auf, beruhigt sich und fixiert die junge Frau mit seinem Blick. „Athena Parthenon, jungfräuliche Athena. Die hat nie geliebt."

Die junge Frau fühlt ihr Gesicht heiß werden und versucht, nicht an die wenigen eigenen Liebeserfahrungen zu denken, sondern sich auf Athena zu besinnen. Nach einer Weile regt sich etwas Übermütiges in der Frau und sie hört sich sagen: „Zu ihren Lieblingen, vor allem zu Odysseus, war Athena zärtlich."

Athena geht auf den jungen Polizisten zu, spricht mit geschlossenen Augen:

„Sie verwandelt sich für Odysseus von einem feinen Hirtenknaben in eine andere Gestalt: Sie streichelte ihn mit der Hand und glich mit eins einem Weibe." (*3)

Berauscht von den Worten, die aus ihr sprudeln, streichelt die Frau den Polizisten. Er lässt es geschehen. Gebannt. Genießt ihre streichelnde Hand und fühlt einen Stich des Bedauerns, als sie sich wieder von ihm abwendet.

Morgendliche Strahlen der Sommersonne fallen durch das staubverschmierte Fenster der Polizeiwache. Etwas steif erhebt sich der ältere Polizist, klopft der Frau väterlich auf die Schulter und entlässt sie mit mahnenden Worten.

In den folgenden Nächten hat der junge Polizist einen wiederkehrenden Traum: Zusammen mit der Frau überfällt er eine Bank und verschenkt das Geld mit vollen Händen. Dass er diebische Freude dabei empfindet, irritiert ihn am meisten. Schlaflos wälzt er sich hin und her. Im Auftrag Athenas sich um das Wohl der Stadtbewohner zu kümmern? Die junge Frau übertreibt, doch es imponiert ihm auch.

Er eilt in die Altstadt, hört entfernt den Ruf einer Eule und folgt ihrem *Uhuhu*. Verschwindet die junge Frau nicht soeben dort um die Ecke? Er greift unvermittelt nach der Eulenfeder in seiner Tasche.

„Athena!" Seine Stimme hallt verloren. Er läuft weiter, begibt sich auf die Odyssee durch die Altstadtgassen.

Anm.:
1. Zitat aus: Homer, Ilias, 1. Gesang, Z.205
2. Zitat aus: 28. Homerischer Hymnos
3. Zitat aus: Homer, Odyssee: 13. Gesang, Z. 288

Hans-Christian Tappe

Priapos tanzt für die Sinnlichkeit

Auf einer griechischen Halbinsel gibt es ein kleines Bergdorf. Um seinen Dorfplatz – Platia genannt – der zu drei Seiten von alten Platanen umstanden ist, reihen sich aus Steinquadern gebaute Häuser. An der Stirnseite der Platia erhebt sich die Kirche, eingerahmt von je zwei dunklen großen Zypressen. Gegenüber der Kirche liegt die Taverne. Oberhalb des Dorfes befinden sich auf ansteigenden Terrassen Gärten und Felder, die von Mauern und dornigen Hecken umgrenzt sind.

In den Sommermonaten gehen die Dorfbewohner, um sich vor der sengenden Sonne zu schützen, noch vor Tagesanbruch auf ihre Felder, um Gemüse und Früchte zu ernten. Mit sich tragen sie Hacken und Körbe mit Weißbrot und Käse als Proviant. Die reifsten und süßesten Früchte erntet Jahr für Jahr der junge Bauer Kostas.

Kostas ist ein Mann von schöner Statur mit einem hübschen Gesicht. Die Leute im Dorf sagen voller Anerkennung, er habe einen grünen Daumen. Aber sie sagen auch, seine Zunge sei angewachsen. Sie beobachten, wie sich in seinem Mund, in seinen sprechenden Augen Worte formen, die aber nicht herausfinden können. Manche gehen soweit zu behaupten, er sei ein Gotteskind, durch seine Sprachlosigkeit gezeichnet, dafür aber den Göttern nahe.

Im Dorf gilt Despina, die Tochter des Tavernenwirtes, als das schönste Mädchen. Sie ist ein unbekümmerter, fröhlicher Wirbelwind. Die älteren Männer haben sie in ihr Herz geschlossen, die Jüngeren verschlingen sie mit ihren Augen. Aber bisher hat sie sich in keinen von ihnen verliebt.

Kostas liebt sie, seit sie Kinder sind. Aber er liebt sie nur aus der Ferne. In seinem Garten – inmitten von Weinreben – spricht er in Gedanken zu den Früchten und Blumen. Gesteht ihnen seine Liebe zu Despina, die unerfüllt bleiben wird, weil sie von seinem Verliebtsein nichts weiß. Voller Verzweiflung möchte er nicht mehr weiter leben, fleht zu den Göttern, ihm beizustehen.

*

Seine Klagen hörte Aphrodite, die Göttin der Liebe und der Schönheit. Immer wieder hatte sie Affären mit Göttern, immer wieder gab sie sich ihnen hin. Für sie waren es sinnliche Begierden, doch für Hera, der Gattin des Zeus, verwerfliche Amouren. Zuletzt verliebte sich Aphrodite wieder einmal; diesmal in des Göttervaters jüngsten Sohn, Dionysos, den Gott des Weines, der Freude und der Ekstase. Auch ihm konnte sie nicht widerstehen und nach diesem Liebesabenteuer gebar sie Priapos. Die erzürnte Hera bestrafte Aphrodite fürchterlich und verlieh Priapos ein monsterhaftes Aussehen. Die unglückliche Mutter nahm den Knaben wegen seiner Missgestalt nicht als ihr Kind an und setzte ihn aus.

Priapos wuchs heran. Er trug einen widerspenstigen Bart und unter seinem Gewand zeichnete sich ein riesiger Phallus ab, den er häufig zur Schau stellte. Innerhalb der Götterwelt wirkte er als Gott der Fruchtbarkeit, der Pflanzenwelt und der sexuellen Begierde, aber auch als Beschützer von Schafen und Ziegen, Bienen, Fischen und Früchten, und sein riesiger Penis sollte die Fruchtbarkeit des Gartens darstellen.

*

Aphrodite hegt einen Plan. Sie will Kostas aus seinem Leid befreien, damit er um die junge Despina werben kann. Gleichzeitig will sie ihr Versagen als Mutter, Priapos einst verstoßen zu haben, an ihm wieder gut machen. So bittet sie Hera, Priapos für einige Tage aus seinem Monsterdasein zu befreien und ihn in der Welt der Menschen in einen griechischen Jüngling zu verwandeln.

Hera willigt unter der Bedingung ein, dass Priapos seine Sexualität im Zaume hält.

So kommt es tatsächlich dazu, dass Priapos auf der Erde erscheint, in das kleine Bergdorf gelangt und die Bekanntschaft mit Kostas sucht. Beide freunden sich an – der Gott als schöner Jüngling und der Mensch.

Priapos begleitet Kostas in dessen Garten, bewundert das Geschick des jungen Bauern und kann ihm aus seiner Erfahrung mit den Pflanzen weitere Ratschläge geben, die Kostas gern annimmt. Der Gott, der seine wahre Identität und Aussehen verbergen muss, errichtet im Garten eine Vogelscheuche, der er sein wirkliches Ebenbild gibt. Kostas gruselt sich besonders vor dem überlangen Penis. Aber auch der in einen hübschen Jüngling verwandelte Priapos ist nicht frei von Scham.

In den Tagen des Zusammenseins erkennt Priapos, dass er Kostas die Leichtigkeit gesprochener Worte nicht schenken kann. So will er ihm wenigstens die sinnliche Begierde einpflanzen. Und wie konnte das besser gelingen als beim Tanz?

Auf der Platia soll ein großes Dorffest gefeiert werden.

Priapos muss viel Geduld aufbringen, bis Kostas endlich einwilligt, ihn dorthin zu begleiten. Inmitten der Dorfbewohner erkennt der Gott die Wirtstochter Despina sofort. „Sie ist wahrlich eine Schönheit", sagt er zu sich. „Gern würde ich sie in meiner neuen Gestalt verführen. Aber ich habe Hera geschworen, meine Sexualität zu zügeln."

Behutsam führt er den schüchternen Kostas zur Tanzfläche, wo Despina, behütet von Mutter und Tanten, unter den Platanen sitzt. Priapos und Kostas sind im Tanz durch ein Halstuch verbunden, das Priapos hält und an das Kostas sich in seiner Aufregung klammert. Wie mit einer unsichtbaren Nabelschnur sind sie vereinigt, durch die der Gott beginnt, seine in ihm aufbrodelnde Kraft in den jungen Bauern überzuleiten. Kostas sträubt sich gegen die ihm fremden Gefühle. Begierde und Erotik kennt er nicht, sie ängstigen ihn. Priapos aber stachelt ihn an. Wieder und wieder. Kostas fühlt, dass etwas mit ihm geschieht, etwas, was ihm neu und überwältigend ist. Er wird forscher und mutiger, versucht plötzlich durch gekonnte Tanzschritte Despinas Aufmerksamkeit auf sich zu lenken. Er fordert ihre Blicke durch waghalsige Sprünge heraus, legt schließlich sein ganzes Begehren in einen einzigen Sprung. Despina lässt sich nicht erweichen.

Priapos dagegen muss sein sexuelles Verlangen zurückdrängen, denn nicht er, sondern Kostas ist von den Göttinnen auserwählt, Despina zu gewinnen. Er will sich zügeln. Kostas gerät schneller und tiefer in Erregung, vergisst seine Schüchternheit, gehorcht ihm, dem Gott, und folgt der in ihn eindringenden Begierde. Kostas hält inne und sucht Despina mit den Augen. Dann geht er zurück zu zu Priapos, nimmt dessen Hände, springt hoch und schlingt seine Beine um dessen Taille. Er biegt seinen Oberkörper einem übergroßen Phallus ähnlich nach unten herab, ekstatisch zuckend, dann langsam und geschmeidig, bis sein Hinterkopf fast den Boden berührt. In dieser Stellung verharrt er, als die Klänge kurz verstummen.

„Ja, gut so", flüstert Priapos. „Weiter, weiter, gib nicht auf."

Zögerlich setzt wieder Musik ein, das Spiel der Klarinette beginnt zart und weinend. Allein für Kostas scheint sie da zu sein. Und der nimmt ihre Melodie auf. Sanft beginnt sein Körper zu tanzen. Er schwebt im Takt. Doch die Klarinette fordert ihn. Ihr Rufen wird sehnsüchtiger, und er antwortet ihr. Wie eine Schlange, die sich empor bäumt, wieder zurücksinkt, sich zusammenzieht und dann in Bögen dehnt. Alles in ihm vibriert im Angesicht des jungen Mädchens. Die Klänge werden leidenschaftlicher, sein Körper hebt und senkt sich in wilden Zuckungen. Kostas springt von den Hüften des Gottes, schlüpft aus dem einen Schuh und steckt dessen Spitze unter seine Gürtelschnalle. Die Sohle biegt sich durch den Absatz wie ein wippendes Glied im Takt der Musik. Der Rhythmus wird plötzlich ganz langsam, bis die Klarinette ihren letzten Ton aushaucht. Die Menschen auf dem Dorfplatz halten kurz den Atem an. Glücklich und aufgelöst vor

Erschöpfung steht Kostas vor seiner Auserwählten und schaut sie auffordernd an. Despina senkt verschämt die Augen, während ihre Mutter und die Tanten kichern.

Die Dorfbewohner sagen, dass es bestimmt bald eine Hochzeit gibt und sie sind überzeugt, dass die Liebe zwischen Despina und Kostas diesem die Zunge lösen wird.

*

Priapos aber hatte Gefallen an seiner Menschwerdung gefunden. Unbedingt wollte er in seiner jetzigen Gestalt verbleiben. Doch Hera ließ sich nicht erweichen. Er musste in sein früheres Dasein in die Götterwelt zurück. Warum nur, klagte Priapos den Göttern, hat mich Hera für die Zügellosigkeiten meiner Mutter bestraft? Mich zum Monster gemacht, mich, der ich ohne Schuld bin für ihre Eskapaden. Warum nur lässt Hera mich so büßen? Bin ich jetzt nicht ein weiteres Mal bestraft? Unter den Menschen durfte ich der hübsche verführerische Jüngling sein in einer makellosen Gestalt, die ich mir so sehr wünschte. Nach der ich mich sehne. Es war schön, Menschen wie Kostas zu helfen. Doch Heras Fluch wird mich, das Monster, auf ewig in meiner Unsterblichkeit verfolgen.

Norbert Hummelt

SONETT MIT MORPHEUS

erst ist die luft so süß von sanften drogen
u. wenn wir kuchen essen schließt sich lid um lid
dann wird die welt nach innen umgebogen
doch in der brust ist immer nur der stille beat

das ist musik mich in den schlaf zu schicken
u. was ich sehe ist allein das gras
ich werde müde wie van gogh zu blicken
weiß blüht der mandelsproß im trüben wasserglas

was denn für bilder. ich war weggetaucht
zu zögern zwischen halt u. überlassen
dann ist der kuchen restlos aufgebraucht

u. alles denken sinkt u. mir ist komisch warm
wie ist es möglich dich jetzt anzufassen
du bist so weit auf einmal weg in meinem arm

PANS STUNDE

da wir nah am getränkemarkt hielten u. mir der ort
wenig anmutig schien kam mir das wort wieder neu
in den sinn: hier möchte ich auch nicht abgemalt sein.

wir zogen los ein stück querfeldein du mit der kamera
über der schulter hieltest am waldrand um scharf zu
stellen ich sah deine lichtempfindliche haut als sich

der weg durch die bäume wand ehe wir dachten senkte
sich das land unten lag der kossenblatter see u. warf
das mittaglicht das auf ihn traf zurück. ich wies darauf

u. suchte deinen blick wir übten uns in der alten kunst
die dinge um uns wie neu zu benennen am steg der reiher
hielt lang genug still der bussard war über uns unter dem

himmel wir gingen zügig ohne zu halten bestimmten
beide den zitronenfalter u. eine stunde lang war eine
stunde da wo weder du noch ich vorher gewesen war.

Christoph Geiser

Der Brustpanzer des Hephaistos

Da waren plötzlich Muskeln. Die zierliche Gestalt, diese flatterhafte Luftgeburt – plötzlich gedrungen; fast ein wenig bullig; bärig; erdhaft; substantiell. Substanz – woher die kam? – Fleisch einfach. Muskelfleisch. Und nicht nur an den Waden, so vom Radeln. Breiter Schädel – ausladende Schultern (einladend!) – und – der perfekte Thorax, nackt. Zart gebräunt, am Anfang irgendeines Sommers; kaum behaart; nur reine Zier, diskret; als wär's, überm Brustkorb, ein wenig Gefieder. Eher kräftig als muskulös; keine Brüste, keine Zitzen. Die Brustwarzen, Wärzchen, Nippel, diese Zier zuviel – zuviel? als möchten wir sie missen?! – klein, spitz – er kam wohl aus dem Fluss – der Hof darum herum hell leuchtend – und: genau symmetrisch! Das bisschen Gefieder, diese Zier der Männlichkeit – leibhafter: dass wir's nicht für Marmor halten! – überm Brust-Bein, präzis zwischen den -Warzen. Warzen? Nippel! Blick-Fang. Dass wir vergingen! – an dieser Brust – uns vergingen? – für einen Augenblick. Von wenigen Sekunden.

Wir gingen an einander vorüber, knapp, auf der großen Wiese, dieser von uns so genannten erogenen Zone, diesem Schlacht-Feld der verlornen Blicke, cruising area zu Zeiten – im ‚*Spartacus*' verzeichnet damals – wo die Männerpärchen heute einander gegenseitig den Rücken salben, des Schutzfaktors wegen, und die in die Jahre gekommnen Paid-Erasten, Überlebende von damals, verstohlen nach den verbotnen Früchtchen äugen, nach diesem Keimen in den Achselhöhlen schielend (der Schutzaltersgrenze wegen), dieser Wiese der Erasten, Eromenen & Eroten kurzum –: selbstverständlich grüssend, höflich, förmlich, namenlos, wie man's unter Nachbarn tut – und nichts als grüssend, namenlos!, und seit Jahren! –: die seit Jahren Nachbarn sind, und: nichts als Nachbarn.

Brustwärzchen grüssen?

Neulich, in jenem Sommer der Ereignislosigkeit – und das ist nun auch schon wieder eine ganze Weile her, müssen Sie wissen, mittlerweil' haben wir den größten Sommer aller Zeiten hinter uns, ein Jahrhundertsommer: als würden die Sommer immer größer; als verglühte unsre Welt im Sommer: die Alpen schmelzen; die Alpentransversale krümmt sich; die Bahnschienen, meine ich, winden sich unter der Glut, die Wälder brennen – ein vergleichsweis' folglich kleiner Sommer noch, jener grosse Sommer der Ereignislosigkeit – als wären nicht im Grunde alle Sommer ereignislos, verglühend eben, nichts als glühend – und/oder überschwemmend neuerdings; sintflutartig; als ergösse sich der ganze Himmel, schmelzend – und, somit, nicht weniger desaströs als Sommer – im Nachhinein gesehen also, nach *allem*, mein' ich, mutmaßlich um dieser Ereignislosigkeit für einen Augenblick auszuweichen, zu flüchten, mein' ich, vor diesem Glühn & Verglühn; diesem Quelln & Schwelln, Schmelzen & Überschwemmen, das nirgends hinführt, zu nichts, nicht mal zu ,ner hauseignen Überschwemmung quasi – fuhren wir, flüchteten wir, sage ich, für einen Tag quasi nach Haus; in unsre Vater-Stadt, mein' ich; wo wir geborn & aufgewachsen sind. Nicht nur Chemie-Stadt, nein, auch Humanistenstadt; Stadt der Kunstmäzene & Museen. Der Menschenbildung halber fuhren wir dahin! Man kann ja nicht immer nur am Küchenfenster stehen, um sich zu bilden; anhand von Menschenbildern, Manns-Bildern womöglich. Ins Museum fuhren wir nachhaus, einer Sonder- & Kunst-Ausstellung wegen. Wie absurd!, werden Sie sagen; oder viel mehr: wie banal! Wer führe denn nicht ab und zu nach Basel der Museen und (vor allem) der Sonderausstellungen wegen! Ab ins goldne Jenseits, gesponsert von der Bank-Gesellschaft? Als glaubten die doch irgendwie noch dran, das letzte Hemd hätt' Taschen … Nein. Trotz alledem nicht grad ins goldne Jenseits. Grad eben nicht! in die vergoldete Ewigkeit. Ein Museums-Besuch, ein schlichter. Eine Gemälde-Ausstellung. Kunst. Ästhetik pur. Und um Ästhetik geht's uns doch!, und um nichts als nur Ästhetik. Zur Toteninsel fuhren wir kurzum, genauer: aller Fassungen derselben wegen. Es gibt ja, wenn wir uns nun, nach allem, recht entsinnen, vier davon, verstreut in ganz Europa, die Gelegenheit also einmalig, alle vier Fassungen der Toteninsel an einer Wand vereint zu sehen, die Variationen zu studieren. Und die Variationen der Toteninsel reizten unsre Neugier in jenem Sommer der Ereignislosigkeit, von dem Bericht zu geben wir uns nach allem entschlossen, hinlänglich, wie es scheint, um für einen Tag unsre erogenen Zonen & Zettelchen im Stich zu lassen.

Obwohl uns, zugegeben, im Basler Kunstmuseum, hinsichtlich Böcklins ein'ges Wundrungswürd'ges auf- & einfiel – Selbstporträts vermögen immer unsre Neugier zu erregen: Hochgemuth!, das Weinglas in der Hand (ein saurer Tropfen, von der Farbe her zu schließen), oder: den Tod im Nacken (das einz'ge übrigens, was uns im Werke Rembrandts reizt: die Selbstporträts ein ganzes Künstler-Leben lang) – und auch wenn wir Odysseus & Kalypso, ein Gemälde, das wir selbstverständlich von Kindesbeinen auf, als genuiner Basler, kannten, wer denn kennt' es nicht?, erst da mit aller kalten Schärfe als *böses* Bild erkannten, als schlimmes Schlüsselbild für das naturgemäße Verhältnis zwischen den Geschlechtern, als Schlüsselbild für ihn, den *Mann*, den vielgereisten, weit geirrten, den letztenendes keine Liebe hält: warum denn sollt's ihn halten; bei der, bei jener; wenn ihm doch das schrankenlose Meer zu Füssen liegt!, ein wenig, wenig wie in einem Hotelzimmer, in irgendeinem mediterranen oder ägäischen, am Morgen nach dem … Liebes-Akt? … dem Fick!, nach irgendeinem, mit irgendeiner: nur ein Rücken noch, ein dunkler, breiter, starker!, am weit offnen Fenster, denn zu neuen Ufern lockt ein neuer Tag – und noch immer, am Horizont, kein Fahrzeug? Wann fährt der nächste Schwan? Wo bleibt mein Tragflügelboot? mein Wasserflugzeug!, mein Helikopter!, mein homerischer Pegasos!, meine Fähre schlicht, die mich von Inselchen zu Insel bringt, von Eiland schlicht zu Eierstock, im Ei-Sprung quasi – und, als Schlüsselbild, für sie: das Weib, und alternd schon; vergrämt; verbittert; auf dem am Fuß der Felsen noch immer ausgebreiteten Liebeslager, hochgeschmückt noch immer! – für wen denn, als für *ihn*?! –, behangen wie ,n Christbaum, mein' ich, mit Zuchtperlen & andrem Talmi womöglich, diese Vergrämung im Gesicht, im Grunde bös – warum also um Himmels Willen ausgerechnet bei der bösen Hexe? – bös, verbittert & vergrämt sie, es, das Weib, und er: ein Rücken noch, als hätt' er sie, als hätt' er es, das Weib, das Eindringen in es, sein Abspritzen, längst vergessen und warte nur noch, ungeduldig, auf sein Taxi, egal von welcher Insel nun zu welchem Eiland ... ein Flügelschlag: und hinter mir Äonen! ... trotz alledem und vielem andren, nettren, womöglich durchaus Bemerkenswerten ... die vier *Toteninseln*? und wären's auch nur drei: ein Flop. Im Grunde nicht der Rede wert; nicht sehenswert; nicht sichtbar schlicht! Im halben Dunkel der gezognen Stores noch derart spiegelnd, dass trotz aller physischen, ja physikalischen Verrenkung an ein ernsthaftes Studium von Varianten nicht zu denken war. Schon gar nicht – als Varianten – memorierbar und/oder memorabel. Miserabel aufgehängt! kurzum.

Nichts als die vagen Umrisse einer hinlänglich bekannten Komposition, sei's nun drei- oder viermal gar. So dass wir bald schon, sehr bald vergleichsweis' – denn gewohnheitsmäßig bleiben wir länger, vergleichsweis' viel länger im Museum hängen, in egal welchem & an egal was *[als gehörten wir selber längst zum Inventar, aber ins Depot, gell?]* – ein Haus weiter gingen, wie man sagt. Wenn wir nun schon mal wieder da sind, in der Stadt unsrer (im Grund misslungnen) humanistischen Bildung & Ausbildung – ein Desaster der Bildung im Grund: als blieben uns davon nur Trümmer – warum, also, nicht rasch noch ein Haus weiter gehen: über die Strasse nur, ins Museum der Antike. Der Antiken, um genau zu sein. Ein Blitzbesuch in der Antike – bei den Antiken. Der Ästhetiken der (jung-) männlichen Gestalten halber? der *epheboys* wegen? um der Kuroi willen? Ach

– wie viele haben wir schon heimgesucht, von Nord- bis Süd-, von Ost- bis West-Europa schlicht besucht, begutachtet von vorn & hinten, von vorn & hinten, betastet, erfühlt – um's zu erjagen? Raubgut das meiste. Und uns bleibt der Knabenbrautraub glatt versagt. Trümmer-Ästhetik, egal wo – nichts als Trümmer, überdies immer die gleichen – und von ‚ner Orgie keine Spur. Die Trümmer der Antike – das Desaster der Antiken! Haben wir doch ab-ge-hand-elt, abgefingert, längst …

Des Erschreckens wegen, dieser *wirklichen* Empfindung halber – und ‚s wär' die Stunde der *wahren*? –, gehen und/oder fahren wir doch aus. Nach Basel womöglich, ausgerechnet. Ins Antikenmuseum zuguterletzt.

Die kleinen Wunder-Dinge! – deretwegen man doch (egal was) erzählt.

Der Brustpanzer eines attischen Fußsoldaten … nun gut … schau! schau! … als hätt' der nur auf uns gewartet. Purer Zufall, dass unser Blick da hängen blieb; denn für Waffensammlungen haben wir nichts übrig. Da spaziert man durch, unterwegs zu einem stärkren Reiz, schweifenden Blicks, versteht sich, denn wo wir schweifen, schweift der Natur gemäss auch unser Blick. Triebhaft. Neugierig. Gierig nach einer instinktiven Triebreaktion. Und ein Brustpanzer löste sie aus? so dass wir vor der Vitrine stehn wie angewurzelt! Und ein unansehnlicher im Grund; grünspanfarben, kein Gold folglich, sondern Erz; als hätt's Jahrhunderte, Jahrtausende!, im Schlamm gelegen, dachten wir. Schlicht gearbeitet; kein Schnörkel; kein Prunk. Rein funktional … und … als hätt' der nicht einmal ein Hemd getragen? kein Leibchen? kein Textil? den Panzer auf der bloßen, jungen Haut? Dergestalt, dass sich das kalte Erz, knapper & präziser noch als jedes hautenge Unterhemd, jeder Erhebung anschmiegt, jeder (Gemüts-) Bewegung und/oder Anspannung anpasst bei dem Kampf Mann gegen Mann – nicht drückt, und nirgends, nichts. Zum Umfalln schlicht – fallen! – gefällt: als wär's vom Schwert getroffen niedersinken vor dem, rücklings. Unterliegen, kurzum.

Und ... der bräucht' nicht mal den Panzer abzulegen! Und schon spürten wir das Einsetzen der uns – wem nicht?! – wohlbekannten, rein bio-chemischen Reaktion; als säßen wir in einer Zeitmaschine; auf ein attisches Schlachtfeld versetzt; und hätten, und urplötzlich – Feindberührung? Und ‚s wär' – eine Fluchtreaktion? eine verkehrte quasi ... andersrum. Animiert urplötzlich, (wieder-) belebt sozusagen, haben wir dann noch weitre Brustpanzer der gleichen Art & Zeit entdeckt, kunstvollere im Grund, als hätt' der Waffenschmied, Hephaistos höchst persönlich, nicht lassen können von der Zier, der zierlichen!, dergestalt, dass er's mit Kringelchen und/oder stilisierten Flämmchen, ziselierten, die es wie umzüngeln, verzierte, schmückte, liebkoste ... Als hätte, meine ich, der Gott der Waffenschmiede höchstpersönlich, dieser Krüppel – immer wieder vom Olymp geschleudert; betrogen von der Liebesgöttin; vom Kriegsgott hintergangen; lahm, hässlich, finster, im Innersten der Erde hämmernd, klöppelnd, werkelnd – sich mit vulkanischem Feuer in den Schmuck der Jünglingsbrust verliebt. Gezähmt das Feuer, zu Liebesflämmchen, die nichts verbrennen, nur sich selbst verzehren. Doch, nu mal ehrlich!, trotz allem Mitgefühl mit diesem ungestalten Krüppel – wir kehrten schlussendlich zu dem schlichten Panzer, der uns umwarf, zurück: ist's denn nicht Zier genug? Was braucht's da noch sublime, künstlerische Ausgestaltung – auch wenn die kunsthandwerkliche Zartheit, ja Zärtlichkeit dieses ungeschlachten Unglücks-Gottes, eines simplen Schmieds in Wahrheit, irgendeines, namenlosen (jenseits der Zeit vergessnen, ohne Taschen, ohne Hemd), uns rührt –: ist doch die künstlerische Zurückhaltung, nicht *mehr* können zu wollen, als die Natur kann (*natura artis magister, sagt man*), die *höchste* Kunst. Schlicht der Natur gemäß – naturalistisch. Ist doch ästhetisch genug – schön genug – ein Wunder-Ding: dass es sich nämlich spitzt, so erektil!, und ringsum, wie fröstelnd, kräuselt – erogen! – sei's nun vor Kampfeslust! viriler! aggressiver! (vor Wut, könnt' man auch sagen), sei's vor Schreck, dem Gegner plötzlich gegenüber!, sei's vor Stolz & Glück, am Abend nach der Schlacht, als *Eromenos dem Erastes* vors Angesicht zu treten – spitz! vor Lust! – so dass man, dürft' man denn dem Geliebten Liebhaber sein (was man, wir sagten's, zumeist nicht darf), es sogleich (auf dem Schlachtfeld noch?) zwischen Daumen & Zeigefinger nähme und mit den Fingerkuppen leicht, nur leicht massierte, zwirbelte, bis dem Geliebten zwirblig würde!, reizte, mit den Nägelchen, um die Lust zu reizen, den Liebreiz zu steigern ... bis man's dann, reißnagelspitz!, erjagen dürfte, wie ein Chamäleon, mit der Zunge schlingend, eine kleine Fliege, mit den Lippen nippelnd zuguterletzt ...

Ob er's überlebt hat?, fragen Sie? Oder – abgenippelt? Noch keine zwanzig wohlgemerkt! (Denn *epheboys* sind waffenfähig!). Vor Angst & Schrecken fröstelnd, in Furcht & Zittern schaudernd & erschauernd – und der Tod, der Feind!, hätt' ihn von hinten ereilt, genommen, uns weggenommen? Er hätte, meine ich, nicht mehr genügend Zeit gehabt, vorm Abnippeln, dem Tod, unserem Feind!, die Brust zu bieten ––

Denn –: Der Brustpanzer, Bronze, attisch, von einem wehrfähigen Jüngling, heißt: Ephebus, auf der bloßen Haut getragen, hat die Jahrtausende unbeschädigt überstanden, mit reißnagelspitzen Brustwarzen, diesen Nippelchen, deren Hof sich kräuselt, wie auf dem Höhepunkt der Lust, in diesem vergleichsweis' kurzen Augenblick der reinen (vergleichsweis' *unreinlichen*) Wollust, ewig – von der Zeit grünspanfarben patiniert. Und – wär' da kein gottverdammtes Panzerglas dazwischen, wir vergäßen's? Uns? alles Künstliche, Museale? Und – es schmeckte uns irgendwie ... chamäleonisch? metallisch? mineralisch ... ein wenig salzig, echt ...

Warum dann also ausgerechnet ... nach Basel fahren?! Brustwärzchen ... grüssen?!

Bernd Kebelmann

HOMER UND APHRODITE – WENN GÖTTER FLIRTEN

Eine Tast-Novelle

Die Götter waren gestrandet, das goldene Zeitalter fern, Odysseus seit langem begraben und Ithaka nicht mehr grün. Auch der blinde Sänger Homer hörte auf zu singen. Er tappte zur Küste hinab, rief dem Meer zu: „Hoh Meer, hier bin ich!" Und wartete auf Antwort. Er lauschte ganz umsonst. Die Wogen warfen ihm stinkenden Tang, die von ihm besungenen Helden spritzten ihm nichts als Gischt und Möwengeschrei entgegen. Sie wollten ihre Ruhe, wollten endlich Frieden. Homer zog es vor zu gehen, soweit ihn die Füße noch trugen, von den Danaern fort, Richtung Norden. Er lief, seinen Stab als Führer nutzend, rastete, wo es der Hunger befahl, schlief, wenn die Müdigkeit es gebot, wobei ihm die Strahlenfinger der Sonne immer wieder die Richtung wiesen ...

Homer kam zu finsteren Wäldern, durchquerte seichte Flüsse und fand am sanften Gestade der Elbe die schönste Blume Saxonias, Dresden. Am lieblichen Neustädter Ufer bei Loschwitz überfiel ihn gewaltig der Durst. Er trank das schlammige Wasser, bah! Das trieb ihn die steilen Hügel zum Weißen Hirschen hinauf.

Dies war der Moment, in dem ich den Alten traf, vor Peter M.s am Steilhang gelegenem Bildhaueratelier.

Ich wartete auf den Meister, lief ungeduldig im Garten umher. Der Hausherr ließ sich nicht blicken. Dafür blühten zwischen den Büschen üppige Frauenskulpturen, leicht bekleidete, kaum zu zählende Amazonen und Marmorbräute, die meisten von ihnen armlos, aber vollbusig, kräftig und schlank zugleich, vom Kopf bis zu den Füßen in eine schimmernde Haut von Flechten eingehüllt. Es gefiel mir, sie zu berühren, ihre Neigungen zu erkunden, ohne Furcht vor wütenden Blicken, ohne Abwehr durch weibliche Arme.

Ein Geräusch ließ mich stillstehen, stocken. Etwas regte sich zwischen den Büschen. Da kam er, der blinde Sänger. Er machte es mir gleich, tastete sich mit Händen an den rundlichen Körpern entlang, las mit Fingern und Nägeln die Narben aus den verwitternden Leibern, die Schwermut von ihren Gesichtern. Und wahrhaftig, der Alte begann zu singen wie eine Krähe krächzt!

Homer fand hier ohne Frage die ferne Heimat wieder, schwellende Hügel, reifende Früchte, zwischen steilen Ufern das Meer. Und die Frauen erkannten den Landsmann. Wären sie nicht aus Stein gewesen, stiegen sie wohl von den Sockeln, um ihre Anmut in Glut zu verwandeln. So viel Weiblichkeit schien mir fast ausweglos! Auch Homer lief verwirrt umher. Ich folgte ihm wie verzaubert ...

Unbemerkt trat uns der Hausherr entgegen. Er begrüßte mich flüchtig, wir kannten uns. Doch er bestaunte gebührend den krächzenden alten Rhapsoden. Er wagte nicht, ihn zu stören, überließ ihm geschmeichelt die Bräute aus jungfräulich weißem Marmor. Wie hatte er sie geschlagen, mit Meißel und Schlegel geformt, immer wieder poliert und gestreichelt, die samtene Haut gekostet. Nun war er satt von ihnen. Jetzt hielt sie der Sänger in Händen. Dabei hüpfte er wie ein Ziegenbock, sprang im Kreis und stieß harte Silben hervor, die wir nicht zu deuten wussten. Sein Grinsen verriet das Thema, jede Handbewegung, die Körpersprache, seine unmissverständlichen Gesten ...

Homer hatte uns noch nicht bemerkt. Die Sache wurde peinlich. Wir sprachen den Alten an. Er stutzte, fühlte sich unbehaglich, beobachtet und ertappt. Endlich seufzte er, näherte sich und legte mir seinen großen Kopf an die linke Schulter, die lockigen weißen Haare. Offenbar war er müde. Hier gab es jedoch keine Stühle. Auch im antiken Griechenland waren Stühle nicht üblich, es sei denn, man war ein König. Ich reichte Homer meinen Arm.

Ich führte ihn zu einem Bronzetorso, der glänzend und abgegriffen mitten im Atelier stand.

Es war ein weiblicher Torso. Ich legte ihn vorsichtig flach, damit der Dichter sich setzen konnte. Er stand da. Er sträubte sich lange. Der Gastgeber ging hinaus. Er kochte Tee für die Kehle des Sängers. Oder doch lieber Rotwein? Nein? Homer schüttelte zögernd den Kopf. Dann ließ er sich vorsichtig nieder. Er genoss die entbehrte Würde, den ungewöhnlichen Sitz. Seine Hände fuhren nervös umher, untersuchten den Torso genau, glitten vom Hals zu den Hüften, wieder zurück zu den Brüsten. Er suchte den Nabel, auf dem er saß. Er streckte sich, fühlte sich wohl, kraulte versonnen die bronzenen Brüste. Ich spürte ihm nach, wurde neidisch. Wie genüsslich der Alte schwieg!

Es dauerte nicht mehr lange, dann begann mein Blick zu verschleiern. Erst hielt ich es für eine Trübung des dunstigen Frühjahrshimmels. Bald erkannte ich, mehr erstaunt als erschreckt, dass die Nähe des blinden Alten ungewöhnliche Folgen hatte! Sollte Blindheit doch ansteckend sein?

Der Bildhauer brachte Tee. Wir tranken. Später führte er Homer zu einer der schneeweißen Marmorskulpturen, sagte „Aphrodite" und nickte mir lächelnd zu. Doch der Alte, ihr Götter, gebärdete sich, als sei er von einer Tarantel gestochen! Er sprang im Kreis, er jaulte und keuchte, er sang! Denn er hatte sie wiedergefunden! Aphrodite stand, in die Ecke gedrückt, wie er sie in den Tempeln bei Smyrna voll Ehrfurcht, begierig, sie zu berühren, angebetet hatte. Jetzt betastete und befühlte er sie, erkannte sie sofort, von den Knospen zum Nabel, vom Schoß zu den Zehen, die noch im Marmor steckten: Aphrodite, die Liebesgöttin, aphrós, dem Schaum des Meeres entstiegen! Dann hielt er inne und stutzte: war Aphrodite nicht größer gewesen? Homer erinnerte sich verzückt an die übermannshohe Länge ihres unwiderstehlichen Leibes, vom Scheitel bis zur Zehe. Seltsam klein kam ihm diese Dresdner Liebesgöttin vor, reichte ihm kaum bis zur Brust! Wie der Sänger seufzte. Er selbst war geschrumpft mit den Jahren. Dennoch blieb er ein griechischer Mann, gefühlvoll, leidenschaftlich! Wir blickten diskret zur Seite ...

Aphrodite hielt still, wie verzaubert, als seine Hände begannen, sie zärtlich zu berühren. Sie drehte sich leicht in den Hüften, nackt wie sie war und verstaubt, doch ließ sie den Alten gewähren. Der streckte sich, schluckte, die Zunge spielte, Speichel floss von den Lippen. In diesem Moment fiel mir ein, warum ich gekommen war: ich brauchte genau diese Marmorskulptur für eine Parklandschaft, in einer Ausstellung, morgen begann sie, im Dresdner Hygiene-Museum! Ich erklärte dem Hausherrn entschlossen: ich nehme sie, keine andere. Sie soll die einzige sein, die sich im Park, im Dunkeln als Göttin offenbart! – Der Künstler hatte verstanden, und er akzeptierte: es machte Freude, sie zu berühren.

*

Aphrodite wird nicht gefragt, der alte Homer erst recht nicht. Ich gehe zu ihm, erkläre dem Sänger: wir nehmen sie mit, deine Liebesgöttin! Er strahlt. Er drückt mir die Hand. Abwarten, das ist nicht alles. Die Dresdner Aphrodite wird allein in der Parklandschaft stehen, ein kühles, schweigendes Götterbild. Ihre Haut wird der Weiblichkeit schmeicheln, ihr Marmorleib, straff und gespannt, eben noch mädchenhaft unberührt, wird zahllose Hände spüren.

Kindliche heiße Finger werden den Stein berühren. Hastige geile Pfoten werden sich an Aphrodite reiben, sie unkeusch, wenn auch vergeblich befummeln ... sechs Wochen lang wird sie aushalten müssen, kühl und stumm, in völliger Dunkelheit. Als Trost mag ihr Homer Verse schreiben. Sechs Wochen lang soll man sie rezitieren, bis sie niemand mehr hören kann, während die Fremdenführer ihre Besuchergruppen durch die Finsternis leiten, im vierten Stock des Hygiene-Museums, beim „Dialog im Dunkeln".

Einige Tage später gehe ich mit dem blinden Homer im künstlichen Park spazieren, dem ersten von vier verdunkelten Räumen. Der Kiesweg knirscht unter den Füßen. Links und rechts rascheln mannshohe Büsche, über uns singen Vögel vom Tonband. Die Ausstellung ist noch geschlossen. Niemand wird uns stören, außer Journalisten und einigen Mitarbeitern. Homer streicht an den Büschen entlang, sucht nach Marmorhaut, prallen Schenkeln. Ich kann ihm nicht helfen. Was unsichtbar bleibt, hat es schwer, von den Sinnen erfasst zu werden.

Homer fragt drohend: „Wo ist Aphrodite?" Ich weiß es nicht. Ich schweige. Der sanfte Ton einer Lüftung wird hörbar. Halblaut singen die Tonbandvögel. Der dunkle Raum droht finster zu werden. Wo ist die Liebesgöttin geblieben? Der Alte, anstatt wütend zu werden, versinkt plötzlich in Gedanken. Hat er sich daran erinnert, dass man Göttinnen nicht befehlen kann? Ich beschwöre ihn, spreche wie zu einem Kind: Wir müssen ins Dunkel gehen, um wieder Tasten zu lernen. Die Augen halten nichts fest, nur unsere Hände tun es. Homer ist blind. Er begreift es. Er kennt die Anziehungskraft, die ein Körper ausüben kann. Die Sehnsucht macht schmerzhaft begreifbar: das menschliche Maß ist die Nähe!

Die Stille nimmt immer noch zu. Auf einmal nähern sich Schritte. Ich höre leises Atmen, spüre eine Hand, die meine Schulter berührt, hastig fortzuckt, zurückkommt, dann liegen bleibt, warm und federleicht. Es ist ohne Zweifel ein Mensch, der Verursacher fremder Schritte, ein unbekannter Körper, ein lebendiges, warmes Wesen. Eine Stimme meldet sich tastend: „Ich bin Anna. Ich suche den Ausgang. Ich bin Journalistin." Zögernd hebe ich meinen Arm, greife behutsam in Richtung der Frage. Ich finde Anna. Ich halte still. Wir spüren uns, sind verlegen.

Ich fange an zu reden, um die Dunkelheit auszufüllen, nicht zu leise, nicht zu vertraulich: „Du gehst immer den Kiesweg entlang. Der Ausgang ist dort, wo der Klang sich verliert, das Zwitschern der Vögel, das Knirschen der Schritte von der Schallschleuse völlig verschluckt wird." Dort geht es zum nächsten Raum ...

Hat Anna mich verstanden? Sie rührt sich jedenfalls nicht. Keiner sieht sie. Das gefällt ihr womöglich. Sie spricht nicht, sie sagt nicht danke. Ich lege meine Hand behutsam auf ihre Schulter: „Komm mit, wenn du willst. Wir wollen eine Göttin suchen. Du kennst sie, sie heißt Aphrodite."

Anna zuckt zusammen. Sie macht sich los, läuft fort, einfach irgendwo hin. Ich folge den schnellen Schritten. Homer stapft ebenfalls los. Sucht auch er noch nach seiner Göttin?

Bald finde ich Anna wieder, gehe dicht neben ihr weiter. Ab und zu streift mich ihr Arm. Ich berühre sie, gleite mit Fingerspitzen über lange, kräftige Haare. Es scheint sie nicht zu stören. Liegt das am lichtlosen Raum? Vermutlich fragt sie sich, wer er ist, warum er sich im Dunkeln so sicher und schnell bewegt?

Anna bleibt stehen, hält still. Von irgendwoher hört man Homers Schritte. Weit vor uns knirscht der Alte, schnaubt wie ein Schlachtross, trampelt. Ab und zu rascheln die Büsche, als hoffe er, sich die Göttin aus den Zweigen pflücken zu können. Anna und ich sind uns spürbar nahe. Der Park, der Kiesweg, die Stille, gut so.

Mir ist warm. Was soll ich nur sagen? Die Hand auszustrecken, wage ich nicht. Ich suche nach etwas vertrautem, dem Gefühl der Berührung zum Beispiel. Ich flüstere: „Unser Körpergefühl, du weißt, es beginnt im Dunkeln. Schon jeder Embryo kennt es."

Mit Worten taste ich mich voran: „Ich bin, du bist, aber wo, aber wie? Du bist ein Körper, ein Raumfüller, fleischlich, mit menschlichen Düften gewürzt, ein Wesen, das Raum verlangt, atmet und läuft, das seine Arme ausstreckt. Du bist warm, ein mäßiges Glühen, siebenunddreißig Grad ..."

Stille. Keine Antwort. Anna atmet ruhig. Ihr Schweigen macht mich verlegen. Ich flüstere ihren Namen, ein dunkler, klangvoller Name, passend zu diesem Raum. Ich sage: „Anna. Ich mag den Namen. Oder möchtest du, dass ich Persephone sage, Konkurrentin von Aphrodite, finstere Göttin der Unterwelt?"

Statt zu antworten, kichert sie leise. Ich lasse meine Hand den Arm hinauf, am Hals entlang bis zu den Ohren gleiten. Ich spüre Gesicht und Haare. Anna lächelt, nehme ich an. Jedenfalls hält sie still ...

Ich muss Anna zum Sprechen bringen, ich sage: „Schönheit ist nicht nur mit Augen zu messen. Du spürst es an Aphrodite. Warte nur, bis sie sich zeigt."

Keine Reaktion.

„Du bist, fällt mir ein, ein warmer Spiegel. Ich möchte dich begreifen, verstehst du! Deine Nähe schafft Lust, sich zu nähern, einander näher zu kommen, oder etwa nicht?"

Plötzlich ist Schluss mit der Ruhe. Anna läuft los, ins Dunkel. Gleich steht sie wieder still. Sie weiß nicht wohin. Schwere Schritte auf Kies sind zu hören, laufen in ihre Richtung, schneller, immer schneller ... Homer hat ihr aufgelauert! Er hat Aphrodite vergessen, will sich etwas Warmes, etwas göttlich Lebendiges greifen – Anna! Das Buschwerk raschelt, Füße verlassen den Weg, Zweige knacken, fallen zu Boden. Ich höre heftiges Atmen, zwei Stimmen, Bass und Diskant, lauter und lauter werdend ... jetzt nichts mehr. Nur lähmende Stille – Anna!

Ich renne los, stürme vorwärts, breche wie ein Berserker durchs Buschwerk. Es wird ein Zweikampf um Anna. Doch ihr Götter, wie soll man kämpfen ohne den Augenschein, was für ein Krieg ist das, ohne Licht! Der Alte wird triumphieren, verflixtes Temperament!

Dicht vor mir höre ich Homer. Er erwartet mich, Lockt mich, um mich zu schlagen! Ich ducke mich, bleibe stehen, lausche auf seine Stimme. Wo ist Anna, hält er sie fest? Was jault er da, dieser Narr? Ist dem alten Homer wieder Helena eingefallen, der Krieg, den er besang, den Mut der Männer, den er einst mit tausenden Versen lobte, die Tücke, der Preis, der den Siegern winkte?

Homer singt, Homer krächzt, stapft mit Füßen den Takt. Von Aphrodite singt er, wie sie den Liebling Paris, der ihr den Apfel reichte, vor Menelaos rettete, dem König, dem er die Frau, die schöne Helena raubte.

Paris' Schild ist vom Speer durchbohrt. Menelaos zerrt ihn am Riemen des Helms übers Schlachtfeld zu den Achaiern. Doch Aphrodite sorgt dafür, dass der Riemen reißt, der den Frevler, Hurenbock, Helenas Reiter zu Tode würgen soll! Aphrodite trübt dem Krieger die Augen, vernebelt Menelaos den Blick, der nur noch den Helm in der Hand hält, während die Göttin Paris vom Kampfplatz in den Olymp entführt! Gerechtigkeit? Nicht bei den Frauen! –

He, Homer, du weißt Bescheid. Aber es wird dir nichts nützen. Sing nur, ich werde dir's zeigen, nimm die Hände von Anna, Alter!

Ich packe ihn. Der Barde stutzt. Er schüttelt mich einfach ab. Ich interessiere ihn nicht. Er ist viel zu beschäftigt. Seine Arme umfassen den Stein, den Marmor, der in der Umarmung warm wird. Homer hat Aphrodite entdeckt! Sein Atem wird ruhig, die Stimme leiser, er entlässt weiche Silben: „Taste dich vor", sagt der Sänger zärtlich, und flüstert: „Taste dich vor, begreife, aber sei sanft zu mir..." Homer spricht, als hätte er Fieber. Doch er begreift und genießt. Aphrodite hält ihn gefangen.

Anna! Wo ist sie geblieben? Ich krieche, schleiche auf Knien umher, um die Göttin herum, um die Füße des Alten. Ich streife seine Sandalen. Er ist jetzt ein friedlicher Mann. Ich flüstere: „Anna"! Sie hockt hinterm Marmorsockel, sucht Schutz bei der Göttin, bei Aphrodite, die sie verraten, verkuppeln würde, wie sie Helena wieder und wieder in die Arme ihres Verführers trieb, damit der Krieg und die Liebe, Töten und Zeugen nicht aufhören sollten. Homer aber löst seine Arme, und er flüstert Verse; endlich ist seine Zunge gelöst. Die Schritte knirschen, die Lippen murmeln, er verschwindet wieder im Park.

„Du kannst ruhig sein", sage ich zu Anna, „der Alte ist fort, ganz verzückt. Du wirst es gleich begreifen".

Ich stelle die erschrockene Anna neben die Marmorskulptur, lege ihre warmen Hände auf Aphrodites Schenkel. Sie erschauert. Dann hält sie still. Ich erzähle ihr von der Göttin, ganz Kunst, ganz Marmor, kein Körnchen Staub mehr, keine Regung auf ihrer Haut: Aphrodite von Melos, Venus von Milo. Ihre Statue, ganz aus Marmor wie unsere, aber über zwei Meter groß, wird im Louvre verborgen gehalten. Ihr Alter? Göttinnen altern nicht. Ihr Torso aber ist mehr als zweitausendeinhundert Jahre alt. Man fand ihn in den Ruinen einer westanatolischen Kleinstadt, in der viele Jahrhunderte lang Griechen und Römer gemeinsam wohnten. Aphrodite lag unter den Steinen des Aphroditetempels, kopflos und armlos, ein Frauentorso, behindert, als Schönheitsideal, vom Schutt der Jahrtausende aufbewahrt. Sie war eingestaubt wie die Kleine hier, die Dresdner Figur. Die echte Aphrodite, die Liebesgöttin, die Venus der Römer, stieg in griechischer Zeit vor Zypern aus dem Meeresschaum auf, Herrin der Sinneslust und der Schönheit, Falls der blinde Homer nicht lügt.

Anna zittert ein bisschen beim Namen Homer. Ich führe ihre Hände auf Aphrodites Leib, nach unten, zu ihren Füßen. Eine Steinfläche wie aus Schaum, ihre Zehen darin versunken, zwei Waden daraus hervor. Die Schenkel wie glatte Stämme, gerundete Schwünge aufwärts, die Hüften entlang bis zur Taille, zum Nabel. Darunter der Tang und das Seegetier, darüber Knospen und Früchte. Sie reckt sich zur Sonne, streckt ihre Brüste, hat die Arme schützend erhoben, vor dem Gesicht gekreuzt.

Anna tastet weiter. Sie sucht vergeblich. Da ist kein Gesicht, nur ein Riegel aus Stein, der roh behauene Marmor. Der Kopf der Göttin, versteckt in den Wolken. Wir lassen die Arme sinken, zum Sockel, zur Basis der Göttergestalt. Ihre Füße stehen im Meer, in einem Felsen aus Schaum, Felsen, weich wie die Unschuld, Ein Kalkgestein wie aus Honig.

Anna sagt nichts, doch sie kichert. Ich warte. Zwischen uns steht Aphrodite. Ihr Stein zieht die Hautwärme an. Zufällig treffen sich unsere Hände, links, an der Hüfte der Göttin. Plötzlich hebt Anna die Arme, umarmt die Skulptur, die fühlbar Frau ist, eine nackte, schwungvolle Schönheit. Schön wie Anna? Ich kann sie nicht sehen. Ich berühre leicht ihren Nacken. Sie zieht die Schultern zusammen. Ich lache verlegen, zu laut. Sie lässt ihre Finger ruhen. Meine Hand schiebt sich dicht neben ihre. Eine angenehme Berührung.

Jetzt lege ich ihr für alle Fälle so sanft wie möglich den Mund auf den Mund. Sie wehrt sich ein bisschen, dann hält sie still. Stille im Raum, Homer ist nirgendwo zu hören. Kein Beobachter stört uns. Wir haben nichts zu bereuen. Ich erkläre ihr, wie ich sie mit den Fingern erkennen werde, Anna und Aphrodite, gleich unsichtbar, jede gleich fraulich: durch die Temperaturen der Körper, das Gefühl an den Fingerspitzen, die noch den feinsten Marmor von weiblicher Haut unterscheiden. Da fragt Anna: „Bist du denn blind"?

Ich erschrecke. Ich lasse sie los. Unser Spiel hat nur Sekunden gedauert. Schon entwischt sie mir, zieht sich still hinter Aphrodite zurück. Ich folge ihr, greife ins Leere, bleibe stehen, verwirrt und erschreckt.

Wo ist Anna? Sie muss doch hier sein! Plötzlich tönt durch die Finsternis eine Stimme, fremd und warm zugleich. Sie klingt fraulich, und so geheimnisvoll, als spräche die Göttin selbst, als blase Aphrodite aus einer marmornen Wolke ihre Worte in die kleine Gestalt, das Dresdner Meisterstück. Sind es Verse Homers? Ich höre auf die Stimme, als sei sie für mich bestimmt. Es ist Annas Stimme, die spricht:

> Suchst du mich, so findest du mich
> ich bin der lebendige Stein
> So glatt und kühl, so zart und warm
> wie deine Hände sind
>
> Taste dich vor, begreife
> aber sei sanft zu mir

Ich steige herauf aus dem Marmormeer
meine Füße bedeckt der Schaum
mein Körper spannt Bögen entspannter Sehnsucht
rundet sich satt wie die Sonne

Wo meine Knospe zu blühen beginnt
hebe ich schützend die Arme

Schau mich nicht an!
mein grobes Gesicht
im Dunkel des Steins verborgen
macht erst die Liebe schön

2.
Titanen

Apheliotes

Feucht fächelt junger Ostwindatem
Goldähren wanken unter erstem Vogelzug
Schwarzrotes Kirschwunder im Garten

Steffen Marciniak

Kerstin Groeper

Chaos versus Inyan – Eine Schöpfung der Welt

Chaos war der Anfang von Allem oder besser gesagt vor Allem; ehe überhaupt das Universum in seiner jetzigen Form entstand. Aber was war vorher? Eine Idee, ein Gedanke, ein Sein? Wir wissen nur, dass anfangs das Chaos regierte, eine Urform aller Materie und Energie. Nehmen wir an, dass bereits diese Urform ein Bewusstsein hatte. Eine kindliche, unfertige Persönlichkeit, die allein durch Gedankenkraft seine Umgebung gestalten konnte. Oder gab es gar mehrere Schöpfungswesen, die irgendwann den Entwurf des Lebens ersonnen haben?

Eines dieser Wesen hieß Chaos, erdacht von den Göttern des Olymp, um den Urzustand vor der Erschaffung der Welt beschreiben zu können. Aber was war zuerst da? Das Chaos oder der Gedanke an das Chaos? Dieses Rätsel ist genauso wenig zu beantworten wie die Frage, ob zuerst das Huhn oder das Ei da waren. Bleiben wir doch einfach beim Anfang und stellen uns vor, wie ein Dialog aussehen könnte, wenn zwei unterschiedlich erdachte Schöpfungswesen zufällig aufeinandertreffen, die sich gegenseitig in ihren Plänen inspirieren.

Das eine Wesen war Chaos, Urzustand griechischer Mythenbildung, der durch seine eigene Unendlichkeit driftete – in diesem Wirrwarr aus Zeit, Raum und Materie, die in ihrer drehenden, wirbelnden Unordnung keinen klaren Gedanken zuließen. Es war das erste Mal seit Äonen, dass Chaos sich darüber ärgerte. Ärger war überhaupt die erste Empfindung, das erste Gefühl, das sich als Bewusstsein etablierte, lange bevor Chaos erkannte, dass er einen eigenen Willen besaß. Zum ersten Mal störten ihn die Unordnung und die Unfähigkeit, diesen Wirbel zu entwirren. Er hatte keine Form, kein Bewusstsein, keinen Willen und keine Vorstellungskraft und dies erschwerte es, dieses Gefühl des

Ärgers einzuengen. Chaos wusste nur, dass er dieses Sammelsurium aus Blitzen, Materie, Wirbel und Unendlichkeit in eine Bahn lenken wollte. Hinaus aus diesem Zustand des Nicht-Seins, Nicht-Denkens, Nicht-Fühlens und Nicht-Begreifens. Das war es: Er wollte begreifen! Er brauchte etwas, woran er sich entlang ziehen konnte, etwas, das ihm helfen würde, diese Bahnen zu finden. Allein der Gedanke brachte schon ein wenig Ordnung in diese Unendlichkeit, denn dieser Gedanke an geordnete Bahnen ließ Zukunft entstehen. Ab sofort gab es nicht nur das Jetzt, sondern auch Vergangenheit und Zukunft. Er fand das cool. Zufrieden lümmelte sich Chaos in einen imaginären Liegestuhl und ruhte sich von der Anstrengung des Denkens aus. Wenn es Vergangenheit und Zukunft gab, brauchte man auch eine Pause, um sich von der Zeit dazwischen zu erholen. Äonen schienen nun wirklich eine sehr lange Zeit zu sein.

Chaos wurde aus seinen tiefgründigen Gedanken gerissen, als ein recht seltsames Wesen aus dem Nichts auftauchte. Die Wahrscheinlichkeit, dass diese Begegnung in der Unendlichkeit überhaupt stattfand, war so verschwindend gering, dass es mathematisch nicht zu erfassen war, abgesehen davon, dass Mathematik als Gedanke noch nicht einmal vorhanden war. Chaos überlegte, ob er nicht späteren Schulkindern den Gefallen tun sollte, die Mathematik erst gar nicht zu erschaffen, wurde aber durch die Anwesenheit des fremden Wesens abgelenkt. So hob er verblüfft eine imaginäre Augenbraue und schaute sein Gegenüber fragend an. „Wer bist du?", erkundigte er sich. Gleichzeitig erfreute er sich an dem neuen Gefühl des Staunens und dass es ein Nicht-Ich gab. Zugeben sah er viel besser aus als das unförmige Ding, das da vor ihm aufgetaucht war.

„Inyan!", antwortete sein Gegenüber. „Der Felsen!"

„Also bist du Materie", stellte Chaos fest. „Und ziemlich klobig."

„Das stimmt nicht ganz! Ich bin massiv, vielleicht auch massig, aber als erstes Wesen muss das auch sein. So wurde ich von den Lakota erdacht."

„Wer sind die Lakota?", wollte Chaos wissen. In seinem Hinterstübchen markierte er, dass mit dieser Frage auch die Neugier geboren wurde. Neugierde war überhaupt ein gutes Gefühl, denn es erlöste ihn aus der Langeweile des Alleinseins.

„Wesen, die ich einst erschaffen werde. Es sind Indianer."

„Ach so!", murmelte Chaos ein wenig neidisch. Wieso hatte dieser Inyan schon so genaue Vorstellungen, was einst sein würde? Andererseits klammerte er sich an dieses Wesen, denn es brachte Ordnung in sein Chaos. Er fühlte sich etwas minderwertig und kniff die imaginären Lippen aufeinander. „Setz dich doch!", lud er den Felsen ein und bot ihm ebenfalls einen Liegestuhl an. „Ich habe gerade Vergangenheit und Zukunft entstehen lassen!", prahlte er. Er hatte das Gefühl, auch etwas vorweisen zu müssen.

Inyan nickte wohlwollend. „Sehr gute Idee!", befand er. „Ich war auch am Überlegen, ob ich nicht mein Blut fließen lasse, um etwas entstehen zu lassen. Ich war zu lange allein in dieser endlosen Dunkelheit."

Chaos kicherte in sich hinein. „Ihr Indianer braucht immer irgendetwas mit Blut, oder?"

„Auf welche Weise möchtest du denn etwas erschaffen?", wunderte sich Inyan. „Oder bleibst du gerne alleine?"

„Nein! Aber es ist doch alles da. Ich muss es nur ordnen. Ich schicke es in die eine Richtung, damit es sich immer weiter ausdehnt und entwickelt."

„Was bedeutet die eine Richtung?"

„Na, von mir weg!", Chaos zeigte mit der Hand um sich herum.

Inyan kicherte in sich hinein. „Das ist aber sehr diffus! Bei mir wird es sieben Richtungen geben. Norden, Süden, Osten, Westen, Oben und Unten, und das Selbst. Im Gebet kann der Einzelne dann die Balance zum Universum finden."

„Und wo bist du in diesem Konzept zu finden? Nein, das gefällt mir nicht. Ich möchte, dass ich im Zentrum sitze und alles sich nach mir richtet. Oben und unten! Da wird mir ja schwindelig.

Nein, alles soll sich um mich herum drehen." Chaos schüttelte sich vor Entsetzen. Zu viel Ordnung und Richtung schadete nur.

Inyan dachte darüber nach. „Du bist ganz schön egozentrisch! Ich selbst bin doch gar nicht so wichtig. Ich opfere nur mein Fleisch, um Anderes entstehen zu lassen. Dann wird bei mir alles in Kreisen und Zyklen ablaufen. Es gibt keinen Anfang und kein Ende, sondern alles beginnt immer wieder von vorn."

„Bloß nicht!", wehrte Chaos impulsiv ab. „Ich habe die Nase voll von Kreisen, Wirbeln und Zyklen. Davon hatte ich wirklich genug. Nein, ich will, dass alles sich ausdehnt und es kein Zurück mehr gibt."

„Und was machst du, wenn das Ende erreicht wird?"

„Bei mir gibt es kein Ende. Mein Universum ist unendlich."

„Ja, aber …", Inyan versuchte sich das vorzustellen. „Irgendwann, wenn man es zu Ende denkt, dann gibt es ein Ende. Natürlich nicht in einer Zeitspanne, die man sich vorstellen kann, aber irgendwann einmal. Weißt du, was ich meine?"

Chaos dachte darüber nach und nickte schließlich. „Stimmt schon, jede Ausdehnung, jede Zeit hat einmal ein Ende."

„Siehst du … und was passiert dann?"

Chaos wischte die Frage mit einer ungeduldigen Handbewegung beiseite. „Dann lasse ich alles wieder zusammenkrachen und fange von vorne an."

„Ganz schön brutal!", staunte Inyan ehrlich entsetzt. „Aber im Grunde ebenso ein Kreislauf, nur eben kosmisch betrachtet."

„Und du?", forderte Chaos ihn heraus. „Bei dir ist alles klein, oder was?" Er schob verächtlich die Lippen vor.

Inyan schwieg eine Weile. Dann hob er die Arme, verschränkte sie hinter seinem Kopf und dachte darüber nach.

„Nicht klein", antwortete er, „aber alles ist eins."

„Wie meinst du das? Wir sind ja jetzt schon dual, also ich und du. Wie können wir da eins sein?"

„Nun, wir sind auch nur die Vorstellung ein und desselben. Ich habe dich erdacht und du mich. Alles andere macht einfach keinen Sinn. Und alles, was nach uns entsteht, ist immer ein Teil von uns. Mitakuye Oyasin, wir sind mit allem verwandt."

„Langweilig!", meinte Chaos. „Ich will immer am oberster Stelle stehen und darüber bestimmen, wie es weitergeht."

„Ein Bestimmerich!", stänkerte Inyan ein wenig.

„Na klar! Wenn ich mir schon die Mühe mache, mir alles auszudenken."

Die beiden schwiegen eine Weile und gaben sich dem Gefühl der Weite des dunklen Universums hin. Es gab so viele Möglichkeiten, so viele Gegenwarten und Parallelen. Inyan fand es schade, dass all seine Gedanken und Vorstellungen so im Dunkeln lagen. Gab es denn hierfür nicht auch ein Gegenteil?

„Wenn du schon dabei bist, dir etwas auszudenken, dann lass doch mal diese Dunkelheit verschwinden", schlug er nach einer weiteren Unendlichkeit vor.

„Wieso? Stört sie dich?"

„Ich finde, dass wir die Balance erschaffen sollten. Ich und du, Zukunft und Vergangenheit sind doch ein guter Anfang. Auch den Gedanken an das Ende haben wir schon gefunden. Nun brauchen wir ein Gegenstück zur Dunkelheit."

„Au ja!", freute sich Chaos. „Auch Gut und Böse, und Liebe und Hass!"

„Warum fängst du nicht mit etwas Leichterem an? So wie Groß und Klein, Hoch und Tief, oder so?"

„Langweilig! Bei mir muss es schon rund gehen." Chaos stellte sich einen Kampf zwischen Planeten und Supernovas vor und brummte zufrieden. „Also, was machen wir mit der Dunkelheit?", fragte er ungeduldig.

Inyan nahm die Erde, nannte sie „Maka" und schuf sie um sich herum. Er platzte nun fast aus seinem Liegestuhl und erfand ihn eine Nummer größer. Chaos hatte zwar keine Ahnung, was Inyan da machte, aber tat es ihm gleich und erschuf Gaia, die Erde, nur mit dem Unterschied, dass er sie in den Kosmos hinausschickte.

„Es ist aber immer noch dunkel!", murrte er.

„Pass auf!", besänftigte ihn Inyan. Mit seiner Hand nahm Inyan die Dunkelheit, nannte sie „Han" und versteckte sie in der Erde. Dann nahm er ein Stück von sich, setzte es ins Universum und nannte es „Wi", die Sonne. Es war natürlich viel zu grell und so setzte er eine Sonnenbrille auf, um sich zu schützen. Er blinzelte, um sich an die Helligkeit zu gewöhnen.

Chaos hielt sich schützend die Hand vor die Augen und schüttelte den Kopf. „So ein Blödsinn. Lass diese Helligkeit lieber bei dir! In meinem Kosmos bleibt es dunkel."

„Du hast doch von einem dualen System gesprochen. Du redest von Liebe und Hass, aber magst Dunkelheit und Helligkeit nicht?"

„Es ist ja auch ein Unterschied, ob ich es mir ausdenke, oder ob es mir aufgezwungen wird", verteidigte sich Chaos.

„Nein, nein!", widersprach ihm Inyan. „Regeln gelten für alle. Wenn wir uns für ein duales System entscheiden, dann gibt es keine Ausnahmen."

„Langweilig!", schimpfte Chaos. „Und überhaupt, wenn es nur hell ist, was ist dann mit dunkel?"

„Stimmt!", gab Inyan ihm recht. „Ich erhalte auch schon die erste Beschwerde. Maka, die Erde, beklagt sich, weil es ihr ebenfalls zu heiß und zu grell ist. Sie will eine Zeit, in der sie sich ausruhen kann."

„Kannst du mal sehen, was du von deinem „Mitakuye Oyasin" hast. Kaum hast du etwas erschaffen, meckert es schon. Bei mir gibt es das nicht. Ich bin der Boss."

Inyan seufzte tief. „Aber durch Kritik kann man sich doch verbessern. Ich erschaffe nun den Kreislauf aus Tag und Nacht. Nachts darf Han heraus und tagsüber darf Wi strahlen. So ist es viel gerechter."

„Ich finde die Nacht und Dunkelheit viel interessanter. Ich erschaffe Nyx, die über die Nacht in meinem Universum wacht und gleich noch Erebos, als Herrscher der Finsternis dazu. Die beiden können dann von mir aus den Tag entstehen lassen. Der soll Hemera heißen."

„Willst du das nicht lieber Nyx und Erebos überlassen?"

„Was?"

„Na, wie sie ihre Wesen nennen."

„Nein!", lehnte Chaos kategorisch ab. „Ich bin der …"

„Der Boss!", fiel ihm Inyan ins Wort. „Habe ich verstanden!"

„Und was stellen wir als nächstes an?" Chaos hielt nun ebenfalls eine Sonnenbrille in der Hand und setzte sie auf. „Tolles Ding!", murmelte er bewundernd. Abwartend drehte er seinen Kopf zu Inyan.

„Ich lasse mein Blut fließen, damit Wasser entsteht und wenn es verdampft, entsteht Skan, der Himmel. Von dort regnet das Wasser wieder auf die Erde hinunter und schon gibt es einen neuen Kreislauf."

„Bis auf das Blut, eine gute Idee! Aber ich erschaffe erst einmal Eros, die Liebe. Ohne Liebe kann es kein Leben geben."

„Das wird völlig überbewertet!", widersprach Inyan mit fester Stimme. „Ich glaube an Selbstopfer, Schmerz, Hingabe und Mitakuye Oyasin."

„Selbstopfer!" Chaos kreischte vor Lachen. „Ihr Indianer mit euren Schmerzen und Blut! Überleg doch mal, was man mit Liebe alles erreichen kann …!"

„Oder zerstören!", warnte Inyan geduldig. „Es ist gefährlich, einen Kosmos aufzubauen, der auf Liebe basiert. Denn, wo es Liebe gibt, entstehen auch Hass und Eifersucht. Daher sind mir Demut und Hingabe wichtiger."

„Langweilig! Außerdem widersprichst du dir andauernd. Auch Demut und Hingabe werden begleitet von Kontrolle und Gewalt. Genauso wie das Gegenteil von Mitakuye Oyasin der Egoismus ist. Erschaffst du das eine, bringst du auch das andere in deinen Kosmos. Wenn ich der Boss bin, bestimme ich, in welche Richtung es gehen soll."

Inyan kicherte belustigt. „Wie kann Chaos der Boss sein? Das ist doch ein Widerspruch in sich!"

Chaos schwieg beleidigt und erschuf den Tartaros, einen Ort des Üblen und der Qualen, in den er alle verbannen konnte, die er nicht leiden konnte oder die ihm widersprachen. Vielleicht konnten dort auch irgendwelche Monster wohnen? Mit einer Handbewegung wollte er Inyan dorthin verbannen, aber Inyan widersetzte sich seiner Kraft.

„Was soll denn das sein?", wunderte sich Inyan, als er den dunklen Ort wahrnahm. Sehr indianisch ignorierte er, was Chaos eigentlich mit ihm vorhatte.

„Dieser Ort entspricht doch ganz deiner Logik!", erklärte Chaos. „Wenn es einen Platz gibt, an dem das Gute herrscht, muss es auch einen Platz geben, an dem man das Böse verbannen kann."

Inyan schob erstaunt die Sonnenbrille nach oben und musterte Chaos mit einem strengen Blick. „Dafür brauche ich doch keinen Ort!", stellte er fest. „Das Leben an sich ist schon hart genug. Wenn jemand etwas Schlechtes tut, dann kehrt es zurück und beißt dich. Das reicht völlig."

„Mir ist das zu wenig. Ich will selbst über die Strafe entscheiden, wenn jemand meine göttliche Ordnung stört."

„Das liegt nur daran, dass du ein Boss sein willst. Du hast Angst, einfach loszulassen und deine Schöpfung selbst entscheiden zu lassen."

„Allerdings!", verteidigte sich Chaos. „Das würde ja bedeuten, dass ich alles wieder ins Chaos stürzen lasse. Endlich herrscht hier Ordnung, da werde ich den Teufel tun und alles wieder auf Anfang zurücksetzen."

„Wer an den Teufel glaubt, der braucht natürlich auch einen Tartaros."

Chaos seufzte tief. „Den Teufel gibt es erst später!", erklärte er gereizt. „Außerdem glaube ich nicht daran, dass sich das Schicksal für jemanden erfüllt. Da muss man schon nachhelfen."

„Das ist mir, ehrlich gesagt, zu anstrengend." Inyan räkelte sich faul im Liegestuhl und genoss das warme Licht von Wi. „So ein Schöpfungsakt ist ermüdend. Ich habe vor, all meine Kraft in den Himmel fließen zu lassen und mich dann zurückzuziehen. Ein wenig von meiner Kraft wird in den Steinen bleiben und später einmal werden Indianer Wasser darauf gießen und die heilenden Kräfte meiner Steine entfalten."

Chaos stand der Mund vor Staunen offen. „Du willst deine Kräfte herschenken?"

„Warum nicht?", wunderte sich Inyan. „Es ist doch auch schön, seine Schöpfung wohlwollend zu beobachten und zu sehen, wie sich alles weiterentwickelt. Ich bin dann ein Teil des Mitakuye Oyasin."

„Du spinnst!" Chaos tippte sich mit einem Finger gegen die Stirn. „Du kannst doch die Schöpfung nicht sich selbst überlassen! Überlege doch mal, was da vielleicht für Wesen entstehen. Was machst du, wenn die alles gefährden und vernichten?"

„Nichts!" Inyan zuckte mit den Schultern. „Meine Mutter Erde ist kraftvoll genug, um sich zur Wehr zu setzen. Sie braucht mich nicht mehr. Ich habe eher Mitleid mit den Wesen, die sich mit ihr anlegen.

„Super!", stöhnte Chaos. „Dieses Larifari liegt mir nicht. Ich möchte lieber Gegensätze und Konflikte. Mutter Erde! Langweilig! Bei mir wird es Gottheiten geben, die Nachkommen zeugen und diese werden wieder Nachkommen haben. Das ist viel spannender. Sie werden kämpfen, sich gegenseitig verschlingen, sich hassen und lieben. Ich sage dir, da wird es abgehen!"

„Die Schöpfung ist doch keine Seifenoper! Hier geht es um universelle Werte. Ich möchte, dass meine Wesen sich dessen bewusst sind und nach gewissen Tugenden leben. Alle sollen Respekt vor der Schöpfung haben."

„Mir reicht es, wenn sie Respekt vor mir haben. Meine Götter sollen natürlich mutig und stark sein, aber genauso soll es Verrat und Boshaftigkeit geben. Sonst wird die Balance gestört."

„Du hast schon eine seltsame Auffassung von ‚Balance'!" Inyan runzelte die Augenbrauen und schüttelte den Kopf. „Für mich bedeutet Balance, dass ich im Einklang mit dem Universum lebe.

Ich möchte, dass meine Wesen bestrebt sind, diese Balance zu finden."

„Also klassische Gutwesen. Langweilig!" Chaos lachte dunkel. „Und völlig unrealistisch!"

„Es ist ja auch nur eine Idee. Ein Ideal, auf das meine Schöpfung hinarbeitet. Es wird immer Wesen geben, die die Unordnung wollen, die Verderben in Kauf nehmen und sich über das Gemeinwohl hinwegsetzen, aber solange die Vorstellung eines Mitakuye Oyasin existiert, wird es einen Weg geben."

Chaos kniff wenig überzeugt die Augen zusammen. „Nicht, wenn du die Macht abgibst. Es wird Wesen geben, die so schlecht sind, dass du dir es gar nicht vorstellen kannst. Wesen, die alles zerstören, was du mit Mühe aufgebaut hast. Nix mit Balance und Mitakuye Oyasin."

„Das glaube ich nicht!" Inyan erhob sich aus seinem Liegestuhl. „In meinem Kosmos wird immer die Vernunft siegen. Alles bewegt sich in Kreisläufen und dieses Gesetz wird für alle bindend sein. Niemand arbeitet auf seine eigene Vernichtung hin. Die Vernunft ist meine Ordnung. Und in diesem Gebilde sind alle gleich und gleichberechtigt."

„Nicht, wenn du die Macht abgibst!", wiederholte Chaos stur.

„Doch! Auch dann! Denn es ist das Gesetz des Lebens. So wie ich es erschaffen habe."

„Tss! Kein Gesetz funktioniert, wenn du keine Instanz hast, die darüber wacht, dass es eingehalten wird. Wenn du deine Macht verlierst, dann weihst du deine Welt dem Untergang."

„Das sehe ich anders!"

Chaos runzelte herausfordernd die Stirn, dann trat ein gefährliches Glitzern in seine Augen. „Wollen wir wetten?!" Er hatte da schon die eine oder andere Idee, wie er die Welt von Inyan aus den Angeln heben konnte. Das würde sehr viel Spaß machen! Mit seinem Finger stupste er die Erde an, damit sie Berge und Meere bildete. Es gefiel ihm und er beschloss, sie als Blaupause für weitere Planeten zu verwenden. Überhaupt machte ihn die

Ordnung unglaublich müde und so ließ er sich in seinem Liegestuhl zurücksinken, um ein Nickerchen zu machen. Er schob die Sonnenbrille vor die Augen, um vor dem gleißenden Licht bei der Geburt eines Sterns geschützt zu sein und fühlte sich wohl, als die bekannte Dunkelheit ihn umfing. Überhaupt: Zu viel Ordnung schadete nur und so gab er seinem Universum einen gewaltigen Kick, damit Galaxien, schwarze Löcher und Supernovas sich in einem wirbelnden Tanz begaben. Seelig an seinem Daumen lutschend schlief er ein und träumte von Titanen und Riesen, schrecklichen Monstern und ganzen Heerscharen von Helden, die mit blutigen Schwertern in der Hand Köpfe rollen ließen. Pfeil und Bogen waren ihm einfach zu langweilig. Ha, und dann gab es da noch die Menschen, die gewiss auf ihren eigenen Untergang hinarbeiten würden. So machte ihm das Spaß. Chaos würde siegen!

Rolf Hochhuth

Gaia

> *So herrsche denn Eros, der alles begonnen!*
> J.W. Goethe: Faust

Ursprung der Kunst – wird *Dein* Fleisch Geist!
Kein Mann erzwingt und kein Kalkül,
was sich aus weiblichen Hormonen speist:
Form, Schönheit, Tiefe – Klarheit, Energie, Gefühl.

Du topasbraun-nackt: Die Leuchtkraft der Ikonen.
Vulkanglut unter Mattgold. Deine Haut
tarnt – da *sie* so kalt – die erogenen Zonen,
bis im zentralen Kuß, was aufgestaut

rißrote Lippen überschwemmt in dunklen Locken:
Lust verjüngt beide, bis die Woge bricht.
Mit 69 öffnen die barocken
Schenkel die Vorahnung: Das Weltgericht

hält eine Göttin ab, kein Gott: Das Weib
– *die* Erde ist *die* Mutter – das Alpha, Omega gesetzt.
Der Mann kommt aus der Frau. Zu ihrem Leib
kehrt er, kehrt Kunst zurück – zuletzt.

Heidi Ramlow

Nyx und ihre Tochter Ker

Auf leisen Sohlen kommst du angeschlichen, verhohlen roh dein Lachen. Ein leichter Biss in meinen Nacken, die Stimme laut und fordernd. „Wo ist es versteckt?"
Die Nacht umhüllt uns, Dunkel wird noch dunkler, dumpf tönt's in meinem Kopf: „Wo hast du's her?"
Da legst du leicht die Hand auf meine Schulter: „Ich bin die Tochter", sagst du, „du die Mutter Nyx. Geboren aus dem Chaos, Nachtgestalt."
„Und du die Tochter Ker", erwid're ich, „Unglücksbringerin, Schwester des Totengottes Thanatos. Was willst du mit dem Schwert, der Kopis?"
Der Griff wird fester auf der Schulter. „Ich will die Ordnung brechen, die uns bindet. Gib es mir zurück."

Wir waren uns so nah, von Anfang an verschmolzen miteinander. Du schliefst nur ein am Abend, wenn ich mit meinen schwarzen Flügeln dich umhüllte und dich entführte mit dem Himmelswagen, um dir Geschichten zu erzählen. Die Grausamkeit der Grimm'schen Märchen wurde von Vampir-Geschichten abgelöst. Du hast die Bücher Zeil' um Zeil' verschlungen, gabst mir den Namen Nyx, Göttin der Nacht. Ich nahm den Namen an und fühlte mich geschmeichelt, dachte, es sei vorübergehend, Teenagerlaune. Die Göttin Nyx, für dich die Göttin der Vampire, verlieh dir freien Willen. So lehntest du die Taufe ab, die ich dir anbot, als du dreizehn warst, reif genug, um selbst Entscheidungen zu treffen. Doch kommst du ohne Glauben klar? Den schwarzen Panther erkorst du dir zur Leitfigur. Geschmeidig, lautlos und gefährlich. Der spielerische Biss in meinen Hals sein Zeichen. Die schwarze Kleidung schreckte mich, doch ich trug selber schwarz, und ich vertraute dir. Doch jetzt bist du erwachsen, Tochter, keine Jungvampirin mehr.

„Weißt du eigentlich, wer Nyx wirklich war?", frage ich.

„Ja", sagst du, „und sie ist's, an die ich glaube."

Du löst die Hand von meiner Schulter, setzt dich an deinen Schreibtisch. Ich stehe hinter dir und spüre das Band, das uns verbindet und das du kappen willst. Der Klang der Stimme Nyx kommt aus den Tiefen meiner Brust. Den Glauben eines Kindes zu zerbrechen, fällt schwer, genauso schwer, wie Wahrheit zu ertragen.

„Weißt du, dass Nyx, die Urgöttin noch vor Zeus, mit Vampiren nichts zu tun hatte?"

„Ja, Mama. Ich bin sechzehn, Mama. Nyx ist die einzige Göttin, die mich angesprochen hat. Sie bleibt mein Pseudonym für dich. Nimm es als Kompliment."

Du drehst dich auf dem Hocker um, schlingst beide Arme um meinen Leib, reibst deine Wange an meinem Bauch, von dir geliebt als weich und warm.

„Nyx ist meine Vertraute, der ich alles sage. In ihr erkenne ich mich. Sei nicht traurig, Mama. Wie du hört sie mir zu und wacht über mich. Bei Gott hatte ich nie das Gefühl, er würde über mich wachen. Er ist zu unnahbar. Die Beichte in die Ohren eines Priesters schenke ich mir. Du hast mich hingeschickt, damit ich weiß, worauf ich pfeife. Und dafür danke ich dir."

„Aha. Nyx ist zur neuen Religion geworden."

„Mama! Es gab schon früher Menschen, die an Nyx geglaubt haben, nur man hat uns vernichtet. Wie so vieles vernichtet wird, was nicht den großen Religionen angehört. Hast du noch einen Glauben, Mama?"

„Ich, deine Nyx, glaube an nix, Tochter."

Du übergehst den Spott und hinterfragst, wie ich es dich gelehrt habe.

„Warum glaubt man an Gott und nicht an Nyx? Warum glauben alle immer an Männer? Der Papst ist ein Mann, Gott ist ein Mann, Mohammed auch. Nyx ist eine Frau, Mama. Die Nacht ist meine Verbündete. Das Mondlicht ist weicher als die ausdörrende Sonne."

Der Bildschirm flackert auf. Willkommen im Darknet.
„Was ist das?", frag' ich zaghaft. Es macht mir Angst, dass du die dunklen Seiten liebst, in allem, was du tust, sogar im Internet.
„Wenn du die Kopis wegnimmst, bestell' ich sie mir neu, ich brauche sie für unser Ritual.", sagst du.
„Was willst du ritualisieren, Kind?"
„Du weißt es längst, Mama."
Jetzt bin ich Luft für dich, doch sie umströmt dich überall mit meiner Liebe. Noch sind wir eins, das Band noch nicht gekappt, sind Glieder einer Kette, die fest zusammenhalten und Ordnung versprechen. Die Umrisse deines Kopfes sind klar erkennbar im Widerschein des Monitors, die ungebändigte, rote Mähne um dein Profil als Strahlenkranz. Brutal erkenne ich, dass du erwachsen bist, nicht schemenhaft mehr ohne Konturen auf dem Weg dahin. Ich lehne mich an die Wand, dir gegenüber, versuche, zu begreifen, sehne mich nach dem Kind, dem kleinen Mädchen, das sich anlehnt und mich braucht.
„Lass sie los!", befiehlt es in mir, „eh' es zu spät ist."
Ich hör' dein Tippen auf den Tasten und lese KER. Leise schleicht sich Zweifel in mein Hirn, das Richtige getan zu haben. Er bohrt sich fest in die Gedanken, pocht in beiden Schläfen, mir wird schwindelig. Das Schwert blitzt auf dem Schrank, als wollt' es mir ein Zeichen geben. „Gib mich deiner Tochter zurück", blinkt es mir zu. Ich schwanke.
„Mama, setz dich auf meinen Hocker. Was ist mit dir? Soll ich das Licht anmachen?"
„Du bist Ker, Ker! Verkörperst den gewaltsamen Tod."

Die Stimme, die aus tiefer Kehle krächzt, ist nicht die meine und doch kommt sie aus meinem Mund. „Du willst das Schwert, um mich zu töten!"

„Ach, Mama. KER ist mein Nickname im Forum. Ich chatte mit meinem Bruder Thanatos, dem Totengott, auch ein Nickname. Komm, setz dich zu mir!"

„Warum hast du gerade diesen Namen ausgewählt?"

Du holst mir einen Stuhl, nimmst meine Hand und führst mich hin. „So kannst du besser lesen, was ich schreibe."

- KER: Hallo, Thanatos.
- Thanatos: Hi, Ker. Hast du die Kopis erhalten?
- KER: Ja, mein Bruder, ein echtes Hiebschwert, die Klinge scharf und krumm, der Griff aus Horn sehr edel. Antik?
- Thanatos: Was denkst du – nein!
- KER: Nyx hat es mir weggenommen.
- Thanatos: Aus welchem Land sprichst du mich an?
- KER: Der Weg ist sicher.
- Thanatos: Willst du ein neues Schwert?
- KER: Vielleicht. Wir chatten später.
- Thanatos: Das Ritual, das Kettenglied?
- KER: Es wird zerbrochen werden.
- Thanatos: Willst du wirklich Stabilität verlieren?
- KER: Stabilität bedeutet Stillstand.

Die Dunkelheit verbreitet sich erneut, in mir, um mich herum, und auf dem Monitor. Er verdüstert sich, wird zum Sternenhimmel, Nyx erscheint in ihrem Himmelswagen, die schwarzen Flügel ausgebreitet. Ihr Blick ist kalt und grausam. Ich greife nach deiner Hand. Spürst du mein Zittern?

„Ach, Mama. Macht das Darknet dir Angst? Ich nutze das Netz für den Austausch mit Gleichgesinnten auf der ganzen Welt, geschützt durch einen Tor-Browser, nicht gläsern wie andere User im Internet, so wie du. Das ist nichts Schlimmes. Ich habe Freunde in Syrien und sogar in China. Wenn es das Darknet nicht gäbe, könnte ich nicht erfahren, wie sie wirklich ticken. Im Darknet sind wir frei. Nyx ist kein Pseudonym für Schlechtes, Ker und Thanatos auch nicht. Aber ihr – auch du! – denkt immer nur an Drogen, Waffen, Kinderpornos, wenn ihr vom Darknet hört."

Ich taste mich zum Schrank, stoße mit meinen Zehen daran, schreie, weil es schmerzt. Scheppernd fällt das Schwert zu Boden, bohrt sich in das Holz neben mir, fast hätte es mich getroffen. Du ziehst es raus und lachst verletzend auf und löst von deinem schwarzen Kleid den Gürtel, den ich für dich aus Kettengliedern schuf, aus Edelstahl, rostfrei, als Zeichen unserer Verbundenheit. Ich falle auf die Knie, halte die Kettenglieder zwischen beiden Händen dir entgegen.

„Du wirst nicht leiden müssen", sagst du sanft, „es ist das Ritual, die Ketten, die dich binden, zu zersprengen." Und hebst das Schwert.

Volker Braun

Verfahren Prometheus

Als er jetzt vernommen wird, steht er mit weißer Mähne und zerfurchtem Gesicht, ein kleiner dünner Mann, den Geigenkasten unter dem Arm, vor dem Tribunal. Er kann sich kaum erinnern, wie seine Karriere begonnen hat. Er war nicht gemacht für den immer gleichen Griff nach dem Stein/er fürchtete sich im Wald/ er langweilte sich zu Tode in der Steinzeit etc. Er war der Eine, der hinter dem Strauch stand in grüner Deckung und sich etwas einfallen ließ, der Draufgänger hinter vorgehaltner Stirn. Das Feuer nur die berühmteste Erfindung, die ihm der Himmel eingab, und er machte sich einen Namen damit (später hat er sich dergleichen patentieren lassen). Um die Welt im Lot zu halten, mußte der Abweichler zum Halbgott ernannt werden, zum privilegierten Kopf. Das Feuer nahm man unbesehen, Verbrauchergesellschaft, die noch immer, sagt er jetzt, jeden Behelf genommen hat. Äxte Uhren Fernmeldefackeln, man riß ihm die Neuerungen aus den Fingern und verbrannte/wärmte sich seine, es fanden sich immer Kunden, die den Lehrgang machten. Er wurde der vornehmste Heilige, er beschaffte, mit seinen noch ganz rohen Gedanken, Arbeit (er lächelt). Bei der Berechnung der Transportsysteme für die Quader der Pyramiden spürte er zum erstenmal den Schmerz in der Leber, ungeachtet er gerade in dieser Epoche seines Lebens von einem Hochgefühl getragen war. Aber irgend etwas, auf seinen Spaziergängen die schweißigen Rücken der Völker in den endlosen Schnellstraßen Unterägyptens vor Augen, nagte an ihm. Bei der Projektierung des kurzen Eisenschwerts wieder die zweischneidige Empfindung; er schickte die Barbaren in die kleinasischen Erzschächte, wo sie das Material über ihre Knochen weg an den Tag schurrten, er jubelte aus der seidenen Wäsche, aber es fraß an ihm. Er war für das Gezähe, für Wasserpumpen zuständig, er durfte in Rom auf einem Wagen fahren, was gingen ihn die Revolten an. Es dämmerten auch lohnendere Verhältnisse, geschaffen für ausgeklügelte Zeuge, die Abertausende in die Werkstätten wirbelten, daß ihnen die Lungen flogen und die Arme aus dem Brustkorb schlugen, Pleuelstangen. Er sah nur Rauch Beton Bakelit. Es war ein Rausch. Er ahnte die Leiber nur geklumpt geballt eingespannt zwischen die Dampfkessel und Aggregate Ruß Gift Schlacke schluckend. Besudelt von Sollmengen und numerisch gesteuerten Fließreihen. Nachts, wenn die ausgemergelten Gespenster durch die Roste rieselten in seine felsenharte Bettstatt, Produkte seiner Fantasie, für die er bezahlt wurde, aber schrie er auf. Das große Flattern (er grinst in die Versammlung) auf seinen Weichen, festgekrallt, bis er nach den Herztropfen griff. Aber am Morgen lief er mutig, wie eine Maschine, in die Labors von Bayer-Leverkusen an die Großversuche: die Lust, die er suchte, brauchte/die Qual, für die er sich in Stücke hauen resp. in Salzwüsten oder hermetisch verriegelte Lager sperren ließ. Er schämte sich seiner Lust/Qual, die sein Privileg war, das ihn erstolzte zerfleischte, er ließ sich nichts anmerken weitere fünfhundert Jahre, er trug die Orden/die Male unter dem Hemd. Er drückte den Kaukasus weg. Er hätte fortfahren können mit der Übung, aber unversehns gelang die Entdeckung, die seinem alten Namen Ehre machte, d.h. ihn auslöschte, das Feuer der Feuer, dessen ungeheurer Schein die Morgenröte eines sagenhaften Zeitalters bedeuten konnte. Der Jubel-/der Entsetzensschrei des Planeten meldete, daß er nun unsterblich war. Er stieg früh drei Uhr aus dem Feldbett, nahm die Geige vom Spind und spielte wie ein harmloser Verrückter inmitten der weiß schimmernden Wüste. Als er zu sich kam, fühlte er keinen Schmerz mehr, oder der Schmerz war so groß geworden, daß er nicht mehr gesondert wahrnehmbar und eins mit seiner brennenden Haut war. Nicht mehr möglich, Gedanken Röcheln Atemzüge mit dem Geier abzumachen, sagte er (krächzt er): und wendet den mageren Kopf (selber jetzt einem erschreckten Vogel gleich) ganz zu uns herum, der immer noch Formeln mahlt zwischen den zusammengebissenen Zähnen, als sinne er über eine Erfindung nach, die ihn/uns retten könnte vor ihm durch uns, die ahnungslose Gesellschaft, von der er den Blick nicht mehr lösen kann. In diesem Moment hält die Kamera sein Gesicht fest: die aufgerissenen Augen, hochgeflogene Brauen, die von Schläfe zu Schläfe gefurchte Stirn, wirr hängende Haare, die unter dem Nasenbart herausgestreckte Zunge ICH WARS! ICH BINS! ICH BIN DER TOD/DER ALLES RAUBT, ICH BIN DIE FINSTERNIS, so geht er, ohne das Urteil abzuwarten, durch die zurückweichende Menge zurück in sein Gefängnis, das die Maße der Welt angenommen hat, das er zertrümmern kann.

Erika Tappe

Die Pfeile des Eros

Eros spitzt seine Pfeile, steckt sie in den Köcher. Den ganzen Nachmittag hatte ihn seine Mutter Aphrodite ermahnt, nicht mit ihnen herumzuspielen. Warum nur wachte sie so argwöhnisch über ihn? Sicher, in seinem Ungestüm hatte er unter Menschen und Göttern oft für Verwirrung gesorgt. Eros lacht in sich hinein, als er daran denkt, wie er so manches Herz in glühenden Liebesbrand gesetzt hat. Nicht immer war jeder Streich gut ausgegangen. Wie gern würde er seine Pfeile auch jetzt einfach auf's Geratewohl zwischen die Menschen schießen. Zu sehr reizt es ihn immer wieder, Schicksal zu spielen, neue Liebespaare zu erwecken oder alte Lieben durcheinander zu bringen.

Er ist wütend auf seine Mutter. Warum darf nur sie immer wieder Neues ausprobieren, sich dauernd neu verlieben? Immer und immer wieder! Warum nur ist sie so streng mit ihm? Gern würde er jetzt mit seinem Vater Ares in den Kampf ziehen und ihn ärgern, wenn er Liebespfeile auf die verfeindeten Gegner abschösse. Dann wäre wenigstens mal etwas los. Und überhaupt. Eros erinnerte sich, dass er schließlich ein alter Gott war, einer der ersten fünf im Universum. Bis dieser Emporkömmling Zeus die Titanen besiegte und die Macht an sich riss und ihm Aphrodite und Ares als Eltern vorsetzte, nur um ihn und die von ihm verteilte Liebe zu kontrollieren.

Ares ist weit weg und seine Mutter auf eine der vorbeiziehenden Nachbarwolken gesprungen. Eros fühlt sich allein. Aphrodite braucht sich nicht andauernd um ihn sorgen. Seine blauen Augen wandern über das endlos gigantische Meer. Dort passiert nichts, gleichmäßig ziehen die Wellen dahin, hier kann er gar nichts anstellen. Was für eine langweilige Landschaft, dieses Meer. Für alle Zeiten bin ich nun unter den Göttern der Jüngste, jugendlich, denkt er und schüttelt den Kopf, so dass ihm seine hübschen goldenen Locken ins Gesicht fallen. Nichts ist los auf diesem Ozean. Rein gar nichts.

Eros beschließt, sich auf den Weg zu Zeus in den Olymp treiben zu lassen, als er Boreas, den wilden Nordwind bemerkt, der griesgrämig wie meist, ihn kaum beachtet. So ein junger Gott, als der Eros nun erscheint, sollte er doch willkommen sein, trotz seiner Liebesstreiche, und den selbsternannten Göttervater treffen, er wollte alles tun, was ihm diese gegenwärtige Eintönigkeit nähme. Also öffnet er seine federweißen Flügel und springt mutig in Boreas' Bahn, der ihn auch wirklich antreibt.

Als er jedoch müde wird vom rasanten Flug und eine besonders schöne Wolke in Ufernähe erblickt, springt er aus des Nordwinds Armen. Seine Flügel legen sich an seinen Rücken an, damit er ausruhen kann. Der Olymp ist zu weit entfernt. Gelangweilt schaut er von der Wolke hinunter und hofft hier am Ufer möge etwas Abwechslung sein.

Unter sich erkennt Eros eine Insel mit einer kleinen Badebucht und Felsen, die in geringer Entfernung zum Strand aus dem tiefen Wasser ragen. Die kolossale Hitze der letzten Wochen ist verschwunden, und die zahlreichen Urlauber haben den Strand verlassen. Nur ein deutscher Knabe ist noch da, mit seiner Mutter, die in einem Buch lesend den milden Abend am Meer genießen will. Der Junge ist etwa zwölf Jahre alt, hat einen ranken Körperbau und lange Beine. Dunkelblond fallen ihm leicht gewellte Haare auf seine schmalen Schultern. Sein Gesicht wirkt zart, über einer keck geformten Nase schaut er mit blauen Augen aufs Meer, die Lippen seines empfindsamen Mundes sind leicht geöffnet. Ein hübscher Junge mit freundlicher Ausstrahlung. Ob der sich ebenso langweilt wie ich? denkt sich Eros, der plötzlich hellwach, sich den Jungen gern zum Kameraden wünscht.

Der Knabe geht ins Wasser. Als es tiefer wird, schwimmt er rund zwanzig Meter zu einem der großen Felsen auf der linken Seite der Bucht, klettert über die kantige, dem Strand zugewandte Seite hinauf. Außer an dieser Stelle ist der Fels von Meer und Wind glatt geschliffen. Oberhalb gibt es eine von der Sonne erhitzte ausgewaschene Mulde, umrahmt von einem weiß aufleuchtenden Band abgelagerter Salzkristalle. Der Junge schmiegt sich in diese Kuhle, wärmt sich nach dem Schwimmen im kühlen Wasser auf.

Dann fällt Eros eine weitere Bewegung am Strand auf. Seine Aufmerksamkeit gilt nun einer griechischen Familie, die gerade mit ihren Badeutensilien ankommt. Die dunkel gekleidete üppige Frau breitet ein großes Badetuch auf den Sand, setzt sich mitten darauf und zieht ihr Kleid über die Knie. Die Schuhe zieht sie aus, ihre Fußsohlen berühren den Sand.

Eros beobachtet alles genau. Sieht, wie ihre beiden Mädchen mit winzigen Schaufeln eine Sandburg bauen, die Kleinere mit ihren roten und blauen Eimerchen Wasser herbeibringt. Das größere Mädchen, im Alter von etwa zwölf Jahren verliert die Lust am Spiel mit der Schwester und läuft zum Wassersaum. Es trägt einen bunten Badeanzug, in dem sich die noch kindlichen Konturen abzeichnen. Sein apartes Gesicht, die Oberarme und den Rücken umspielen lange schwarze Haare.

Eros beugt sich über seine Wolke hinaus, und seine von der Abendsonne angestrahlten Locken leuchten auf. Die deutsche Mutter lässt ihr Buch sinken, gestikuliert und ruft zu ihrem Sohn: „Schau, wie herrlich diese Wolke über dir strahlt. Um sie bildet sich ein ganz goldener Rand!" Der Junge versteht ihre Rufe und Gesten, blickt hinauf zur Eroswolke, und bemerkt den Zauber auch, lacht zustimmend und schaut sodann zum Strand, wo er das griechische Mädchen sieht, das gerade ins Wasser geht. Interessiert beobachtet er, wie es zum anderen Felsen schwimmt, dem seinem am nächsten gelegenen, und sich an ihm empor zieht. Der Stein ist rauer und nicht so bequem wie der seine, daran erinnert er sich, aber auch er bietet einen Sitzplatz an der Oberfläche.

Eros auf seiner Wolke vibriert innerlich, seine Hände greifen zum Köcher, er schaut sich um. Seine Mutter Aphrodite ist auf einer anderen Wolke gerade mit einem ihrer Verehrer beschäftigt. Mit wem wohl? Das weiß er nicht. Jedenfalls ist sie gut abgelenkt, denkt er. Verschmitzt lächelnd zieht er einen Pfeil aus seinem Köcher und legt ihn in den Bogen. Aufgeregt zielt er auf das Herz des jungen Mädchens. „Ach Eros", schilt er sich selbst, er ist wohl mal wieder zu ungestüm vorgegangen, denn die goldene Pfeilspitze fällt ihr nur vor die Füße. Gerade als die Pfeilspitze vom Felsen ins Meer rollen will, tritt das Mädchen darauf und zieht ihren Fuß erschrocken zurück. Sie reibt das schmerzende Füßchen am Unterschenkel des anderen Beines und entdeckt beim Aufschauen den Knaben auf dem anderen Felsen. Auch auf ihn hat Eros mit einem zweiten Pfeil angelegt, auch ihn trifft er nicht ins Herz. Der Pfeil streift ihn an seiner linken Schulter, er spürt einen Stich wie von einer Mücke.

Aphrodite, die das Sausen der Pfeile in der Luft gehört hat, kommt herbei, springt zu Eros hinüber und nimmt ihm seinen Köcher weg. „Für heute ist es genug", mahnt sie in strengem Ton, „ich hatte dir doch verboten, weitere Liebesgeschichten anzuzetteln." Die Liebesgöttin will sehen, was ihr unfolgsamer Sohn nun wieder angestellt hat und beide, Aphrodite und Eros, beugen sich über den Wolkenrand.

Sie erblicken den Knaben und das Mädchen, die wie Meernymph und Meernymphe auf zwei Felsen in der Bucht sitzen und zueinander hinüber schauen. Als würden gleich tickende Uhren in ihnen ablaufen, so gleiten sie ins Wasser. Sie schwimmen aufeinander zu, spielend wie Delfine. Tauchen mehrere Schwimmzüge voneinander entfernt unter, berühren sich flüchtig und erklimmen den Fels des jeweils anderen. Sie stehen auf der obersten Kante des Steines, schauen sich konzentriert und auffordernd an. Das Mädchen blickt ernst und eindringlich, in den Augen des Jungen schimmert ein strahlender Glanz. Das Mädchen streckt seine Arme nach oben, spannt seinen Körper, der Junge ahmt die Bewegungen mit nur winzigster Verzögerung nach. Wie auf ein geheimes Zeichen springen beide gleichzeitig mit einem Kopfsprung ins Meer. Neuerlich schießen sie unter Wasser mit Schwung aufeinander zu, streifen im Vorbeigleiten die Arme des anderen, die Beine, stupsen sich kurz an den Hüften und ziehen sich wieder an den Felsen hoch. Sie wischen sich die Tropfen aus den Augen, blicken sich an, vollführen wiederum zugleich jene Bewegung, die dem Sprung voraus geht, treffen sich auf halber Strecke und berühren sich jedes Mal, zärtlicher und zärtlicher. Von den beiden geht eine Verzauberung aus, die sowohl die griechische Mutter, als auch die Mutter des Knaben erfasst. Erst als es den Kindern zu kalt wird, kehren sie mit blau gefrorenen Lippen an den Strand zurück. Lassen sich von ihren Müttern in Badetücher hüllen und wärmen, wobei sie den Blick noch immer nicht voneinander wenden können.

Die Sonne versinkt gerade im Meer, die Mütter packen ihre Habe zusammen und machen sich mit ihren Kindern auf den Heimweg. Die griechische Familie verlässt die Bucht nach rechts, die deutsche Frau und ihr Sohn geht nach links ans Ende der Bucht zum Sandweg. Der Knabe dreht sich sehnsüchtig um, er sieht das Mädchen, welches seine feuchten Haare gerade mit Schwung zurück wirft und dabei einen heimlichen Blick in seine Richtung riskiert, einen Blick, voller Aufforderung und zärtlichem Verlangen. Und Eros?

Eros schaut Aphrodite an. Er ist noch ganz hingerissen von seiner Tat, die so zart und sanft daher kam, wie er es bisher noch nicht erlebt hat. Er ist über sich selbst gerührt. Einige warme Tränen lassen seine Sicht verschwimmen, und das letzte Abendlicht bricht sich regenbogenartig in seinen Augen, und so blickt er erstaunt in einen Vorhang von aquarellartig verlaufenden Farben. „Nächstes Jahr wirst du sicherlich besser treffen", sagt Aphrodite, „und dann sind die beiden schon ein Jahr älter." Liebevoll streicht sie Eros die goldenen Locken aus dem leuchtenden Gesicht.

3.
CHIMÄREN

Euros

Südostwind vor der Morgenröte
Wirft ab das nächtig müde Sterngewand
Scheu naht ein Lichtstrahl

Steffen Marciniak

Ralf Gnosa

Schwierige Beziehung oder Dichter und M--use

Wie wir uns kennen gelernt hatten, weiß ich gar nicht mehr. Vermutlich im Internet – wo sonst.

Aber an unser erstes Treffen erinnere ich mich exakt, weil sie so eine Art Miniaturgardine vor dem Gesicht trug. Das fiel natürlich sehr auf.

Es war offensichtlich, daß es nichts mit Religion zu tun hatte, das war kein Gesichtsschleier, sondern der in einem schönen, kräftigen Dunkelgrün gehaltene Stoff fiel wirklich gefältelt wie ein Vorhang vor ihrem Gesicht hernieder.

Mir war erst nicht klar, wie sie sich überhaupt bewegen und orientieren konnte, und instinktiv nahm ich zunächst an, sie sei blind. Und als ich ihr zur Begrüßung die Hand gab, merkte ich sofort, daß sie merkte, wie befangen ich war.

Bald stellte ich aber fest, daß die kleinen Spiegelstücke, die an den verschiedensten Stellen ihres Kleides angebracht waren, keineswegs nur ein schräger Modeschmuck waren – schräg, aber durchaus reizvoll –, wie ich zunächst angenommen hatte: sie bildeten vielmehr ein äußerst durchdachtes und genau komponiertes System, durch das sie ihre Umwelt sehen konnte.

Als sich unsere beiderseitige Befangenheit ein wenig gelegt hatte, entwickelte sich ein wirklich wunderbares Gespräch: diese Frau war atemberaubend gescheit, unglaublich belesen, sehr charmant und sympathisch, dabei von einer gewissen, aristokratisch anmutenden Zurückhaltung und vor allem: eloquent!

Alles in allem: es war das schönste und beeindruckendste Gespräch, das ich je mit einer Frau geführt hatte – wobei ich mir sehr bewußt war, daß dies durchaus nicht primär an mir lag ...

Und schön schien sie mir auch – nur das Wichtigste, ihr Gesicht, kannte ich ja eben nicht.

Ich war jedenfalls vollkommen bezaubert von ihr.

Aber dieses erste Treffen hatte mir auch bereits klar gemacht, daß ihr Name Medusa nicht dem Spleen unter Drogen stehender Eltern entsprungen und auch nicht nur ein geistreicher „Nickname" war, sondern daß er offenbar für eine wie auch immer geartete Realität stand.

Das schien also alles ebenso schön wie gefährlich.

Auf jeden Fall hatten wir uns wieder verabredet, und insofern durfte ich annehmen, daß auch ich auf sie einen gewissen, jedenfalls nicht nur negativen Eindruck gemacht haben dürfte – ob vergleichbar mit dem Eindruck, den ich von ihr mitnahm, nun – das schien mir zweifelhaft, würde jedenfalls erst zukünftig zu beweisen sein. Dieser Beweis freilich sollte erbracht werden, das fasse ich ja selbst bis heute nicht …

Zunächst aber hatten wir uns zu einem Abendessen verabredet, bei einem bescheidenen Italiener. Sie stellte allemal eine Frau von Welt dar, aber ich habe wenig Geld, und das schien ihr wenig zu bedeuten. Ein sehr seltenes Phänomen, schon gar bei Frauen!

Nein, sie war definitiv ein exzeptionelles Exemplar ihres Geschlechts, und mir schien es sehr wenig denkbar, daß eine Frau von mir ein Gleiches annehmen sollte.

Bei der Verabredung zum Essen konnte ich zumindest hin und wieder einen Blick auf ihren Mund tun: schöne, schmale, feingezeichnete Lippen – keine Spur irgendeiner Entstellung, wie man doch zunächst anzunehmen geneigt ist, wenn jemand sein Gesicht verdeckt.

Was allerdings mit der oberen Gesichtshälfte war, das blieb mir vollständig verborgen.

Dieses Mal sprach sie aber am Ende des Abends, der wieder wunderschön war, selbst dieses Thema an: dass sie mich sehr, sehr möge, aber dass ich niemals hinter ihren Vorhang schauen dürfte; dass ich eben, weil sie mich so sehr, ach, viel zu sehr möge, das nicht dürfte. Nie.

Nun, seit einiger Zeit sind wir ein Paar, ein ziemlich seltsames Paar sicherlich.

Und: nun weiß ich, sie heißt nicht nur Medusa, sie ist Medusa. Natürlich steckt unser Alltag voller kleiner Probleme. Und trotzdem habe ich den Moment, in dem ich all meinen Mut zusammennahm und zu ihr sagte: „Medusa, ich liebe dich!" und sie ganz leise und fast etwas verschämt antwortete: „Ja", einfach nur „Ja", und in diesem „Ja" war alles gesagt, in diesem kleinen „Ja" lag mein ganzer Himmel, ich habe diesen Moment nicht einen Moment lang bereut!

Ihr Gesicht bekam ich nie zu sehen. Sie hatte vieles ausprobiert – eine Sonnenbrille zum Beispiel genügte nicht: filterte eine solche ihren Blick, versteinerten die angesehenen Wesen zwar nicht, aber sie trugen schwere Lähmungen davon und erblindeten meist.

Sie anzusehen, während sie die Augen geschlossen hielt, war ihr auch zu riskant. Vor ein paar Jahrhunderten hatte sie es mal so gehalten – aber das ging nur so lange gut, bis sie einmal eine Bremse stach: sie erschrak, riß die Augen auf – und ein freundlicher junger Mann stand als schmucke Statue vor ihr. Das hatte sie sehr mitgenommen. Er soll noch irgendwo in Italien stehen und manche Kunstwissenschaftler wollen ihn angeblich Michelangelo zuschreiben. Aber so schmeichelhaft diese Zuschreibung auch sein mag, ihr ist das kein Trost. Ich meinte einmal scherzhaft und sehr unbedacht, womöglich habe Michelangelo sie gar als Helferin in seiner Werkstatt beschäftigt, aber da traf mich aus den Spiegelscherben ein reflektierter Blitz aus ihren Augen, der mir sogleich klar werden ließ, dass ich das nicht hätte sagen dürfen. Ein solcher Scherz liegt ja so nahe, und er war niemals böse gemeint, niemals!, kam vielmehr doch aus einem liebenden Herzen, aber natürlich war er eine Rücksichtslosigkeit, und ich entschuldigte mich auch sofort. Sie hat das auch verstanden, wir mußten ja beide so vieles lernen, um miteinander leben zu können, waren wir doch beide tiefeinsame Geschöpfe.

Aber eben dieses und andere, ähnliche Erlebnisse hatten sie dazu gebracht, sich völlig aus der menschlichen Gesellschaft zurückzuziehen.

Wir hatten zum Beispiel auch getrennte Schlafzimmer, da sich im Schlaf natürlich der Vorhang vor ihrem Gesicht verschieben konnte. Auch hier hatte sie bittere Erfahrung gelehrt: vor zwei oder drei Jahrtausenden war sie einmal morgens wach geworden, weil das Haupt ihres Geliebten schwer auf ihrer Brust lastete – und mußte feststellen, daß eine Skulptur in ihren Armen lag. Ihr Vorhang hatte sich wohl im Schlaf verschoben, er war einmal erwacht, hatte zu ihr empor geschaut und sie mußte wohl im Schlaf geblinzelt haben oder kurz erwacht sein, so in einer Art Halbschlaf, denn erinnern konnte sie sich daran nicht.

Man versuche sich das nur einmal vorzustellen: man erwacht morgens früh und hält die Geliebte versteinert im Arm; und noch mehr: man weiß, man selbst ist schuld daran, zwar unschuldig schuldig, ja, aber eben doch ursächlich verantwortlich dafür. Medusa tat mir unendlich leid, als sie mir diese Geschichte mit oftmals stockender Stimme erzählte. – Und sie wollte mir und auch sich selbst eine Wiederholung dieser Geschichten ersparen. Denn sie war kein Monster, nie, sie hatte sich diesen versteinernden Blick nicht ausgesucht, und sie hatte ihn nie selbst als Waffe eingesetzt. Nur als Heroen und Möchtegernheroen auftauchten, die sie töten wollten – eine Zeitlang war das in der Antike unter Heroen fast schon eine Art Mode geworden, Medusa zu töten zu versuchen – nur da setzte sie notgedrungen ihren Blick als Waffe ein; selbst ein modernes Gericht würde dies als Notwehr einstufen.

Nur Perseus war etwas klüger gewesen, sie hatten verhandelt, er war jemand gewesen, mit dem ein vernünftiges Gespräch möglich war, nicht so ein stumpfsinniger Haudruffski – und schon Athene, die Perseus schützte, hatte ihm, als er vorher bei ihr Rat suchte, verkündet: „Sprich mit ihr, sie kann sprechen und verstehen, und vieles ist mit dem Worte zu lösen, was das Schwert nicht zu zerschlagen weiß." Und sie fanden dann tatsächlich eine elegante Lösung, die es ihm ermöglichte, als vermeintlicher Besieger der Medusa heimzukehren und ihr, fortan unbehelligt zu bleiben. Denn sie galt ja nun als tot. Wie sie das damals bewerkstelligt hatten, das wollte sie noch heute nicht verraten, irgendein Gott oder eine Göttin hatte dazu aber wohl hilfreich die Hand geboten, sonst wäre es nicht gelungen.

Damals bekam sie auch den Stoff für den Vorhang vor ihrem Gesicht, es war derselbe, aus dem der Beutel gefertigt war, den die Meernymphen Perseus gegeben hatten, um darin das Gorgonenhaupt zu transportieren. Es wird wohl in dieser Abweichung die Lösung liegen: Gorgonenhaupt – Medusenhaupt …

Zum Vorhang verarbeitet hatte ihr Arachne den Stoff allerdings erst irgendwann in der Renaissance, als sie Zeit für solche Dinge hatte. Aber damals schon begann sie mit der Konstruktion ihres Spiegelscherbengewandes, ein wirklich ausgeklügeltes System, das ihr ermöglicht, die Welt zu sehen, ohne irgendjemanden zu schädigen und ohne dass jemand ihr durch die Spiegelstücke unter den Vorhang und ins Gesicht schauen könnte, weil es durch die vielen kleinteiligen Spiegelstücke fragmentiert ist; ihr selbst setzt sich durch deren exakte Anordnung die Außenwelt zu einem Gesamtbild zusammen, umgekehrt zersplittert aber ihr Gesicht darin für jeden Blick von außen.

Was sie mir erlauben konnte, war, hinter ihr stehend ihr Gesicht unter dem Vorhang zu betasten – ich glaube, sie wollte damit vor allem auch, dass ich wußte, das da keine Entstellungen sind, dass sie ein ganz normales, ebenmäßiges Gesicht hat. Sie ist ein wenig eitel, glaube ich, aber das kann man verstehen, nicht wahr?, denn sie ist – ich kann es nicht anders sagen – wirklich die reine Traumfrau. Hätte sie vor Paris mit um den Apfel konkurriert – ich weiß, wer den Apfel erhalten hätte …

Intimere Einblicke in unser Schlafzimmer – man wird das verstehen – möchte ich hier nicht gewähren.

So hatten wir, beide traurige, einsame Menschen, ein paar

schöne Jahre. Wunderschöne Jahre. Aber traurig sind wir immer geblieben, sind wir immer noch, sind wir offenbar tief in unserem innersten Wesen.

Und so beschlossen wir einen gemeinsamen Liebestod. Wir werden uns in einen schönen Park begeben, uns unserer Kleider entledigen, uns umarmen – und gemeinsam in einen Spiegel schauen, den wir zuvor an eine andere Statue oder in einen Baum oder Strauch hängen werden: unsere Blicke werden sich im Spiegel genau im selben Moment genau in ihren Augen treffen, die wunderschön sein müssen. Was für ein Tod! Was für eine Liebe! Und was für ein Finale, was für eine Sternstunde einer wunderbaren Liebe!

*

Gehen sie aufmerksam durch Parks und Skulpturengärten: sie werden uns finden.

Joachim Werneburg

DIE CHIMÄRE

Reite durch das Gebirg, und Feuer werde ich löschen,
das die Chimäre versprüht.
Buchstaben habe ich, und Verse, sie zu bekriegen,
ist es beflügelt, mein Pferd.

Ziele nach ihrem Leib, die Lohe soll mich nicht schrecken,
endlich trifft auch der Speer.
War jedoch nicht nur ein Hirngespinst, was ich jagte,
reglos liege ich selbst.

Jahreszeiten meines Lebens, den Frühling der Ziege,
ohne Schur nun das Kraut,
Löwensommer, der kräftige, er hat mich verlassen,
Winter der Schlange verfiel.

GALATEIA UND DER KYKLOP

Den Berg steigst du hinauf, ein kühlerer Wind,
purpurne Feigen,
die Trauben schwellen am Stabe.
Sie fallen ohne jede Mühe dir zu,
die schönsten Früchte
vom Apfelbaum und der Birne.
Das Paradies erschafft, gefährdet es auch,
Vulkanes Werkstatt
mit seinen giftigen Dämpfen.

Mit einem gelben Apfel warf ich nach ihm,
der Riese sah mich
mit seinem einzigen Auge.
Ich gebe zu, ich habe vor ihm getanzt,
die blaue Welle
um eine einsame Klippe.
Doch mich zu greifen, das vermochte er nicht,
als klares Wasser
zerrann ich zwischen den Händen.

Du aber brüstest dich noch immer damit,
das runde Auge
ihm ausgestoßen zu haben?
Erzähl mir nichts von einem brennenden Pfahl,
ich hörte rufen,
ihn habe „Niemand" geblendet.
Bemerkst du nicht, der Blinde bist du doch selbst.
Von seinem Auge
hast du nicht zwei – sondern keines.

So irrst du durch die Welt und tastest sie ab,
wie Polyphem einst
nach seinen Gästen die Schafe.
Zwar größer ist die Höhle, die dich umfängt,
die hellen Fluren,
die wirst du nimmer erreichen.
Du zählst die Vierbeiner zu deinem Besitz,
doch was sie trugen,
das ist dir immer entgangen.

Der Satyr

Ich wünsche, daß der Sklave die Doppelflöte spielt,
Melodien, die schönsten, die sie hergibt.
Ein andrer hole Wein, meine Schale halt ich hoch.
Neben mir liegt die Frau in reicher Seide.
Über dem Giebel zeigen die Leoparden uns
Ihre Zungen und drohen mit den Tatzen.

Ein nackter Tänzer springt, ziegelrot sein Körper, hoch,
Hin zu ihr mit dem durchscheinenden Kleide.
Sie tanzen, beide stampfend, den Dreierschritt, ihr Bein
Hin zu seinem, die Arme hoch erhoben.
Der beste Tänzer, springend auf allen Vieren, bin ich!
Mit den Hörnern verjage ich die Toten.
War jedoch nicht nur ein Hirngespinst, was ich jagte,
reglos liege ich selbst.

J. Walther

Im Labyrinth des Minotauros

Er sitzt auf der Kante, gespannt, schaut hinab. Undurchdringliche Schwärze, unermessliche Tiefe. Die Ränder des Lochs sind brüchig. Gleich werden sie ihn hinunter lassen. Die Mädchen singen und schwenken Kränze – sie mussten weit zurückbleiben. Die Männer schauen ernst.

Angst hat er keine, er sollte, aber er empfindet nichts. Als sein Los aus dem irdenen Topf gezogen wurde, ist etwas in ihm gestorben. So, wie er da unten sterben wird. Keiner ist bisher zurückgekehrt. Warum soll er der erste sein? Jedes Jahr einer, ein Jüngling, ausgewählt aus sieben.

Er schwingt mit den nackten Beinen, die in der Luft hängen, seine Finger umklammern das poröse Gestein. Einige seiner langen Haarsträhnen kleben schon feucht an seinem Rücken, Schweiß läuft über den Nacken. Er ist hübsch, Locken fallen ihm in die Stirn, unter einem Band geordnet. Hinter ihm schwellen die Gesänge an. Ein Knabe spielt Flöte.

Sein Blick geht wieder in die Tiefe. Er weiß nicht, was ihn da unten erwartet. Kurz tastet er nach dem Feuerzeug, das er in seinem Gürtel versteckt hat, ebenso wie ein verschließbares Lämpchen mit Öl. Eine kümmerliche Menge, es wird nicht weit reichen. Er fürchtet die Dunkelheit nicht, aber was soll er ausrichten in der Schwärze?

Das einzige, was er mitnehmen darf, ist ein Schwert. Es ist aus Bronze, sie haben es ihm gegeben, verschwenden keines aus Eisen an ihn. Warum kann man das Monster da unten nicht einfach in Ruhe lassen? Er ist ein Opfer, nichts anderes. Er fährt über die Klinge – wie soll er damit ein gehörntes Untier besiegen?

Plötzlich verstummen die Gesänge – es ist soweit. Zwei Männer kommen heran, ihre Muskeln glänzen vom Öl. Sie schlingen einen Strick um ihn. Er soll sich über die Kante hinunter lassen, sie halten ihn, aber dann seilen sie ihn ab. Langsam taucht er ein in die Schwärze, sie macht ihn zuerst blind nach dem grellen Sonnenlicht. Als seine Füße den Boden berühren, erkennt er schon wieder Konturen. Schutt und Steine bedecken den Boden, zum Glück trägt er Sandalen.

Er löst den Strick. Sofort wird dieser hinaufgezogen, verschwindet im Sonnenlicht. Dann sieht er sich um, er ist, soweit er das erkennen kann, in einem großen Palastraum. Immer mehr Details enthüllen sich seinem Auge, Türstürze und Säulen, eine Treppe.

Jetzt ist er auf sich gestellt, er strafft die Schultern. Vielleicht gibt es einen anderen Weg hinaus – das ist seine einzige Hoffnung. So es diesen Weg gibt, muss er ihn aufspüren, bevor das Untier ihn aufspürt – er hat wenig Zuversicht. Das Licht, das durch das Loch fällt, hilft ihm noch, während er den Saal erkundet. Die Wände sind prächtig bemalt, Gänge und Treppen führen aus dem Raum hinaus.

Aber er kann nicht hier unten verweilen, muss weiter. Seine Hände zittern, als er Funken schlägt, das Lämpchen entzündet. Er entscheidet sich für einen Gang, das flackernde Licht ist spärlich. An den Wänden tummeln sich Fische, blau und gelb, der Sockel ist rotbraun. Während er weiter eilt, entgeht ihm doch die Qualität der Fresken nicht. Dies ist ein alter Palast, verschüttet von einem Vulkanausbruch vor Menschengedenken, aber die Farben strahlen noch immer wie frisch gemalt.

Eine Rampe führt nach oben, er wählt diesen Weg – eine eingestürzte Wand zwingt ihn jedoch zur Umkehr. Ein anderer Gang führt weiter, Friese aus ineinander verschlungenen Spiralen leiten hin. Die Luft wird dünner, die Lampe schwächer und ihn packt Angst, hier unten zu ersticken. Wo ist das Untier nur, der Herr dieses Labyrinthes?

Endlich führt eine Treppe höher, ein Lufthauch scheint von oben zu kommen, aber vielleicht gaukelt ihm das sein Geist auch nur vor. In einem Raum entdeckt er Säulen, sie umstanden wohl einst einen Lichthof. Nun verspürt er den Luftzug deutlich, eine Ritze ins Freie verheißend. Er untersucht den Raum gründlich, findet jedoch keinen Weg.

Also weiter – ein enger Gang, die Lampe flackert, das Öl wird knapp. An den Wänden Oktopus-Tentakel und hohe Pflanzen. Sie scheinen sich zu bewegen. Panik greift mit kalten Krallen nach ihm. Da, an einem Türsturz, Fackeln. Schnell entzündet er eine, löscht das Lämpchen. Nun hat er Licht, es wird ihn leiten – vielleicht hilft es.

Es ist unendlich still hier unten – wie in einem Grab. Das ist es ja auch. Wo versteckt sich das Monster? Sucht es ihn nicht? Müsste es ihn nicht wittern mit seinen Nüstern?

Ein Raum, wieder mit plumpen Säulen – da scheint Licht zu sein, er löscht die Fackel. Nach einer Weile nimmt er einen Schimmer wahr, geht dem nach – wieder nur eine winziger Spalt. Er muss nah an der Oberfläche sein, doch was nützt ihm das?

Eine breite Treppe führt wieder nach unten, er entzündet eine Fackel. Es muss einen Weg geben, er ist nicht ohne Hoffnung. Affen und Greife zieren jetzt die Wände, in hellen Farben und noch prächtiger als zuvor. Er durchquert große Räume, vielleicht Prunkgemächer. Tiefer hinab geht es und seine Verzweiflung wächst. Bald muss er zur zweiten Fackel greifen.

Dann, nach einem engen Gang, öffnet sich ein Saal, das Licht dringt nicht weit, aber er ahnt, dass der Raum riesig und hoch ist. Halb eingestürzte Zwischenwände, Schutthaufen – er erkundet vorsichtig weiter. Ein Gefühl sagt ihm, dass hier etwas sein könnte. Eine gesprungene Säule, verwitterte Wände, ein halb verborgener Türsturz.

Plötzlich fährt er herum, da war ein Geräusch, leise nur. Im Lichtschein ein Schatten, nur einen Wimpernschlag lang sieht er ihn. Sein Herz schlägt laut, wird ihn verraten. Nein, das hat seine Flamme schon getan. Er reißt das Schwert aus dem Gürtel. Leises Poltern. Soll er fliehen? Was immer da ist, setzt ihm nicht nach. Das gehörnte Untier hätte ihn schon längst nieder gerungen.

Doch der Schatten schien ihm nur klein zu sein. Aber vielleicht gaukeln ihm sein Sinne Trügerisches vor. Wie erstarrt steht er immer noch da. Versucht seinen Atem und seinen Herzschlag niederzuringen, zu lauschen. Ohne Erfolg. Schließlich rafft er seinen Mut zusammen, setzt einen wackeligen Fuß vor den anderen.

Da – Steine poltern, eine Gestalt flieht vor ihm. Er setzt nach, erwischt einen Schatten, der behände über Schutt gleitet und plötzlich abspringt. Ein Geist war das nicht.

Vorsichtig nähert er sich, hebt die Fackel. Weit oben erreicht ihr Schein einen breiten Sims an der Wand. Zwischen Säulenschäften kniet ein Wesen, nach vorn gebeugt, ein Bein zu Seite gestreckt, atmet schwer. In einer Hand ein kurzes Schwert. Dunkle Augen fixieren ihn in dem unsteten Licht. Dunkle Haut, schmutzig vielleicht, und eine dicke Haarmähne, die wenig vom Gesicht erkennen lässt. Ist das der Minotauros? Einzelheiten kann er kaum erkennen, doch das nur mit einem Schurz bekleidete Wesen scheint menschlich und schmächtig – kein riesiger Stier.

Er macht einen Schritt nach vorn, da stößt die Gestalt schreckliche, grunzende Laute aus. Er hat den Minotauros gefunden, doch er empfindet keine Angst. Vielleicht ist es Leichtsinn, aber sein Instinkt lässt ihn ruhig werden. Sie beobachten sich eine Weile. Das Wesen ist jetzt wieder still, nur seinen Atem kann er hören.

Er entschließt sich zu handeln. Es ist nicht Vernunft, die ihn leitet, nur ein vages Gefühl. Langsam senkt er das Schwert. Das Wesen legt den Kopf schräg, Erstaunen im Blick, rührt sich sonst nicht. Vorsichtig hockt er sich hin, die Augen weiter nach oben gerichtet. Er legt das Schwert ab, richtet sich schnell auf. Das Wesen stößt einen überraschten Laut aus, weicht etwas nach hinten. Es hat mehr Angst als er, das hat er schon gespürt.

Langsam, fast unbewusst, senkt sich das Kurzschwert des vermeintlichen Ungetüms. Dann, entschlossen, steckt das Wesen es in den Gürtel. Wieder beobachten sie sich. Schließlich, er spürt schon seine Beine kribbeln vom langen Stehen, bewegt sich das Wesen, springt auf einen Vorsprung, steigt herunter, während es ihn nicht aus den Augen lässt.

Sie betrachten sich jetzt aus der Nähe – es steht eindeutig ein Mensch vor ihm. Die Haut dunkel, fast wie die eines nubischen Händlers – und schmutzig. Die Locken lang und verfilzt. Seine Nase ist breit, die Augen schwarz wie die Nacht. Die kleinen Hörner auf seinem Kopf entpuppen sich als eingeflochtene goldene Spitzen. Der spärliche Schurz verhüllt die muskulösen schlanken Beine nicht. Der junge Fremde ist etwas größer als er, athletisch, aber ohne ausgeprägte Muskeln. Er grunzt wieder, leiser jetzt.

Er senkt die Fackel und schüttelt langsam den Kopf. »Wer bist du?«

Nichts als tierische Laute.

»Ama'il«, nennt er seinen Namen und deutet auf sich.

Die Augen des Fremden weiten sich, verzweifelt versucht sein Mund, Worte zu formen, doch nur ein Fauchen ertönt.

Da tritt er näher, legt dem fremden Mann die Hand auf die Schulter. Wenn dies der Minotauros ist, dann werden sie einen Weg hier herausfinden. Der Fremde nickt ihm zu.

Martin A. Völker

Io, die Mordskuh

Jedes Land besitzt einen Ort, an dem die nationalen Geheimnisse gehütet und die bedeutendsten historischen Artefakte aufbewahrt werden. In den USA ist die Area 51 in Nevada ein solcher Ort. Seit geraumer Zeit erprobt man dort militärtechnisches Gerät, das einst Außerirdischen, die in der amerikanischen Wüste abstürzten, abgenommen wurde. Aber auch andere Kuriosa lagern in den kleinen und großen Archivkisten, etwa der Kaugummi, der John F. Kennedy in Dallas den Schädel zersprengte, sodass man an eine Gewehrkugel hätte denken können, oder das vorsorglich archivierte Originaltoupet von Donald Trump, das sich Hillary Clinton bei einem Besuch im Spätsommer 2016 scherzhaft aufsetzte, woran sie aber nach dem 9. November nicht mehr erinnert werden wollte.

Griechenland bildet keine Ausnahme und verfügt über eine ebensolche Einrichtung, die den Kern der nationalen Kultur und Identität bewahrt: die Mythologie. Es ist die Bibliothek des Anaximenes in Athen. Natürlich mag sich manch einer wundern, dass ausgerechnet ein Philosoph zum Hüter der Mythen geworden ist. Aber Anaximenes von Milet war der erste, dem es unzureichend erschien, das lasterhafte Leben der Götter bloß zu verdammen. Er war der Ansicht, dass das Welterklärungsmonopol der Mythologie nur dann zu brechen sein würde, wenn man alle mythologischen Überlieferungen sammelt, sie nach vernünftigen Kriterien ordnet, sie vergleicht und vom Standpunkt der Naturkunde aus bewertet. Zudem erkannte er, dass die Mythen stets ein großes Publikum erreichten, und man mit der Herausgabe immer neuer Sammelbände jenes Geld erwirtschaften könnte, das die bettelarmen Philosophen für ihren Lebensunterhalt benötigen. Als vorsokratischer Naturphilosoph dachte Anaximenes über den Urstoff der Welt nach und erkannte ihn in der Luft. Von ihm selbst sind nur wenige Fragmente überliefert, die meisten davon durch seinen Schüler Polyharpunis, der den Lehrer in einer eigenen Schrift mit den Worten zitiert: „Aus der Luft geht alles hervor, und wir Philosophen produzieren heiße Luft, damit die übrige Menschheit von Luft und Liebe leben kann." Polyharpunis war es auch, der dem Anaximenes als zweiter Direktor der Mythenbibliothek nachfolgte. Als Ursubstanz identifizierte er nicht die Luft, sondern die Sprache, wörtlich übersetzt geht es ihm um die „aus der Luft gegriffene Sprache". Damit veränderte Polyharpunis die bis dahin gültige Arbeitsweise der Bibliothek. Er sammelte nicht nur mythische Erzählungen, sondern er vermehrte sie um neue und schrieb alte einfach um. Auf diese Weise stieg in der Folgezeit die Zahl der archivierten Mythen beträchtlich an, und später geriet durch kriegerische Einflüsse und Umzüge die Ordnung der Bibliothek gründlich durcheinander, sodass heute niemand mehr mit Gewissheit sagen kann, welche Mythen original und welche gefälscht, erlogen bzw. literarisiert sind. Aber eben genau dieser Sachverhalt lässt die Bibliothek des Anaximenes so wertvoll erscheinen, sie ist ein schier unerschöpfliches Füllhorn alter und neuer Geschichten, sie ist das ästhetische Gedächtnis von Europa. Wer die Bibliothek heute besucht, dem legt der Leiter Deridis Charonmakakis zunächst einige Neuschöpfungen von Polyharpunis vor, wenngleich niemand den Beweis zu führen vermag, ob es sich tatsächlich um Texte von Polyharpunis oder eben von Charonmakakis oder einem seiner zahlreichen Vorgänger handelt.

Eine der schönsten Geschichten des Polyharpunis ist seine Nacherzählung des Mythos der Io, der Geliebten des Zeus. Als Hera die Untreue ihres Gatten ahnte, verwandelte Zeus aus Gründen der Vertuschung Io in eine weiße Kuh. Leider ist die Handschrift dieser Nacherzählung bei einem Brand der Bibliothek im Jahr 1775 verlorengegangen, und es existieren heute lediglich zwei Übersetzungen, eine französische von Abbé Borquelle und eine deutsche von Heinrich Heribert Richter, der ein Vetter des

Onkels von Jean Paul war. Beide Übersetzungen sind aber derart stümperhaft geraten, dass Charonmakakis sie niemandem zeigen will. Stattdessen präsentiert er jenen Besuchern, die nicht lockerlassen, ein kleines Notizbuch aus dem Besitz des Altertumsforschers Johann Joachim Winckelmann. Nicht Winckelmann selbst, aber einer seiner Assistenten, nämlich Henri-Luc Vanquer, besuchte im Oktober 1767 die Bibliothek des Anaximenes. Er hatte den Auftrag, Polyharpunis' Geschichte der Io abzuschreiben, weil Winckelmann sie für eine Neuauflage seines Werkes *Gedanken über die Nachahmung der griechischen Werke in der Malerei und Bildhauerkunst* benötigte. Winckelmann schwebte vor, seine Schrift entscheidend zu verändern. Die berühmt gewordene hymnische Deutung der Laokoon-Gruppe wollte er streichen und an deren Stelle die Beschreibung der erzenen Kuh des griechischen Bildhauers Myron einfügen. Eine Nachbildung dieser Kuh zierte Winckelmanns Nachttisch, und die Erzählung des Polyharpunis sollte seine kunstschriftstellerische Imagination befeuern. Winckelmann strebte einen Paradigmenwechsel an: pries er früher den Laokoon oder auch den *Torso im Belvedere zu Rom* als Paradebeispiele einer heldenhaften Männlichkeit und der Kunst überhaupt, so richtete er später sein ganzes Augenmerk auf die Weiblichkeit und das weiblich-schöpferische Weltprinzip, das er in Myrons Kuh als Huldigung der Io verkörpert sah. Das Notizbuch von Winckelmann enthält nun nicht die Abschrift der Geschichte des Polyharpunis, die sich nur im Notizbuch des Henri-Luc Vanquer befindet, wohl aber die besagten Zusätze, die Winckelmann nach der Lektüre der Aufzeichnungen Vanquers anfertigte und die seine eigenen Schriften revolutionieren sollten. In einer Passage der Handschrift heißt es:

„Io, Io, hinfort mit all den Muskelgebirgen, an deinem Euter will ich träumen, dass mir unartig und leicht werde; deine heiße Milch soll mich umfließen wie Okeanos die Welt. Pfähle mich mit deinem Horn, und ich will wiedergeboren werden als dein Kalb. Du einfältige Edle, stille mich mit deiner Größe."

Winckelmanns Notizbuch wurde zu dem Verleger Luigi Zoppi nach Triest geschickt. Dessen Mitarbeiter Carlo Arcangeli sollte Winckelmanns Zusätze ins Italienische übertragen, sah sich dazu aber nicht in der Lage, weil das, was der Kunstenthusiast las, von Winckelmanns früherer Position abstach und Arcangelis Schönheitsgefühl verletzte. Arcangeli war verzweifelt und wusste nicht, was er tun sollte. Er beriet sich brieflich mit seinen deutschen Verlagskollegen und Schriftstellerfreunden. Er steigerte sich in eine wütende Abneigung gegen Winckelmann hinein, die wiederum seinen minderbemittelten Bruder Francesco radikalisierte und ihn am 8. Juni 1768 den Mord an Winckelmann in Triest begehen ließ. Carlo Arcangeli wurde bezichtigt, den Mord an Winckelmann in Auftrag gegeben zu haben, aber er stritt jede Tatbeteiligung ab und konnte schließlich nicht belangt werden.

Das Notizbuch Winckelmanns gelangte über einen Umweg in die Bibliothek des Anaximenes. Johann Peter Eckermann schickte sie kurz vor seinem Tod dorthin. In einem Begleitbrief schreibt er, dass er damit den letzten Willen Goethes erfüllt habe. Es entzog sich Eckermanns Kenntnis, was genau es mit dem Notizbuch auf sich hatte, und er vermutete, dass es irgendwie in Goethes Besitz gekommen wäre, und Goethe davon im Zuge seiner Winckelmann-Studien Gebrauch machen wollte, aber nicht konnte. Goethe sei nach der Lektüre entsetzt gewesen, noch Jahre später geriet er in Rage, wenn jemand in seiner Gegenwart über die Bedeutung der Kuh in der griechischen Kunst sprach oder sein Sohn nach einer Kindermilchschnitte verlangte. In seinem Brief berichtigt Eckermann außerdem die Ansicht, dass die Losung „Mehr Licht!" die letzten Worte Goethes gewesen seien. Genau genommen handelte es sich um zwei ganze Sätze, die aber im Sterbeprozess sehr gedehnt und mit Pausen ausgesprochen wurden. Goethe sagte: „Mehr Licht – kommt in die Sache nicht. Um ein Haar hätte Io – die Mordskuh – diese Rindsau – die klassische Ästhetik verdorben." Bemerkenswert erscheint, dass Eckermann, worauf Charonmakakis jeden interessierten Besucher hinweist, einzig das Wort „Rindsau" aufgefallen sei. Offenbar wollte Goethe, so die Meinung Eckermanns, „Schindsau" sagen, wie diese als Dämon später Eingang fand in die Übersetzung der *Göttlichen Komödie* des Dante durch August Kopisch, dort zu finden im 22. Gesang der Hölle. Wie sich aber die Sau mit der Kuh in Verbindung bringen lässt oder auch die Verbalinjurie mit dem Kunstwerk und künstlerischen Lob einer mythischen Gestalt, das, wie Eckermann schreibt, „bleibt des Meisters Geheimnis, und mehr Licht kommt eben nicht in die Sache". Im Dunkeln bleibt auch, ob es der Wahrheit entspricht, dass der Dichter Friedrich von Matthisson sich im Auftrag Goethes im Juni 1796 in Triest aufhielt. Er logierte ausgerechnet in jenem Gasthof, in dem Winckelmann tödlich verletzt wurde. Während Matthisson in Triest weilte, wurde die Verlegerfamilie Zoppi ermordet. Charonmakakis weiß, was er seinen Besuchern zumutet und wehrt deshalb jede weitere Nachfrage ab: „Wir wollen nicht schlecht reden über die Untoten, weil sie uns immer einen Schritt voraus sind."

Dass sich in der Bibliothek des Anaximenes im Laufe der Zeit weitere wundersame Gegenstände angesammelt haben, wie die Zahnspange Platons, ist eine andere Geschichte, die bei nächster Gelegenheit erzählt wird.

Peter Weber

Der Wächter Talos

Hoch auf der Klippe von Kreta harrte der Wächter Talos,
Hüter der Jungfrau Europa für Zeus von Hephaistos geschmiedet.
Bronze im Panzer, doch nicht unsterblich, machte der Riese
Ehernen Fußes dreimal die Runde der Insel, hielt Ausschau.
Wie er da rudernd im Boot die Argonauten erspähte,
Warf er erbost ihnen Felsbrocken nach, sie jäh zu zernichten.
Da suchten Jason und seine Helden erschrocken das Weite.
Medea aber sprach: Dies Ungetüm will ich euch ketten.
Haltet das Schiff nur außer Reichweite seiner Steine!
Fügte die Priesterin, hob sich selbst auf den Bugsprit der Argo,
Wo sie beschwor mit schauriger Formel die Göttin Hekate.
Dreimal im Zauberspruch rief sie die lebensraubenden Keren.
Dreimal doch ewiges Leben versprach sie dem zornigen Riesen,
Ließ schwarze Traumbilder treten vor seine glühende Seele,
Bis er benebelt, auf scharfer Kante nach Felsgestein tappend,
Anstieß den Knöchel und aufriss den lebenserhaltenden Nagel.
Da quoll der Ichor wie flüssiges Blei aus der klaffenden Vene,
Und wie im Sturmwind schwankend die angeschlagene Fichte
Hielt sich Talos noch kurze Zeit taumelnd auf seinen Gliedern,
Eh entseelt in die Tiefe er stürzte mit donnerndem Schalle …

Matthias Bünemann

Cheiron und seine Kentauren in der Arena

Immer zu Pferde; schon kehret der Mond, schon füllt er die Scheibe. Und der sikulische Herbst sieht mich noch immer zu Pferd. Fast ein Centaur erscheinet sich selbst der wandernde Sänger. Wohl ihm, fände sein Lied einen gelehr'gen Achill.
Wilhelm Waiblinger (1804-1830)

Der weise Cheiron schaut in die Runde. Inmitten einer Schar junger Kentauren steht der Sohn des Kronos und Halbbruder des Zeus', die hohe Stirn in tiefe Falten gelegt. Sein Pferdeunterleib bebt, weil selbst ihn, den erfahrensten unter den Kentauren, Unruhe erfasst so kurz vor dem entscheidenden Tag in der Arena. Er reckt den rechten Arm in die Höhe, in seiner Faust liegen beinahe zwei Dutzend Weizenstrohhalme. Sein Blick fällt scharf und prüfend auf seine Schützlinge, all diese wohlgestalteten Halbmann-Halbpferd-Jünglinge.

Feierlich beginnt er seine kurze Rede: „Meine jungen Freunde, hört mich an. So manchen Jüngling zog ich zu einem Heroen heran, so auch euch. Ihr seid die Zierde der Kentauren. Nicht wählen möchte ich unter euch den einen; so sehr ich auch weiß, wem ich diesen Kampf am ehesten zutraue. Ein Streit unter den Göttern veranlasste den Kriegsgott Ares, dieses Kräftemessen in der Arena auszutragen. Die Götter sollen sehen, wie mächtig die Kentauren sind! Der Kampfplatz ruft nach Blut! Möge es das unserer Gegner sein! Jeder von euch möchte den Sieg für unser Volk erringen. Wie es Brauch ist, soll das Los entscheiden. Ein jeder von euch wird einen Halm ziehen, und wer den einzigen Kurzen erwischt, dem wird die Ehre zuteil, zu kämpfen und zu siegen."

Die Kentauren scharren mit den Hufen tiefe Spuren in den lehmigen Boden. Spannung knistert, kaum einer kann es abwarten. Es ist, als würde die Luft immer dicker und die Temperatur stiege an. Das Blut der jungen Kämpfer, die von Cheiron ausgebildet wurden, gerät mehr und mehr in Wallung. Die kräftigen Pferdehinterteile federn auf und ab, und ihre Schweife schlagen wild aus. Die Aussicht, sich im Kampf beweisen zu können, lässt sie unweigerlich angeberisch mit all ihren Muskeln spielen. Einer nach dem anderen zieht einen Halm aus der Hand des Lehrmeisters. Immer wieder enttäuschtes Stöhnen, ärgerliches Schnauben, es erfüllt den Kreis der Auserwählten und lässt gleichzeitig mit der geringer werdenden Zahl der noch zu ziehenden Halme die Spannung weiter steigen. Wohlwollend lächelt Cheiron und schaut jedem seiner prachtvollen Schüler voll Liebe in die Augen, wenn sie vor ihn treten zum Halmeziehen. Nur zu gut versteht er den Tatendrang der kampfesmutigen jungen Kämpfer.

„Weiser Cheiron, ich will auch", ruft eine weniger voluminöse Stimme hinter dem Kentaurenführer. Cheiron muss sich umdrehen und den Blick etwas senken. Dort wippt genauso erregt wie die anderen der kleinere Iphinos hin und her. Beinahe so alt wie die anderen, ist er viel zarter und feiner gebaut, behauptet aber seinen Platz zwischen zwei athletischen Mitschülern. Nicht, dass ein Iphinos nicht auch seine Qualitäten besäße, so denkt Cheiron, ist er doch durch sein geringes Gewicht und die geringere Größe flink und für den Gegner weniger berechenbar. Aber für den entscheidenden Kampf in der Arena hält Cheiron ihn nicht für geeignet. Die anderen Kentauren lachen und scherzen in der üblichen Weise, besonders über die Größe ihres Mitschülers, den sie sonst aber sehr mögen, vielleicht gerade wegen seiner Zartheit. „Aber", laut erhebt Iphinos seine Stimme, „ich bin genauso gut ausgebildet wie ihr und habe alle Prüfungen bestanden."

Cheiron, der die noch verbliebenen neun Halme in seiner Hand mustert, bemisst in Gedanken, wie unwahrscheinlich es ist, dass ausgerechnet Iphinos den kurzen Halm erwischt und hält dem Jungkentauren die Faust hin. Freudig leckt sich Iphinos über die vollen Lippen und beäugt lange jeden der Halme in der Hand Cheirons, bis er sich endlich entscheidet und einen an sich nimmt, ruhig und ohne nach links und rechts zu blicken, die Aufmerksamkeit genießend, gerade unbestrittener Mittelpunkt der Kentaurengruppe zu sein.

„Bei den Blitzen des Zeus" entfährt es Cheiron. „Bei allen Göttern, der törichte Junge hat tatsächlich sein Schicksal gezogen." Er stockt kurz, will sich für einen Moment auf die Zunge beißen, dann weicht sein erschrockener Gesichtsausdruck einem anderen, einem sorgenvollen, der Unheil ahnen lässt. Schroff entlässt er die jungen Kämpfer aus der Versammlung. Nur Iphinos hält er zuück.

Cheiron schüttelt den Kopf und runzelt die Stirn, als er daran denkt, wie Iphinos in der Arena einem übermächtigen Gegner gegenüberstehen wird. Dennoch ist er, Cheiron, der Ehrenvolle, an sein Wort gebunden. Er bittet Iphinos stillzustehen und beginnt mit leiser Stimme zu reden. „Iphinos, mein Lieber, du weißt, wie sehr ich dich mag, wie sehr wir alle dich mögen. Bevor ich mit dir in den kommenden Tagen noch einmal die Grundübungen für einen siegreichen Kampf durchgehen werde, möchte ich dir heute von unserer, der Kentauren Geburt erzählen, damit du auch geistige Stärke entwickelst, einen Siegeswillen, denn einiges was du vielleicht schon erfahren hast, mag dich verunsichern."

Der junge Kentaur mit dem goldbraunen Pferdekörper und dem langen blonden Haarschweif zähmte seine innere Aufregung und hob seinen Kopf mit den grünen treuen Augen. Er war bereit, zuzuhören.

„Du weißt vielleicht", begann Cheiron, „die Lapithen sind unsere größten Feinde. Und das aufgrund des beschämenden Fehlverhaltens eines Kentauren namens Eurytion, der betrunken auf einer Hochzeitsfeier, zu dem die Lapithen auch Kentauren eingeladen hatten, die Braut unsittlich bedrängte, worauf die Gastgeber ihm Nase und Ohren abschnitten und ihn hinauswarfen, weshalb es zu einer großen Schlacht zwischen unseren beiden Völkern kam, die wir verloren. Seitdem gelten sie als kulturvolle Edelmenschen, wir hingegen als Tiermenschen aus der ungezähmten Natur; die Lapithen als von Apollon, dem Gott der

Künste abstammende große, starke und schöne Menschen, wir als triebgesteuerte Wilde."

„Sollte mir in der Arena ein Lapith gegenüberstehen, dann wird das Publikum also auf seiner Seite stehen? Habe ich Recht? Willst du mir das sagen, Cheiron?

„Nicht so sehr, doch stimmt es. Höre mir aber weiter zu, Iphinos. Ich möchte noch weiter zurückgehen in der Geschichte, wovon nur wenige wissen. Auch die Lapithen sind nicht alle so edel, wie sie heute gelten. Als es die Kentauren noch nicht gab, da herrschte in der Stadt Gyrton der König Ixion, der von Ares abstammt. Als er sich mit Dia vermählte, versprach er seinem Schwiegervater teure Brautgeschenke. Am Tag, da dieser Ixions Haus betrat, wartete statt der Versprechungen eine Grube mit glühenden Kohlen auf ihn, in die er fiel und starb. Keiner wollte diesen allerersten überlieferten Mord an einem Verwandten sühnen, bis Zeus sich in Dia verliebte und sich wohl deswegen Ixions erbarmte, ihn unsterblich machte und in den Olymp versetzte. Doch im Olymp bekam Ixion der viele Wein nicht, im Rausch belästigte er Hera. Zeus formte nun nach Heras Ebenbild eine Wolke, Nephele geheißen, mit der sich Ixion paarte. Daraus entstand der erste Kentaur namens Kentauros, der alsbald mit den Stuten vom Berge Pelion weitere Kentauren zeugte. Zeus bestrafte Ixion, band ihn an ein Feuerrad und versetzte ihn später in den Tartaros, doch hier will ich enden. Nur soviel, jener Ixion und Nephele sind die Stammeltern fast aller Kentauren, Ixions Schlechtigkeit mag nichts entschuldigen, was dann geschah, aber die Lapithen sind nicht besser, nur weil es ihr Ruf ist. Denke daran, wenn du gegen einen Lapithen kämpfen musst. Ein jeder Lapithe, den du tötest, stirbt nur für diese Ursünde unserer Vorfahren. Schone niemanden, siege!"

Die einen Menschen übertreffende Kraft und ein dem Pferd angeborene Gewandtheit, die einen Kentaur auszeichnen, lassen die Zuschauer in jedem Stadion toben. Der Stolz der Kentauren wächst. Dabei erscheint es ihnen folgerichtig, auf dem blutgetränkten Sand des Kampfplatzes zu erscheinen, um ihr Können zu zeigen, die Zuschauer zu begeistern und ihre Imposanz zur Schau zu stellen. Was aber, wenn ein Exemplar so kläglich ausfällt wie jener Iphinos, welcher in einer Situation bestehen muss, die von so großer Bedeutung ist? Vor den Augen der Götter? Da steht nun dieser schmächtige Kentaur, bereit für den Kampf, der seine gesamte Art stellvertretend symbolisieren soll, natürlich mit einem Sieg, der völlig undenkbar scheint, und der das Kentaurenvolk mit einer Niederlage beschämen wird? Jeder hier in Thessalien und auch darüber hinaus bis in die fernsten Winkel hellenischer Erde weiß um die Stellung Cheirons, kennt sein Erziehertalent, bewundert seine Ausbildung junger Kentauren. Alle Schmach fällt auf ihn zurück. Gegner werden ihn mit dem Schmutz ihrer Lästereien bewerfen, die Lapithen ihn verlachen. Der Glanz all seiner früheren Triumphe mit einem Mal, eben vor den Olympiern als Augenzeugen hinfort gespült, der tosenden See gleich, die es vermag, im Zorn eines Meergottes ganze Landstriche zu überschwemmen und unter sich zu begraben.

Einige Tage übt Cheiron nun mit seinem jungen Schutzbefohlenen, denn so sieht er Iphinos, der zwar nicht über die rollenden Muskeln seiner Mitschüler verfügt, aber dafür besonders flink und wendig ist. Schnelle, eher feingliedrige Beine machen ihn gewandt, und sein schmaler Körper bietet weniger Angriffsfläche, aber auch dürftigere Abwehrmöglichkeiten. Zum Angreifen fehlt dem Jungen eindeutig die Kraft, aber vielleicht gelingt es ihm, durch Schnelligkeit den Gegner zu ermüden. Kein besonders ehrenwerter Sieg käme heraus, aber wenigstens keine Niederlage. Trotz allen Grams, dass eben Iphinos in die Arena ziehen würde, denkbar ungeeignet für diese Aufgabe, kam Cheiron nicht umhin, eine augenfällige Herzenswärme für den jungen Kentaur zu empfinden. Der weise Erzieher lebte eng mit seinen Zöglingen zusammen und er konnte bei dem Gedanken nicht gefühlskalt bleiben, dass ein Kampf in der Arena in den allermeisten Fällen für einen der Beteiligten mit dem Tod endete. Für Cheiron stand fest, das die Vorbereitung von Iphinos auf das Duell nichts anderem diente, als dessen Tod so lange wie möglich aufzuschieben. Zu seinen wenigen Vorteilen kommt noch Iphinos' Intelligenz, ein fraglicher Vorteil, weil man den Gegner nicht genau kannte. War es ein Lapithe? Auf welcher Seite stand Ares? Welche Götter hatten da gewettet? Apollon auf die Lapithen? Da Cheiron selbst nicht von Ixion abstammte, sondern vom Titanen Kronos, dem Vater des Zeus, und er ihm viele Helden erzogen hatte, wusste er Zeus auf seiner Seite. Doch würde der Göttervater auch seinem Schützling Iphinos beispringen?

Am Abend vor dem Kampf entlässt Cheiron den Jungen frühzeitig vom Übungsplatz. „Geh nun zu deinen Freunden, Iphinos! Lass dich von ihnen erheitern, habt miteinander Spaß, an deinem letzten Abend …– ich meine, vor dem Kampf." Die Worte bleiben dem Lehrer fast im Hals stecken. Er kann dem Jungen nicht in die Augen schauen, Stunden nur noch bis zu seinem Tod. Iphinos jedoch nimmt freudig Pfeil und Bogen und galoppiert davon. Tränen in den Augen, schaut Cheiron ihm nach, bis seine Gestalt am Horizont verschwindet. Cheirons sonst geliebte Aufgabe, junge Männer und Kentauren zu Heroen auszubilden, sie drückt ihn als schwerstmögliche Bürde, und er wird bis zum Kampf am nächsten Tag keinen Schlaf finden. Mit geöffneten Augen schaut er, wie Wolke um Wolke sich am vollen Mond vorbeischieben, der stumm und schwer am Himmel hängt. So sehr Cheiron auch hofft, eine Nachricht, ja ein Zeichen von den Göttern zu erhalten, ihm ist ganz gleich welches, es kommt nichts. Er will ihnen zürnen, doch lieber bleibt er vorsichtig. Stille! Nicht einmal die Grillen zirpen. Cheiron lauscht vergebens. Versunken in Gedanken sinniert er über das Nahende des kommenden Tages, und das lässt die Nacht nur langsam und qualvoll verstreichen. Der Himmel zeigt sich auch am Morgen wolkig, die Sonne späht nur für kurze Momente durch die ziehenden weißen Schwaden, um ein paar warme Strahlen auf die trostlose Erde und auf Cheiron zu senden.

Einen kalten Sturm schickt Nordwind Boreas, der dem Lehrer der Kentauren die Beine fortzureißen droht. Cheirons schwarzer Schweif, durchzogen von weißen Strähnen, wirbelt auf bis hin zu seinem Kopf, als er sich endlich aufrafft, hin zu galoppieren, zu den Schlafplätzen der Schüler.

Als Cheiron sich mit Iphinos und seiner Schar Kentauren der Arena nähert, ist die Luft bereits erfüllt vom tosenden Lärm der Menge, die aus den umliegenden Städten in die Arena geeilt war. Der weise Cheiron führt seine Schüler erst Minuten vor dem Kampf in das Areal. Als die Kentauren das Eingangstor passieren, wird gerade eine riesige Harpyie an den Krallen ihrer Beine aus der Mitte des Platzes gezogen. Nur noch Fetzen ihres Kopfes hängen an ihrem Hals und eine Blutspur zeigt den Platz, wo sie zu Tode kam. Die Windgötter haben das Götterspiel verloren, denn sie gelten als Beschützer der Harpyien. Der Harpyie Gegner, ein edler hochgewachsener Lapithenjüngling wird verletzt hinausgetragen. Apollons Sieg. Ein eiserner Geruch von Blut hängt schwer in der Luft und vermischt sich mit dem Gestank von Schweiß und herausgerissenen Eingeweiden. Ein weiterer Lapith wird also wohl kaum Gegner des Iphinos werden.

Beim Anblick des Todes und dem Wahrnehmen des schweren Gestanks, verstummt die Schar der jungen Kentauren. Wie weggeweht ist die vorherige Aufregung, endlich den echten Kämpfen beiwohnen zu können. Sie weicht einer Beunruhigung um das Schicksal ihres Kameraden. Verstohlene unruhige Blicke, die Iphinos seinem Lehrer Cheiron zuwirft, verraten auch seine aufkommende Panik und bohren sich in das mitfühlende Herz des alten Kentauren, der innerlich zugleich Flüche wie Anrufungen an die Götter sendet. Matt streichelt er dem Jungen die Schulter.

Ein Gong, der den letzten Kampf des Tages ankündigt, den des Kentauren, verwandelt das Rund in eine spannungsgeladene Ruhe. Sie überrumpelt Cheiron, der eigentlich noch einmal das Wort an Iphinos richten wollte. Männer, die für Ordnung sorgen, treiben den jungen Kentaur bereits in die Kampfplatzmitte und alle am Kampf nicht Beteiligten durch einen Torbogen zurück hinter die Barrikaden. Eisenstangen werden herabgelassen und versperren das Tor zum Kampfplatz.

Als die Menge den schmächtigen Kentauren erblickt, erklingt kein Gebrüll, kein Jubel wie sonst, wenn ein Pferdmensch die Arena betritt. Es herrscht weiterhin absolute Stille. Iphinos dreht sich langsam in alle Richtungen. Zügig galoppiert er auf die Mitte der Arena zu. Im Zentrum, so hatte es Cheiron ihm beigebracht, behält er am sichersten den Überblick, zumal er nicht weiß, aus welchem der vier Tore, von denen jedes für eine Himmelsrichtung steht, sein Gegner kommen wird, oder gar mehrere Gegner? Was mag da lauern und gleich nach seinem Leben trachten? Noch sind die Gitter unten. Jeder seiner Schritte hinterlässt ein knirschendes Geräusch in der Stille, es schallt ihm ins Ohr, seine Sinne täuschen ihn, als dröhne ein jedes Sandkorn unter seinen Hufen. Laut schlägt das Herz in seiner Brust. Ihm ist, als sei die Zeit stehen geblieben. Nur vage nimmt er im Augenwinkel wahr, dass sich eine Wolkenwand über den Himmel schiebt und langsam der Arena nähert.

Ketten klirren! Das Geräusch lenkt seine Aufmerksamkeit zum Osttor. Das schwere Eisengeflecht wird hochgezogen. Stille in der Zuschauermenge, bis ein volltönendes Gebrüll die Leute aufschreien lässt. Einige jubeln ekstatisch, die Vorfreude springt ihnen förmlich aus der Kehle. Anders ergeht es Iphinos, seine Knie werden schwammig, und für einen Augenblick fürchtet er einzuknicken und zu fallen. Etwas Riesenhaftes stürmt auf ihn zu. Erschrocken springt er zur Seite, gerade rechtzeitig, bevor ein eiserner Streitkolben neben ihm in den Sand schmettert. Iphinos bleibt keine Zeit zum Nachdenken, er schaut in das glotzende blaue Auge eines massigen Kyklopen, der auf ihn zurennt. Dieses einzige Auge mitten auf der Stirn ist größer als Iphinos' Kopf. Er ist an den Unterschenkeln an eine Eisenkette gelegt, die seinen Aktionsradius auf das Kampfrund beschränken soll. Iphinos holt tief Luft und sucht verängstigt seine Umgebung nach Schlupfwinkeln ab. Vergebens, es kommt dem jungen Kentauren so vor, als wäre die Arena von dem Kyklopen beinahe ausgefüllt, unter ihm der heiße Sand, in den er mit seinen Hufen stampft, um ihn eine dumme Menschenmeute, die nur Blut sehen will und ein paar fassungslose Freunde. Darunter Cheiron, der Weise, mit erstarrten Gesichtszügen. Unter den Kentauren ist er wohl der einzige, der den mächtigen Gegner hinter dem Kyklopen erahnt, den Beschützer und Vater der Kyklopen, Poseidon. Doch auch Cheiron rätselt, welches Spiel die Götter treiben, weshalb es zu diesem Kampf kommen musste. Vor allem weiß er noch immer nicht, welcher von ihnen seinem Volk beisteht. Cheiron ruft Zeus an, seinen persönlichen Beschützer, nur er könnte helfen.

Mit Leichtigkeit hievt der Koloss den gewaltigen Streitkolben wieder empor. Der Kentaur nutzt diese kurze Bewegung des Wüterichs, erkennt nun doch freie Räume in der Arena und galoppiert nach links, um den Abstand zu seinem Gegner größer werden zu lassen. Übelgelaunt schnaubt der Kyklop, Rotz läuft ihm dabei aus Mund und Nase. Er muss seinen ganzen Körper umdrehen, wenn er den Pferdmann wieder sehen will. Dann holt er mit der schweren Waffe neuerlich aus, um sie in Richtung von Iphinos niedergehen zu lassen, sein Wille, Iphinos´ Schädel zu spalten. Doch der ist nun auf den Angriff vorbereitet. Iphinos trabt angespannt hin und her, bis er genau einschätzen kann, wo die Waffe aufschlagen wird, um dann schnell beiseite zu springen. Mit der vollen Wucht der schier unermesslichen Kraft des Kyklopen schlägt der Streitkolben in der hölzernen Absperrung ein, welche die Kämpfer von den Zuschauern trennt, und verhakt sich dort. Holzstücke fliegen durch die Luft.

Die Wolkendecke hängt nun schwer über der Arena und wirft Schatten. Wie unter einem Vorhang dunkelt sie die Arena ab. Cheiron glaubt, die ganze Götterwelt versammelte sich womöglich über ihren Köpfen, so dass sie die Sonne verdüsterten.

Brüllend und voller Hass rennt der nun waffenlose Kyklop neuerlich auf den Pferdejüngling zu, will ihn mit bloßen Händen packen und zerquetschen. Iphinos beginnt mit Tempo zu galoppieren und umkreist seinen Gegner, immer in Acht, genügend Abstand zu halten, in der Absicht, diesen zu ermüden. Elegant springt er in hohem Satz über rostige Eisenglieder, Hindernisse, die man an verschiedenen Stellen ausgelegt hatte. Dem Publikum gefällt der hübsche Kentaur zunehmend. So einen haben sie noch nie erlebt, viel feiner als seine Artgenossen. Die Leute beginnen zu klatschen und ihm einzelne Jubelrufe zu spendieren. Iphinos kann sich ein stolzes Grinsen in Richtung seiner Kameraden nicht verkneifen. Nun fängt gar zu tänzeln an, schlägt den Schweif belustigt hin und her. Das Publikum jubelt lauthals, und der Kyklop wird immer rasender, brüllt und schlägt sich mit beiden Fäusten gegen die eisenharte Brust.

Der Kyklop will sich nun von hinten auf Iphinos stürzen, der aber vom Publikum gewarnt zur Seite springt. Dennoch erwischt ihn die Pranke seines Gegners mit voller Heftigkeit und wuchtet ihn bis zur anderen Seite der Arena. Iphinos prallt gegen das Holz und landet mit einem dumpfen Geräusch im Sand, zu Füßen des Einäugigen. Genüsslich kostet der Kyklop den Triumph aus, grinst breit und zeigt seine schiefen gelben Zähne, an denen sabbernde Spuckfäden hängen. Siegessicher beugt er sich zu Iphinos herab und schreit ihn an: „Jetzt verreckst du, Junge!".

Iphinos gelingt es, aufzuspringen, er versucht davon zu galoppieren, wird aber am Hinterteil festgehalten und zur Seite geschleudert. Unsanft fällt er auf die Holzsplitter, die am Boden liegen. Spitze Holzspäne bohren sich wie Messer tief in seine Arme und Beine. Iphinos schreit auf, stöhnt vor Schmerz, sackt nach hinten weg und knallt mit dem Kopf gegen die Eisenwaffe, die noch in der beschädigten Holzabsperrung steckt. Iphinos muss sein eigenes Blut schmecken, das über Schläfe und Gesicht läuft, sich an den Lippen sammelt und von dort, zu Boden tropft. Er spürt, wie sein linkes Auge anschwillt und sich seine Sicht trübt.

Wie durch einen Schleier sieht er schemenhaft den riesigen Gegner auf sich zutrotten, oder sind es inzwischen gar zwei Kyklopen? Iphinos schaut nach oben und blickt in die Wolkendecke über ihm. Schemenhaft meint er in einer Wolke ein Gesicht zu erkennen, das seinem nicht unähnlich sieht. Nephele? Die Urmutter der Kentauren? Nephele, die Zeus erschuf nach dem Ebenbild der Hera? Doch was Iphinos in der Wolke sieht gleicht seinem eigenen Antlitz. Haargenau.

Iphinos fürchtet den Verstand zu verlieren. Erst leise, dann immer lauter, vernimmt er das Toben der Zuschauer und hat plötzlich die Fähigkeit einzelne Stimmen daraus deutlich zu separieren, so die des weisen Cheiron. Der ruft: „Junge, steh auf!". Eine ungeahnte Energie schießt durch sein Blut, wie der Pfeil aus dem Bogen eines Helden, gar eines Gottes wie Apollon. Vor ihm liegt ein Holzstück. Er greift danach und kommt wieder auf die Beine. Sich das Blut aus dem Gesicht wischend galoppiert er geradewegs auf den Kyklopen zu, springt ihn an. Der grobschlächtige Poseidonsohn bewegt sich keinen Millimeter. Der Kentaur prallt an ihm ab, wird wieder in den Sand der Arena geworfen. Langsam beugt sich der Kyklop zu Iphinos hinab und die wulstigen Finger einer Hand umschließen den schlanken Hals des Pferdejünglings, er zieht ihn daran hoch in die Luft. Iphinos kann kaum mehr atmen.

Wie eine nahezu leblose Kriegsbeute hält der Kyklop den Körper mit der schönen Haarmähne, halb Pferd, halb Mann in die Höhe. Zufriedenheit ausstrahlend dreht er sich mit seinem Opfer im Kreis, sodass jeder im Publikum einen Blick auf seine Trophäe werfen kann. Genau den Augenblick, als der Kyklop den Kentauren wieder auf den Boden werfen will, und den Griff am Hals etwas lockerer werden lässt, nutzt Iphinos, um seinem Gegner dass Holzstück, das er nach wie vor in seiner Hand fest umschlossen hält, tief in des Kyklopen bulliges, tiefblaues Auge zu stoßen. Der Kyklop schreit schmerzerfüllt auf und bringt so das bereits aufjohlende Publikum zum Schweigen. Eine gallertartige Flüssigkeit läuft aus dem Kyklopenauge, vermischt mit dunkelrotem Blut.

Das ebenfalls blutverschmierte Gesicht von Iphinos wird wie sein blondes Haar besprengt vom Wundsekret und dem zähflüssigen Blut des Kyklopen, der nun ganz von dem jungen Pferdmann ablässt und beide Hände schützend vor das schwerverwundete Auge legt.

Die kurze Rast zum Verschnaufen und dieses befriedigende Gefühl, zurückgeschlagen zu haben, lässt den jungen Kentauren ein wenig zu Kräften kommen. Mit beiden Armen greift Iphinos nach der schweren Eisenkette, an die der Kyklop mit dem Unterschenkel angebunden ist, wirft sie sich über die Schulter und trabt um den Gegner herum. Der zusammengesackte Kyklop kauert am Boden und jammert vor Schmerz. Iphinos legt ihm die Kette um den Hals und galoppiert nochmals alle Kraft zusammennehmend los. Das Eisenband klammert sich rasch um den massigen Hals, schnürt dem Kyklopen die Kehle ab und lässt die sich blau färbende Zunge des Kolosses aus dem Mund treten. Der Kyklop greift nach der Kette, die sich bereits tief in sein Fleisch bohrt, kann sie aber nicht richtig fassen. Er versucht aufzustehen. Mit jedem Ruck zieht er den Kentauren einige Meter zu sich heran, während der sein ganzes geringes Gewicht mit voller Anstrengung in die andere Richtung lenkt. Tief graben sich seine Hufen in den Sand. Das Publikum tobt.

Noch immer steht der Kyklop aufrecht, aber wenn er versucht, seine Hand zu wenden, um hinter die Kette zu greifen, zieht der Kentaur in die andere Richtung, so dass die Befreiung misslingt. Ziehen, galoppieren, ziehen, galoppieren. Der Kyklop sinkt zu Boden, die letzte Stärke weicht aus seinen Gliedern.

Iphinos steht noch, als der Kyklop seinen letzten Odem aushaucht. Und er spürt das Glück des Siegers, das begleitet wird vom Jubel der Zuschauer. Dann sackt jedoch auch er in den Sand, die Sinne schwinden, seine Verletzungen sind arg. Bevor sein Bewusstsein in die Dunkelheit entgleitet, erkennt er noch das stolze Gesicht seines Lehrmeisters Cheiron, der, während die Kameraden Iphinos aufheben, zur Wolkendecke schaut und Zeus dankt.

Die Wolken senden Tränen zur Erde. Iphinos schaut hinauf, sucht Nephele, sucht sein Antlitz in der Wolke genau dort wohin auch Cheiron blickt, wenn er den Göttervater ehrt. Einer der anderen Kentauren streichelt sanft seine blonde Mähne, doch Iphinos merkt es kaum, sieht auch nichts mehr im Himmel, in der Wolke, fällt in eine traumlose Bewusstlosigkeit.

Jürgen Polinske

Marsyas

götterlachen verflucht sie
die flöte mit himmlischem ton
die die jungfräuliche, die athene geschaffen.
viele instrumente gab es schon.

pausbäckig ist sie zu blasen
sie ist doppelt die flöte
zwei rohre unter nasen.
apollo, künstler, krieger, schelm

was musst du wetten, was musst du streiten
du bist doch unsterblich, hast keine not?
Du wusstest um alle übel beizeiten,
daß nur der sterbliche erleidet den tod.

apollo, eingangs so zärtlich dem hyazinth
unnachgiebig nioben, grausam und hart
warte auf den wettkampf, warte nur, wart` ...
... ich beherrsche nicht das instrument.

Renate Gutzmer

Arachne spinnt

Szene 1: Athena und Apollon

„Nur über meine Leiche!", schrie sie.

Olli Volcan starrte seine Mäzenin, die Galeristin Thea Sofos, entgeistert an. Dermaßen außer sich hatte er sie selten erlebt. Angesichts der Gemälde der griechischen Künstlerin Anna Tatarou verlor sie die Beherrschung.

„Das ist Schund! Ich habe eine seriöse Galerie und kann meine Kunden nicht vor den Kopf stoßen!" fügte sie noch hinzu, im Ton nun etwas gemäßigter.

„Thea, Schatz, wir können die Vernissage nicht mehr absagen!", flötete er und warf einen Blick in den Ausschnitt ihrer Seidenbluse, die so weit geöffnet war, dass man den runden Metallschmuck zwischen ihren wallenden Brüsten sehen konnte. Groß und glänzend hing er an einer dünnen Silberkette und war zugleich Theas Logo.

„Nenn mich nicht so!", fauchte Thea, die sehr wohl wusste, dass Olli nicht sie, sondern Anna liebte. Ihr Pferdegesicht war rot geworden, ihre Nüstern schnaubten. „ICH werde nicht derart unter mein Niveau gehen", jetzt schrie sie wieder, „Anna ist eine Dilettantin! Auch wenn sie über ein noch so großes Netzwerk verfügt."

Olli senkte den Kopf. Er durfte diese Frau nicht verärgern, die seine Ausstellungen und die seiner Favoritinnen finanzierte.

„Wir könnten einige von Annas Bildern rausnehmen und durch solche von anderen Künstlern ersetzen", schlug er vor.

Thea schwieg eine Weile, bevor sie antwortete.

„Ich habe einen besseren Vorschlag", sagte sie ruhig, „komm mit!"

Gehorsam folgte Olli seiner Mäzenin in den Lagerraum. Dort traten sie an die mit Tüchern verhüllte Wand. Feierlich zog Thea den Vorhang zurück. Eine ihm unbekannte Röte überzog ihre

Wangen. Thea Sofos hatte offenbar Seiten, die er bisher an ihr nicht bemerkt hatte.

Als die enthüllten Bilder sichtbar wurden, hätte er beinahe laut losgelacht. Die acht Aquarelle zeigten das Urteil des Paris: der schöne Jüngling mit dem Apfel; die kokettierenden Frauen; Paris, der sich den drei Göttinnen nähert; Athena, wie sie vor Erwartung strahlt; die Wahl des Paris; Aphrodite in ihrem Glanz; die abgewiesene Hera, schäumend vor Wut; zuletzt Athena, fassungslos angesichts der Ablehnung. Die steifen Figuren waren säuberlich ausgemalt und wirkten wie Tuschezeichnungen einer Zehnjährigen. Der Hintergrund war immer derselbe: eine griechisch anmutende Küstenlandschaft mit untergehender Sonne.

„Die sind aber nicht von dir, oder?", fragte er laut und erkannte im selben Moment seinen Fehler. Denn Thea zuckte zusammen und blickte ihn ungläubig an.

„Von Kunst hast du noch nie etwas verstanden!", zischte sie. „Die Aquarelle sind von mir! Sehr fein schattierte Skizzen und doch als Figuren erkennbar. Eine Innovation mythologischer Sujets! Sie werden den Kern unserer Ausstellung bilden. Du kannst meinetwegen noch ein paar deiner abstrakten Ölgemälde dazuhängen."

Olli war prinzipiell feige, aber er hatte keinerlei Interesse daran, lächerlich gemacht zu werden.

„Wir stellen moderne Kunst aus, hast du das vergessen?"

„Nur weil du figürliche Malerei ablehnst, ist das noch nicht von gestern, was ich mache. Es kommt auf das WIE an."

„Thea, Liebes, unsere Kunden erwarten von uns Innovation in der Darstellung und inhaltlich eine Auseinandersetzung mit dem Thema, keine bloße Visualisierung der Erzählung, das kann jedes Schulkind." Er wusste, dass er sehr weit ging. Mochte sie ihn doch rauswerfen, immer noch besser, als seinen Ruf zu verlieren neben diesen peinlichen Machwerken. Was hatte sich Thea nur dabei gedacht? Sie sah ihn hochmütig an.

„Du bist auf einem Auge blind, mein Lieber, weil du in Anna

verliebt bist und sie hier präsentieren willst. Aber so läuft das nicht. Ich leite diese Galerie!"

Sie hatte ihr Selbstbewusstsein nicht verloren. Die Tür zum Lagerraum hielt sie ihm demonstrativ auf: Die Audienz war beendet. Als er an ihr vorüber schlich, raunte sie ihm noch etwas zu: „Deine Anna ist übrigens gestorben."

Szene 2: Arachne und Hermes

Arachne als große Spinne mit düsteren, verzerrten Zügen eines Menschen: der weibliche Oberkörper mit Kopf und Haaren einer jungen Frau sitzt auf sechs langen Beinen. Um zu malen, kniet sie sich auf die Vorderbeine und reckt mühsam den Oberkörper in die Höhe einer niedrigen Staffelei, auf der ein Papierblock befestigt ist. Während sie mit der rechten Hand Selbstporträts mit Kohlestiften anfertigt, hat sie Mühe, die Beine ruhig zu halten.
(Es klopft.)
ARACHNE: Herein!
(Hermes erscheint in Reisekleidung.)
Was bringst du mir?
HERMES: Eine Nachricht von Apollon.
(Arachne lässt sofort die Kreide fallen, wirft sich auf den Boden, um möglichst schnell dem Gast entgegenzukrabbeln.)
ARACHNE: Er hat lange nichts von sich hören lassen!
HERMES: Athena hat ihm Kunstraub vorgeworfen und ihn deswegen verklagt.
ARACHNE: Das war ihre Rache. Wie geht es ihm?
HERMES: Er ist aus dem Gefängnis entlassen worden. Darf aber die Stadt ohne polizeiliche Erlaubnis nicht verlassen.
ARACHNE: Gib mir den Brief!
(liest in höchster Erregung)
Er kündigt seinen Besuch an! Das geht nicht.
(Sie bricht in Tränen aus.)
HERMES: Er weiß doch, wie du aussiehst!

ARACHNE: Er hat mich noch nicht mit eigenen Augen gesehen.
HERMES: Er ist auf alles gefasst.
ARACHNE: *(krabbelt langsam zurück zu ihrer Staffelei)* Verspotte mich nur. Es kann nicht mehr schlimmer kommen.
HERMES: Er liebt dich.
ARACHNE *(bitter)*: Ha-ha-ha!
HERMES: Er hat dich immer geliebt.
ARACHNE: Und ist zu Athena gekrochen, immer schön hinten rein.
HERMES: Zuletzt nicht mehr.
ARACHNE: Was will er von mir?
HERMES: Du wirst überrascht sein!
ARACHNE: *(kriecht unter den Arbeitstisch)* Sag es, schnell!
HERMES: Er kommt in Begleitung von Athena.
ARACHNE *(schreit)*: Das kann er mir nicht antun!
HERMES: So hör doch zu! Athena hat ihre Galerie ruiniert.
ARACHNE *(lacht laut)*: Durch die Ausstellung ihrer eigenen Bilder!
HERMES: Nun ist sie bereit, dich groß rauszubringen, hat sich auch mit Apollon versöhnt.
ARACHNE: Ist sie noch verliebt in ihn?
HERMES: Sie ahnt, dass er – gar keine Frauen mag. Denk an seine Liebhaber, an Kyparissos, Hyakinthos, Kinyras, Zakynthos, Phorbas, Admetos, Amyklas, Troilos, Branchos, Tymnaios, Hylas, Paros, Potnieus, Orpheus …
ARACHNE: Da hat sie ja lange gebraucht. *(richtet sich plötzlich auf)* Sie sollen kommen!

Szene 3: Arachne, Athena, Apollon und die fünf Riesenspinnen

Athena in voller Rüstung, mit dem Gorgonenhaupt auf der Brust, Apollon in Überwurf und mit Leier erscheinen im Atelier ohne zu klopfen. Arachne verschwindet sofort unter ihrem Arbeitstisch.
APOLLON: So komm doch heraus!

ARACHNE: Niemals! Die Bilder, die du zurückgeschickt hast, sind im Schrank rechts.
(Athena geht zum Schrank und holt die Bilder heraus ...)
ATHENA: Das wird uns retten! *(Apollon ist inzwischen zur Staffelei gegangen und sieht sich die Kohleskizzen an.)*
APOLLON: Diese auch noch! Hast du noch mehr davon?
ARACHNE: Ach deshalb bist du gekommen. Nein, sie sind noch nicht fertig.
ATHENA: Nimm sie einfach mit.
(Apollon sucht auf der Staffelei und auf dem Arbeitstisch die Kohleskizzen zusammen.)
APOLLON: Genial!
(Athena und Apollon raffen die Bilder und Skizzen zusammen.)
ATHENA: Ich hole mal die Schutzhüllen aus dem Wagen.
APOLLON: Ist gut, mein Schatz.
(Arachne krabbelt unter dem Tisch hervor und richtet sich vor Apollon auf, der peinlich berührt wegschaut.)
ARACHNE: Sieh, was aus mir geworden ist.
APOLLON: Was habe ich damit zu tun? Schaffe du nur weiter deine Kunst, und lass sie uns ausstellen!
(Arachne wendet sich ab und drückt mit einem Bein auf eine Klingel. Aus dem Lagerraum erscheinen fünf weitere Riesenspinnen mit weiblichen Oberkörpern, krabbeln in Windeseile auf Athena und Apollon zu. Diese lassen Bilder und Skizzen fallen und wollen verschwinden, aber die Spinnen sind schneller. Sie fallen die beiden Götter an und beginnen sie einzuspinnen.)
ATHENA *(kreischt)*: Um Gottes willen, ich kann mich nicht mehr rühren!
APOLLON: Weg! Fort! Ich habe einen dringenden Termin!
(Als die Spinnen sich nicht aufhalten lassen, schreit Apollon.)
APOLLON: Aufhören! Ich habe euch ein Angebot zu machen! Wenn meine Freundin einverstanden ist. *(Er schielt zu Athena, die einer Ohnmacht nahe ist.)*
ATHENA: Sprich!

APOLLON: Ihr seid doch Arachnes Netzwerk, nicht wahr? Und selber Künstlerinnen?
RIESENSPINNEN *(im Chor, nachdem sie aufgehört haben zu spinnen)*: Aber ja.
APOLLON: Wir stellen euch aus. Wir machen euch berühmt. Egal, was ihr produziert. *(leise)* Schlimmer kann es nicht mehr werden.
(Athena kreischt, und sogleich setzen die Spinnen ihre Arbeit fort.)
RIESENSPINNEN: Einen Fünf-Jahres-Vertrag wollen wir, und jedes Jahr zwei Ausstellungen. Natürlich mit Arachne.
APOLLON: Einverstanden. Jetzt lasst uns gehen!
ATHENA *(mit zitternder Stimme)*: Was produziert ihr denn?
RIESENSPINNEN: Seidenblumen. Titel: Riech an mir!
(Athena und Apollon verlassen das Atelier. Arachne und ihre Freundinnen gönnen sich zur Feier des Tages die Poseidon-Platte.)

4.
UNTERWELT

Notos

Liebende im Südwindsommer
Blitzdonner bricht den schläfrigen Tag
Rauscht Regen ins Gesicht

Steffen Marciniak

Christoph Meckel

Pluto

Der träge Pluto mit den feuchten Füßen –
der Unterweltstrom näßt ihm Schuh und Tuch –
läßt mich durch seinen Totengräber grüßen
und fragt: Wann kommt mein Bruder zu Besuch?

Ich steig hinunter in den Dampf von Lethe
(der Gast geht pfeifend durch den sauren Sud
vorbei an Leviathans verfaulter Gräte
der Weg ist finster, doch er kennt ihn gut)

Pluto umarmt mich. Was gibt's Neues, Bruder?
Für Verse und Canzonen dankt sein Lachen;
Ich sag: Der Untergang wird Fortschritt machen,

dein Reich wird bald zu eng! Das feiste Luder
entblößt die Tropfsteinzähne froh im Lachen
und Charon winkt zum Abschied mit dem Ruder.

Hekate

Aber die Mächtigen jagten ihn über die Erde
und warfen Steine auf ihn, daß er floh in den Schatten.
Und wie das Meer die Flüsse aufnimmt
nimmt ihn die Dunkelheit auf zwischen Schnee und Röhricht;
Schaum vor dem Mund, geht er
zu Hekates Gemächern hinab im rauchenden Schatten
und es empfangen ihn ihre treuen Hunde
die schweigsam brüten in Trübsinn und finsterer Langmut;
dunkle rimmer und kälter von Schritt zu Schritt
gewährt ihm die Finsternis eisiges Labsal;
Hekates Zähne nur leuchten
wenn sie über den Damm aus Moos und Fischbauch
wandert an ihren Flüssen, ruhlos im Dunkel
das wiederkäut seinen grünen lastenden Qualm.
Schimmernd von Nachtschattengift und Irrlicht
erscheint das Auge der Wandernden zwischen den Nesseln
am Wasser und heißt ihn willkommen; in dieser Nacht
wenn die Gewaltigen rufen, wo er geblieben ist
liegt er Leib an Leib mit den frierenden Hunden,
Finsternis hat seine Füße verschlungen,
sein Kopf hängt ins Wasser, und die Mäuler der Hechte
betasten ihn sanft in den dunkleren Flüssen.

Dennis Stephan

Erinnyen

Es ist unter dem Bett. Und atmet.
Wie ein verängstigtes Kind liegt er da – das dreckige Unterhemd getränkt in kalten Schweiß – und lauscht den röchelnden Geräuschen, dem leisen Kratzen und monotonen Klacken. Jede einzelne Nacht. Seit Tagen schon. Mit eisigen Fingern umklammert er die halbautomatische Pistole, Augen und Abzug auf die Bettkante gerichtet. Eine frierende Ewigkeit lang. Aber es zeigt sich nicht. Da ist nur dieser dunkle Abgrund von nicht einmal fünfzig Zentimetern, in dem der Wahnsinn sich verborgen hält. Und die Geräusche. Diese grässlichen, elenden Geräusche. Kratzen, Schaben, Röcheln, Knurren … Als er es nicht mehr aushält, springt er über die Bettkante auf den Teppich, weit hinein ins Zimmer und reißt am Zugschalter. Die Glühbirne bringt Licht in das Einraumapartment in der Nikiforou Ouranou. In der Ecke wälzt der Ventilator die dicke Augustluft von draußen nach drinnen. Schatten wachsen und schrumpfen im Takt der schwingenden Lampenfassung über den Boden. Sein Haar ist feucht. Auch das Haar auf seiner Brust. Klebrige Angst haftet an ihm.

Aber da ist nichts unter dem Bett, muss er sich wieder einmal eingestehen. Sein Verstand spielt ihm Streiche. Nur Staub und Kakerlakenkot sammeln sich im Schatten der durchgelegenen Matratze. Er legt die Waffe neben das Spülbecken. Der Hahn spuckt einen Schwall Wasser in das zitternde Glas in seiner Hand. Er trinkt, um seine Kehle zu befeuchten. Sie ist ausgetrocknet und zugeschwollen. Ein Knacken lässt ihn herumfahren, in Richtung des Bettes, um sich zu vergewissern, dass dort nichts ist, was ihn anstarrt, auf ihn lauert. Nein, da ist nichts; nur das schmale Bett, der Ventilator und der Klapptisch, auf dem die Banknoten in fünfundzwanzig fetten Bündeln liegen, ein Springmesser und drei Pakete Kokain, gestreckt mit Waschpulver und Rohrreiniger. Die Stimme in seinem Kopf flüstert: *Alekto*.

Die Wohnungstür ist zugesperrt, die Kette davor. Er hat sie geprüft, bevor er das Licht ausgeschaltet und sich mit der geladenen Waffe ins Bett gelegt hat. Da war niemand in der Wohnung. Niemand außer ihm. Und doch war, nein, ist er nicht allein. In dem Schrank über der Spüle findet er eine Flasche Whisky, aus der er trinkt, als wäre ihr Inhalt nicht scharf wie Rasierklingen. Wärme füllt seinen Magen. Vielleicht wird er verrückt? Paranoid? Schizophren? Alkohol und Rauschgift hinterlassen Hirne wie von Würmern durchlöcherten Blumenkohl. Ein hysterisches Kichern entweicht ihm. Er schließt die Augen. Nein, er ist nicht verrückt. Er weiß, was ihn verfolgt, seit Tagen schon, in den dunklen Gassen dieser antiken Stadt. Er weiß, was ihn aus der Kanalisation heraus anstarrt, im lichtlosen Hausflur auf ihn wartet und sich unter seinem Bett versteckt, um ihn am Schlafen zu hindern. Er weiß es, und er weiß es auch nicht: Es ist die Frau aus der Metro Athen.

Wie schön sie war, vor neun Monaten. Mit ihrem blonden Haar und der nach Armut riechenden Strickjacke. Er hörte ihrer melodischen Violine zu, aber anders als die übrigen Passanten, warf er keine Münzen in den Geigenkoffer. Sie erinnerte ihn an ein Mädchen aus seiner Kindheit, in das er einmal verliebt gewesen ist, lange bevor er sein erstes Tattoo besessen, oder Heroin gespritzt, oder Drogen geschmuggelt, oder einen Mann getötet hatte. Die Frau aus der U-Bahn brachte einen Teil von ihm zurück aus einer Zeit, in der das alles noch nicht existiert hatte. Er wusste, er musste die Frau haben, sie kosten, ihre warme Haut spüren, um herauszufinden, ob sie sich genauso überirdisch anhörte, wie das Instrument unter ihrem Kinn, wenn er sie sich nahm.

Ein Kratzen zerschneidet die nächtliche Stille und lässt den Whisky gefrieren. Seine blutunterlaufenen Augen fixieren erschöpft den Ventilator, der hilflos auf einer Stelle vor sich hin stottert. Als er sich dann von der Küchennische durch das Zimmer bewegt, versucht er auf Geräusche zu achten, aber alles, was er wahrnimmt, ist das durch seine verengten Schläfenarterie hämmernde Blut. Da liegt ein Geruch in der Luft, den er nicht zuordnen kann. Faulig, verbrannt. Wie verkohlte Innereien. Etwas scheint sich in der Ventilatorschraube verfangen und aufgespult zu haben. Mit den Fingerkuppen berührt er es und erschrickt. Ausgerissenes langes, blondes Frauenhaar: **Megaira**.

Die Frau hörte sich nicht an wie die Violine und schmeckte auch nicht nach seiner heimlichen Jugendliebe. Stattdessen schrie und winselte sie unaufhörlich, bis er ihr in der dunklen Seitenstraße den Pistolenlauf in den Mund schob und sie vergewaltigte. Nachdem er fertig war, drückte er den Abzug und ließ ihren Körper liegen. Die Straßenhunde würden den Rest erledigen. Es war nicht die erste Frau, die er vergewaltigt hatte, und auch nicht die erste, die er umbrachte, doch nie hatte er eines seiner Opfer je wiedergesehen. Bis auf sie. Denn bereits eine Woche später hörte er die Melodie der Violine, wo immer er hinging. Sehr leise, aber so konstant, dass er nirgends davor sicher war. Dann sah er sie zum ersten Mal. Sie stand in der U-Bahn auf dem gegenüberliegenden Gleis und starrte ihn an. Das gleiche blonde Haar wie sein Opfer, doch das Gesicht so schrecklich entfremdet, dass er leise aufschrie. Als die U-Bahn Sekunden später einfuhr, war sie fort. Aber das blieb nicht so.

Er schlägt die Badezimmertür zu und verschließt sie. Das Bad ist winzig, bis zur Decke gekachelt und fensterlos. Für einen Moment bleibt er mucksmäuschenstill. Das Summen des blockierten Ventilators ist das einzige, das er von draußen vernehmen kann. Dann kommt das seltsame Knurren dazu, das auf und ab zu gehen scheint. Drinnen tropft der defekte Wasserhahn. Jede Sekunde ein Tropfen. Morgen würde er den Deal abwickeln und die Stadt verlassen. Er kennt einen Mann in Korinth. Dort würde er unterkommen. Es galt nur noch, diese eine Nacht zu überstehen. Hinter dem Spiegel findet sich, wie in jedem gut ausgestatteten Badschrank, eine Schachtel Schmerzmittel. Er hat keine Schmerzen, aber auch nichts anderes, um seine Nerven zu betäuben. Da spürt er den heißen, feuchten Atem im Nacken, schlägt die Schranktür zu und sieht sie im Spiegel. Die Tabletten rasseln ins Waschbecken, als er mit einem Satz in die Badewanne stolpert. Das verzerrte Spiegelbild – eben noch da – besitzt keinen fleischlichen Körper, der mit ihm im Raum ist. Da ist nur das monotone Tröpfeln des Wasserhahns und sein pumpendes Herz.

In dem kleinen Dorf, aus dem er kommt, erzählten Eltern ihren Kindern Geschichten. Von nackten Nymphen und Faunen, die unartige Buben über die Wiesen jagten. Die Ältesten aber erzählten andere Geschichten, die in die Nacht gehörten, wie die Geschöpfe, von denen sie handelten. Halbblinde Weiber flüsterten sie den aufständischsten Kindern zu, wenn diese nicht schlafen wollten, und wussten, dass keines von ihnen es wagte, das Bett zu verlassen. Die Geschichten handelten von blutrünstigen Teufelinnen, die Unrecht bestraften. Hundeköpfig, mit blutenden Augen und fauligem Atem. Erinnyen. Sie laufen rückwärts. Drei an der Zahl, lechzend nach Blut. Schauergeschichten waren es, wie jeder sie kennt. Auch für ihn. Bis sie Wirklichkeit wurden.

Sein Puls rast, der Schweiß steht ihm auf der Stirn. Was auch immer ihm im Spiegel erschienen war, es war das gleiche Etwas, das unter seinem Bett lauert und sich in seinem Kopf eingenistet hat. Das gleiche Etwas, das nun draußen sanft an der Tür kratzt. Sein Unterkiefer bebt, die Zähne schlagen aufeinander. Er winselt, denn was auch immer die Türklinke jetzt drückt, möchte hinein. Möchte ihn holen. Braucht keine Waffe, um sich präzise in seine Frontlappen zu bohren. Ganz leise, kaum hörbar, vernimmt er den schrillen Klang einer Violine aus dem Abfluss. Nun ist er sich sicher: Es ist da! Als die Tür aufschlägt und seiner Kehle ein letzter jämmerlicher Schrei entweicht, ist es bereits zu spät für Hilfe oder Reue. Ist bereits passiert, was unausweichlich war: ***Tisiphone.***

Max Drushinin

Hypnos

Nyx, die Nacht gebar ein Kind, das zwischen dem Leben und dem Tode schweift. Hypnos sein Name, der Gott des Schlafes und Bruder des strengen Thanatos, dem des Todes, viel sanfter als der.

Weit im Westen wohnt er, in einer Höhle im Haus der Nacht, am Eingangstor zum Tartaros, dort, wo sich Tag und Nacht begegnen. Dorten auch der Fluss der Lethe – die Vergesslichkeit entspringt und quillt wie der Rausch im Weine, gleich dem Kerberos an der Leine – anbei und umhin, um alles herum – um die Nyx und um Eros, Gaia, Erebos und um den Tartaros, hinan bis an das Chaos.

Am Eingang der Grotte seiner Herrlichkeit, wachsen Schlafmohn und all die geheimen Gräser, trunken im Odem jener Müdigkeit, die umgarnt einen jeden Geist, so dass dieser zu dem Orte reist, wo kein Licht und kein Laut eindringen, wo aber seine Traumeskinder, die Oneiroi verspielt die Ruhe besingen, wartend um sich an die Seelen anzuschmiegen, um deren Kairos abzuwiegen.

Diese Kinder, Götter des Traums, Morpheus, der Gestalten bildet, Phantasos die Fantasien weckt und Phobetor, der Schrecken in die Träume webt. Sie wägen, ob Dieses oder Jenes ist sich's wert, schicklich oder nichtig und ob der Traum jene Seelen dann verachtet oder als gewogen erachtet und ehrt und jeder Glückliche, der dem Hypnos beggegnet, fühle sich sogleich gesegnet, seine Gaben anzusehen: in der einen Hand das Füllhorn, welches Träume bringt, in der Anderen den Mohn, welcher stets zum Verweilen winkt und bevor der Geist lernt zu verstehen, was mit ihm im Traum geschieht, wacht er auf in seiner Schale, woraus er eine andere Welt ersieht.

Im Reich des Hades

Am fernsten Rand des Okeanos liegt der Eingang hin zur Unterwelt, jenem düsteren Ort, den die Sterblichen meiden, wohin nur größte Helden lebend reisen, dort herrscht Hades, der Gott der Unterwelt, über eine ewig leblose Dunkelheit, die beseelt ist von trostloser Einsamkeit.

In diesem Reich der greise Fährmann Charon die Toten näher zum Hades leitet, sie in seinem Boot ein Stück weit auf dem Acheron begleitet – allein für einen Obolus, nur dann weist Charon den Seelen einen Platz in seiner Barke zu, denn ohne verweilten sie hundert Jahre als Schatten am Ufer, rastlos irrend ohne Sinn und ohne Ziel.

Das Erinnern an diese verwünschte Unterwelt, auf seine Weise das Leben lebendig hält. Wenn die Menschen nicht wüssten, dass sie einmal sterben, was würden sie in ihrem Dasein lernen? Würden sie wie Blumen verdorren, wie Zeit vergehen, wie der Wind verwehen?

Weil die Gewissheit uns ereilt, Vanitas im Raume kreist, der Gegenwart die Wunden heilt: „es könnte schlimmer kommen, doch mein Leben ward mir noch nicht genommen!"

Werden und Vergehen, wie säen und ernten. Der Boden der Erde trennt Dunkel und Licht, ohne den Tod schätzt der Mensch das Leben nicht. Aus derselben Erde ragen die Früchte, die wir pflücken und zum Magen tragen, und in dieselbe Erde stecken wir den Leib, mit dem Rücken voraus, betten wir ihn in die letzte Ruhestatt.

Einst einmal die schöne Kore auf einer Wiese, die blaue Blume des Hyakinthos blühen sah. Deren Wurzeln zeigten tückisch dem Hades, wo Kore gerade stand, und als die Wolken zuzogen, da riss er, da raubte er sie zu sich in die Unterwelt, in diese Welt der Düsternis, die nicht durchdrungen ist von des Helios' Sonnenstrahlen.

Sie ward zu seiner Gattin, Persephone genannt, auf ihrem Haupt ein Mohnkranz als Krone, in ihrer Hand die Fackel haltend. Verschleiert sitzt sie auf dem Thron, das Flackern der einzige Lichtblick in dieser sonst so tristen Unterwelt.

Irgendwo hier schleicht auch der Dämon der finsteren Grube – Kerberos, der stinkende Höllenhund. Winkt freudig mit dem Schwanz, wenn die Toten erscheinen, fällt in Raserei, wenn sie wagen nur zu denken, der Unterwelt zu entfliehen. Die Bestie wird sie zerreißen oder fassen, wird sie fressen, niemals wieder ziehen lassen. Ins dunkle Reich kommen die Seelen um zu bleiben, um zu leiden, zu verweilen, aber niemals wieder fort zu gehen.

In manchen raren Stunden ewiger Nacht, weht der Wind ein Lied heran, trägt die Worte derer in das Diesseits, die im Jenseits dann und wann ihre Stimme am Höllenhund vorbei ins Ferne tragen, die zu singen wagen. Manchmal finden diese Klänge in der Oberwelt Gehör, ein mutiges, ein geduldiges Ohr. Aus diesen armen Kehlen erfahren wir, wie die Toten leben und sehen, was uns als Menschen unter dem hellen Himmelsgewölbe tatsächlich ist gegeben. Mit jedem Atemhauch sind wir noch frei, an jedem Meilenstein des Lebens, geht auch der Augenblick einmal vorbei. Wir müssen glücklich sein zu jedem Zeitpunkt unseres Strebens nach Eudaimonia.

Wer sonst, außer dem, der das Leben köstlich lebt, der lebt es lieblich und lebendig, denn nur eines ist uns Sterblichen mit Sicherheit gegeben, nur dieses eine, so kostbare Leben. Mehr wie Demokrit sollte unser Gemüt wohl sein, der lachend auf seinen Wegen schritt, hingegen Heraklit diese Welt beweinte, sie ihm zu ewigem Trauern eingerichtet schien.

In jedem Morgengrauen liegt offen eine neue Möglichkeit, die sprießt wie jene blaue Blüte, sie blüht als die Gelegenheit, die all den verblassten Seelen auf den Feldern der Asphodelien sind verwehrt, die jeden, der gescheitert ist, nun lehrt, es weiterhin zu wagen, solange es ihn gibt, den Traum, ihn in die Wirklichkeit zu tragen, um sich kometenhaft überstrahlen, weit über seine Zeit hinaus, um soweit aufzuleuchten, dass die Erinnerungen ewig weilen, auf dass die Strahlen von uns ewig scheinen.

Patrick Hattenberg & Kevin Hattenberg

Dioskuren – Durch Leid zu den Sternen
Per Aspera ad Astra

Kälte zog durch unser Fenster und Wind drang an meinem Bruder und mir vorbei. Dennoch bewegten wir uns nicht fort. Nebeneinander. Beieinander. Füreinander.

Frische Luft hilft, haben unsere Eltern immer gesagt. Unsere Schultern berührten sich und wir blickten gemeinsam in die graue Stille. Hinaus. Gegenüber ruhte der Innenhof unter einer Krankendecke aus Schnee. Als Unstern karges Flimmern der Krankenhaustrakte.

Jedes Mal, wenn einer von uns ausatmete, entstanden Figuren, die einander durch den Frost zu jagen schienen. Eine Herde von Pferden eilte durch den Schnee, entlang einer Eisstraße aus feuchter Luft, vorbei an dem tristen Schwarzweiß der Wände. Hinaus. Und verschwand im Dunkel der Nacht. In die Sternenrichtung, mit einem frostigen Abschiedsgruß in die Wirklichkeit.

So standen wir dort, in bitterer Winterluft und schauten unserem Atem nach. Bis er ging.

Als ich zu Kevin hinüber blickte, liefen Tränen über sein Gesicht. Leuchteten und erloschen, liefen und fielen.

Es war nicht leicht, mit fünfzehn Jahren gegen Krebs zu kämpfen. Schon gar nicht, wenn der Zwilling ebenfalls krank ist. Geteiltes Leid ist doppeltes Leid. Mein Tumor hatte die Größe eines Tischtennisballes. Doch er war gutartig. Und er konnte vor zwei Tagen entfernt werden.

Zu einer Zeit, in der ich noch nicht ernsthaft krank gewesen war, sagte mein Vater einmal, er habe mich als Unsterblichen gezeugt.

Unsterblich wiederholte mein Bruder damals. Unsterblich.

Dieses Glück besaß Kevin nicht. Er war anfälliger und häufiger krank. Doch nach meiner Diagnose wollte Kevin nicht mehr krank sein. Wollte stark sein. Wollte für mich da sein. Jetzt hatte auch er einen Tumor. Der alles war. Nur nicht gutartig.

In der Schule konnte ich mich immer schützend vor ihn stellen, jeden Faustkampf für ihn übernehmen. Konnte stark sein. Für ihn da sein. Doch hier und jetzt half der stärkste Schlag der Welt nicht. Das Krankenhaus musste wirklich die Hölle für ihn sein.

Kevins Tränenblick griff hinaus. Dann zerriss der Vorhang aus Kälte und Stille.

„Schau mal da. Hinaus. Dort oben. Siehst du Kastor, erkennst du Polydeukes?", verschwand seine Stimme wie vorhin die Pferde in der Nacht. Ich bemerkte, dass ich fror.

„Was meinst du?"

„Kannst du sie sehen, Patrick? Ganz dort oben im Himmel? Die beiden Zwillinge?"

Ich schaute in den Himmel. Schwarz und Weiß. Wie eine Nacht im Krankenhaus.

„Kev, ich weiß nicht, was du meinst? Lass uns lieber mal das Fenster schließen. Mir ist kalt."

„Warte. Bitte. Dort oben! Siehst du sie?" Er wies mit dem Finger ins Schwarzweiß. Ich streckte meinen Kopf wieder näher zur nächtlichen Kälte und mein Blick folgte seinem Finger hin zu einer Ansammlung von Sternen.

„Das sind die Dioskuren, Söhne des Zeus, Zwillinge. Ein Sternbild, zu dem ich jeden Abend aufschaue. Erst im Winter können wir es wirklich sehen. Entdeckst du die hellen Sterne? Ihre Namen sind Polydeukes und Kastor. Polydeukes strahlt aber noch ein wenig heller als Kastor."

„Zwillinge … ?" Mehr konnte ich meinem weinenden Bruder nicht entgegnen.

„Sie leuchten uns entgegen mit 300.000 Kilometern in der Sekunde. Ob die beiden uns so sehen können, wie auch wir sie sehen?

Als kleine helle Punkte?", erfror seine Stimme im Frost jenseits des Fensters. Hinaus.

Als ich ihn fragte, woher er all dies wisse, sah er mich nicht an. Er schaute weiterhin in die Nacht, die seine Worte mit Stille begrub, und er flüsterte mir zu, dass die Krankenhausbibliothek viel mehr Bücher besäße, als er in der ihm verbleibenden Zeit würde lesen können. Und im Bett könne er sowieso nichts anderes machen. Außer nachts die Sterne zu bestaunen. Die Zwillinge.

Ich umklammerte den Fensterrahmen, bis das Plastik nachgab. Biss mir auf die Unterlippe. Draußen war alles so grauenhaft still. Wie konnte es nur so still sein? Die Welt musste sich noch einige Meter weitergedreht haben, als ich meinen Biss löste. Erst im Winter können wir es wirklich sehen …

„Alles wird gut", entfärbten sich meine Worte schon beim Ausspruch, „Du hast morgen eine wichtige Operation."

Schwarzweiß füllte den Raum. Ich brauchte Flurluft. Dringend. Keine Frischluft, denn die hilft, gesund zu werden. Kranke und ehrliche Klinikluft, um mich abzuregen.

Zimmertüren an Zimmertüren. Scharniere quietschen wie Menschen atmen. Mit jedem Schritt dreht die Welt sich weiter. Lautlos, denn sie will dabei nicht gehört werden. Wir sollen nichts davon bemerken.

Ich wollte nichts davon bemerken. Normbeleuchtung in Normbedingungen. Eine Unterwelt in Schwarzweiß. Und es schien immer so zu bleiben. Das gab mir ein Gefühl von Ruhe.

Als ich zurückkam, hatte Kevin das Fenster geschlossen. Die Scheiben waren beschlagen und ich konnte erkennen, dass mein Bruder mit einem Finger etwas in den Atem auf das Glas geschrieben hatte.

Als Kinder ließen wir uns so Geheimbotschaften zukommen. Ich begriff nicht, was Kevin mir mitteilen wollte, aber er tat in letzter Zeit viele Dinge, die ich nicht verstand.

„Alles wird gut.", meinte er knapp, meinen Blick in Richtung der Fensterworte deutend. Das klang schon viel besser als Sterne und Welt und Himmel.

Wir legten uns gemeinsam in ein Bett und ich fühlte so etwas wie Wärme. Bereits in den letzten beiden Nächten nach meiner Operation teilten wir uns ein Bett. Jetzt stand sein großer Tag ihm und auch uns beiden bevor. Mir war übel. Ich glaubte, Kevin ging es nicht besser.

„Ich werde gegen Idas siegen, oder?", fragte er in das Schwarzweiß des Zimmers hinein. Er sprach mehr zu sich oder zu den Sternen, als zu mir.

„Wer ist Idas?" Mein Bruder bereitete mir wirklich Sorgen.

„Das ist ein Mythos, eine griechische Sage. Kastor und Polydeukes, sie waren Zwillinge und Helden. Du und ich, wir sind Polydeukes und Kastor. Sogar unsere Anfangsbuchstaben passen, siehst du? Kevin und Kastor, Patrick und Polydeukes!" Ich sah.

Kevin und Kastor, Patrick und Polydeukes.

„Und Idas und Lynkeus, das sind unsere Tumore. Du hast deinen bereits besiegt, Lynkeus ist tot. Aber werde ich Idas bezwingen?"

Kevin hatte sich weggedreht.

„Und wie du ihn besiegen wirst! Ich werde ihn mir danach packen und dafür sorgen, dass er dich in Ruhe lässt!", klopfte ich meinen Bruder auf die Schulter. „Jetzt ehrlich, woher weißt du das alles? Erzähl mir doch mal die ganze Geschichte."

Kevin drehte sich zu mir um, langsam und unsicher. Vorhin hatte ich ihn noch unterbrochen. Nun begann er zu erzählen. Erst wusste er nicht recht, wie er anfangen sollte, dann erzählte er und erzählte. Mit jedem Satz wurde er mutiger und seine Worte bemalten die Schwarzweißkrankenhauswände mit den Farben der Antike. Er erzählte mir von den Dioskuren Kastor und Polydeukes. Von ihrer Suche nach dem Goldenen Vlies mit all den Argonauten und dem großen Schiff Argo. Von dem starken Idas und dem schwächeren Lynkeus, den Zwillingssöhnen des Aphareus, mit denen die Dioskuren anfangs innig befreundet waren. Von dem schrecklichen Streit mit den beiden Aphariden und wie Polydeukes den Lynkeus mit einem Speer durchbohrte. Und auch davon, wie Polydeukes und Kastor gemeinsam siegreich aus dem Kampf in den Olymp zum Vater Zeus zogen und uns beiden mit 300.000 Kilometern in der Sekunde vom Sternenhimmel aus zuwinken würden. Er wollte noch viel mehr erzählen, doch irgendwann war er zu erschöpft, um weiter zu reden. Wir verließen das antike Spektakel, das unser Zimmer in ein Phantasiewerk verwandelt hatte. Nun schauten wir wieder auf die Zimmerwand, diese mit 300.000 Kilometern in der Stunde geschwärzte Zimmerwand mit ihren 300.000 Unterwelten, Wintern, verschwindenden Atemzügen und Realitäten. Ich blinzelte das alles weg, kuschelte mich an Kevin heran und schlief ein. Dass er mich in dieser Nacht wie ein Fels die Brandung umklammert hielt, spürte ich nur dämmrig. Schattenhaft. Wie in einem Traum.

Ich bemerkte nicht einmal, dass er mich belogen hatte.

Die Worte am Fenster habe ich nie vergessen. Erst Jahre später erfuhr ich, dass er nicht Alles wird gut in Geheimschrift auf der Scheibe hinterließ. Er schrieb per aspera ad astra. Durch Leid zu den Sternen.

Dass Kastor in der Sage nicht siegreich aus dem Kampf gegen Idas hervorging, erfuhr ich jedoch schon am nächsten Tag. In der Geschichte erschlug Idas den Kastor, aber Kevin konnte mir das an diesem Tag nicht erzählen. Ich glaube, er wusste es.

Was bleibt ist nur ein Teil. Verschwindender Atem. Unterwelt. Schwarzweiß. Ohneeinander. Ich.

Ich verfluche meinen Vater, dass ich als Unsterblicher geboren wurde. Ich will nicht Patrick, ich will Polydeukes sein.

Ich will zu den Sternen. Ich will in die Nacht. Mit den Winden. In den Himmel. Hinaus.

Erst im Winter konnte ich es wirklich sehen. Ich will zu ihm.

Ich glaube, Kastor leuchtet heller seit diesem Tag. Seit dieser Nacht. Sogar noch heller als sein Bruder. Und zwar mit 300.000 Kilometern in der Sekunde.

Bela Chekurishvili

An Sisyphos

Zuerst den Stein, den musst du finden.

Dann lerne, wie man einen festen Knoten macht,
sonst gleitet deine Hand ab, greift ins Moos,
und wer sich dann blamiert, bist du.
Instinkt ist das, du weißt es ja, ein jeder hat es vor dem Ende schwer,
und es kann Fälle geben, da wird das Moos sogar zum Rettungsring,
dann stehst du da und bist klatschnass
und musst dich vor der halben Stadt bedanken.

Zuerst den Stein, den musst du finden.

Dann lerne, wie man Ornamente meißelt,
sonst schließen sie die Mauer rings um dich – bis an die Knie zuerst,
dann bis zum Hals – und dir bleibt nicht einmal die Zeit zu schreien.
Und bist du dann erst betoniert, bleibt, wo du warst,
nur eine Mauer stehen, hässlich anzusehen – anstelle einer Kathedrale.

Zuerst den Stein, den musst du finden.

Dann wähl die Farben aus,
eh du zum Goldschmied gehst und einen Ring bestellst.
Woher die Steine kommen, musst du fragen,
und lass dir auch was zu den Zeiten sagen,
du weißt doch, wann du sie gefunden hast.
Manche Steine schärfen das Gehör,
manche Steine machen blind – und manche brechen das Herz,
manche Steine machen Kummer
und manche rufen grundlos Träume auf …

Zuerst den Stein, den musst du finden.

Dann denk gut nach, eh du ein Kind gebierst,
denn sonst – wer weiß? – mag es der Vater schlucken,
wenn ihn die Lust nach Neugeborenem überkommt.
Hast du den Stein zur Hand, gut eingewickelt,
kannst du ihn wohl in seinen Rachen stopfen,
so rettest du das Kind – du hast die Chance.
Denn andernfalls, du kennst die Göttersagen,
sie haben nie auch nur das eigene Kind geschont
und standen immer, wo der Stärkere war.

Zuerst den Stein, den musst du finden.

Dann überleg dir gut, was du dir wünschst.
Willst du denn wirklich an den Ort zurück,
an dem die Steine so viel klagen?

Nachdichtung aus dem Georgischen von Norbert Hummelt

Harald Gröhler

Thanatos und der Husten

Thanatos war nicht schlecht anzuschauen, wenn er nackt dastand und seine Fackel senkte. Man konnte eigentlich nichts gegen ihn haben und nichts gegen Hypnos, seinen Zwillingsbruder. Die Frau, die das merkte, erlaubte sich hier selber einmal, etwas einzugestehen. Sie sich das sogar vor ihren dünnhäutigen empfindlichen Angehörigen, – sie wies ja nur auf die griechischen Götter hin. Auf den Kosmos zeigte sie. Gott des Todes, Gott des Schlafes, Thanatos, Hypnos, jung wirkten beide, Frau Reimara sagte hier etwas von einer überlieferten Glaubenswelt. So, das begriff Frau Reimara mit kleinem Schauder, konnte sie das begehrlich-Machende des nackten männlichen Äußeren einmal ansprechen, Reimara redete von der Religion.

Was Religion alles mit ermöglichte. Reimara erwog das, mit nicht unterdrückbarem Schauder.

Thanatos und Hypnos, die zweie, ... trugen oft die Toten gemeinsam fort. Manchmal allerdings wollten die Umstehenden den beiden doch nicht die Passage erlauben, nicht den Durchgang zu dem einen Menschen räumen; nicht zu dem, den Thanatos Auge in Auge angesehen hatte. Dabei war Thanatos gar nicht der Planer, nicht der Entscheider, er führte bloß aus. Das wussten die Leute nicht genau. Hypnos schlug hold und lebhaft mit den Flügeln, Thanatos desgleichen, aber denen, die geholt wurden, kam der Abtransport nicht immer recht.

Allmählich mochten die Leute den Thanatos nicht mehr so sehr. Die wenigsten dachten daran, wer hinter Thanatos weste, die Notwendigkeit, die Vergeltung, Ananke, Nemesis. Den Menschen war nur bange, sie könnten nicht fertig sein, wenn Thanatos sie antippte. Sie hatten gemerkt, Thanatos fragte nicht danach, ob ein Betroffener seiner Geliebten noch das vergrabene Geld bezeichnen wollte. Ob ein Handschuhmacher das Schindeldach noch dichten wollte vor den Äquinoktialstürmen und ob der Handschuhmacher auf dem Dachfirst rittlings saß. Ob ein Buchhalter nur zum Örtchen noch wollte. Dem Buchhalter blieb null Zeit zum Scheißen; und Manfred, der Hirte, in der Blüte der Jugend, hatte auch keine Wahl. Manfred wäre lieber noch anderthalb Jahre mit den wolligen Schafen herumgezogen und hätte sich dabei die Lotte einmal wirklich anlachen wollen. Darauf gab Thanatos nichts.

Thanatos müsste weg, sagten sich manche Leute. Nur überstieg das die Kräfte der Menschen. Es überstieg jede Reichweite des Menschengeschlechts. Freilich, was diese Kribbligen sich in den Kopf setzen, lässt ihnen jahrhundertelang keine Ruhe mehr. Einer der kribbeligen Menschen dachte sich aus, wie Thanatos bestraft werden könnte. Dieser Kribblige, der … war schon ein Christ, und vor allem die Christen schoben dem Thanatos die Verantwortung zu. Die Christen wuselten nun auf dem Erdkreis herum und hatten keinen Dunst von den Verhältnissen mehr. Thanatos besaß keine Macht. Die alten Griechen hatten Thanatos nie voller Macht erlebt; das war ganz die christliche Verfälschung.

Der kribblige Christ dachte sich aus: Alt sollte Thanatos werden. Zur Strafe, dass er sich nicht anmeldete. Ein hässlicher Greis sollte der werden. Haut und Knochen, das genügte bei dem doch wohl. Greisenhafte krumme Finger. Thanatos eine Personifizierung nur? … Zu hoch für die wuselnden Christen.

Mit Schrumpelhaut lief Thanatos auch nicht lange herum. Ein Skelett hatte er zu sein. Sein Bruder Hypnos, vergessen von den Christen, behielt das nette Aussehen. Und Hypnos wollte da nichts mehr mit Thanatos zu tun haben. Hypnos, Gott des Schlafs, half also seinem Bruder nicht mehr, die Gestorbenen davonzuschleppen. Mitleidige Gemüter vermieden überhaupt an andere ältliche Verknorzte zu denken. Sie vermieden's, um ihr Mitleid noch länger zu behalten; sie wandten sich von Alten mehr ab. Unversehens war Thanatos so, wie die Menschen ihn wahrnehmen wollten: abscheulich. Damit meinten die Menschen sich auch zu erklären – und bis heute meinen das viele –, warum Thanatos unberechenbar sei. Wer derart scheußlich aussieht, …

Na klar.

Frau Reimara fuhr mit ihrem linksseitig beuligen Walfisch-Citroën zu dem Hirten hin. Dem Hirten, dem Tierpfleger, den sie noch lebend wähnte; sie kam an einer Frau vorbei, die Gras für ihre Karnickel absichelte, und als Reimara bei der unordentlich gewordenen wuscheligen Herde des Hirten anlangte, kaute Reimara an einer Idee. Reimara wurde von einer verführerisch wirkenden Vorstellung geplagt, und das ging um den Hirten. Einmal dessen Daumen, den Daumen des Hirten an einer Sichel entlangzuführen. Zart das natürlich. Aber der Hirt war komplett unauffindbar.

Gewöhnlich hat Thanatos eine Sense nun bei sich in den fremd neumodischen Zeiten. Und ein in der Mitte verengtes Glas, mit Sand innen drin. Die Sense, die kann jeder deutlich sehen. Die macht Angst; – wem wird schon gern der Dez abgeschnitten. Das Stundenglas bekommt niemand zu sehen. Der Gott, der zum Gevatter geworden ist, hält das Glas so, dass es keiner erkennt; mir, der das inzwischen weiß, macht es noch mehr Angst. Erst im letzten Augenblicke lässt Thanatos die Sanduhr knistern oder rascheln. Der Gemeinte hört das. Sich zu verstecken, nützt auch nichts mehr; „aus und vorbei", sagen die Nichtbetroffenen. „Armes Schwein", sagt noch einer. „Perdu", sagt eine Kurzatmige. Vielleicht war es doch holder und goldner gewesen, von einem jungen Thanatos beiseite gezogen zu werden. Wie früher. Die Leute, die den einst glatten Thanatos skelettiert vor Augen hatten, wollten jetzt dem Thanatos eins auswischen, aber sie hatten sich nur selber entmutigt. Der Gott war da. Der Tod guckt mir und ihnen über die Schulter. Der guckt. Er erscheint. Und, dass er nur ein Ausführender der Ananke war? Ananke, der Notwendigkeit? Des Schicksals? Fremdwörter und unchristlich. Und, weggetragen zu werden, damit hat es sich gehabt. Höchstens ist das zu einem Wunschtraum verkommen: Eine Dreiundsiebzigjährige, die sich auf den Armen zweier jungen Männer wiederfinden möchte.

Thanatos klappert allein herum. Er lässt den Entseelten liegen, die Ergänzungen funktionieren noch – die Schraube im Schultergelenk, die Implantate im Unterkiefer, die Schiene im Unterarm –; der Mensch funktioniert nicht mehr. Im Munde ist der Kaugummi, und der fliegt nicht mehr von rechts nach links; Kaugummichen wird nicht mehr aufgeblasen. Die Lebendiggebliebenen schlagen sich mit Visionen und Zweifeln herum. Man will den Tod wegdenken, durch die Wissenschaft. Durch die Religion, nun die christliche. Man will den Tod lächerlich machen und ihn zu einer Comics-Figur verkleinern; Comics, japanische Mangas, japanische Comics blättert ein Vierzehnjähriger durch. Mangas, japanische, klickt eine Dreizehnjährige an, ihr Todesgott heißt Ryuk. Und die Wissenschaft bietet seit 1990 mit dem Hormon Melatonin etwas an. Man könne das Hormon Melatonin als Signal gebrauchen, und die Wissenschaftler bringen mit dem Melatonin eine Uhrenhypothese zustande: In mir existiere eine Altersuhr. Die Doktoranden können das Melatonin experimentell nachweisen inzwischen. Seitdem suchen sie nach medikamentösen Möglichkeiten. Reimara Rössler-Kypraiou schmeißt nicht mehr mit Gerüchen nach dem Sensenmanne; nicht mit den Hyazinthen, die im Vorfrühling duften und die langweiliger sind als deren unglaublicher Duft, sie wirft nicht mehr mit den Hyazinthen, den duftenden. Die Blütenröhrchen verströmen etwas, das noch die tiefste Blütenfarbe ausstechen wird. Reimara hüllt ihren Hirtenspusi – wo bleibt er? – nicht mehr in den Geruch der Hyazinthenblütenröhrchen. Ihre Angehörigen fragen endlich: „Hyazinthen?"

Thanatos kann nicht anders riechen als die Wesen, mit denen er es zu tun hat, Tote also, und die Toten riechen vor allem grauenhaft süßlich. So denn doch die Hyazinthen; die Frühjahrsgewächse mit dem schweren Duft. Deren Duft ist zwar etwas anders; manchen Zeitgenossen erinnert der Hyazinthenduft aber trotzdem an den Gestank von Leichen. ... Was Reimara betraf: Reimara hustete zurzeit. Das ja. Reimara überlegte beim Husten zugleich sehnsüchtig: Hatte ihr Hirtenschwarm sich ihr auch noch absichtlich genähert, hatte er sich gern von ihr anhusten lassen? War das überhaupt göttlicher Odem, oder war es ein teuflischer Husten? Was wusste eine Reimara von sich! War es Thanatos' Atem? Oder wessen Seele und Husten? Zumindest ihres eigenen Innern. O je; wenn Manfred sich angesteckt hatte. Kölsternd und rotzend wollte Reimara ihn nicht; nur in ihrem Nahbereich wollte sie ihn.

Aber dass sich Manfred durch ihr Anhusten so viel geholt hatte, – sekundenlang passte ihr das doch.

Und, das Leben zu verlängern mit der Wissenschaft: danach richtet sich Thanatos sogar. Er richtete sich schon 1876 danach. Bereits 1876 wussten sie in New York, dass die meisten New Yorker zu zeitig starben. So starb in der Bronx jeder neunzehnte Mensch innerhalb des nächsten Jahres, in Greenwich Village jeder sechzigste; Greenwich Village war schon damals ein gesundes bevorzugtes Wohnquartier. Vor Einrichtung einer guten Sanitäts-Polizei starb in London einer von zwanzig Menschen innerhalb eines Jahrs, nach Einrichtung einer solchen Polizei einer von fünfundvierzig; Thanatos brauchte sich weniger zu hetzen. Gekommen ist er weiterhin. Wenn einmal Vereisungen von böse Erkrankten üblich werden – abgekühlt diese Schwerkranken in flüssigem Stickstoff auf zweihundert Grad unter Null –, wird er sich einen Mittagsschlaf gönnen.

Die Dreizehnjährigen sehen die japanische Mangafigur Ryuk an. Ryuk ist comicgerecht gezeichnet, Ryuk ist auf dem Bildschirm und virtuell, ist fiktiv; die Dreizehnjährigen mit dem langen Leben vor sich haben meistens keine Angst vor solch einem Todesgott. Immerhin weichen sie bis ins wenig bekannte Japan aus. Reimara sieht angstvoll unmittelbar hinter sich. Sie sieht nun immer öfter die Passanten in Hinblick auf Götter an – auf Thanatos.

Und wie oft erkannte sie Thanatos wieder. Was? Wie oft läuft ihr Thanatos in die Quere. Schon heftig; gradezu beunruhigend, im Jahre des Heils 2017.

Die Wissenschaftler haben die Angst nicht auflösen können. Jemand wie der Luther behalf sich wenigstens mit einem Witz. Sprich zum Tode – riet Luther –: ‚Wenn du mich fassen willst, so fang hinten an, so hastu Senff und Salsen zuvor'. Luther konnte sich das leisten.

Zuletzt betreute Reimara noch Lotte; die Lotte von Reimaras verblichenem Hirten; die Lotte, die der Hirte sich doch noch angelacht hatte; und da geriet Reimara mit in die Zieherei um Lottes Oberbett hinein. Lottes Zudecke war ein Federbett, und dies Plumeau entfederte sich allmählich im Laufe der Zeit. Mühsam schüttelte Lotti es, damit außen die losen Federchen abfielen. Die lösten sich; aber dadurch, dass Lotti schüttelte, drangen erst recht Flaumfedern aus dem Inlett und durch den Bettbezug, und Lottis Bett war wieder voll losen Federn. Scheußlich, – das Fiederzeug wollte Lotti nicht an ihre Haut kommen lassen, nicht an die intime Haut. Also schüttelte Lotte noch mehr das Bett und noch mehr, mit ihrer erlahmenden Kraft. Neutrale Nachbarn, ebenso Reimara wussten jetzt schon Bescheid; Lotte merkte nichts und beschäftigte sich damit, das Deckbett fusselfrei zu kriegen. Das Plumeau wurde immer dünner. Das Oberbett wurde immer weniger, und das war Lottes letzte ultimative Plackerei. Thanatos stand da und staunte eine Weile über den Blödsinn. Je mehr sich Lotte ihrem Ziel zu nähern meinte, „Flattergelumpe fort! Die losen Flusen soll'n ab!", desto durchsichtiger und seltsamer wurde ihr Oberbett, Thanatos – unsichtbar, durchscheinend, unkörperlich – fing zu lachen an. Ein rabenschwarzes Lachen weinte er. Herr Tod staunte noch, Lotte starb noch nicht; Lotte hatte es gar nicht auf Tod-Abwehren angelegt. Lachen tat der. Bei Luther hatte er nicht gelacht. Reimara fand die Lotte am Morgen; gestorben, im Bett; so wie Reimara das schon beim Gutnacht-ihr-Sagen gestern geargwöhnt hatte.

Reimara rief als erstes jetzt zum Tod hin, „mach, dass du 'raus kommst!"; diesen Satz. Auch ihren Ruf hat kein Dichter erfunden, kein Journalist, ich nicht, niemand mithin, er ist wahr. Durch mehrere Jahre hindurch ist der Wortlaut nicht angetastet worden, eine Frau hat dazu beigetragen. Sie hat den Satz im coolen, modernen, hippen Deutschland und im Jahr zweitausendsoundsoviel gerufen, nicht ins lahme Leere geschrien, sondern zum verdammten Gevatter Tod. Die Frau ist keine Unbedarfte. Reimara heißt die gar nicht dumme Frau. Sie gestand mir dann, mir persönlich noch, dass sie die Worte zwar beim Anblick der gestorbnen Lotte ausgestoßen hatte, aber den Hass und Drive hatte sie von woanders her. Das wäre nicht ohne den toten Hirten Manfred aus ihr hervorgebrochen. Reimara sah die Lotte daliegen, sah sie weiter und weiter liegen. Die Pflegerin neben Reimara sagte bereits, „jetzt hat unsre Lotti Ruhe", und die Äußerung behagte Reimara gar nicht. Reimara hing noch den Worten nach; Reimara sah, die Pflegerin warf hier wieder Hypnos und Thanatos durcheinander. Sie bedankte sich.

In ihrer aufgewühlten Wut begriff Reimara jetzt noch anderes. Wie 's so geht. Die Pflegerin hatte Lotte seit einem Jahrzehnt gekannt. Die Pflegerin hob den Kopf der Leiche etwas an und bettete den ein bisschen höher. „Müh und Arbeit", sagte die Pflegerin, „war ihr Leben, Ruhe hat ihr Gott gegeben", Reimara explodierte.

Mit Knall.

… Von Aufsehern dann zur Rede gestellt, sagte und schnappte Reimara: „Wenn mal klar ist, dass ‚ne Tote nicht wieder lebendig wird, ist der Spruch 'ne Unverschämtheit. Geradezu biestig."

Man erinnerte sie daran: der stünde immerhin auf hunderttausend Grabsteinen und in Todesanzeigen.

Reimara: „Totsein, vollkommen aus sein, das umzubiegen in Ruhe?" Also etwas so Furchtbares und Unvergleichbares – tot zu sein – in etwas Nebensächliches und Gleichgültiges, in eine Randsache; frech und borniert!

Das Christentum zeige, der Tod sei nicht alles und dass eine Auferstehung den Tod besiege, wurde ihr von mehreren Seiten böse entgegengehalten. Reimara schnob nur und schnaubte durch die Nase, und sagte, an dieser Behauptung drücke sich ja der Spruch bereits vorbei: Kein Deut von ewigem Leben; sture Ruhe bloß. Und diese Nebensache herauszugreifen und in die Mitte zu stellen und damit das tote Vernichtetsein aufzuwiegen, das sei eben der Taschenspielertrick. … Sobald, zum Beispiel durch den Spruch, klar werde, dass nichts mit ewiger Glückseligkeit ist, werde der Spruch zum hündischsten Zynismus. Kaltschnäuzig werde er. „Nett. Nicht?" Und Reimara Rössler-Kypraiou, Gastarbeiterstochter-Griechin, verlor bei so viel Klarsicht alle Anhänger.

Immerhin, Hypnos und Thanatos durcheinanderzumogeln – … denn das hatte die Pflegerin schnurstracks getan –, das belegte: die Götter sind präsent, die richtigen Götter; durchaus auch in diesem gleichmacherischen, allemal einebnenden Christentum. Dem autoritären allenthalben ahnungslosen Christentum. Sie waren nicht erledigt, und die Götter sind Transportmittel von Ideen. Von dauerhaften Ideen. Deshalb können sie schlecht untergehen. Sogar im abendländischen Mittelalter materialisierten sie sich. Materialisiert wurden sie in mittelalterlichen miroirs und trésors, an den Buchrändern kauerten sie in der Zeit jahrhundertelang; oft dort verfälscht. Ihre Wiedergeburt verdankten sie nicht selten geografischen Randzonen. Reimara zählte zu den Randzonen das Europa nun hämisch dazu.

Auch Thanatos war ein Beförderer solch einer Idee, einer eminent menschlichen Idee; so überdauerte er die Christenzeit. Das Christentum modelte das Sterben um als Eingang in die nicht mehr aufhörende Seligkeit, Thanatos besorgte das Rollback. Heute ist die Sterbesekunde wieder so aussichtslos, wie sich ‚s gehört. Kein Wunder, dass sogar die anderen Götter dem Thanatos nicht grün waren. Sie hassten ihn, und nicht erst seit Reimaras Zeiten. Schon die Griechen Homers wussten das.

Wie aber geht es mit denen, die keinen unanständigen lutherschen Humor haben, keinen apotropäischen abwehrenden Dreh, keine abhaltende Heiterkeit, keine Scherze, und die sich vor Thanatos nicht fürchten? Die sich sehnen nach ihm?

Wenn sie ihn herbeitricksen, dann kommt er. Diesmal kümmert er sich sogar um deren flattrige Seele. Die setzt er auf einen Zaunstecken vorm Feld und er lässt Gott und Deibel um die Zaunlatte streiten.

Wolfgang Fehse

Orpheus Digitalis: Der verfehlte Opfergang

Orpheus sinkt aus der digitalisierten Hochzeitsfeier in ein Zwischenreich hinab. Dort, in einem Wald, befindet sich der Zugang zur Unterwelt. Im Nahen Dorf werden Orpheus zu Ehren viele Bankette gefeiert – aber die Bewohner sagen ihm nicht, was sie von der Unterwelt wissen.

Mir zur Rechten saß der Bürgermeister. „Es ist wirklich erstaunlich, Orpheus, mit welcher Gelassenheit Sie immer noch den Abstieg in die Unterwelt planen."

Da entsetzten sich aber die Festgäste, sanken von ihren Stühlen auf die Knie und riefen: „Orpheus, Retter und großer Bezwinger der Not, hilf uns, hilf uns doch!"

„Ich will euch ja helfen", rief ich zurück, nur müsst ihr euer Schweigen aufgeben und sagen, was ihr wisst!"

Am Ende der Tafel erhob sich der Lehrer. „Liebe Freunde", sagte er ernst, „der Zeitpunkt scheint mir gekommen, unsere Zurückhaltung zu beenden und alles auszusprechen. Orpheus hat uns nicht nur durch seinen göttlichen Gesang genügend Beispiele seiner Vertrauenswürdigkeit gegeben. Damit er sich auf seine gefährliche Mission vorbereiten kann, muss er die Wahrheit über die Einheit von Unterwelt und … "

„Schluss!", schrie der Bürgermeister, „Schluss, Schluss!" Und der Geistliche rief: „Sehen Sie, Orpheus, was Sie angerichtet haben, sehen Sie es? Scheren Sie sich in ihre Oberwelt zurück, schnell, schnell! Und kommen Sie nie wieder her! Husch, husch! Weg, weg!" Mit seinen Armbewegungen erzeugte er einen heftigen Luftstrom, der mich bis zur Saaldecke hinaufwirbelte. Ich trudelte und kreiste wie ein Flaumfederchen; erst nahe der Fensterfront kam ich zur Ruhe. Meine Position dort war ausgezeichnet, ich konnte alles übersehen. Nur verblasste jetzt die Szenerie und drohte völlig zu verschwinden! Die Bewegungen der Dörfler wurden zäh und erstarrten! Mir schien, als wunderten sie sich selbst über ihre abnehmende Bedeutung! Fragend drehten sie ihre Gesichter hin und her, her und hin und blickten mich groß an! Die Stimme des Geistlichen erstarb, über mir sah ich schon Helmuts Beine und sein Laptop. Aber wo war Eurydike? Eben noch hatte sie neben Helmut gesessen!

Die fleischigen Finger des Pfarrers fuchtelten noch in meinem Blickfeld. Ich hörte, dass der Bürgermeister, vermutlich im Glauben, ich sei fort, die Versammlung zum letzten Mittel aufrief, den Untergang des Dorfes aufzuhalten: „Opfert den Lehrer! Zum Höhleneingang, Bürger! Opfert den Lehrer!" Und wie in einem schlecht belichteten Film erhoben sich die Festgäste, nahmen den um Gnade Flehenden in ihre Mitte und drängten zur Tür hinaus in die anbrechende Nacht. Ich rief: „Sie dürfen den Lehrer nicht opfern! Lassen Sie ihn in Ruhe! Sie dürfen ihn nicht in die Unterwelt hinabstoßen!" Aber die Festgäste hörten mich nicht mehr, zu weit war ich bereits entfernt.

Unter Aufbietung aller Kräfte gelang es mir, die Umrisse im Saal wieder zu schärfen. Ich löste mich behutsam von der Decke, schwebte hinab, verzehrte ein Hühnerbein, schmiss die Knochen hinter mich, trank einen Schluck des herrlichen Burgunders und folgte den Bewohnern dieses seltsamen und merkwürdigen Dorfes.

Draußen, in tiefer Dunkelheit, bereiteten sie das Opferritual vor. Die Dörfler rannten hin und her, dahin und dorthin, ein tolles Gewimmel. Vorn flammte eine Kerze auf. „Kein Licht!" Ich erkannte die Stimme des Geistlichen. „Kerze aus!" Die Flamme erlosch. Zwei Männer huschten an mir vorüber, sie trugen einen Schrank. Zwei andere rannten mit einem runden Tablett hinterdrein.

Vor die Sterne und den Mond hatte sich eine dichte Wolkendecke geschoben. Es war jetzt so dunkel, dass ich die Hand vor

Augen nicht sah. Fast wäre ich mit den Männern zusammengerempelt. „Hebt die Opferschale in den Schrein!" Das war die Stimme des Geistlichen. „Jeder bringe nun sein Opfer dar!" Ein Schatten nach dem anderen trat vor, schnitt sich unter leisem Aufschrei eine Wunde in den Körper und ließ das Blut in die Schale rinnen. „Herr der Unterwelt!", wiederholte der Geistliche wohl hundertmal, „gewähre uns die Gnade eines Dir wohlgefälligen Opfers!"

Vorn kam Bewegung auf. „Ist er auch gut gefesselt?" Das war die Stimme des Bürgermeisters. „Der macht sich im Leben nicht los!" Aus dem Schrein drang das Stöhnen des Lehrers. Ich dankte dem Himmel für die Schwärze der Nacht und legte mich zu ihm.

Die Prozession setzte sich in Bewegung. „Schwer, schwer", flüsterte vorn der Bürgermeister, hinten antwortete der Geistliche: „Wir schaffen`s, wir schaffen`s." Wir schwebten und schwankten, in der Opferschale schwappte das Blut. In gehöriger Entfernung tappte die entsetzlich falsch singende Gemeinde hinterdrein.

„Ich bin`s, Orpheus", hauchte ich dem Lehrer ins Ohr. Er atmete tief und drückte mir die Hand. Ich befreite ihn von Fessel und Knebel und wisperte: „Keine Bewegung! Ich habe einen Plan!"

Am Ortsausgang wurde dem Bürgermeister die Last zu schwer. „Ich muss mal absetzen." „Vorsicht", mahnte der Geistliche, „kein Blut darf vergossen werden." Sie setzten ab. Katzengleich leise erhob ich mich und versetzte den Honoratioren kräftige Kopfnüsse. Gleich danach lag ich wieder reglos neben dem Lehrer.

„Au!", rief der Bürgermeister, der Geistliche aber murmelte nach kurzer Pause: „Es ist nicht möglich, es ist nicht möglich."

Wieder verstrich kostbare Zeit, bis der Geistliche sagte: „Warum tun Sie das, Herr Bürgermeister, warum nur, warum?"

„Was tue ich!" Das klang bedrohlich.

„Leugnen Sie nicht, Herr Bürgermeister, leugnen sie nicht noch, um Christi willen! ... Die seelische Anspannung ... habe ich Ihnen ein Unrecht ... die Gewissensqual? ... Warum, warum?"

„Sind Sie fertig, Herr Pfarrer? Es reicht!"

„Herr, Herr!", flehte der Geistliche, „gewähre uns Deine Gnade für eine würdige Zeremonie!"

Die Honoratioren kamen zur Besinnung, nahmen ihre Last wieder auf und trugen sie weiter. Abermals erhob ich mich katzengleich und verteilte Kopfnüsse. „Herr Pfarrer, haben Sie den Verstand verloren?" – „Sind Sie bei Trost, Herr Bürgermeister?"

„Es schlägt dem Fass den Boden aus, es ist unglaublich. Herr Pfarrer, ich fordere Sie auf, den Unsinn zu lassen. Schluss mit den Kopfnüssen!"

„Ich gebe Ihnen Kopfnüsse, Herr Bürgermeister, ja? Das ist toll!"

„Und jedesmal schmerzhafter!"

„Und jedesmal schmerzhafter, hahahaha! Und jedesmal schmerzhafter, ja? Sie klopfen mir Kopfnüsse und ich schlage Sie jedesmal schmerzhafter, ja, Herr Bürgermeister?!"

„Sowas gibt`s, Herr Pfarrer. Es braucht nur jemand so schamlos zu lügen wie Sie!"

„Ich schlage und lüge schamlos, ja, Herr Bürgermeister?"

„Und als sanft blickendes Unschuldslamm sind Sie selbstverständlich ohne jeden Neid auf mein Wassergrundstück. Ein für alle Mal, Herr Pfarrer: Die Wahl habe ich gewonnen, nicht Ihre Parteifreunde!"

„Ich muss mir das mal auf der Zunge zergehen lassen, hahahaha. Ich schlage sie, lüge schamlos, hahahaha, bin ein sanftes Unschuldslamm und neidisch auf Ihr Wassergrundstück, hahahahaha!"

„Mal was anderes, Herr Pfarrer: Wieviel haben Sie eigentlich getrunken?"

„Weniger, als Sie in einer Sekunde in Ihr Wassergrundstück ablassen, Sie schmutziges Spundloch!"

Abermals war es der Geistliche, der zu Besinnung und Vernunft fand: „Uns sind Verständnis und Versöhnung aufgegeben,

Herr Bürgermeister, nicht Gereiztheit oder gar Hass! Das Vorgefallene ist nur als Teufelsspuk erklärbar, als entsetzlicher Teufelsspuk! Hüten wir uns, hüten wir uns vor seinem verderblichen Einfluss, hüten wir uns, sein Werkzeug zu werden, hüten wir uns vor der Verhöhnung des Opfergangs und vor der Vernichtung des Dorfes. In Nächten wie dieser verwirrt sich allzu leicht der Geist, Wahrnehmung und Reaktion sind äußerst vorsichtig zu bewerten. Ich räume die Möglichkeit meines Irrtums ein, wenn ich in aller Bescheidenheit sage, dass aus meiner Sicht nicht ich Sie, sondern Sie mich geschlagen haben." „Und aus meiner Sicht, Herr Pfarrer, habe nicht ich Sie, sondern Sie mich geschlagen."

Demütig nahmen die Honoratioren den Schrein wieder auf und trugen ihn weiter. Abermals klopfte ich Kopfnüsse. „Es reicht!", schrie der Bürgermeister.

„Was reicht, du Zickenschulze?"

Die Herren ließen den Schrein fallen, fanden sich im Dunkel und schlugen in vulkanartig ausgebrochenem Hass aufeinander ein. Ihre Fäkalienausdrücke gebe ich hier besser nicht wieder. Ich schmiss drei Knallfrösche und verspritzte das Blut. Fassungslos nahte nun auch die singende Menge. Der Lehrer und ich aber machten uns aus dem Staube. Bevor ich ihn fragen konnte, was er über die Unterwelt wisse, war er in der Dunkelheit verschwunden.

Ich hatte hier mein Möglichstes getan. Ich schwang mich zu den Wipfeln der Kiefern empor, schwebte höher und sah schon Helmuts Laptop und seine Beine. Wo aber war Eurydike? Zur Beruhigung sang ich erst einmal ein schönes Lied.

5.
Wasserwesen

Lips

Wüstensand im heißen Föhn
Südwestwehender Knabe peitscht das Meer
Weist Schiffen sicheren Weg

Steffen Marciniak

Kostas Papanastasiou

Das Boot des Charon

Unendliches Blau
tiefes Blau
geteilt durch die vier
Himmelsrichtungen.

Eine
weiße Kirche
auf dem Rücken des Hügels
Beine spreizend
zeigt der Sonne
ihre Brüste.

Ein einzig Schiff
vergeht sich
am Körper meiner antiken Mutter.
Am Grund des Meeres
das Boot des Charon.

Heute transportiert man Seelen
in schnellen Jets.
Ägäis mon amour,
Sterne über dir unendlich
und ich?
Im Nebel
im dichten Nebel
ohne eine Nachtigall
ohne einen Baum.
Auf einer Schneekuppe
einsam.

Steffen Marciniak

Nerites oder Das Begehr der Götter

Schwimme weit hinaus in das Meer deines Seins.
Und wisse, daß du eines Tages nicht mehr an das Ufer zurückkommst.
Albert H. Rausch (1882-1949)

1.

Geruhsam schwammen kleine Fische um den unterseeischen Palast des Meeresgottes Nereus. Der Prachtbau, der sich vom Meeresboden bis knapp unter die Wasseroberfläche ausbreitete, war noch um Einiges herrschaftlicher als der Wohnsitz des mächtigen, die Ozeane beherrschenden Titanen Okeanos. Der alte Nereus selbst schlief noch tief. Seit er kaum noch Lust verspürte, traumverlorene Nymphen zu beglücken, war er in seinem Wesen grimmiger geworden. Er wütete häufiger, so dass sich die Wogen des Meeres aufwallten und sein Groll im Zusammenwirken mit den Windgöttern heftige Stürme entfachte. Zu alten Zeiten hatte Nereus, in Liebesdingen einst sehr aktiv, mit seiner Gattin, der Okeanide Doris, fünfzig Meerjungfrauen gezeugt, die Nereiden, und, nahezu kaum bekannt, einen Sohn, den Meerjüngling Nerites. Dieser war gerade achtzehn Jahre alt und langweilte sich im Götterpalast oft kolossal. Die Tage im Herrscherpalast schlichen meist gleichmütig dahin, nichts passierte. Nerites aber sehnte sich nach Aufregung, nach den unendlichen Fernen der Meere.

Die meisten seiner vielen Schwestern waren verspielt, wie Nymphen es sein sollten, Nerites hingegen gelüstete es mittlerweile nach anderen Kameraden. Die Nereiden erwachten spät am Tag, schmückten sich anschließend ausgiebig und kämmten ihre prächtigen grün- oder blaufarbenen Haare. Denn wer wusste schon, ob sie nicht genau an diesem Tag einem anderen

Wasserwesen, an den Ufern einem Menschen oder gar einem Gott begegneten, in den sie sich verlieben konnten.

Nerites' fantasievolle und aufregende Träume ließen ihn oft zeitiger aufwachen. Er schrieb dann die mysteriösen Traumgespinste in ein Büchlein, zeichnete seltsame Figuren dazu und schaute verträumt aus dem Fenster, beobachtete, wie die Seepferdchen im Wasser tanzten. Gewöhnlich schlummerte er darüber noch einmal ein, bis ihn seine Lieblingsschwester Nerea wieder aufweckte.

Beim Frühstück waren die beiden oft noch allein. Sie zelebrierten es wie ein Fest. Jeder der über fünfzig Stühle an der riesigen Tafel im Speisesaal diente einer anderen darzustellenden Person. Nerea spielte durchweg die Prinzessin und Nerites übernahm alle anderen Rollen: Gott, König, Prinz, Held, Minister oder Diener, er dachte sich auch die Handlungen aus. Nerea saß begeistert auf ihrem Prinzessinnenthron, während ihr Bruder von Stuhl zu Stuhl wechselnd jeweils in die anderen Rollen schlüpfte. Auf diese Weise entstanden ganze Märchenfilme in den Köpfen der Geschwister. Oft setzten sie am nächsten Morgen die Handlung des Vortages fort. Erst, wenn nach und nach die anderen Palastbewohner auftauchten, zogen die beiden sich langsam zurück. Es galt hinaus zu ziehen, Abenteuer im Meer oder an den naheliegenden Küsten zu suchen.

An diesem neuen Tag, der so behäbig wie die meisten begann, geschah etwas Außergewöhnliches. Bruder und Schwester unterbrachen ihr kindliches Spiel ganz plötzlich, denn aus der Weite des Meeres hörten sie ein gewaltiges Donnergrollen. Etwas Aufregendes musste dort vor sich gehen. Woher mochten diese krachenden Laute stammen, die bis in den Palast des Nereus zogen? Der sonst gern polternde Vater war unschuldig, denn er schlief noch fest in seinen Gemächern. Die Geschwister ließen das angefangene Frühstück stehen und machten sich auf den Weg.

Nerites und Nerea mussten, wenn sie den Geräuschen folgen wollten, am nahe gelegenen Schaumwolkenpalast vorbei. Unbemerkt würde das nicht einfach werden. Dort, in unmittelbarer

Nachbarschaft zum Prachtbau des Nereus, lebte die an der Meeresoberfläche noch unbekannte Aphrodite. Lediglich die neu an die Herrschaft gelangten olympischen Götter um den Kronossohn Zeus hatten Aphrodite bereits in den Meerestiefen erblickt. In nicht allzu ferner Zukunft sollte sie aus dem Schaum der Wellen dem Meer entsteigen. Schon jetzt, hier im Meer, traf ihr unstillbarer Liebesdurst auf die schönsten Bewohner der Meerestiefen, in erster Linie den glanzvollsten unter ihnen, den Meerjüngling Nerites. Bereits hier lernte Aphrodite ein Gefühl: sie war verliebt. Dem folgte ein anderes: die Gier. Sie wollte ihn, komme, was da wolle.

Nerites war nicht nur einfach ein außerordentlich hübscher Meeresbewohner, er galt als Schönster aller Wesen, die im Wasser lebten. Außer in den Familien der Meeresgötter hatte sich das auch bis zu den Olympiern herumgesprochen. Insbesondere der Sonnengott Helios kam aus dem Schwärmen nicht heraus. Sobald Nerites aus dem Wasser auftauchte, schickte Helios seine lieblichsten Strahlen, die den Meerepheben zum Brillieren brachten. In den unendlich scheinenden Tiefen schimmerte des Jünglings langes, leicht gewelltes Haar so bläulich wie die Farben seiner Augen. Wer, wie Helios, vom Himmel aus dessen Silhouette erblickte, der sah nicht nur seine Kontur, sondern nahm um ihn herum eine große Fläche himmelblauen Wassers wahr und musste die Erscheinung in der weiten See als ein unglaubliches Wunder anstaunen. Besonderes Erstaunen erfasste einen unkundigen Beobachter, der eine Handvoll Wasser schöpfte, das, aus dem Meer entnommen, in seinen Handinnenflächen überhaupt nicht mehr blau leuchtete und ihm vollkommen farblos und klar durch die Finger rann. Kaum näherte sich Nerites der Wasseroberfläche, verwandelte sich sein Haarkranz in ein blondes Grün. Es glich den gewandelten Farben seiner Pupillen, die in die gleiche Schattierung wechselten. Sie blieben auch beim Auftauchen in diesem Farbton. Allein die Haare wechselten noch eine Spur mehr ins Goldene, funkelten beinahe wie die

Sonne selbst. Sein geschwungener Fischschwanz glänzte silbrig-blau und besaß so viel Kraft, dass Nerites sich zügeln musste, wenn er mit Nerea durch die Meere zog, damit sie folgen konnte. Regelmäßig schwammen sie am Palast der Aphrodite entlang. So leise sie sich auch fortbewegten, jedes Mal erwartete Aphrodite den jungen Meermann bereits, und sie lauerte, Nerea ignorierend nur auf ihn.

Aphrodites Palast wirkte von außen wenig einladend. Die Tochter des Uranos lebte in einer aus Schaumwolken bestehenden Behausung. Keine Eingangstür, keine Fenster waren zu sehen. Die einzige Bewohnerin schien daraus hervor zu schweben. Die Nereiden erzählten sich schauerliche Gruselgeschichten über die Entstehung dieses Schaumbaus. Der Titan Kronos habe seinem Vater Uranos einstmals mit einer Sichel die Geschlechtsteile abgeschlagen und sie an dieser Stelle ins Meer geworfen. Die Meerbewohner zeigten sich empört über eine solche Resteverwertung. Der so entstandene Schaumpalast schimmerte Weiß vom Sperma des Uranos und Rot von seinem Blut. Aphrodite sei dieser Mischung entsprungen. Vielleicht, so dachten Nerites und Nerea, entwickelten die Nereidenschwestern nur Eifersucht auf die sämtliche Nymphen übertreffende Schönheit Aphrodites, die sich vorbereitete, neu geboren zu werden als Tochter des Zeus. Doch ungeachtet ihrer Zukunft lebte sie derzeit geduldig im Meer und begehrte Männer, besonders Nerites. Auch jetzt wieder schwebte sie aus ihrem Schaumpalast, gerade als der Meerephebe vorbei schwimmen wollte. Recht viel Neugier steckte in Nerites. Daher ließ er sich auf das Gespräch mit der Schaumschönheit ein.

„Wohin so eilig, junger Meerprinz?", Aphrodite lächelte. „Seit unserem gestrigen Gespräch verging so viel Zeit. Ich hoffte, du würdest am Abend noch einmal bei mir vorbei schauen."

„Guten Morgen, Aphrodite. Es verstrichen nur die üblichen Stunden zwischen zwei Ausflügen. Selten verflüchtigt sich die Zeit. Ist sie lang? Ist sie kurz; die Zeit? Sie scheint mir immer gleich, als ob sie nicht existiert. Und du, Aphrodite, bist liebreizend wie an jedem Morgen. Vielleicht altern wir nicht, es vergehen nur die Jahre. Wir sind, wir bleiben, was immer wir waren. – Verzeih mein Säumen, mich treibt vieles um. So auch heute, denn das unaufhörliche Dröhnen im Meer reizen mich und meine Schwester nachzuschauen, was nicht weit von hier gerade passiert."

Aphrodite forderte Nerea mit einer unmissverständlichen Handbewegung auf, gefälligst weiter zu schwimmen. Die Nymphe kannte die morgendliche Prozedur, zuckte mit den Schultern und war mit ein paar Schlägen ihres bunt schimmernden Fischschwanzes hinter einigen Korallen verschwunden. „Nun bald, Nerites", setzte Aphrodite das Zwiegespräch fort, „wird der neue Göttervater Zeus mich in seine Familie in den Olymp aufnehmen. Zu den mächtigsten Gottheiten werde ich gehören."

„Wie es dir sicherlich zukommt, wenn es der Götter Wille ist", schmeichelte Nerites.

„Für dich bedeutet es allerdings", fuhr Aphrodite fort, „dass du dich nun bald entscheiden musst. Du weißt, ich begehre dich, bin in Liebe entbrannt und will dich mit mir aufsteigen sehen. Eine schönere Frau als mich findest du im Meer nirgendwo, wie auch nicht fern von ihm, etwa auf Erden oder im Himmel. Warum also Bedenken tragen? Ich bin dein!"

„Oh Aphrodite, du ehrst mich, doch bin ich viel zu unentschlossen. Will ich wirklich mit dir leben? Meine Heimat aufgeben, den Zauber der Meere, all das Vertraute, die Freunde? Hier unten bin ich der Schnellste, jederzeit kann ich auftauchen; wenn ich will auch die dortigen Welten besuchen. Kann meinem heimlichen Traum folgen, meinem Schicksal, das sich mir nur in Träumen offenbart. Darin kommen du und ein Leben mit dir nicht vor."

Aphrodite lachte: „Die Welt ist größer als das enge Meer und seine Küsten. Ich will es dir leichter machen. Für einen Kuss gebe ich dir ein Geschenk. Du wirst es aber nur behalten können, wenn du mich hernach bei meinem Aufstieg in die Götterwelt begleitest. Komm näher, schöner Wassermann."

„Was wird deine Gabe sein?", fragte Nerites erwartungsvoll und berührte umständlich befangen ihre Lippen. Sie wollte seinen Kopf ergreifen, um die zögerliche Liebkosung auszudehnen, doch Nerites entwich schnell.

„Diese Flinkheit werde ich dir noch abgewöhnen", schalt Aphrodite, zog aber ein paar weiße Federschwingen unter ihrem Umhang hervor. „Damit wirst du fliegen können, sobald du aus dem Meer auftauchst, so geschwind wie kaum einer, der im Himmel heimisch ist. Endlos wird deine Sicht sein, von hoch oben herab hinunter auf die Erde. Du wirst fliegen wie die Vögel, im Gleichschritt mit den Winden des Windgottes Aiolos. Verschwindend, beinahe unbedeutend wird dir dann das Meer erscheinen."

„Aphrodite. Es muss, es kann allein das Meer unbeschränkt auf mich wirken und seine tiefe Bläue mein Sehnsuchtsort bleiben."

„Schon jetzt, Nerites, hast du alle Eigenschaften, die dich im Meer und an Land leben lassen können. Mit meinem, der größten aller Gaben, eröffne ich dir nun auch den Himmel."

„Habe Dank, Aphrodite. Gern werde ich deine Flügel anlegen und schauen, ob ein ungebremstes Leben in allen Sphären für mich das Richtige sein kann." Mit beiden Händen ergriff er die Schwingen.

In Windeseile verbanden sich die Flügel mit dem Rücken des Jünglings, kaum zu bemerken, so schmal passten sie sich seinem Körper an.

„Keine Angst, Nerites. Sobald du auftauchst, verlieren die Federn ihre Nässe, entfalten sich und tragen dich so hoch du willst. Kehre aber rasch zu mir zurück, sobald du die einzig richtige Antwort weißt. Bei unserer nächsten Begegnung will ich deine Zustimmung zu unserer Verbindung hören. Vergiss nicht, wie sehr ich nach dir schmachte. Nur du bist mir in deiner Anmut ebenbürtig, die ich in den olympischen Gefilden die unumschränkte Göttin der Schönheit sein werde."

„Zweifellos werde ich dir Bescheid geben. Nochmals Dank für das schöne Geschenk, das mich auszuprobieren begierig macht."

Eilig, und ohne sich nochmals umzudrehen, schwamm Nerites davon.

2.

In heiterer Stimmung erwartete Nerea ihren Bruder. „Was du immer so viel Zeit bei dieser angeberischen Aphrodite verschwendest. Ich kenne hier im Meer kaum eine, unsere Schwestern eingeschlossen, die so langweilig ist und nur immer von denselben Dingen spricht. Weißt du, Nerites, wen sie heute Nacht aus ihrem Schlafraum jagte, kurz bevor wir ankamen?"

„Was du nun wieder glaubst! – Sie liebt nur mich, das beteuert sie zumindest jedes Mal."

„Ach, mein kleiner Bruder. Das versichert sie allen. Nicht einmal von Eros selbst würde sie lernen, was wahrhafte Liebe ist."

„Einerlei, was sie treibt. Aber wer war denn nun bei ihr?"

„Aphros, der Ichthyokentaur, der feinere Zwillingsbruder des Bythos." Nerites kannte sie beide. Ichthyokentauren besaßen ähnlich ihren Verwandten auf dem Land, den Kentauren, menschliche Oberkörper und die Vorderbeine eines Pferdes. Aphros und Bythos waren Halbbrüder des weisen Kentauren Cheiron. Zusätzlich verfügten sie über den Hinterleib eines Delphins, eine Hummerschere in der Mitte auf dem Kopf und ein Hörnerpaar. Sowohl Aphros als auch sein athletischer Bruder Bythos umschwammen ständig Aphrodites Schaumpalast und wurden von ihr abwechselnd eingelassen. – Nerea erzählte weiter: „Soeben sprach ich mit Aphros, und bevor ihn seine Neugier übermannte, um auch dorthin zu schwimmen, wohin es uns zieht, verriet er mir, was das Dröhnen da weit vor uns zu bedeuten hat."

„Wer wütet denn da? Wenn das nicht gar unseren Vater Nereus weckt."

Lachend meinte Nerea: „Bestimmt wird es das, nur wird er es ignorieren."

„Das wäre mir neu. Aber sag schon, was sagte Aphros zu diesem Geschepper?"

„All diese Geräusche erzeugt dieser blutjunge Meeresgott, den die anderen, auch Nereus, nicht ernst nehmen. Sie meinen, der will und muss sich noch groß aufspielen, weil er sich zum wichtigsten Herrscher über die Meere aufschwingen will."

„Meinst du diesen Poseidon?", fragte Nerites.

„Ja den, er ist Bruder des Zeus."

„Ist er dir schon begegnet?"

„Einmal", antwortete Nerea. „Allerdings beachtete er mich nicht. Aber schön ist er, beinahe wie du. Männlicher. Ein dunkler Bartschatten zieht sich um ein geschwungenes Lippenpaar. Wenn er mal lächelt, treten seine hübschen Grübchen hervor. Muskulös, fabelhaft."

„Nerea, höre auf zu schwärmen. Gibt es etwa wirklich solch einen Gott im Meer? – Ist ja auch egal. – Lass uns lieber schauen, was Poseidon da für eine Festlichkeit veranstaltet. Wir müssen nur den Geräuschen folgen. Mal sehen, ob wir Aphros einholen. Das soll uns Ansporn sein, schnellstmöglich durch das Meer zu gleiten." Nerites ergriff seine Schwester bei der Hand, um sie in seinem schnelleren Tempo mit zu ziehen.

Die Geschwister trafen am Ort des Geschehens tatsächlich gemeinsam mit dem jungen Aphros ein, der sogleich an Nereas Seite schwamm. Nerites bemerkte, dass seine Schwester und Aphros sich mochten. Wie sie miteinander lachten und turtelten, da geriet der Anlaß für sie in den Hintergrund. Die Dramatik richtete letztendlich aber doch die Aufmerksamkeit aller auf das Erleben vor ihnen. Von dem neuen Gott Poseidon war weit und breit nichts zu sehen. Dafür sank ein Schiff langsam zum Meeresboden. Luftblasen stiegen aus dem Rumpf, der sich zusehends mit Wasser füllte. Immer mehr Nymphen eilten herbei, Okeaniden und Nereiden; auch die noch kindlichen, aufgeregten Tritonen, Söhne des Meergottes Triton mit ihren menschlichen Oberkörpern und Fischunterleibern. Alle wollten dem Schauspiel beiwohnen.

Herab sanken Masten, Kisten, Waffen, Goldbecher, Gerätschaften, Münzen und vieles mehr. Dazwischen trieben vor kurzem noch lebendige menschliche Leiber. Ein grausames Erleben. Gerade als Nerites den Vorgang begriff, verlor ein Jüngling in einem reichverzierten Gewand entkräftet den Halt, den er an einem an der Meeresoberfläche schwimmenden Holzstück gefunden hatte.

Nerites schlug die Hände über dem Kopf zusammen und rief: „Wie viel Kaltherzigkeit braucht es, um so etwas zu bewirken? Möge das Meer zu Eis gefrieren! Sieh den armen Jüngling dort, Nerea. Ich muss ihm helfen."

Die Schwester rief ihm hinterher: „Sei behutsam! Überlege, was du tust, und sei bedächtiger mehr noch mit dem, was du aussprichst!"

Nerites hörte kaum noch hin und schwamm bereits um den Ertrinkenden herum, der seiner Kleidung nach ein Prinz sein konnte. Dessen Blick starrte schreckgeweitet nach oben zu der sich immer weiter entfernenden Wasseroberfläche. Da gewahrte er Nerites neben sich, und die Starre schien einer erstaunten Ruhe zu weichen, bevor ihm schließlich die Augenlider zufielen. Nerites presste den jungen Burschen an sich und trug ihn vorsichtig, aber geschwind, hinauf in das bereits abflauende Wellengewoge.

Der mächtige Wasserstrudel, in den das sinkende Schiff geraten war, von einem auf den anderen Moment war er verschwunden. Der Sturm hatte sich plötzlich gelegt. Glatt glitzerte die See in der Abendsonne. Vereinzelt hielten sich noch Seeleute an treibenden Holzplanken fest. Mit Erstaunen bemerkten sie, wie ein sichtlich immer mehr erblondender Jüngling mit einer aus dem Wasser ragenden Schwanzflosse die Fluten durchpflügte und ihren Landesprinzen, den sie untergegangen glaubten, im Arm hielt. Manches Mal hatte Nerites einen in Not Geratenen vor dem Ertrinken gerettet. So zügig er auch vorwärts kam, diesmal lag die Küste zu weit entfernt und Nerites fürchtete, der Ohnmächtige würde ihm vorher entgleiten oder erfrieren. Er verdoppelte seine Anstrengungen. Endlich erinnerte sich Nerites der Flügel, die ihm Aphrodite geliehen hatte, konzentrierte sich darauf, die Schwingen auszubreiten. Und wirklich! Mit Leichtigkeit erhob er sich aus dem Meer und flog. Ja, er flog tatsächlich. Und wie!

Wenn Meermänner oder Seejungfrauen, was nur selten von Menschen beobachtet werden kann, voll Neugierde auf die außermeerische Welt an Land gehen, verwandeln sich die Schwanzflossen in ein Paar menschliche Beine. Das probierten aber nur wenige, die meisten trauten sich nicht oft oder gar nie, dieses Abenteuer zu wagen. Manche scheiterten, weil sich ihre Flossen nicht verwandeln wollten. Sobald aber Nerites nun das Wasser verließ, unterschied ihn äußerlich nichts mehr von einem Menschen. Möglich also, dass die Götter diese Gabe nur an die von ihnen Erwählten verteilten. Genau wie Aphrodite ihm Flügel reichte, mit denen er der vermutlich erste und einzige fliegende Meermann geworden war, so verdankte er seine Beine, die sich auch jetzt beim Aufschwingen aus seinem Fischschwanz herausbildeten, einem Gott. Nerites glaubte an dieses Göttergeschenk seit seiner ersten Begegnung mit dem Titanen Helios, denn zuvor war er niemals an Land gewesen.

Helios, der auch unter dem olympischen Herrschergeschlecht seine Macht über die Sonne zugesichert bekam, war vernarrt in den jungen Nereiden, seit jener erstmalig den Kopf aus dem Wasser gestreckt hatte. Helios' Wunsch erfüllte sich. Nerites wagte sich seither weiter aus dem Wasser, spazierte manches Mal in Ufernähe auf und ab und Helios umschmeichelte ihn.

Kaum, dass Nerites mit dem Verunglückten an der Wasseroberfläche erschienen war, verstärkte Helios die Kraft seiner Sonnenstrahlung. Ganz nah rückte er mit seinem Sonnenwagen heran. Die ausgesendete Hitze billigte Nerites diesmal, wo sie ihm sonst kaum erträglich war. Sie half, den unterkühlten Jüngling zu wärmen.

Mit gespreizten Flügeln landete Nerites an den Gestaden der Küste und legte den Geretteten vorsichtig in den weichen, warmen

Strandsand. Allein, der Bursche in den glänzenden Kleidern regte sich nicht. Helios drosselte seine vier Rosse; Pyrois, den Feurigen, Aethon, den Flammenden, Phlegon, den Brennenden und Eous, der den Himmel Umdrehenden. Der Sonnengott stieg aus seinem Wagen, schritt zu dem verzweifelten Nerites und sprach: „Du musst ihn wiederbeleben, Nerites. Du weißt, wie! Mit dem Mund. Rette ihn rasch, der Prinz da vor dir ist annähernd so schön wie du und besitzt einen ehrsamen Charakter. Es wäre schade um ihn."

„Er ist wohl deutlich schöner als ich!", antwortete Nerites und schaute ehrfürchtig in das sanfte Gesicht des Geretteten, das blass, von einem schwarzen Haarkranz umrahmt, im weißen Sand lag. Trotz der Aufforderung des Sonnengottes, und obgleich er selbst die Notwendigkeit erkannte, behielt er seine Schüchternheit, auf diese nahe Art einem Menschen zu helfen. Es musste sein. Nerites liebte diesen Menschen, seit er ihn in den Meerestiefen erblickt hatte. Warum nur? Schließlich beugte er sich, ohne länger zu zögern, hinunter und drückte seinen Mund auf die fahl gewordenen Lippen des Prinzen. Mehrmals blies er ihm seinen Atem in die Lungen. Als der Mensch zu sich kam, bat Nerites den Sonnengott: „Gehe du ein Stück fort, damit er beim Aufwachen nicht erschrickt."

Helios trat zur Seite, bestieg wieder sein Gefährt. Nerites vermeinte ihn noch brummeln zu hören: „... wenn er sich denn nicht vor einem nackten, neuerdings geflügelten Wassermann ängstigt ..."

3.

Als der Prinz die Augen aufschlug, sah er diese seltsamen grünblauen Augen, die ihn angeschaut hatten, als er sich unter den Meeresspiegel getaucht noch im Leben wähnte. Nur das vordem grünblaue Haar leuchtete so golden wie der Sonnenball, der sich eben hinter eine Klippe zurückzog. Der fast Ertrunkene schüttelte verwirrt den Kopf und das Wasser aus den Haaren. Wo war er bloß und warum? Erschöpft schloss er wieder die Augen.

Nerites fühlte abermals Furcht, den Geretteten an den Todesgott Thanatos zu verlieren, erwartete den Anblick dieses schönen jungen Todesboten mit der gesenkten Fackel jeden Augenblick irgendwo zwischen den Klippen. Das durfte nicht sein! Er wollte die Wiederbelebung fortsetzen und drückte seine Lippen erneut auf den halbgeöffneten Mund des jungen Menschen. Dieses Mal wurde keine Beatmung daraus. Der fremde Prinz war nicht bewusstlos. Er verwandelte Nerites' Belebungsbemühungen in einen Kuss. Dem überraschten Nymphenjüngling blieb fast der Atem weg. Bald jedoch schloss Nerites gleichfalls die Augen und mochte gar nicht mehr mit Küssen aufhören. Nach einer Weile überwog bei beiden das Interesse, sich gegenseitig zu betrachten. Sie lächelten sich an. Der Prinz schaute mit großen Augen auf den blonden unbekleideten Meeresbewohner und würde ihn wohl Zeit seines Lebens nie mehr vergessen.

Miteinander im Sand liegen, träumen, spielen oder sich gegenseitig über ihr Leben ausfragen, so verging etwas Zeit. Erst ein bedrohliches Grollen aus dem Meer ließ Nerites und den Prinzen aufhorchen. Eine gewaltige Flutwelle türmte sich gen Himmel. Eingeschüchtert unterbrachen die frisch von sich Entzückten ihr Zwiegeschau und wandten ihren Blick zum Gewoge am Horizont.

Das Wasser teilte sich in zwei Hälften. Eine ehrfurchtgebietende Gestalt mit dreizackigem Zepter bäumte sich vor ihnen auf: ein junger Gott, den Nerites und natürlich auch der Prinz noch nie gesehen hatten. War Nerites eher wie allgemein die sehr jungen Meerepheben zartgliedrig, so strotzten an diesem Gott wohlgeformte Muskeln. Er schritt ziemlich angeberisch aus, Brust und Arme aufplusternd, als trüge er wulstige Muscheln unter der Haut. In langen schwarzen Locken lagen die Haare übereinander und wurden von einer Zackenkrone gehalten. Das musste jener Poseidon sein, der Meeresherrscher, den Nerites beim Untergang des Schiffes getadelt hatte, ohne ihn zu kennen. Schlimmes fürchtend richtete sich Nerites auf und stellte sich vor den Prinzen.

„Du bist also der Wicht, der mich der Kaltherzigkeit bezichtigte, als einen, der das Meer zum Gefrieren bringt!" Poseidons donnerndes Lachen ließ kleinere Wellen ans Ufer schlagen, die den beiden an Land bis ins Gesicht spritzten. „Nun ist es aber genug mit eurer neuen Freundschaft." Poseidon machte eine herablassende Geste, als wollte er den Menschen wie ein lästiges Insekt vom Strand verscheuchen. „Keine Sorge, Nymph, ich werde deinem Prinzchen nichts mehr tun, auch wenn mein Handeln ihm eigentlich das Ersaufen bescheren sollte. Schicke ihn fort, seine Leute hier an Land werden ihn bald finden. Und dann widme dich mir, lass uns reden! Ich bin der Herrscher der Meere, also auch deiner, der du aus diesem Gewässer stammst. Melde dich, wenn du das Menschlein los bist, sonst kümmere ich mich doch noch um es." Ruppig wirbelte der Gewaltige herum, ließ sich in die Wogen fallen und verschwand in den Fluten.

Nerites wandte sich dem erstarrten Prinzen zu. Trotz der Angst, die sich in dessen Augen spiegelte, konnte Nerites weiterhin ungebrochene Zuneigung erkennen. Leise murmelte der Prinz etwas, vielleicht war es sein Name, doch Nerites verstand das Geflüster nicht. Neuerlich grummelte das Meer, schickte eine große Welle zum Strand. Nur wenig mächtiger und sie würde beide überrollen. Nerites begriff, dass Eile geboten war, um diesen Kraftprotz Poseidon nicht weiter zu reizen. Er nahm des Prinzen Hand in seine und flüsterte in einer Lautstärke, die nur dieser verstehen konnte: „An diese Stelle der Küste werde ich in sieben Tagen zurückkehren. Sei hier und wir werden uns wiedersehen." Nerites schaute dem Prinzen tief in die flackernden Augen und nannte ihm seinen Namen. „Und jetzt geh, mein lieber, schöner Freund, bevor dich dieser übellaunige Meeresgott doch noch zu sich holt." Der Prinz nickte, dankte mit einem Kuss und schritt, sich immer wieder nach Nerites umschauend, langsam hinüber in den Pinienhain, der sich seitwärts der rechts gelegenen Klippen hinter einer Stranddüne anschloss.

Für eine Weile blickte Nerites ihm nach. Als er sich wieder zum Meer umdrehte, stand Poseidon, jetzt kaum noch größer als Nerites, ebenfalls am Ufer. „Na? Tränenreicher Abschied?" In gespielt hämischem Tonfall schien er sich zu amüsieren. Trotz seiner jetzt geringeren Körperhöhe strahlte der junge Gott noch immer eine beklemmende Macht aus, die er selbst nur schwer bändigen zu können schien.

Nerites versuchte, die Wogen der vorherigen Empörung zu glätten: „Gewiss wollte ich dich nicht beleidigen, zumal du ein mir unbekannter Gott bist und ich mir kein voreiliges Urteil bilden sollte. Mich ärgerte nur die offensichtliche Gleichgültigkeit für das Leiden anderer."

„Als Gott steht es mir zu, über Leben, Leid oder Tod der Menschen zu entscheiden." Poseidon stampfte seinen Dreizack in die Erde. „Meinen Namen, Poseidon, wirst du niemals mehr vergessen, denn ich bin zum Gott über die Meere und dem Leben darin erhoben worden. Wir Olympier regieren nun über die Welt."

„Das mag sein. Ich bin Nerites, Bruder der fünfzig Nereiden und einziger Sohn des bedeutenden Meergottes Nereus."

Poseidon lachte. „Nereus ist sicher bedeutend, bleibt es auch, aber er ist alt. Wann hört man noch etwas von deinem Großvater, Pontos, einem der Protogonoi, Erstgeborenem aus vorolympischer Zeit, dem Vater der Fische? Ruhig ist es um ihn geworden. Wie auch um deinen Onkel, Meergott Thaumas, der die Harpyien zeugte und die Regenbogengöttin Iris. Dann wäre da noch Okeanos als Herr der Ozeane, sicherlich großmächtig, doch auch dieser Titan kommt erst nach mir, so wird es die Zukunft weisen. Der weissagende Proteus verwandelt und versteckt sich lieber in seinen Grotten. Mein Sohn Triton, Glaukos, Palaimon, Leukothea, alle haben ihre Wirkung, doch sie reicht bei weitem nicht an meine Macht heran. Mir ist es gegeben, aus dem Meeresgrund Inseln und Länder zu bilden oder sie wieder verschwinden zu lassen. Mir haben die Windgötter zu gehorchen, wenn ich Schiffen die Überfahrt gewähre. Genauso obliegt es mir, diese zu vernichten."

„Warum erzählst du mir das alles, Poseidon? Ich bin nur ein unbedeutender Meermann, ein Niemand ohne Einfluss. Weder kann ich deine Herrschaft gefährden, noch deinen Ruf und dir auf dem Weg zum Meeresthron auch nicht behilflich sein." Nerites schaute den Gott erstaunt an.

Der wurde plötzlich still und ein weichherziger Blick streifte Nerites, was diesen wiederum verunsicherte. Poseidon hob den Arm. Der linke Zeigefinger seiner Hand suchte das Gesicht des Epheben. Doch vor einer Berührung ließ er ihn gleich wieder sinken, denn am Horizont kehrte Sonnengott Helios zurück und mischte sich in das Gespräch. „Verehrter Poseidon, sieh dir Nerites an, seine menschlichen Beine. Er ist nicht so abhängig vom Meer, wie du vermeinst. Noch heute, Nerites", wandte Helios sich an den Nereussohn, „kannst du das Meer für immer verlassen. Wenn du es willst, nehme ich dich mit in meinen Sonnenpalast. Du weißt, du bist mir mehr als willkommen."

„Du lässt mich den Sonnenwagen und deine Rösser aber nicht lenken, Helios, stimmt es? Es wäre mein Traum, eine so fabelhafte Kutsche zu führen. Aphrodites Flügel lassen mich vieles entdecken, jedoch nur mit deinem Gefährt könnte ich wirklich die Erde umrunden. Einen solchen Wagen gibt es im Meer nicht. Es muss einfach abenteuerlich, unbegreiflich und überwältigend sein."

„Nein, diese Kutsche, wie du sie nennst, zu lenken, vermag niemand außer mir." Helios Gesicht verdunkelte sich. „Du kannst mich begleiten, wann immer du möchtest. Aber die Rosse lenken wird dir nie gestattet sein."

Lange blickte Nerites den auratischen Gott an, dessen feurige Korona schwand, wenn er sich anderen Wesen näherte, um sie nicht zu verbrennen. Sollte er das Angebot annehmen? Aber dann – was sollte er den ganzen Tag tun? Helios würde den Sonnenwagen steuern. Und er? Was blieb ihm? „Ach, weißt du, Gott der Sonne und der Wärme", erwiderte Nerites, „selbst, wenn ich mich an die Hitze in deiner Nähe gewöhnte, verdorrte ich in deinem Palast nicht vor Langeweile? Wie viel aufregender sind da die Geheimnisse der Meere. Habe ich die Wahl, bleibe ich lieber hier."

„Bedenke, was du heute in ihm erlebt hast, das Unrecht, welches dort vielen unschuldigen Wesen angetan wird. Jetzt mit diesem da." Helios zeigte auf den Gott der Meere. „Aber mein Angebot gilt auch später, wenn du noch überlegen willst. In meinem Sonnenpalast lebt die Zeit; die Sekunden, Minuten, Stunden und Tage, die Wochen, Monate, Jahre und Dekaden, die Jahrhunderte, Jahrtausende und die Jahreszeiten. Mehr Abwechslung, als du dir vorstellen kannst."

Poseidon lachte. „Was denkst du, Helios? Du kennst mich nicht gut genug, gehörst nicht zum engen Kreis der Olympier. Vielleicht habe ich das Schiff ja nur versenkt, um meine Untertanen in den Meeren kennenzulernen, die alle in Scharen zum Schauspiel schwammen. Und du Helios, erzähle doch, wie es dazu kam, dass du deinen Sohn Phaethon, der so lange nach dir, seinem Vater, suchte, mit deinem Wagen fahren ließest, und wie das Zeus erzürnte, der ihn abstürzen ließ. Das sollte Nerites wissen, bevor er sich dir anschließt."

Während Helios trauerübermannt mit dem Kopf schüttelte und sich entfernte, entsetzte sich Nerites: „Du Poseidon versenkst Schiffe mitsamt den Menschen darauf, um uns Meeresbewohner anzulocken? Ist dein Handeln etwa tadellos? Wem bist du dadurch begegnet?"

„Dir, Nerites, der du alles, nur kein Niemand bist. Sieh, wer alles um deine Gunst bittet."

„Ach? Und was hast du davon? Wer bin ich denn? Unbedeutend."

„Eben nicht. Vielleicht habe ich nur gewütet, weil ich mich geärgert habe und nicht bemerkte, wie das Schiff in Not geriet. Wer weiß? Was auch immer ich so rede, gib nicht soviel darauf.

Einen Ruf von meiner Stärke muss ich aufbauen und verteidigen. Außerdem kam etwas Gutes dabei heraus: ich fand dich. Du bist derjenige in meinem Meeresreich, der mehr Mitgefühl als Untertanengeist besitzt. Das schätze ich – zumindest irgendwie."

„Tut mir leid, ich verstehe dich nicht, dieser hübsche Prinz ..."

„... wurde von dir gerettet! Vielleicht, sicherlich, hätte ich dasselbe getan, tun müssen. Schließlich bestimmten ihn die Götter zu einem guten Landesherrn. Da dürfte selbst ich mich nicht einmischen. Nur manchmal überwältigt mich eben die Wut. – Aber zurück zu dir. Ich denke, ich habe eine große Aufgabe für dich. Dein Schicksal sozusagen, das sich so erfüllen wird."

Die eigene Verwirrung verunsicherte Nerites zunehmend. Er war bereit sich zu unterwerfen. „Nun denn, Poseidon. Teile mir die Bestrafung mit, dafür, dass ich dich kaltherzig nannte, jemanden, der das Meer zu Eis gefrieren lässt. Sicherlich werde ich bereuen, Helios nicht gefolgt zu sein."

„Höre, mein kleiner Held, den die Schiffsleute in Notlagen künftig anrufen werden, sobald sie vom Prinzen deinen Namen und von der wundersamen Rettungstat erfahren haben. Ich, Poseidon, nehme dich zu mir, als meinen Wagenlenker. Du wirst stets in meiner Nähe sein, den schnellsten Meereswagen führen, den die Meere je gesehen haben. Auch unter der Wasseroberfläche kannst du die Welt umrunden. Und wann immer es dich gelüstet, bezaubernde Prinzen oder notleidende Seeleute zu retten, dann darfst du das tun. Schwimme nun heim und kehre in sieben Tagen, zur gleichen Stunde, wie du es dem Prinzen versprachst, hierher zurück."

„Woher weißt du von meinem Treffen mit ihm?" Nerites errötete ein wenig, wiederholte aber mit Erstaunen in der brüchigen Stimme den Vorschlag des Gottes, „Poseidons persönlicher Wagenlenker?"

„Ganz recht, so sei es." Überlegen schallte des Meergotts Lachen.

Nerites begriff kaum. Alles kam ihm unwahrscheinlich vor. Sein sehnlichster Wunsch sollte sich erfüllen. Dafür durfte er sogar im Meer bleiben. Aber Poseidon? Er erinnerte sich an die kurze, zarte Anwandlung des Gottes mit dem Zeigefinger, bevor Helios erschien. War dieses Raubein etwa einfühlsamer als gedacht? In Nerites lebte noch ein anderer versteckter Wunsch. Als Poseidon sich unmittelbar danach nur mit einem Blick verabschiedete, glaubte Nerites in dessen Augen etwas Ähnliches zu erspüren, wie zuvor bei dem Prinzen und schon öfter bei Helios und bei Aphrodite: Begehren, Liebe oder beides.

Noch lange wanderte Nerites am Strand und im Pinienwäldchen umher, allein mit seinem Flügelpaar bekleidet, erkletterte er schließlich die Anhöhe hinauf zu den Klippen. Das Gefieder wärmte etwas, als die Luft ihn langsam frösteln ließ. Die Sonne war längst weitergezogen. Schritte näherten sich, Gespräche mehrerer Männer wurden lauter. Der Gedanke mit Aphrodites Schwingen zu fliegen, verstärkte sich. Nerites wollte die Welt von oben sehen, so lange noch Licht den Tag erhellte. Mit einem kräftigen Schwung stieß er sich von der Erde ab und flog in die Richtung, in die sein menschlicher Freund verschwunden war, erreichte bald eine große Stadt, hielt Ausschau nach dem Ersehnten, ohne ihn zu entdecken. Sehr weit konnte er doch nicht gekommen sein? Brach er doch vom Ufer aus zu Fuß auf.

Der verwirrend liebevolle Kuss von vorhin ließ Nerites nicht aus dem Bann seiner Traumsehnsucht. Wer konnte ihm helfen, den Vermissten zu finden, solange Helios' letzte Lichtstrahlen den Tag noch ausleuchteten und ihm den Weg zeigten. Ihn wiedersehen, den jungen Prinzen, bevor er endgültig das Angebot eines der ihn begehrenden Götter würde annehmen müssen. Mit Aphrodite im olympischen Himmel, mit Helios im Feuerreich der Sonne oder mit Poseidon in seiner vertrauten Meereswelt.

Während Nerites in sich spürte, dass die zärtlichste Liebe ihn mit diesem Erdenmenschen verband, der freilich sterblich und nur eine kurze Zeit mit ihm würde sein können, wies der letzte Sonnenstrahl des Tages auf einen prächtigen Palast. Darinnen entdeckte er den Prinzen inmitten seiner Gefolgsleute.

Helios hatte ihn für Nerites erspäht, der dankbar und glücklich nach Westen zur untergehenden Sonne schaute. Sollte er gleich dorthin fliegen? Seinen Freund fragen, was da für ein rätselhaftes Gefühl zwischen ihnen aufgeflackert war? Die günstige Gelegenheit würde sich sobald nicht wiederholen, denn Aphrodite würde ihm die Flügel fortnehmen, wenn sie erführe, dass er nicht mit ihr in den Olymp aufsteigen wollte. Über diese Entscheidung wurde Nerites sich mittlerweile immer klarer. Für die im Schaum Lebende entwickelte er die wenigste Zuneigung. Und seine menschlichen Füße waren ungeübt für die weite Strecke von der Küste bis in diese Stadt. Also schwebte er elegant auf den Palast zu, sein kleines Herz pochte vor Aufregung.

Die Wachsoldaten richteten ihre Waffen auf den Fenstersims, als sie darauf des nackten Jünglings mit den weißen Federflügeln ansichtig wurden. Der Ausruf des Prinzen „Nerites!" ließ alle die Lanzen und Bögen senken und auf seinen Wink verließen die Getreuen und Diener den Raum. Der Prinz trat zum Fenster, nahm des Meerjünglings Hand und zog ihn sanft in sein Gemach. In der anbrechenden Nacht bis zum nächsten Morgen bedankte er sich mit all seiner Liebe und Leidenschaft bei seinem schüchternen Retter.

4.

In der Frühe des neuen Tages erreichte Nerites den Frühstückstisch im Palast des Nereus ganz unüblich als Letzter. Einigen Nereiden fiel das auf, und sie zeigten sich verwundert. Sein Vater wirkte verärgert, weil die Schwester Nerea am Vorabend ohne ihren Bruder zurückgekehrt war und allein von den Vorfällen um das große Schiffsunglück und Nerites' Verschwinden berichtete. Um die Neugier aller Anwesenden zu befriedigen, erzählte jetzt Nerites das aus seiner Sicht Wichtigste vom Vortag und auch voll Stolz darüber, dass Poseidon ihn zu seinem Wagenlenker bestimmt hatte.

Nur, wo er die Nacht hindurch gewesen war, das verschwieg er. Nereus knurrte, wie bedeutungslos alles sei, was mit Poseidon zu tun habe, und wer wisse schon, ob dieser Gott wirklich so wichtig werden würde. Aber es könne ja nicht schaden, so meinte er abschließend, sich einer Aufgabe zu widmen, und sei es die des Wagenlenkers eines Meeresgottes.

Der Entscheid fiel somit aus Vernunft zu Poseidons Gunsten. Die nächsten Vormittage bis zu seinem Dienstantritt verbrachte Nerites wie all die früheren der Kindheit und Jugend mit seiner Schwester Nerea. An jedem Nachmittag entschwebte er mit Aphrodites Flügeln dem Meer und betrachtete sich die Erde. An welch geheimem Ort er die Nächte verbrachte, verriet er nicht, kam immer erst zum Frühstück in des Vaters Palast zurück.

Exakt eine Woche nach dem Schiffsunglück standen mehrere Mitglieder seiner Familie bereit, ihn in den neuen Dienst zu verabschieden. Alles nicht schlimm, wir teilen dasselbe Meer und werden uns immer wieder begegnen, lauteten die allgemeinen Aussagen. Nerea begleitete ihren Bruder noch ein Stück des Weges, bis sie vor der Behausung der Aphrodite umkehrte.

Die künftige Schönheitsgöttin erwartete ihn bereits ungeduldig. „Guten Tag, anmutiger Nerites. Du hast dir ja wirklich Zeit gelassen, kommst aber pünktlich, um mit mir dieses grässliche Meer zu verlassen. Ich sehe, du hast die Flügel an deinem Rücken und ein wenig Reisegepäck dabei. Im Schaum werde ich nun sehr bald nach oben steigen, als Tochter des großen Zeus. Du folgst mir einfach, die olympischen Götter haben nichts dagegen, nachdem sie dich einen Menschen retten sahen. Nur von einem, so erfuhr ich von den Winden, von Poseidon gab es Gegenwehr. Aber der zählt nicht, hält sich die meiste Zeit ohnehin im Meer auf."

„Erzähle mir bitte, was äußerte Poseidon?", fragte Nerites wissbegierig.

„Ach, dieser Langweiler. Ausgerechnet er gab den Romantiker." Aphrodite verzog ihr makelloses Gesicht. „Nerites wäre ein echtes Kind der weiten See, sagte Poseidon im Götterrund, er liebe das Meer und seine Bewohner, sei der geborene Beschützer all derer, die in ihm in Not gerieten. Ja, und tatsächlich behauptete Poseidon, es gäbe keinen Meeresbewohner, den er aufrichtig mehr lieben würde als dich, Nerites. Stell dir das einmal vor. Poseidon und Liebe. Mit Schönheit und Liebe kenne ich mich aus. Aber Poseidon? Soll er seine Seepferdchen hüten. Nicht umsonst erhielt er bei der Verteilung der Aufgabenbereiche nur die Meere, übernimmt nicht einmal die fernen Ozeane vom Titanengott Okeanos."

„In einem irrt Poseidon nicht", unterbrach Nerites die baldige Göttin. „Ich möchte weder im Sonnenpalast leben, wo mir alle Bewohner, insbesondere Helios, zugetan wären, noch auf der Erde, wo mich ein schöner Prinz liebt, der leider sterblich ist, andere Menschen sich aber unentwegt grausam bekriegen. Erst recht wage ich es nicht, mit dir in die olympischen Gefilde aufzusteigen, unter all die hochgemuten Götter. Poseidon vermutet richtig, ich, ein Meermann, mag nicht fort, will bleiben bei allem und allen, die mir vertraut sind, Heimat, auch wenn dieses Wort in deinen Ohren altmodisch klingt. Ich mag mein Meer, meinen Ursprung, nicht gegen ein Ungewisses tauschen."

„Was redest du für einen Unsinn, Nerites? Langsam machst du mich wütend. Schau dich an, wie unglaublich hübsch du bist. Alle Olympier werden dich lieben. Besitzen aber werde ich dich!"

„Davor graut mir am meisten! Nein, Aphrodite, sei mir nicht böse, ich bleibe hier und werde Poseidons Wagenlenker und wer weiß, was er noch für mich vorgesehen hat."

Nerites sah mit Erstaunen, wie sich Aphrodites schöne Gesichtszüge vor maßloser Wut verzerrten und sie zwischen zusammengepressten Lippen herausstieß: „Gib mir die Flügel zurück. Ich werde sie dem Liebesgott Eros schenken, er ist mindestens so schön wie du und dann in den Lüften noch beweglicher. Nach Zeus' Willen wird Eros mein Sohn werden, der er ja als einer der Erstgeborenen schon lange vor unserem olympischen Zeitalter existiert hat. – Dich jedoch, du undankbarer Nymphenjunge, soll keiner seiner Liebespfeile jemals mehr erreichen. Nichts wird sich dir mehr ereignen, wie ausgelöscht wirst du nur noch dahin vegetieren. In ein Schalentier werde ich dich verwandeln, so gelangst du vielleicht auf die Speisetafel deines Prinzen. Dem darfst du dann ein letztes Mal munden. Wenn du glaubst, einem mächtigen Meeresgott, sei es dein Vater, sei es Poseidon, fällt eine hartschalige Muschel auf, dann irrst du. Weg mit dir! Deine verdammte, hübsche Fresse will ich nicht mehr sehen!"

Nerites konnte nichts entgegnen, die unheimliche Verwandlung begann sich an ihm bereits zu vollziehen. Die Gliedmaßen zogen sich zusammen, Schwanzflosse und Körper schrumpften, dieser Prozeß schmerzte fürchterlich. Plötzlich schwamm er nicht mehr. Der ehemals schnellste Spross des Nereus war wie in einen Käfig eingesperrt. Fast bewegungslos krabbelte er nun in seinem neuen Panzer am Meeresboden. Das Schlimmste, sein Verstand arbeitete wie vordem, aber seinen wohlgestalteten Körper gab es nicht mehr. Der einzige Unterschied zu einem gewöhnlichen falben Schalentier war die tiefblaue Farbe des Panzers, in dem er nun fortan leben musste. Beraubt jeder Freiheit des Wortes oder der Bewegung würde er von nun an ein Leben in Dumpfheit und Anpassung in einer gefährlichen Umgebung fristen müssen. Der uneitle Meerjüngling musste erkennen, dass Äußerliches eben doch von entscheidender Wichtigkeit war, um frei leben und sich wohlfühlen zu können.

Spätestens während dieses letzten Gesprächs mit Aphrodite fiel Nerites' Entscheidung gegen die Oberwelt. Nun musste er sich Aphrodites Rache beugen. Ob nun Poseidon, Helios oder sein Prinz, aber auch seine Familie im Meer, keiner würde wohl je erfahren, was Aphrodite in ihrem Jähzorn angerichtet hatte. Nerites Stimme und sein schönes Lachen waren verloren, das geliebte Meer hüllte alles in ein rauschendes Schweigen.

Nachdem Nerites nicht wie von Poseidon gefordert, am Strand vor den Klippen erschienen war, machte sich beim Gott Ruhelosigkeit breit. Sehnsucht übermannte ihn, so tief, dass es ihn selbst erstaunte. Nicht Ärger oder gar Wut waren es, die ihn schließlich zum Meerespalast des alten Nereus aufbrechen ließen, sondern echtes Vermissen und der Wunsch, Nerites wiederzusehen.

Sämtliche Nereiden hatten sich versammelt und umschwärmten den neuen, attraktiven Meeresherrscher, während dieser ungeduldig darauf wartete, dass Nereus sich endlich aus seinen Gemächern zu ihm bewegen würde. Allein Nerea machte sich sofort auf den Weg, als sie aus Poseidons Mund erfuhr, Nerites sei niemals bei ihm eingetroffen, Aphrodite habe ihn bei ihrem Aufstieg aber auch nicht in den Olymp entführt.

Nerea schwamm zu dem Ort, an dem sie sich von ihrem Bruder verabschiedet hatte. Aphrodites Palast war verschwunden. In der Nähe traf sie ihren Freund Aphros, den Ichthyokentaur, der dort mit seinem Bruder Bythos eine geräumige, gewundene Höhle bewohnte. Er bot ihr seine Hilfe bei der Suche nach Nerites an.

„Wo sollen wir beginnen?", fragte die Nymphe und bedauerte, nicht mehr als Aphros und ein paar Seepferdchen zur Unterstützung zu haben. Überall in der näheren Umgebung schauten sie sich um. Anfangs hörte Nerea dem schönen und von ihr verehrten Aphros aufmerksam zu, der vom Aufstieg Aphrodites berichtete. Aphros erzählte, dass Bythos und er am Vortag die neue Schönheitsgöttin auf einer großen Muschelschale bis an die Küste Zyperns geleitet hatten. Als sie an der Wasseroberfläche angelangt waren, erschien der Westwind Zephyros und blies die Muschel kräftig an. Der Schaum von Aphrodites Palast, über den die Muschel glitt, durchmischte die Wellen, die neu erweckte Göttin stieg an Land, der Windgott brach den Zweig einer Myrte, mit dem Aphrodite an Land ihre Scham verbarg. Mehr mochte die ungeduldige Nerea nicht mehr hören, denn sie sorgte sich um ihren Bruder. Jemanden von seiner Größe konnte man eigentlich nicht übersehen, so machten sich die Suchenden gegenseitig Mut.

5.

In des alten Nereus' von bunten Korallen, seltenen Perlen und Muscheln in allen Formen phantasievoll geschmücktem Unterwasserpalast, den Poseidon aufrichtig bestaunte, wurde für den unerwarteten Göttergast alles aufgetragen, was die Seemenükarte aufbieten konnte. Die Okeanostochter Doris, Gemahlin des Nereus, überbrückte die Wartezeit mit einer Geschichte über ihren Sohn Nerites, erzählte von dessen Theaterspielen mit Nerea. Ihre beiden abwesenden Kinder hätten sich gewundert, woher die Mutter davon wusste. Auch wenn Poseidon eigentlich nicht nach Unterhaltung zumute war, von Nerites zu hören tat ihm wohl, und Hunger hatte er auch. Bei dieser Gelegenheit wollte er sich mit Nereus anfreunden. So ließ er die Sitten des Hauses über sich ergehen.

Als Nereus erschien, stellte er dem jungen Meeresgott gemächlich alle seine schönen Nymphentöchter vor, wobei er ihm deren besondere Vorzüge herunter leierte. Eine Ehe Poseidons mit einer seiner Töchter würde beider Götter Ansehen steigern, mutmaßte Nereus. Dass Poseidon sich tatsächlich für eine Verbindung mit seiner Familie entschieden hatte, konnte Nereus nicht ahnen.

Nur Nerea fehlte wegen ihrer Abwesenheit in der Vorstellungsrunde. Nereus rief nach ihr, zählte bereits all ihre Neigungen auf. Gerade als ihm nichts mehr einfiel, betrat sie weinend den Speisesaal. Der alte Vater reagierte gleich auf das, was er in der Hand der Tochter erspähte: „Siehe Poseidon, Nerea bringt dir eine köstliche Nachspeise. Ich habe nicht zuviel versprochen." An Nerea gewandt: „Reiche dem jungen Herrn der Meere das Schalentier in deiner Hand, es funkelt in einer herrlichen Farbe, die der meiner Kinder ähnelt."

„Dein Blick trügt dich nicht, Vater. Saphirblau glänzende Schalentiere gibt es in diesem Meer nicht. Das Wesen könnte man für eine einmalige, unbekannte Muschelart halten. Allein es ist kein Tier, in diesem Panzer steckt dein Sohn Nerites. Ich fand ihn so gänzlich verändert nahe von Aphrodites ehemaliger Behausung. Bevor die Unbarmherzige das Meer verließ, um zu den Olympiern zu ziehen, muss sie ihn in diese Muschel verwandelt haben, weil er ihr nicht nachfolgen wollte."

Während Nereus, Doris und Nereas Schwestern vor Überraschung die Stimme versagte, bat Poseidon die unglückliche Nymphe zu sich: „Bring das Wesen zu mir. Ich will schauen, ob deine Mutmaßung zutrifft." Nerea befolgte des Gottes Bitte. Poseidon und Nereus untersuchten das Schalentier gemeinsam. Während der Gastgeber ratlos schwieg, meinte Poseidon: „In diesem wundervollen blonden Blau erkenne ich die Haare des hübschen Jünglings, den ich liebe, seit ich ihn das erste Mal erblickte. Schonungslos lässt mein brennender Schmerz um sein Schicksal mich dies vor euch allen gestehen. Ich erinnere mich gleichwohl an das silberne Blau seiner wendigen Schwimmflosse, die sich an Land so geschmeidig in Beine verwandelte."

„Was nützt uns diese Klarsicht? Mein Herz ist voller Trauer." Nereus ließ die Arme sinken und wohl nie zuvor strömten so viele Tränen seine faltigen Wangen hinab.

Weinend bat Nerea den Gast um Hilfe für ihren Bruder. Poseidon nahm das mitleiderregende blaue Muscheltier, eine Idee bemächtigte sich seiner. „Habt keine Sorge, ich nehme ihn mit mir. Nachricht werde ich euch geben, sobald ich eine Lösung finde. Was der Schaum des Jähzorns auslöste, sollen das Wasser des Meeres, der Sand der Erde, die Luft des Himmels und das Feuer der Sonne wieder richten."

Poseidon eilte hinaus und bestieg seinen Streitwagen, bespannt mit seinen schnellsten Hippokampen, starken Tieren mit Pferdeoberkörpern und Fischschwänzen. Erneut musste er selbst die Arbeit des Wagenlenkens übernehmen, was er Nerites zugedacht hatte. Wenn er ihn denn zurückbekam. Das Meer teilte sich unter der Gewalt seiner Geschwindigkeit. Fische stoben zu beiden Seiten davon. Nichts hielt die rasante Fahrt des Meeresgottes auf.

Poseidon schwenkte den Dreizack, seine schwarzen Haare hatten sich gelöst und wehten gleich den Mähnen der Hippokampen als Schweif hinterdrein. Er sah gut aus, dieser neue Gott. Mit Wucht bremste er den Wagen erst kurz vor dem Ufer, trug das blau leuchtende Schalentier direkt zu der Stelle, an der Nerites erst vor Wochenfrist den fast ertrunkenen Prinzen wiederbelebt hatte. Schon als Poseidon aus dem Wasser stieg und das Sonnenlicht des Helios auf das Tier in seinen Händen traf, färbte sich der Panzer golden. Mehr Beweis brauchte Poseidon nicht.

Helios eilte herbei und sprang aus seinem Sonnenwagen. Viel war in der verstrichenen Woche an diesem Ort geschehen. Oberhalb der Klippen errichteten die besten Bildhauer des Landes eine marmorne Skulptur, die den Meerjüngling Nerites zeigte. Alles, außer den Gesichtszügen, konnte man erkennen, den grazilen Oberkörper mit dem Flügelpaar und Beine, die gleichzeitig auch eine Schwanzflosse andeuteten. Der Prinz stand bei seinen Künstlern und kam zögerlich auf Poseidons freundliches Winken von der Anhöhe herab. Seine Scheu wich, weil der Gott in menschlicher Größe aufgetaucht war. Die Bildhauer unterbrachen ihre Arbeit.

Versammelt waren nun die drei, die Nerites ohne Arg liebten. Poseidon, Helios und der Prinz schauten auf das Schalentier und bemerkten, was Poseidon schon im Palast des Nereus entdeckt hatte, wie Nerea zuvor, als sie das Muscheltier fand. Poseidon erläuterte seine vage Idee.

Helios reagierte als Erster. Gehüllt in einen rotgoldenen Umhang legte er mit dem Feuer der Sonne seinen Finger auf die Muschel. Ihm folgte der junge Prinz, ganz in die Farben der Erde, in Grüngelb und Braun gewandet. Als Dritter berührte der mit einem blausilbernen Umhang gekleidete Meeresgott Poseidon den Panzer des Tieres, in dem Nerites steckte. Die Eckpunkte der Fingerberührung bildeten ein Dreieck, das an Poseidons Zepter erinnerte. Nichts geschah. Poseidon und Helios schauten zugleich gen Himmel, der wenig eingeweihte Prinz folgte ihrem Blick.

Die Elemente des Wassers, der Feuers und der Erde warteten auf ein Zeichen aus der Luft.

Was würde geschehen, fragte sich der Prinz, dem aus geröteten Augen Tränen über die Wangen rannen.

Poseidon rief donnernd in den stillen Himmel: „Aphrodite, die du nun in den Wohnungen der Olympier lebst. Dein Unrecht sperrte diesen unschuldigen Jüngling in einen Käfig des Schweigens und der Einsamkeit. Da auch du vorgabst ihn zu lieben, sei in unserem Bunde die Vierte. Komm herab!"

Sollte Aphrodite ihr Fehlverhalten einsehen? Kümmerte es sie? Erbarmte sich ein anderer Gott? Keinem im Olymp blieb das Drama am Strand verborgen. Solange Helios nicht weiterziehen musste, wäre ein Wunder möglich.

Endlich schoben sich die Wolken auseinander, als bewegte sie jemand schneller fort, ein Windgott vielleicht. Der junge Westwind Zephyros, der Aphrodite bei ihrer Schaumgeburt an Land half, offenbarte sich. Sein Blasen vertrieb die Wolken und ließ den Himmel blauer als üblich aufleuchten. Die drei Liebenden erblickten die schwanweißen Flügel der Aphrodite in der Ferne. Jene flaumweichen Federschwingen, die Nerites eine Woche lang tragen durfte, mit denen er bis zum Palast des Prinzen geflogen war. Jedoch näherte sich nicht Aphrodite.

Ein zierlicher Bursche mit blondem Lockenhaar schwebte bald über den Köpfen der anderen. Er trug Pfeil und Bogen, blickte so sanft und adoleszent, wie sein Äußeres es vermuten ließ, zeigte aber gleichzeitig etwas Weises und Wissendes, das uralt schien.

„Eros, Gott der Liebe!", riefen die beiden Götter am Boden übereinstimmend, so dass dem Prinzen vor Staunen die Tränen versiegten. „Eros, du einer der ersten Götter im Universum", sprach Poseidon, „nun unter den Fittichen der Aphrodite gelandet. Schickt sie dich, um ihre grausame Tat an Nerites zu mildern?"

„Nein!", antwortete Eros schelmisch. „Die Göttergemeinschaft hat mich, wie ihr wisst, neu erfunden, mir die neue Göttin

Aphrodite als Mutter vorgesetzt. Sie schenkte mir diese wunderfeinen Flügel. Mit Pfeil und Bogen darf ich weiterhin die Begierde nach Liebe aussenden, was freilich nicht alle glücklich macht. Nerites zu helfen, verbot sie mir, denn wenn sie etwas besonders Schönes nicht sehen muss, fällt es ihr weniger schwer, es nicht besitzen zu können. Tief innerlich bin und bleibe ich aber einer der Erstgeborenen aus dem Chaos und unabhängig. Seht mich an! Ich kam her, Nerites zu befreien. Schließlich habe ich ihn schon mit dem Prinzen zusammengeführt, denn zu lange quälte ihn der Pfeil der liebenden Sehnsucht meines Bruders Himeros. Es ist Zeit, ihn der Liebe aufzuschließen." Eros rückte näher heran. Die anderen dachten, er würde nun gleichermaßen einen Finger auf den blauen Panzer der Nerites-Muschel legen. Doch nein, er griff nach seinem Bogen, entnahm seinem Köcher einen Pfeil, legte ihn an und schoss, haargenau in die Mitte des aus den Fingern gebildeten Dreiecks.

Ein Knacken erfasste die Schale der Muschel. Sie brach und fiel ab. Das ehemals gefangene Wesen darin ward schnell größer. Nerites war zurück und fiel direkt in Poseidons Arme. Der Pfeil des Liebesgottes hatte zugleich seine Zukunft entschieden. Poseidon drückte den verloren Geglaubten noch stärker an sich. Helios und der Prinz schauten glücklich über die wundersame Rettung und etwas betrübt, weil ihr Nerites nun Poseidon gehörte. Da bemerkten sie, wie zwischen ihnen aus den herabfallenden Schalen sich ein weiterer Jüngling aufschwang. Ein Zwilling? Wer konnte das sein? Er ähnelte Eros, nur statt des blonden bedeckte schwarzes Haar sein Haupt, er trug dunkle Schwingen auf dunkler Haut. Dieses dunkle Wesen ließ Helios und den Prinzen sich erkennen und füreinander brennen, um dann zu Eros aufzusteigen.

„So ereilt auch mich ein Glück", frohlockte Eros, als der Schwarzgeflügelte bei ihm ankam. Wegen ihrer Zorneshandlung an Nerites gebar Aphrodite mir aus eurer tiefen Liebe und den abfallenden Schalen einen Bruder: Anteros, den neuen Gott der Gegenliebe.

Eros und Anteros, die Liebe und deren Erwiderung, fassten sich an den Händen, schauten erst auf Poseidon und Nerites, dann auf Helios und den Prinzen, meinten hier nun genug getan zu haben und flogen von dannen.

Die Bildhauer auf den Klippen fanden schnell ihre Fassung zurück, skizzierten die Gesichtszüge des Meerjünglings Nerites, bis dieser sich vom Prinzen verabschiedete, in der Versicherung, man werde sich wiedersehen, um sich dann endlich seinem Traum zu widmen und den wunderbaren Wagen des Poseidon zu besteigen. Bald hielt er die Lenkseile in den Händen, der Gott stand hinter ihm und hielt in fest und sicher. Das Meer rief die beiden in seine unendlichen Weiten.

Ulrich Grasnick

Proteus

Proteus,
> in dir entdecke ich das andere,
> besonnene Ich eines Gottes.
> Nichts geschieht, was du nicht schon ermessen hast
> hinter deiner prophetischem Stirn.

> Nach Vergils Schilderung hilft
> Proteus mit seiner Sehergabe Peleus
> bei der Eroberung der Thetis.

I

Nimm die Wahrsagung an, Peleus,
wenn sich in ekstatischen Regungen
Proteus Zunge löst für das Versprechen
der phallischen Stunde am Mittag.

Wenn sich die Luft öffnet
für den erregten Atem
unterm dunklen Blätterdach,
wenn die unerwartete Prophezeiung
die verlängerte Linie der Lust
in deine Hand fließen lässt.

Jetzt sollst du mit Thetis
den Wein trinken,
Eros Hefe soll aufgehen
in ihrem Leib.

Der verwegene
Fingerzeig Amors
im erregten Schweiß
sucht sein Ziel.
Im erhitzten Atem
berühren sich
die entfesselten Zungen.

Pralle Schläuche,
wie Venen geöffnet,
kaum noch zu unterscheiden
von den mit Stierblut
gefüllten Schüsseln.

II

Und die Götter mischen sich
unter die Sterblichen
beim bacchantischen Rausch
trunkener Begierde.
Proteus fragt
Was ist's mit diesen Stolzen? (*1)
Proteus,
du sagenhafte Metamorphose
aller Fluchtversuche
in Gestalt wilder Tiere,
selbst des Wassers und des Feuers,
du weigerst dich,
dem neugierigen Ohr
dein prophetisches Wissen
anzuvertrauen,
gehst ihnen aus dem Weg,
die mit ihrer Zukunft
handeln wollen.

Die Kunst deiner Verwandlung
ist nicht das listige Weiß,
nicht das stumme
Schwanenbekenntnis,
Ledas Arglosigkeit in das Licht
weichen Flaums zu drücken.

III

Ihr nachgiebigen Federn,
ihr lasst kaum den Stachel ahnen
in eurer Lautlosigkeit.

Wenn dem Rausch
in den dröhnenden Schädeln,
wenn die Stunde des Überflusses,
der Ernüchterung weicht,
folgt die Alptraumstille
vor dem Sturm.

Ihr Geschöpfe des Meeres,
warum sehe ich euch
unter der Hitze
der griechischen Sonne
vor dem Wasser fliehen?

Fast unerreichbar erscheint euch
der Berg Athos mit der schützenden
Kralle des Adlers
und dem harten Leuchten des Schnees.

Ihr folgt
dem hellsichtigen Proteus,
dem Hüter der Robben Poseidons

in die Ferne
nah den Wolkentürmen,
wo kein Streit, kein Pfeil
kein Schrei
aus den Schleusen des Schmerzes
die Stille stört.

Ankunft jetzt
im weissagenden Aufwind
auf dem rettenden Gipfel.
Im Bergsee löschen deine Robben
Ihren Durst,
lernen wieder spielen
nach ihrer mühsamen Flucht.

Sei gegrüßt Athos,
felshartes Niemandsland,
sei gegrüßt Proteus.
Die Menschen vertrauen
dem mythischen Sog
deiner beschwörenden Sprache
mehr als ihrer eigenen Stimme.
Von Visionen glühend dein Wort
erklärt selbst das sterbende
Gesumm der Bienen.

Du, Proteus,
wacher Nachbar des Mondes,
deutest seine Verwandlungen,
seine geschärfte,
Gefahr verheißende Sichel,
du folgst den weissagenden Sternen,
kennst die Gunst
der nächtlichen Stunde.

Alles geschah so,
wie du es sagtest:
Der dunkle Himmel
der Heuschrecken
hat sich selbst aufgefressen
und hier in der Stille
hört man die Wölfe nicht mehr.

Anm.:
(*1)= Goethe, Faust II, S.265, Weimar, 1962.

Leda und der Schwan

I

Ohne den Tanzschritt
eines Pfaus,
ohne sein schillerndes Rad,
nur mit weißer
Unschuldsfarbe angetan
gelang die Verführung
im schweißlosen Spiel,
im Schatten der Arglosigkeit.

Immer zwingender
der kreisende Flügelschlag
mit umweglosem Begehren.
Ein Singen öffnet die Poren:
Haut,
leise Metamorphose
aller Berührungen,
schnäbelnde Lust,
flüchtige Zungenblitze
aus dem Gefieder.

Weiße Verführung,
Werbung mit Flaum und Gefieder,
dass du, Leda, kaum den weichen Druck
der Hingabe spürst.
Aus atemleichter Überwältigung
tausendfedrigen Anflugs
ergießt sich die schimmernde Narde.

Kein Kuss, um Verführung
auf Lippen spüren zu lassen,

zu hart der Schnabel
für Flüstern und Werben.
Zauber von Schnee
im Fallen ist alles, was zählt.

II

Zeus,
du kommst nicht,
den Gärtner zu spielen,
das Feld umzugraben.

Du sammelst Früchte ein,
säst im fremden Leib
dein eigenes Antlitz aus.

Mit fliegender Helle
deines Gefieders
taumelst du
trunken herab.
Du dämpfst das Licht
mit deinen Schwingen,
stillst das Verlangen
in deinem weißen Nest.

III

Es ist der geheime
Stachel der Lust,
Begierde,
die wie eine Spinne
lautlos das Netz knüpft
und uns den Fingerzeig
Gottes spüren lässt,

wenn sich Unschuld
darin verfängt.

Wieder und wieder
Verführung,
die mit gleißendem Licht
alle Bedenken
in den Wind schlägt.

In dir, Leda, wächst
die ungewöhnliche
Konstellation -
in deinen Leib
zugleich gebannt
der Pulsschlag der Sterblichen
und jenes Blut, dazu verurteilt,
ewig zu kreisen.

Wir Sterblichen
werden zur Ruhe kommen
mit einem Schweigen,
dass uns den Wahn,
ewig zu leben,
vergessen lässt.

Schweigen dürfen,
so lange Raum wächst,
so lange Ewigkeit
ihr Spiel treibt
ohne Ende.

Der Hunger Leben
zählt nicht mehr.
Durchschlafen

heißt das Wort,
die Quelle die im Meer
sich unsichtbar verteilt,
loslassen und die Welt
nicht mehr im Schmerz
begreifen müssen,
loslassen wie das Wasser,
das aufsteigt,
in einer wandernden Wolke
eine leichte Adresse zu haben
hoch über der Erde.

Wasche nicht seine Federn
in Unschuld,
jenes Glühen einer phallischen
Begehrens,
Maßlosigkeit mit Flügeln
statt Händen.

Unter einer Maske
verhüllt
bleiben vom Weiß,
Lichtjahre entfernt,
Sterne zurück.

Edit Engelmann

Poseidon war wütend

Poseidon war wütend. So wütend wie schon lange nicht mehr. Mit wuchtigen Schritten stapfte er durch seinen Thronsaal. Keinen Blick schenkte er der Schönheit der Tiefsee, die sich in den Glaswänden seines Palastes spiegelte. Er raste über das Muschelmosaik zu seinen Füßen. Selbst die Laternenfischchen konnten nicht schnell genug schwimmen, um ihm bei seinem schnellen Auf und Ab den Weg auszuleuchten.

„Hört ihr das? Schmeckt ihr das? Seht ihr das?", schrie er erbost. „Ich werde noch verrückt. Dieser Dreck. Diese Abflussbrühen. Dieses Trommeln. Es macht mich noch wahnsinnig."

Zornig blieb er stehen, ballte eine mächtige Faust nach oben, stieß mit der anderen Hand seinen Dreizack heftig auf den Boden und ließ sich erschöpft in seinen türkisfarbenen Thronsessel sacken.

„4,1 auf der Richterskala", kommentierte der Oktopus trocken, der zwecks Berichterstattung kurz aufgetaucht war. „Zwei Häuser sind eingestürzt. Auf Mykonos. Sonst keine Schäden."

„Ach, das hilft doch nichts", seufzte Poseidon. Schon seit Monaten warf er den Dreizack des Öfteren wütend durch den Palast. Das hatte zur Folge, dass in der Ägäis, wo sich sein unterseeischer Palast vor der Insel Evia ausbreitete, die Erde immer wieder mal bebte. „Kleinere seismische Ereignisse", hieß es oben an Land – und „kein Grund zur Besorgnis" – oder „besser, es entlädt sich in vielen kleinen Beben, als in einem großen."

Er war aber kein kleineres seismisches Ereignis! Er war Poseidon! Und sehr wohl ein Grund zur Besorgnis! Dazu in seiner jetzigen Laune durchaus imstande, ein gewaltiges Beben zu verursachen. Wenn nicht Zeus ihm das vor zigtausenden Jahren verboten hätte. „Mach das nie wieder", hatte er ihn gewarnt, „du kannst doch nicht einfach lospoltern und ganze Kontinente überschwemmen, bloß weil dir etwas nicht passt. In Zukunft wirst du dich beherrschen müssen."

Vielleicht hatte er damals wirklich vorschnell gehandelt. Dieser Kontinent vor den Säulen des Herakles lag seitdem auf dem Meeresboden. Unauffindbar, denn er, Poseidon, hatte alles mit einem Tarnnetz bedeckt, das die Selkies aus dem hohen Norden aus ihren goldenen Haaren webten. Niemand sollte das geheime Wissen der Atlanter finden. Denn sie hatten es nicht zum Wohle der Welt eingesetzt. Niemand sollte jemals auch nur das Geringste entdecken: von den Kristallpalästen, von den Technologien, überhaupt von den Überresten einer Kultur, die die Natur missachtet und beinahe die ganze Welt vernichtet hätte. Jawohl – vernichtet. Hätte er nicht eingegriffen. Seinen Winterpalast zerstörten sie seinerzeit. Dort, wo er während der kalten Jahreszeit sein Domizil aufschlug, hatten sie den Vulkan mit ihren Wetterharpunen angegriffen und zum Ausbruch gebracht. Sein Palast flog in tausend Stücke. „Du hättest trotzdem nicht gleich eine Megaflut heraufbeschwören und den halben Atlantik umpflügen müssen", rügte Zeus ihn heftig. „So eine ordentliche kleine Feuersbrunst hätte auch genügt." Zu diesen Worten hatte der Göttervater mit seinen Blitzen und Donnerkeilen gewedelt wie mit Zepter und Apfel. Poseidon brummte. Er hätte Zeus mal sehen wollen, wenn sie statt seines Palastes den Olymp in die Luft gejagt hätten.

„Genau", verkündete er plötzlich, sprang von seinem Thron auf und schoss pfeilschnell auf das Haupttor zu. „Das ist es! Das mache ich!" Die Delfine konnten gerade noch die Tore öffnen, bevor Poseidons Bugwelle sie an die Palastwände drückte.

„Was hat er vor?" fragten sie.

Der Oktopus schüttelte sein ovales Haupt und verdrehte die Augen. „Keine Ahnung. Der Chef ist mal wieder unausstehlich. Ist ja auch verständlich. Mit jedem Jahr wird es schlimmer."

„Zum Olymp", hörten sie ihn noch rufen. „Zum Olymp will ich. So geht das nicht weiter. Das muss ein Ende haben." Dann stapfte er auch schon an der Küste bei Volos an Land.

Kurz darauf stand er im Kreis der versammelten Götter und klagte: „ Ich habe es gewusst. Schon seit mehr als fünfzehntausend Jahren habe ich es gewusst. Sie werden wiederkommen. Und sie sind wiedergekommen. Schon seit etlichen Jahren. Jeden Sommer. Sie räkeln sich am Strand von Evia, von Mykonos, Santorini, den Kykladen – und sie sind genauso achtlos wie damals. Alles werfen sie in meine Fluten. Neulich sah ich Kastor und Polydeukes, wie sie sich am Strand von Parikia eine Burg aus Zigarettenkippen bauten. Meine Tintenfische leben in leeren Cola-Dosen und die Einsiedlerkrebse in Plastikflaschen. Die Okeanos-Klinik ist voller Fische, denen die Hakenwunden in ihren Schlünden genäht werden müssen, mit denen sogenannte Sportangler sie nach dem Fang wieder ins Meer werfen. Ich wünschte, ich könnte mir einen von ihnen greifen, ihm einen Haken durch seine fleischige Wange bohren und ihn zurück an Land schleudern. Neuerdings kommen wieder viele Fälle von Harpunenverletzungen hinzu. Angeschossen und liegen gelassen. Jede Nacht zieht die Delfinambulanz durch die Meere auf der Suche nach Fischen, die sich vor Schmerzen krümmen, weil sie Kronenkorken oder anderen Abfall verschluckt haben. Die Schwertfisch-Schwadron befreit eingeklemmte Wale und Robben, die sich aus den Netzen der Landbewohner nicht mehr herauswinden können und ohne Hilfe jämmerlich ertrinken würden. Mitten auf dem Atlantik schwimmt eine gigantische Müllkippe, die größer ist als alle ägäischen Inseln zusammen. Plastikflaschen, Container, Eimer, Geräte. Erst verarbeiten sie darin alle Gifte dieser Welt und dann werfen sie das Zeug in meine Fluten, wo sich das Cadmumum und Hexafragmichwas auswäscht und meine Völker vernichtet. Wollt ihr wissen, wie der Meeresboden aussieht? Meine Seegrasplantagen? Meine Anemonengärten? Den Seesternen tränen die Augen. Ganze Fischarten sind ausgestorben. Korallenbänke vernichtet. Und was sie mit ihrem Müll nicht schaffen, das erledigen die Schwimmer. Was suchen die überhaupt in meinem Reich? Können dort nicht einmal atmen. Kommen mit ihren Metallröhren auf den Rücken angeschwommen, treten alles kaputt, holen alles heraus, dessen sie habhaft werden können. Glücklicherweise habe ich die Tarnnetze der Selkies über alle wirklichen Schätze gehängt. Nur selten finden sie mal eines der untergegangenen Schiffe. Ansonsten tummelten sich bei mir da unten vermutlich mehr Taucher als Fische. Und dann noch dieses Getrommel. Jeder einzelne dieser nervigen Geschöpfe sitzt am Strand und wirft Steine in die Fluten. Einen, zwei, drei, Tausende, Millionen. Platsch! Platsch! Platsch! Platsch! Platsch! Stundenlang, tagelang. Wochenlang. Ohne Pause. Jedes einzelne Platsch dröhnt wie ein Hagelkorn in meinem Kopf. Jedes Jahr wird es schlimmer. Es muss ein Ende haben! Wer hat uns dieses Gewürm eigentlich beschert? Warum rotten wir es nicht einfach aus? Wozu sind die gut? Schon damals haben sie alles zerstört. Und jetzt tun sie es wieder. Fünfzehntausend Jahre habe ich geschwiegen, gelitten, zugesehen und immer wieder das Meer aufgeräumt. Jetzt endlich muss etwas geschehen, sonst ziehe ich den Stöpsel und lasse alles Wasser ins Erdinnere ablaufen."

"Immer mit der Ruhe", beschwichtigte der blonde Apollon. „Wollen wir doch nicht gleich das Kind mit dem Bade ausschütten."

„Am liebsten schon", zeterte Poseidon. „Am liebsten wäre es mir, diese ‚Kinder' direkt und ausnahmslos mit zu versenken. Diesmal wirklich alle! Nicht wieder ein paar übrig lassen, damit all das Übel von vorn beginnt."

„Meinst du etwa wie vor dreitausend Jahren, als du gegen meinen Willen Thyra ausbrechen ließest und damit die gesamte minoische Kultur zerstörtest?" schnappte Zeus fast über.

„Das war ein Versehen", wand sich Poseidon. „Sie hatten mich arg gereizt. Da sind mir einfach die Pferde durchgegangen. Aber seitdem habe ich mich wirklich zurückgehalten. Außerdem führte der Untergang der Minoer dazu, dass sich die Überlebenden im ganzen Ägäis-Raum ansiedelten, was schließlich die Blütezeit der Antike hervorbrachte. Und auch unsere eigene. Nie wieder verehrte man uns so wie damals."

„Da du von meinen Kinder sprichst", mischte sich die Pallas Athene ein, „die ich mit Prometheus erschuf, bitte ich, in dieser Angelegenheit unbedingt Gehör zu erhalten. Auch Prometheus soll dazu seine Meinung einbringen können."

„Prometheus?", japste Poseidon. „Er mal wieder! Hat er nicht schon genug Ärger am Hals wegen dieser Landplagen? Hängt seit Urzeiten auf seinem Felsen im Kaukasus und wartet darauf, dass seine Leber nachwächst. – Er wird diese Menschen doch nicht schon wieder verteidigen wollen? Nach all dem, was er sich ihretwegen eingebrockt hat? Hätte er sie bloß ohne Feuer sitzen lassen! Dann würden sie sich heute noch benehmen wie die anderen Tiere im Wald. So wie meine Fische im Meer."

„Aber ich beabsichtige, sie zu verteidigen", antwortete Athene, die eine Schwäche für diese kleinen Geschöpfe hatte, denen sie einstmals Leben einhauchte. „Ich mag sie. Sie sind so niedlich. Und irgendwie auch kreativ. Wenn ich so sehe, was sie alles erfinden."

„Genau das meine ich, was sie erfinden", maulte Poseidon. „Genau dasselbe, was sie damals erfanden. Als ob das Wissen um diesen Unsinn ihnen in ihren Knochen steckt. Keine neuen Ideen. Immer nur Wiederholungen, Wiederholungen, Wiederholungen. Wenn wenigstens einmal etwas Gutes dabei herauskäme. Zum Wohle aller. Aber nein – es ist nicht einmal zu ihrem eigenen Besten. Alles, was sie bewerkstelligen ist, Luft, Wasser und Erde zu verdrecken. Das können sie – und unentwegt Steine ins Wasser werfen. Ich will sie loswerden. Das ist besser für uns alle."

„Und ich will sie behalten!", entgegnete Athene mit fester Stimme, beugte sich zu Zeus hinunter und flüsterte ihrem Vater etwas ins Ohr.

„Was willst du denn mit ihnen?" schnauzte Poseidon zurück. „Sie beten uns nicht einmal mehr an. Unsere Tempel sind verfallen. Schau dir nur meinen Tempel in Sunion an. Eine einzige Ruine. Der Nike-Tempel. Der Tempel der Aphaia auf Ägina.

Selbst die Tempelbauten für Zeus sind nicht mehr als die Reste der alten Säulen."

„Das ist nicht wahr!", unterbrach ihn Athene. „Jedes Jahr kommen Tausende, gerade in die Ägäis, um unsere Tempel zu besuchen. Sich an uns zu erinnern. Uns zu erfreuen."

„Wovon träumt denn deine Eule nachts?", fragte Poseidon höhnisch. „Uns erfreuen. Zu Tausenden latschen sie über die heiligen Gründe. Hinweg über Gräber und Kultstätten. Die meisten von ihnen wissen nicht einmal, welchen Tempel sie gerade auf ihre Fotografien bannen, geschweige denn etwas von unseren Geschichten. Mach dich nicht lächerlich, Pallas. Du kannst dich nur nicht von ausgedientem Spielzeug trennen. Die haben dich schon lange vergessen. Und nicht nur dich. Sie haben die Natur vergessen. Ach, was sage ich, sogar sich selbst vergessen sie. Landplagen sind sie! Eine Pest! Waren sie schon immer. Und jetzt auch Meeresplagen für die Ozeane. – Damit muss Schluss sein! Ich verlange als Gott des Meeres und der Erdgewalten: Weg mit dem Gewürm, diesem nutzlosen Geschwür der Welt. Diesen schrecklichen Steinewerfern."

„Wir können sie nicht einfach abschaffen", meldete sich nach diesem Streitgespräch auch Zeus zu Wort. „Denkt an die Entscheidung zu Anbeginn der Zeiten, Sterbliche auf der Erde anzusiedeln. Sie sollen auch weiterhin bleiben. Es liegt nicht in unserem Ermessen, uralte Bestimmungen zu ändern."

„Ich will aber nicht mehr ständig Steine aufs Haupt bekommen", schrie Poseidon und stampfte mit seinem Dreizack, sodass der gesamte Olymp ins Wackeln geriet. „Ich brauche meine Ruhe! Ich schwöre es – ich ziehe den Stöpsel, wenn das nicht aufhört."

„Ich verbitte mir, dass jemand den Hades überschwemmt", meldete sich Persephone zu Wort. „Jedenfalls nicht in der Jahreshälfte, die ich da unten verbringe. Ich habe keine Lust, sechs Monate zu wischen und zu schrubben."

„Auch ich kann sie nicht zum Aufhören zwingen, mein Bruder", wandte sich Zeus achselzuckend an Poseidon. „Aber ich ziehe mein damaliges Verbot zurück. Denn du hast Recht. Sie müssen lernen, dass es so nicht geht. Du erhältst hiermit die Erlaubnis, die Gewalten wieder zu unserem und dem Schutz der Welt zu gebrauchen. Aber vorsichtig! Übertreibe es nicht. Wir wollen keine neue Katastrophe."

„Wie vorsichtig soll ich denn sein? Und vor allem wie lange? Bis sie ihre neuesten Ideen in die Tat umgesetzt haben? Dann hast du deine Katastrophe schon fix und fertig, bevor ich auch nur etwas planen kann", warf Poseidon spöttisch ein.

„Welche Ideen meinst du?" fragte Apollon.

„Die Öl- und Gasbohrungen", erwiderte Poseidon knapp. „Sag nur, du hast noch nichts davon gehört?"

„Gehört schon", Apollon unterbrach sogar sein Lyraspiel. „Aber ich kann mir so recht nichts darunter vorstellen."

„Das kommt daher, weil ihr hier auf eurem Olymp haust wie in einem Wolkenkuckucksheim. Der Elfenbeinturm der Götterwelt. Meine Güte. Wenn ihr euch ein wenig mehr um die Welt kümmern würdet ... Also, die Würmer haben Öl und Gas in der Ägäis bis hinunter nach Zypern gefunden. Da sie aus mir unerfindlichen Gründen gierig auf Rohstoffe sind, wollen sie diese fördern. Das heißt, sie werden Bohrungen vornehmen. Ich brauche euch wohl nicht zu erläutern, welche Risiken damit für uns alle, das Meer, das Land und die Lebewesen verbunden sind. Und erst diese scheußlichen Bohrtürme, mit denen sie mein Meer verschandeln werden. Die Chemie, die sie in die Wasser pumpen werden. Dann ist es vorbei, meine liebe Pallas, mit Touristen und Besuchern für die alten Tempel. Mit Andenken an dich und deine Eulen. Meine schöne Ägäis wird die Kloake des Mittelmeers." Poseidon holte tief Luft nach dieser langen Rede.

„Das sollten wir verhindern! Meine Stimme habt ihr!", brummte Hephaistos, wischte sich die Finger an seiner Lederschürze ab und hinkte zu seiner Schmiede zurück.

„Meine auch", wisperte Aphrodite. Mit einem Blick in ihren Handspiegel murmelte sie: "Nicht auszudenken. Bohrtürme und

Öllachen an meinem Geburtsort. Dort, wo ich einst den Fluten entstieg."

Selbst Göttermutter Hera mischte sich ein: „Wir müssen etwas unternehmen, Zeus. Wir können nicht zulassen, dass die Wiege der Kultur durch diese Banausen zerstört wird."

Bedächtig lauschte der Donnerer den Argumenten seiner Mitgötter. Schwerfällig erhob er sich. „So hört denn meinen Entschluss", verkündete er, ließ einen Blitz in den Boden einschlagen und fuhr fort: „Die Wesen, die Athene und Prometheus einst erschufen, halten sich für zu mächtig. Sie gehören in die Schranken gewiesen! Schließlich sind sie nichts anderes als Passagiere auf diesem Planeten im unendlichen Kosmos. Sie müssen lernen, sich als solche zu benehmen. Schicke ihnen deine Warnungen, Poseidon. Vielleicht begreifen sie, wie empfindlich unsere Erde ist, wenn sie unsere Macht fühlen. Vielleicht hören sie auf, wenn sie merken, dass sie gemessen an den Gewalten der Natur nichts anderes als Gewürm sind. Dass sie sich denselben ewigen Gesetzen unterordnen müssen wie wir."

„Und wenn nicht? Wenn sie es nicht merken? Was dann?", fragte Pallas Athene.

„Dann, Tochter", antwortete der mächtige Zeus, „bleibt leider keine andere Wahl, und sie werden von dieser Erde entfernt werden wie Flöhe aus dem Fell eines Hundes."

Zufrieden nickte Poseidon. Er hatte erreicht, was er wollte. Und die Götterwelt schien mit ihm einer Meinung zu sein. Jedenfalls waren keine gegenteiligen Argumente mehr zu hören. Selbst nicht von Athene. Er wandte sich schon zum Gehen, als ihm doch noch etwas einfiel: „Und die Steine?"

„Die Steine, du meine Güte", scherzte Pallas Athene. „Als ob das die größte Sorge wäre. Du bist überempfindlich, mein Lieber. Dagegen kann man eben nichts machen. Wirf sie doch einfach zurück."

Wie gesprochen, so geschah es. Seit diesem Treffen grummelt die Erde wieder öfter, wobei die Götter hoffen, dass die Menschen ihre Warnung begreifen. Und seither sammeln Oktopusse tagsüber die Steine ein, die sie nachts wieder zurück an die Strände werfen. Wer Glück hat, kann sie in mondhellen Nächten dabei beobachten. Noch – denn noch ist die Götterwelt geduldig.

Dirk Uwe Hansen

Sag mir Sirene was

(Auszüge)

eins

Ein Falter hat seine Flügel
ein Raupenspinner vielleicht
auf das atmende Meer
ein kleines Stück weiches Papier
auf einen Luftballon gelegt.
Weitestmöglich entfernt
schaufelt die Krabbe den Graben aus Schlick.
Wächst die Bewegung, und reißt die Seide
die letzte Verwandlung ein
rückwärts sich krümmender Wurm.

neunte sirene

sag mir seelchen was hast du verloren
suchst deinen weg auf bewegtem meer
oder
ist es leichter zu land
vielleicht
rückwärts gehen: den letzten schritt
immer aus angst

sechs

Manche Teile der Mauer sind immer zu
dünn. Dazu noch die Ritzen an
Fenstern und Türen.

Was gerade kommt: Danach
die bunten Steine aus Plastik ein Turm.
Manchmal
reichen die roten kaum für
eine Treppe bis über das Dach,
ist die Milchstraße nichts als ein Weg.

vierte sirene

sag mir seelchen was willst du
bist du wirklich so groß
oder
trägst du die augen offen
vielleicht
hast du angst vor dem flug

neun

Ist der Adler das einzige Wesen, das
glaubt, es könne könne die Sonne sehen
mit bloßem Auge (und schützt ihn
die dünne Haut). Ist aber Wahrnehmung
niemals ein Anderes als der Schmerz
zwischen Innen und Außen.

erste sirene

sag mir seelchen wo bist du gewesen
hinter den lidern die welt
oder
flatterst du schon mit den flügeln
vielleicht
hört es am anfang auf

Anselm Retzlaff

Die Tränen der Nestis

Wie sollte ich die Geschichte von Nestis wahrheitsgetreu niederschreiben, sind doch die Worte nur Symbole, aus denen die Welt gewoben wird, Perle um Perle, gleich dem Aneinanderreihen zu einer vollkommenen, zum Kreis geschlossenen Kette. Sind sie doch nur Zeichen für die Ausdruckskraft einer weitaus tiefer gelegenen Welt, aus der sich alle Namen, ja selbst alle Form erhebt. – Von ihr gebildet, sie erhellend, und doch ihren Urgrund niemals erreichen könnend:
Unnahbar für alles, was Worte sagen.

Ich will es versuchen, will es wagen, mich der Worte wie eben möglich zu bedienen, um im Ansatz, im Erzählen einer Geschichte darzulegen, was Nestis ihrem Wesen nach war. Bleibt doch ihr wahres Wesen mit sicherer Gewissheit weiterhin unantastbar, so kann diese Geschichte vielleicht dennoch etwas aufzeigen, eine mögliche Auslegung mit tiefen Bedeutungen, die gleichwohl nichts, rein gar nichts entzaubern, vielmehr die wahre –, ihre Natur fühlbar zu machen ersuchen.
Demnach mein innigster Wunsch, mit den Worten auf etwas hinzuweisen.

Nestis – sie war eine Wassergöttin. Fischfrau. Fließend wirkend in jedem Gewässer, jedem Wasserwesen, jedem Wassertropfen. Ein Tropfen des Morgentaus auf dem Blatt einer jeden Pflanze, als die schweigsamen Tränen ihres Lebens.
Dunkle Gewitterfronten, schwarze turmhohe Wolken. Regenströme sich aus ihnen ergießend, als das Angesicht ihres ungestümen, verletzten Stolzes. An der Brandung jeder Küste einer jeden Welt weiterflutend und berstend als Wellen, als ihre emporbrechende Wildheit.

Und dann, im Mutterboden der Erde Quellwasser, als ihrer Zartheit und Liebe friedlichen Soseins – mit ihm, bei ihm, ihm nahe sein. Ihre Tränen Regenspende dem Leben überall.

Hades – er war der Gott des Unterirdischen. Kein Verständnis seiner Welt, ohne sich nicht vollends in die Tiefen der Erde hinab begeben zu haben.

Steinböcke in Herden auf den Gipfeln seiner Erhabenheit, ergeben von der Gnade lebend, Erdentiere sein zu dürfen.

Wasser hinabglucksend und murmelnd in die immer tiefer dringenden Wege des Erdinnern.

Kristalle in entlegenen, verborgenen, geheimen Höhlen – Tore zu seinen Herzhallen.

Aber ehedem, sollte ich erzählen, wie sie zu Göttern wurden.

Aus dem Meer des Bewusstseins, der Muttererde der Existenz wird Gott für Gott gebildet, geformt, geschaffen, geschöpft. Ohne mögliches Zutun ist das All, das Meer, der Mutterboden in ihnen, den Göttern, verbunden.

Dies nämlich zu verwirklichen bedarf es Viel, bis hin zur Stille. Diese, ihre ureigenste Manifestation, macht den Gott und die Göttin zum Königskind der Bewusstheit, der Existenz *Selbst*.

So solle hier nur von ‚*Selbst*' gesprochen werden, als Ursprüngliches, Letztendliches –, ohne Anfang und Ende, dem geheimen Herz von Allem, Kosmos ohne Grenzen, unbestimmbar, absolut, still.

Und von dem Gefühl des Daseins: ‚*Ich bin*', als Gott. – Das Urbild der Ewigkeit des *Selbst* –, in seinem Kern: zeitlos, erfahrungslos, nur rein zugegen.

Das war also der Thronsaal des Zeus *Selbst*, in dem auch Nestis und Hades wandelten.

Ihr Ausdruck ‚*Ich bin*' war Wasser. Sein Ausdruck ‚*Ich bin*' war Erde. Dazu wurden sie bestimmt, gleich dem Klangkörper einer Harfe, deren Saiten eingestimmt werden, so dass ihr Ton das Weltall erfüllen kann, um zu beglücken.

Gleich einer Welle, die sich aus dem Meer erhebt, um bald wieder in ihm zu versinken.

Gleich einer Frucht, die auf der Erde reift, um bald wieder in sie einzugehen.

Ihrer menschlichen Gestalt nach, gleich dem Hohlraum einer Äolsharfe, die den göttlichen Atem durchströmen lässt und der aus ihren Herzöffnungen klingt.

So sollte es im Saale des Zeus *Selbst* sein.

Beide, die wie alle Götter, ob die Schlafenden oder die wenigen Wachenden, Königskinder des Zeus *Selbst* waren, liebten noch zuvor andere Königskinder.

Ihr Herz war einst verfallen Helios, dem Gott der Sonne.

Helios war stolz und so feinfühlig ihrem Wesen gegenüber, mit Licht in ihre junge Göttinnenseele zu strahlen. So liebte sie tief, bis sie Hades fand.

Aber auch er, berührt vorher von Selene der Mondgöttin –, dem Mond selbst in all seiner Pracht. Sie war ihm ebenso lang ein Zauber für sein Herz gewesen.

Da war ein Brunnen, so das Bild des Lebens.

Im Brunnen war Schatten, ein dunkler Tunnel. Doch auf seinem Grunde spiegelte das Wasser den Himmel, spiegelte die Morgenröte, spiegelte nun die sengende Sonne in ihrem Zenit.

Nestis zerfloss sich in diesen Brunnen, nach und nach, in der Ruhe der tiefblauen Nacht, bei Vollmond, wenn die Sphären vereinzelt von ihrem Grau behangen waren, in den Zyklen des Seins, wenn die Winde sie über glühende Felder ziehen. Sie zerfloss, hin zu Hades, der Erde.

Von Zeit zu Zeit spiegelte sie ihm Selene.

Von Zeit zu Zeit reflektierte er ihr Helios.

Alles in des Brunnens Wasserspiegelfläche.
So fanden alle Sinn und Bedeutsamkeit im Brunnen des Lebens.

Schicksalsträchtig ist, was Götter leben und Schicksal wird es bleiben, wenn es vergangen ist.

So liebten Nestis und Hades, liebten einander, begannen ihre Welt zu errichten, im unendlichen Thronsaal des Zeus *Selbst*.

Ja, beide waren dieser Ausdruck ‚*Ich bin*‘, beide liebten, liebten einander im ewigen Jetzt.

‚*Ich bin*‘ – ein Funken aus der Flamme des Alls, wie ich versuche zu formulieren. Und mit diesem Erkennen, steigt dem Funken auf, dass er das allseiende Feuer ist.

„*Wird sie es je wollen, nur Seligkeit zu sein? Es zutiefst verstehen wollen, dass sie es immer ist?*", fragte Hades sich.

„*Wenn dem nicht so ist, kann ich es ihr eines Tages verdeutlichen?*"

Aber all das braucht Zeit, denn das Denken und die Zweiheit sind unteilbar. Welt und Zeit sind untrennbar.

Ein Loslösen von all dem!

Seit jeher krönte die Liebe Götter und kreuzigte sie. So fragen sich Götter seit jeher:

„*Wo finde ich die Liebe?*"

Und im Singsang antworten sie sich selbst:

„*Wo wirst du der Liebe nicht fündig, wenn doch ihr Heimatort das geheime Herz von Allem ist?*

Du fragst, welchen Sinn hat es zu lieben, wenn es Leid mit sich bringt? Die Liebe ist die Königin aller Pfade, lass dich von ihrem Schmerz zerschmettern und du wirst nichts mehr werden wollen, außer zu sein, was du deinem Herzen nach bist. Du musst zu der Antwort werden."

Der Tanz *Nestis und Hades*:

Geboren aus den ihren, aus Nestis' Wasser und Hades' Erde, liegen Samen aller Pflanzen in den tiefschwarzen Böden. Werden benetzt und gespeist von ihrem Wasser, umhüllt und getragen von seiner Erde. Keimen, wurzeln. So also wachsen Sprösslinge aus allem Boden empor, recken sich, reifen, brechen auf zur Blüte, geben sich dem Licht des Zeus preis, als die Herzenskinder Nestis und Hades, im Antlitz Selenes und des Helios', als die Königskinder des Selbst.

Wäre das Licht nicht in ihnen, wie könnten sie sich zum Licht hinauf strecken und sich ihm öffnen, Blütenkelch –, Herz einer jeden Blume, Herz eines jeden Baumes, einer jeden Pflanze.

Und das geheime Herz von Allem spricht:

„Erblüht Liebe, so seid Auge in Auge, Atem in Atem, ja, Herz in Herz nackter Seelen eins. Lebt ganz, träumt ganz, lebt diesen Traum."

6.
Epheben

Zephyros

Liebeshauch im Lenz
Westwind trägt Abendrot im Haar
Streift mild die Hyazinthe

Steffen Marciniak

Thomas Böhme

Zephyr im Januar

Der ganze jammer dieses elenden göttlichen zephyrs
den ich immer für einen prinzen unter den blasenden
hielt jagt die säfte zur unzeit durch meine adern und
wirre zerrissene träume steigern die nie zu bezähmende
lustsucht zum furioso, wilder und nackter als in der
heißesten mittsommernacht.

Welches totale tropische monster kachelt die erdachse
dass sie sich uns so geneigt zeigt im sonst unwirtlichen
deutschen eiskeller? Wenn erst die polkappen schmelzen
überflutets auch unsere vertrocknete insel mit reißenden
strudeln und solch einer apokalypse fehlte nicht die
antike wonne, o meine stirn brennt, wind, der mich
rasen und tollwüten läßt!

Meinem kind aber huldigen alle onkel & tanten zum
ersten geburtstag und jauchzend nimmt es erlesene
gaben entgegen. Sein vater taucht müde aus dem büro
auf und würgt an der torte fast friert ihm das lächeln
während er sich zusammenreißt und den gästen des
kindes die schweißnasse hand reicht.

Wie sollte er sanft sein wenn zephyr ihn streichelt,
andalusischer hund, traumwind marseille! Wer küßt von
seinen trockenen augen das höllische fieber wer ahnt in
seiner straßenbahnreise das fliehen? Ich bin voller
scham und doch eins mit dem aschgrauen antlitz an das
sich vertrauend des kinds wange schmiegt.

ÖDIPUS

Ödipus, das möglicherweise blinde findelkind –
In spätren papieren auch kaspar hauser genannt –
Ging um sich klarheit zu schaffen über sein wesen
Zum orakel des wölfischen & gepriesnen apoll –
Den des göttergeschlechts späte nachfahren,
Hirten in grauer ödnis, verwechselten mit dem
Schreinersohn jesus oder auch robert zimmermann
Riefen – und was ihn, jenen ödipus, schaudern ließ:
Das orakel blieb stumm.

Staubiges schweigen trieb dem wißbegierigen jungen
Angstschweiß auf hände & stirne, es quält´ ihn
Die ohnmacht. Ja, fliehen, aber wovor & wohin?
So wandte er sich nach theben und traf keinen menschen
Mit dem er sich konnte messen, nichts wissen wir
Also von des ödipus klugheit & kraft.

Ödipus löste die rätsel der sphinx nicht.
Kein mutterschoß nahm ihn auf und kein volk,
Das ihn hätte gekrönt. Es bliebe von ödipus
Nichts zu berichten, als was er selbst sah:
Theben, das siebentorige, verwandelte sich
In asche, eh sein fuß es betrat.

Maria Ioanna Fakitsa

Antinous am Nil

Ägypten. Im Jahr 130. Mittags.

Eine wilde Brise wehte dem Kaiser ins Gesicht. Er war besorgt, denn Antinous war noch nicht zurück. Es war spät, er vermisste ihn. Kaiser Hadrian trug viele Pläne im Kopf, aber seine Konzentration litt, denn der junge Grieche war ihm wichtiger, er schob sich unweigerlich in den Vordergrund seines Denkens. Die Zeit schritt voran, es wurde später – und noch immer kein Zeichen von ihm. Der Herrscher rannte die weiten Flure seines Palastes ab, den das Volk von Ägypten und die Hohepriester des Gottes Osiris ihm zugedacht hatten.

Hadrian war krank, jetzt schwächte das Fieber seine Brust, aber das hielt ihn nicht auf. Er war ein starker Mann. Immer wieder war er hinaus in die Welt gereist, bis an die fernsten Grenzen seines Reiches, von den Küsten und dem schottischen Hochland bis zu den kultivierten Ländern Kleinasiens und Bithyniens, wo er ihn als Knaben das erste Mal gesehen hatte.

Die Feuer brannten die ganze Nacht. Hadrian blieb bis zum Morgen wach und sah die Sonne heraufziehen. Der Duft der Sommernachtsblumen begann nachdrücklich aufzusteigen. Ein Windhauch trug die Geräusche einer leidenschaftlichen Musik aus der Ferne heran. Ortsansässige und Sklaven hatten Spaß. Sie feierten die neue Flut und damit die Wiedergeburt des Osiris, dessen zerrissene Teile sich wieder an Isis und Horus erinnerten, bis hin zu seiner neuerlichen Auferstehung im Nil. Niemand ahnte, was dieses Mal passieren würde, nicht einmal der beinahe als Halbgott angesehene Herrscher, dieser Erneuerer und strategische Genius, Liebhaber der Künste und Griechenlands – er machte kein Hehl aus seiner Liebe zu dessen Kultur und Land. Er würde einmal der letzte große Kaiser sein, den die Römer verehrten.

Über Nacht sank plötzlich sein Fieber, er musste und konnte auch handeln. Schnell schritt er nun zu den Haupttoren des Palastes, befahl den Wächtern, sie zu öffnen. Seine Prätorianer würde er mitnehmen, um nach seinem Geliebten zu suchen, überall, in- und außerhalb Ägyptens, gar auf der ganzen Welt, wenn es notwendig war.

Plötzlich kam ein Wächter auf ihn zu: "Mein großer Kaiser, verzeiht mir, aber mit der Götter Willen, ich habe euch über die schlimmsten Nachrichten Auskunft zu geben!"

„Sage sie mir!"

„Wir fanden Antinous!"

„Wo?! Wo ist er?!"

„Beim Schrein des Osiris. Aber ihm geht es nicht gut, mein Kaiser."

„Bringe mich sofort zu ihm!"

Ohne Zeit zu verlieren, bestiegen sie die Pferde und ritten am Ufer des Nil entlang in Richtung des Schreins. Noch nicht einmal zur Hälfte des Weges dorthin trafen sie auf eine gewaltige Menschenmasse, die alle zu einem bestimmten Platz zu schauen schienen. Der Kaiser befahl seinen Männern, Raum zu schaffen. Die Prätorianer taten das, und so erreichten sie schließlich das längliche, von mächtigen Säulen umstandene Bauwerk. Sie gingen einen Weg, der von einem Nebenarm des Nil zum Eingangstor des Schreins führte. Tempelwächter öffneten. Durch die Vorhalle mit weiten goldüberzogenen Wänden, bemalt mit farbenreichen Hieroglyphen, gelangten die Angekommenen in eine hohe Halle, die Cella. Einige Priester warteten vor der goldenen Statue des Osiris. Zwei von ihnen baten Hadrian, ihnen zu folgen. Sie führten ihn am Götterstandbild vorbei in einen schmalen Raum mit einem kleinen Tor davor, das ansonsten nur den Priestern vorbehaltene Adyton. Roms Kaiser folgte ihnen nach einem dezenten Wink zügig in das Allerheiligste. Dort lag er dann, direkt vor einem reichverzierten Wandbildnis des Osiris: ein Jüngling, mit blonden, lockigen Haaren, wunderschön, aber still, leblos … Der Kaiser rannte wie von allem Verstand verlassen mit weiten Schritten auf ihn zu.

„Nein!" rief er.

Hadrian sackte auf die Knie, ergriff den entseelten Körper seines Lieblings, hielt ihn wie einen Säugling, wie das Kind, das die ersten Sekunden heraus aus dem Mutterleib noch nicht lebt, nicht schreit, wie das Kind, das den ersten Moment und den Atem seines Lebens nicht begreifen kann. Hadrian hielt Antinous' nassen Körper im Arm und weinte wie die Mutter, die ihr Kind verlor, und er weinte, die Götter verfluchend, die ihn aus seinen Händen rissen. Sein Mund berührte seines Lieblings Haar; er wünschte, er könne gleichfalls in die tiefen, schlammigen Untiefen des Nil versinken und für immer mit ihm vereint sein.

„Niemand kann dich mir nehmen! Auch nicht die großen Götter von Nil, Rom und Athen! Du bist mein!"

Sein Geist wanderte wie vom Leib befreit durch den Raum. Schwebend, die Arme erhoben fiel sein wütender Blick auf das Bildnis des Osiris, vor dem sein Geliebter ohne jeden Atemhauch, und nur mit Wasser in den Lungen lag. „Niemand wird dich jemals von mir nehmen! Ich schwöre beim Orakel, das die Pythia, die große Priesterin von Delphi uns beiden einstmals gab, dass wir in Liebe wiedervereinigt werden! Diese Zeit will uns nicht! Diese Zeiten sind nicht die unseren! Aber dort! In der Zukunft! In anderen Zeiten! Dort werde ich dich wiederfinden! Du wirst wieder mein sein! Dann halte ich dich neuerlich in meinen Armen! Mein Liebster. Mein süßer Antinous!"

Während Hadrians Geist und Körper sich wieder einten, den toten Körper im Arm, da schaute er ihn immerfort an, äußerte Worte um Worte, mal voll Zorn, mal voll Traurigkeit und Verzweiflung. Und immer wieder rief er: „Bei meiner Ehre und der meines wunderbaren Apollon, mein göttergleicher Antinous, wir werden zusammen sein in einer Zeit … Wieder … für immer!"

Übertragung aus dem englischen Original von Steffen Marciniak

Rolf Schilling

Phaethon

Zäumer feurigen Gespanns:
Wird der hohe Sonnenwagen
Dich auf blaue Bahnen tragen,
Träumer mit dem Flammenkranz?

Lenker funkelnden Gefährts,
Silberne Gestirne schirrend,
Doch dem Ares, Eisen-klirrend,
Schenker des gezückten Schwerts.

Zügler, bald schon zügellos:
Eh den Stab der Götterbote
Senkt, bist du der Gold-umlohte
Flügler in den Schattenschoß.

Rager, Sagenglanz-verklärt:
Flammend in der Todeslohe
Bleibst du doch der Sonnen-hohe
Wager, der die Träume nährt.

Würzer bittersüßen Tranks:
Durch die Zeiten, durch die Räume
Stürzer über Wolkensäume
In die Krallen des Gesangs.

ADONIS

Sein Mund war süß wie duftende Korollen,
Und seine Hände waren weich wie Samt.
Auf weißer Schulter goldne Locken quollen
Wie Frühlicht, das den Himmel überflammt.

Wie war der glatte Rumpf des Liebevollen
Von keiner Sperber Krallen Spur zerschrammt –
Nun keucht er blutend rot auf blanken Schollen,
Zwei Hauer tief ins frische Fleisch gerammt.

Die Schöße, die sich mehren und gebären,
Entbehren seine Frucht. Geweide gären
Und sprengen krachend die gespannte Haut.

Der Sommer trug den Südwind in die Fähren,
Er lag und schlief im Rauschen reifer Ähren,
Aus alten Wäldern klang ein Trauerlaut.

Ikaros

Aufzufliegen aus der Grotte,
Die den Träumer eingeschlossen,
War des Knaben früher Wahn.
Und er sprach zu seinem Gotte:
Eh der Mond sein Horn ergossen,
Laß mich ziehn auf hehrer Bahn.

Daß er an die Wolken stoße
Mit der leichten Flügelspitze,
Schien ihm Lockung und Gefahr.
Und der Schweifer bot die bloße
Brust dem Wind und rief die Blitze
Wie die Schwalbe ruft den Aar.

Wer wie er vom Drachenstamme
Sproß, wem Pfau und Schwan gewogen,
Lebt im lichten Element.
Seine Sehnsucht schürt die Flamme,
Strahlend unterm Sonnenbogen
Schlägt die Schwinge, bis sie brennt.

Öffnet Helios die Tore,
Flieht der Wager vor dem Wäger,
Der die Doppelschale hält.
Doch der Freund der Meteore
Glüht im Flug als Flammenträger
Und als Fackel, wenn er fällt.

Wenhung Wang

Hermaphroditos, die zehn Sonnen und der Mond

> *O Götter im Himmel und auf der Erde!*
> *Unsere Schwüre, meerestief und bergehoch,*
> *waren Wort für Wort wahr.*
> *Und die Tusche ist noch frisch.*
> Ling Mengchu (1580-1644)

In einer antiken Zeit. Im kleinasiatischen Königreich Karien.

An einer malerischen Quelle, etwas verborgen in den Wäldern Kariens, lebte die Nymphe Salmakis fern von ihren Najadenschwestern, deren Gesellschaft sie mied, denn sie erschienen ihr nicht fein genug, da sie lieber mit der Jagdgöttin Artemis durch die Wälder streiften. Mit sich allein schaute sie behaglich in ihren wundersamen Quellsee. In ihrer Eitelkeit meinte sie, es könne in dieser Welt kein schöneres Wesen geben als sie, bis eines Tages ein schöner Jüngling an ihrer Quelle vorbeikam, der aus seinem Heimatland Phrygien aufgebrochene Hermaphroditos. Sein Wanderziel war Halikarnassos.

Kaum hatte Salmakis den Sohn des Hermes und der Aphrodite erblickt, konnte sie ihre aufsteigende Begierde nicht länger verbergen. Um jeden Preis musste sie ihn erobern, und deshalb zeigte sie sich ihm. Salmakis bot alles auf in ihren Versuchen ihn zu verführen, doch der Schöne blieb gleichgültig. Sie schwärmte von ihren tiefen Gefühlen und sprach von der Liebe in ihrem Herzen; er aber sträubte sich und lehnte ab. Salmakis gab nicht auf. Stürmischer bedrängte die Najade ihn mit ihrer Gunst. Beunruhigt wusste Hermaphroditos nicht mehr ein noch aus. Schließlich wehrte er sie mit einem schlimmen Wort von sich ab. Ihr Drängen aufzuhalten schien gelungen, denn plötzlich war sie spurlos verschwunden. Erleichtert atmete er auf.

Endlich allein an diesem schönen Teich! Entspannt lief Hermaphroditos um ihn herum und entdeckte wenig später eine nicht von hohen Pflanzen bewachsene Stelle, die sich zum Baden eignete. Geruhsam streifte er die Sandalen von den Füßen, legte nun, sich unbeobachtet wähnend, seinen Chiton ab. Noch stärker als zuvor trat seine göttergleiche Schönheit zutage. Entkleidet sprang er in den Teich, spürte die kühle Erfrischung, vergaß darüber schnell, was gerade passiert war. Was der Badende nicht ahnte – er war nicht allein, Salmakis nicht fort. Versteckt lauerte sie hinter den Bäumen am Ufer. Die Nymphe genoss es, heimlich den wohlgeformten Körper des Jünglings anzuschauen, was sie immer mehr erregte. Als sie wiederholt sah, wie der männliche Leib des Hermaphroditos nach dem Abtauchen an der Wasseroberfläche empor schnellte, er den Kopf schüttelte, so dass Tropfen aus seinen blonden Haaren spritzten, er auf dem Rücken weiter schwamm, sein Phallus hin und her schaukelte, da konnte sie ihr Verlangen nicht länger unterdrücken. Sie sprang ihm hinterher ins Wasser.

Hermaphroditos blieb keine Zeit zum Erschrecken, Salmakis hatte ihn bereits eng umschlungen. Mit festem Griff zwang sie seine Hände an sich, damit er ihren Körper, die Brust und ihre Weiblichkeit berühren musste. Nur zugleich ihren Mund auf den seinen zu pressen, das gelang ihr nicht. Hermaphroditos kämpfte gegen sie an. Er versuchte zu entfliehen, aber Salmakis packte stärker zu. Die Najade liebte diesen Sinnesreiz, sie bebte vor Lust, als ihre Leiber sich so nah aneinander rieben. Auf keinen Fall wollte sie den Schönen wieder loslassen, sich vielmehr vollkommen mit ihm vereinen. Mit lauter Stimme rief sie die Götter an, Hermaphroditos dürfe sie nicht ablehnen, sie bat, mit ihm vereint zu sein. Tatsächlich schien sie Gehör zu finden.

Salmakis fühlte, wie die Hitze der Erregung immer mächtiger in ihr aufstieg, sie nicht nur seelisch in Flammen stand, sondern gar ihr Leib beinahe verbrannte. Um sie und den von ihr umschlungenen Hermaphroditos dampfte das Teichwasser, kleine Blasen stiegen auf. Nie gekannte Schmerzen peinigten sie. Salmakis erschrak, als ihr Körper in Flammensäulen aufging. Sie schrie ob dieser Qual, erst Minuten oder nur Sekunden später trat endlich Linderung ein. Ihre Körperwärme sank, die unerträgliche Hitze verließ sie schließlich und verschmolz mit Hermaphroditos. Mit dem vollkommenen Verlust ihrer Temperatur bis ins Nichts, verlor sie auch all ihre Gefühle, ihre Gedanken wurden ausgelöscht. Ja, – sie verschwand, war einfach fort. Es gab jetzt keine zwei Personen mehr, keine Salmakis mehr, es blieb nur einer: Hermaphroditos.

Zurück am Ufer war Hermaphroditos in eine kurze Ohnmacht gefallen. Als er daraus erwachte, fand er neben sich seine Eltern Aphrodite und Hermes. Es waren nicht allein ihre sorgenvollen Blicke, er spürte, dass etwas mit ihm anders war. Er betastete seinen Körper und erschauderte, fühlte noch seinen schönen Phallus, aber sein ehemals gertenschlanker Leib hatte im Brustbereich leichte Rundungen bekommen, wie bei einer noch nicht ganz gereiften jungen Frau. Er mochte diese seltsame Veränderung nicht, ihn überfiel Traurigkeit, auch einen nie gekannten Hass auf diesen neuen Körper und auf die in ihn eingedrungene Nymphe. Unbedacht rief er aus, dass alle, die in diesem Teich baden würden, sein Schicksal teilen und wie er ein Androgyn werden sollten. Aphrodite und Hermes erfüllten dieses Verlangen, kaum dass er es ausgesprochen hatte, weil sie sein Schicksal dauerte, ansonsten der einzige Androgyn auf der Welt bleiben zu müssen. Hermaphroditos weinte bitterlich. Die Göttereltern wollten ihn trösten, alles für ihn tun, was in ihrer Macht stand, einzig eine Rückverwandlung konnten sie nicht bewirken. Hermaphroditos bat sie eindringlich, ihn irgendwohin, weit fort zu schicken, wo ihn keiner kennen würde. Der junge Androgyn mochte niemandem begegnen, denn er dachte, jetzt ein Ungeheuer zu sein. Egal wohin, an einen Ort, wo die Leute ihn nicht wie ein Scheusal betrachten würden.

Seufzend benutzten Aphrodite und Hermes ihre göttliche Kraft, um ihm ein neues Schicksal anzubieten.

Das Jahr 2018. Ein weißsandiger Strand in Taiwan.

Laut tobte Partymusik über den Strand. Immergleiche Rhythmusklänge wetteiferten mit dem Rauschen der Wellen. Kein künstliches Licht hellte die Dunkelheit auf. Lediglich der schwache Silberstrahl des Vollmonds beleuchtete für einen kurzen Moment einzelne, die miteinander tanzten oder sich dem Liebesspiel hingaben. Aus der Ferne konnten sie nicht erkannt werden, ja erkannten selbst kaum, mit wem sie sich gerade vergnügten, versuchten nur, die Wärme ihrer erregten Leiber durch unbändige Leidenschaft zu spüren.

Houyi fielen lange schwarze Haare über den Rücken, die er meist zu einem Pferdeschwanz zusammenband. Sein Gesichtshaar hatte er akkurat zu einem Dreitagebart geschnitten, auch Brust und Gliedmaßen waren für einen Einheimischen ungewöhnlich behaart. Helle, mandelförmige Augen funkelten selbst noch in der Nacht, wenn andere mit ihm in Augenkontakt traten. Jedoch schauten die meisten ohne ihre Herzen, wollten sich nur an ihm reiben, mit ihm für eine Stunde sich vereinen. Lediglich die Erregung auf seiner Haut spüren, die Konturen seiner ausgeformten Muskeln für das eigene Lustempfinden ertasten. Manch einem gelang es so, den Geruch seines Leibes zu kosten, ihn an und in sich zu fühlen, allein Houyi wünschte sich mehr ein liebendes Herz.

An diesem Strand wachte Hermaphroditos auf. Er begriff, nicht mehr am heimischen Waldteich zu sein, sondern in einer fremden Umgebung mit mächtigem Meeresrauschen im Hintergrund. Die unbekannte Musik dröhnte ihm schmerzhaft im Ohr, drohte seine Sinne zu betäuben. Zugleich fühlte sich dieser fremde Atem über ihm warm und freundlich an. Geborgenheit, so wie dieser unbekannte Mann ihn berührte, sein Gesicht mit Küssen überzog. Wie dessen Hand hinabglitt, vom Gesicht über den Hals bis hin zu den kleinen Brüsten! Ja, diese waren schmal, so dass man sie im Profil kaum bemerken konnte, aber vorhanden. Hermaphroditos erinnerte sich an das Geschehene. Der fremde Mann spielte eine Weile mit ihnen, dann wanderten seine starken Hände über Bauch und Nabel weiter, bis in den schamvollsten Bereich, was Hermaphroditos erregte.

„Oh", schrak der Fremde heftig hoch. „Es tut mir leid, es tut mir so leid. Ich denke, ich bin viel zu betrunken und es ist dunkelste Nacht. Du bist ja ein Mann."

Der Unbekannte, der Hermaphroditos eben noch so leidenschaftlich geküsst hatte, war jener Houyi, der von den meisten hier am Strand Heißbegehrte. Er nahm Hermaphroditos sanft auf den Arm und trug ihn an eine besser beleuchtete Stelle des Strandes, wo er ein Badetuch abgelegt hatte. Dort schaute er ihm ins Gesicht.

Houyi war erstaunt. „Du bist so wunderhübsch, Junge! Schaust beinahe aus wie ein Mädchen …" Houyi begann wiederum das Gesicht seines Gegenübers und dessen Körper zu berühren. „Ich bin wirklich verwirrt. Bist du tatsächlich ein Mann?"

Nackt lag Hermaphroditos vor Houyi, und der beobachtete neugierig seinen Körper. Die kleine Frauenbrust war makellos, das anmutige Gesicht vollkommen haarlos. Houyi konnte nicht aufhören beides zu anzufassen, wie auch die junge zarte Haut dieses Wesens.

Hermaphroditos schaute in Houyis ungewöhnliche Augen. Ein verliebter Blickkontakt. Der Herzschlag des jungen Griechen raste wie wild.

„Träume ich?", Houyi betastete den Körper von Hermaphroditos, als wolle er ein Kunstwerk untersuchen. „Du bist wie eine Frau, zeigst aber auch ein männliches Geschlecht. Von solchen Zwitterwesen habe ich gehört, bin jedoch nie einem begegnet." Vorsichtig berührte er Hermaphroditos' zitterndes Glied. Sogleich war es erregt und schwoll groß und hart an. „Mein Name ist

Houyi und wie ist deiner?", Houyi überkam eine seltsame Empfindung, den harten Phallus von Hermaphroditos zu reiben, also zog er seine Hand wieder weg. „Woher kommst du? Bist du allein?"

Hermaphroditos hörte die markige Stimme, verstand aber Houyis Sprache nicht. Dafür besaß er die von seinen göttlichen Eltern an ihn vererbte instinktive Gabe, zu erkennen, was ein anderer, in diesem Fall Houyi, dachte.

Die Vollmondnacht ließ hin und wieder eine Wolke am Himmel vorbeiziehen. Houyi blickte hinauf zum Mond und seufzte. Dann fiel sein Blick wieder zurück auf den nackten Hermaphroditos. Rätselhaft. Beide Geschlechter in einer Person. Houyi grinste. Er griff nach seinem Handtuch und bedeckte damit Hermaphroditos' Körper.

„Wo ist deine Kleidung?", fragte Houyi lachend. „Bist du zu betrunken, um dich zu erinnern?" Er besaß ein charmantes Lächeln. Dahinter konnte Hermaphroditos aber erkennen, dass sich viel Traurigkeit verbarg.

„Ich muss gehen, du schöner Mensch, habe noch was vor." Houyi streichelte ihm die Wangen, erhob sich aus seiner gebückten Haltung und ging zur Straße, die parallel zum Strand verlief. Die Party hatte sich beinahe aufgelöst.

Als Houyi fort war, befiel Hermaphroditos Panik vor dem Alleinsein. Sein Gespür verriet ihm, dass der Mann, der soeben mit ihm intim gewesen war, ihm Sicherheit bieten könnte. So lief er ihm nach, versuchte ihn einzuholen.

Houyi besaß ein Auto, einen richtig geräumigen Schlitten. Den Rücksitz bedeckte ein großes längliches Bündel, eingewickelt in ein weißes Tuch. Gerade als Houyi den Wagen startete, erreichte ihn Hermaphroditos und klopfte an die Autotür.

„Was ist los, Kumpel?", fagte Houyi.

Hermaphroditos benutzte Zeichensprache. Das begriff Houyi, freute sich, und lud den Fremden ein, sich neben ihn in den Wagen zu setzen, startete ihn dann. „Sprichst du gar nicht?", wollte er wissen.

Houyi fuhr langsam, überlegte das Autoradio einzuschalten, um die Stille zu unterbrechen, aber es funktionierte nicht. Wie könnte er anders das Schweigen brechen? Hermaphroditos sagte nichts.

„Ich mag keine ruhigen Nächte", sagte Houyi schließlich. „Darum bin ich nachts so gern am Strand, weil die Wellen des Meeres richtigen Lärm machen. So kann ich die Nächte mit diesen unaufhörlich trommelnden Geräuschen verbringen, während die Winde das Meer aufpeitschen. Manches Mal aber möchte ich einfach nur still sein, besonders wenn Vollmond ist, so wie heute." Houyi blinzelte kurz hinauf in den Himmel und runzelte beim Anblick des Mondes die Stirn.

„Verstehst du mich?", fragte Houyi, doch Hermaphroditos antwortete nicht, lächelte nur zu ihm hinüber. „Nun, ich denke, du verstehst nicht, was ich sage, aber ich möchte nicht die ganze Fahrt über schweigen. Lass mich dir eine Geschichte erzählen. Vielleicht, wenn du zuhörst, begreifst du ja ein wenig." Houyi lachte.

„Weißt du", begann Houyi sein Sologespräch, „dass es einstmals zehn Sonnen gab?" Er wartete auf eine Reaktion von Hermaphroditos, musste aber einsehen, dass von seinem Mitfahrer keine Entgegnung zu erwarten war. Also gab er es auf und setzte seine Geschichte fort. „Als im Himmel zehn Sonnen zugleich auftauchten, trocknete die Erde aus, es gab kein Wasser mehr, keinen Tropfen. Zehn Sonnen brachten nichts als Trockenheit, sie waren eine Katastrophe. Bis ein Gott sich der Erde und seiner Lebewesen erbarmte und einen Krieger entsandte, das Problem zu lösen. Der Krieger versuchte, sich mit diesen Sonnen zu arrangieren. Wann immer sie zusammen auftauchten, würden sie die Erde verbrennen, das ginge nicht. Aber die Sonnen wollten nicht auf den göttlichen Krieger hören, so dass er schließlich neun von ihnen vom Himmel schoss."

Hermaphroditos keuchte laut auf, denn er dachte daran, wie kostbar die Sonnen für seine griechischen Sonnengötter Helios und Apollon waren, und dieser Krieger schoss sie einfach vom Himmel herab.

„Hehe, du verstehst mich!", Houyi sah beglückt ein leichtes Kopfnicken von Hermaphroditos, präsentierte ihm sein prächtigstes Lächeln und erzählte weiter: „Daraufhin wurde der Krieger für sein Verhalten bestraft. Er könne diese Sonnen doch nicht einfach so vom Himmel schießen, meinte der Gott. Damit habe er jede Gunst verwirkt, dürfe nicht mehr in den Himmel zurückkehren. Zusammen mit seiner Frau wurde er in die menschliche Welt vertrieben, musste nun als normaler Mensch leben. Menschen sterben, anders als die Götter und ihre Himmelswesen. Ein Todesurteil; der Krieger und seine Frau würden nur noch wenige Jahrzehnte zu leben haben."

Houyi fuhr an die Seite, hielt das Auto an einem ruhigeren Strand an.

„Lass uns aussteigen." Houyi verließ den Wagen als erster, ergriff das weiß eingepackte Bündel vom Rücksitz und führte Hermaphroditos zum Strand.

Auf dem Weg berichtete Houyi weiter von seiner Geschichte. „Den Krieger und seine Frau befielen Panik angesichts des nahen Todes. Sie hörten, dass tot zu sein sehr einsam und äußerst still sein musste. Der Krieger besuchte die Königinmutter des Westens und bat sie um zwei Pillen für die Unsterblichkeit. Obzwar er und seine Frau nun menschlich waren, könnten sie mit Hilfe der Pillen doch für immer zusammenleben, bräuchten sich dem Tod nicht stellen. Der Krieger nahm erleichtert an, mit seiner Frau ein glückliches Leben führen zu können. Seine Frau trug ihm aber die Verbannung auf die Erde nach und wollte ihn verlassen. Kaum daheim, nutzte sie eine kurze Abwesenheit ihres Mannes und schluckte beide Tabletten. Etwas lief schief, weil solch eine Überdosis so nicht eingenommen werden durfte. Nach der Einnahme beider Pillen wurde sie federleicht, begann zu schweben und flog schließlich zum Mond."

Houyi und Hermaphroditos stoppten an einer von Houyi ausgesuchten Stelle des Strandes. Dieser legte das mitgebrachte Päckchen im weißen Tuch ab und wickelte es aus. Darin befanden sich ein Bogen und ein paar Pfeile. Houyi breitete das Tuch auf dem Sand aus und bat den weiterhin nur mit dem Handtuch bedeckten Hermaphroditos, sich darauf zu setzen. Selbst ergriff er den Bogen, legte einen Pfeil darauf und zielte auf den Mond im Himmel.

„Der Krieger", meinte Houyi, „könnte den Mond niederschießen." Er zielte eine Weile auf den Mond. Sein Oberkörper war frei, er trug nur eine Badehose, die eng anlag. Sein athletischer Leib zeigte die Schönheit des Männlichen. „Aber weißt du", fuhr Houyi fort, „er hat den Mond nicht abgeschossen, weil ja in ihm seine Frau lebte. Wenn er den Mond abschösse, würde er seine Frau verletzen. Der Krieger merkte, dass er, seit er in die Menschenwelt vertrieben worden war, hochmütig auf diese Menschen herabsah und sie wie Tiere behandelte. Weil er wie ein Gott war, besaß er keine Zuneigung zu ihnen, denn er fühlte noch immer die Macht, die nur Göttern gegeben war. In der Menschenwelt war er ein hoher General, folterte seine Untergebenen, die ihn dafür hassten. Er spürte ihre Feindseligkeit, ward mürrisch und oftmals wütend. Seine Frau, als sie noch bei ihm war, versuchte, ihn immer wieder zu überzeugen, Frieden mit den Menschen zu halten, um seinen Missmut einzudämmen, unter dem auch sie zu leiden hatte. Er ließ sie ins Blaue reden, war zu anmaßend, konnte nicht zuhören."

Houyi richtete seinen Bogen nun auf einen riesigen Felsen im Meer und schoss den Pfeil ab. Wenige Sekunden später drang der Pfeil in den Felsen ein, und der, einem Eisberg gleich, zerfiel in Stücke, die im Meer versanken. Hermaphroditos dachte daran, wie er schon viele Bogenschießübungen olympischer Götter betrachtet hatte, doch nie zuvor war er auf jemanden wie Houyi gestoßen, der mit einer solchen Sachkenntnis über das Bogenschießen und einer so furchtbar starken Schusskraft aufgetreten war. Hermaphroditos wunderte sich. Beide schauten sich an.

„In der Folgezeit", redete Houyi weiter, „begann der Krieger seine Leidenschaft auf Alkohol und Sex zu verlegen, versuchte seine Frau zu vergessen. Aber je öfter er das versuchte, desto einsamer wurde er, bis sein Herz sich verschloss." Houyi schwieg für einen Moment. Traurigkeit umschattete sein vom Mond beschienenes Gesicht. „In einer Vollmondnacht wie der heutigen, betrank sich der Krieger so stark, dass er seinen Bogen und die Pfeile zum Strand brachte. Der Ozean war sehr friedlich und der Mond hing groß und hell am Himmel wie jetzt. Es war der 15. August, das gleiche Datum, an dem einst seine Frau die Pillen schluckte und zum Mond flog. Er dachte, wenn er den Mond im Himmel schon nicht erschießen konnte, dann doch wenigstens dessen Spiegelbild im Ozean, das so groß und rund aussah wie das Original im Himmel. Der Krieger tat es, schoss alle Pfeile auf den Mond im Ozean, sehr schnell und hart. Ich weiß es genau. Wegen der Schießerei blieb das Meer nicht länger friedlich. Die Wellen stiegen an, wurden immer größer. Der Mondspiegelfleck im Ozean, auf den der Krieger schoss, erzeugte einen mächtigen Strudel. Der Krieger sandte immer weiter Pfeile in dieses Spiegelbild, eine ungezählte Anzahl Pfeile. Er schoss immer weiter, der Wellenwirbel rückte ihm näher und näher und zog ihn schließlich in die Fluten. Er verschwand spurlos, als ob man ihn in eine andere Welt gezogen hatte."

„Magst du diese Geschichte?", Houyi schaute auf den Mond, wandte aber dann seinen Blick zu Hermaphroditos' Gesicht. Er legte den Bogen beiseite und setzte sich neben seinen stummen Begleiter, küsste ihn. Hermaphroditos fühlte die Wärme seines Kusses, und sein Herz schlug schneller. Er glaubte, dass er schwebte und sein Körper ein bisschen kribbelte, wie bei einem leichten Elektroschock. In seiner Welt hatte Hermaphroditos dieses Gefühl nicht kennen gelernt. Angenehm wehrlos sank er in einen Arm von Houyi, fühlte sich sicher und warm.

Houyi ließ Hermaphroditos in seinem kräftigen Arm liegen, die Hand des anderen Arms begann den Körper des Frauenjünglings abzutasten. Er sorgte sich nicht länger, welcher Teil von Hermaphroditos männlich, welcher weiblich war. Alles berührte er zärtlich und leckte, wo er Lust verspürte, zu lecken. Hermaphroditos fühlte sich wunderbar entspannt und begann nun gleichfalls, Houyi anzufassen. Dessen muskulöser Körper fühlte sich hart und fest an, wie Leder. Er mochte es, wie Houyis Körperbehaarung seine Haut kitzelte. Vor allem aber liebte er Houyis Küsse. Sie schmeckten süß, zart, aber auch leidenschaftlich. Hermaphroditos liebte seinen eigenen androgynen Körper bisher nicht, jetzt änderte sich das, weil er merkte, dass Houyi seinen Leib genoss. Er würde lernen, diesen neuen Körper zu mögen, weil er durch ihn Houyi behalten würde, immer mit ihm sein.

Hermaphroditos erlebte sehr schöne Stunden mit Houyi, weil er wusste, dass Houyi mit ihm und seinem Körper mehr als zufrieden war.

„Glaubst du an Zeitreisen?", fragte Houyi ihn, als sie ihr Liebesspiel beendet hatten und wieder saßen, den Blick gerichtet zum langsam im Meer versinkenden Mond. „Der Krieger aus der Geschichte, der bin ich. Ja, ich schoss auch die Pfeile in den Ozean und öffnete so den Tunnel für die Zeitreisen. Ich wusste nichts über das Wandern durch die Zeiten, bis ich in Büchern einer Bibliothek davon las. Hast du darüber mal etwas gelesen?"

Hermaphroditos staunte. Houyi war ein Gott aus einer anderen Welt als der, die er kannte. Und er war aus seiner Welt in dieses Menschental gestoßen worden, ein wenig wie es ihm selbst ergangen war.

Da sprach Houyi weiter: „Vor 18 Jahren wurde ich in diese Welt und in diese Zeit verbannt, weil ich einen Frevel begangen hatte. Ich dachte, ich würde früher sterben, fand aber heraus, dass Menschen in diesem Zeitalter länger leben." Houyi rieb sich die Augen, er sah müde aus. „Aber trotzdem muss ich immer noch sterben, weil ich jetzt ein Mensch bin und kein Gott mehr."

Hermaphroditos fragte sich, wann Houyi dem Tod begegnen würde. Wenn Houyi tot wäre, bliebe er allein zurück, würde ihn verlieren, den er gerade erst gefunden hatte. Er fühlte sich elend bei diesem Gedanken. Sein Blick fiel auf Houyi und er merkte, der war eingeschlafen. Houyi hatte eine fein geschwungene Nase und tief gelegene Augenbrauen. Hermaphroditos mochte das. Ausgiebig betrachtete er ihn und dachte nach, wie er für immer mit Houyi zusammen bleiben könnte. Auf Dauer schien das unmöglich, da Houyi sterblich war, er hingegen nicht. Schließlich würde Hermaphroditos nicht nur nach kurzer Zeit allein sein, nein, er müsste gar leiden, weil er Houyi sterben sehen würde, er ihn verlöre, er ihn ewige Zeit vermissen müsste. Das Denken daran machte ihn traurig, und es bedrückte ihn. Wie aber könnte er das ändern? Ihm fielen seine Eltern ein, damit sie helfen könnten, müsste er zurück in seine Welt, und wusste doch nicht einmal, wie er hierher gelangt war. Würden die griechischen Götter im Stande sein, das Schicksal des chinesischen Gottkaisers zu ändern, wollten sie das überhaupt? Wahrscheinlich würden sie sich nicht einmischen. Hermaphroditos war mutlos, zu gern wollte er mit Houyi zusammen bleiben, den Rest von dessen kurzem Leben. Wäre er wieder daheim, Aphrodite und Hermes würden ihn vermutlich kein zweites Mal zurück zu Houyi lassen. Sie wüssten, wenn sie ihn hierher zurückschickten, dann kehrte er nach Houyis Tod mit unheilbar gebrochenem Herzen heim.

Und tatsächlich handelten die göttlichen Eltern, kaum dass Hermaphroditos an sie gedacht hatte. Sie wollten ihren Sohn, seinem Missgeschick mit der Nymphe Salmakis zum Trotz, glücklich sehen. Deshalb hatten sie ihn in das Jahr 2018 gesandt, nach Taiwan, eine freie Insel, in eine Zeit, wo Androgynität nichts Ungewöhnliches war, an diesen Strand, wo Houyi ihn fand. Auch sie kannten natürlich die Zeitreiseschleusen. Hermaphroditos war glücklich, eine Nacht unter Menschen. Endlich einmal. Aphrodite und Hermes mochten aber nicht, dass ihr Sohn das betrübliche Schicksal Houyis begleiten und erleben möge. Ihr Hermaphroditos besaß ein zu liebevolles Herz. Wer hätte das geahnt? Sicherlich wird er traurig sein, aber besser jetzt, als den angebeteten Menschen dann zu verlieren, wenn er ihn noch stärker liebte. So holten sie Hermaphroditos wieder heim, er war gezwungen, im alten Griechenland zu leben und Houyi 2018 in Taiwan allein zu lassen.

Houyi erwachte. Der neue Tag war angebrochen. Das Wetter war warm, die Brise vom Meer wehte angenehme Kühle in Houyis Gesicht. Der rätselhafte Frauenjüngling aus der Nacht war fort. Ohne ein Wort. Hatte er geträumt? Neben ihm lag nur sein Badetuch, in das Hermaphroditos gehüllt war. Darauf eine goldene Locke wie ein Geschenk. Die nahm Houyi an sich und bevor er sie in seiner Brieftasche verwahrte, dachte er, dieses wunderschöne Wesen musste wohl ein Gott sein, ein himmlisches Wesen aus einer anderen Welt, vielleicht auf einer Zeitreise, das nicht sprechen konnte und dennoch alles verstanden hatte. Houyi fühlte sich kurze Zeit traurig und ließ seinen Gefühlen freien Lauf. Er nahm seinen Bogen und die verbliebenen Pfeile, wickelte sie in das weiße Tuch und ging zurück zu seinem alten Auto, auf eine neue Reise auf den eingetretenen Pfaden.

Übertragung unter übersetzerischer Mitarbeit des Autors aus dem englischen Original von Steffen Marciniak

Achim Wannicke

Geliebter Narkissos

Da sitz ich nun klagend und ufere aus, tobe und tanze mit kaum bedecktem Körper in der schleiernden Spur meiner Wünsche, lege mich des Öfteren im Dunst von ausgedachten Ufern nah zu mir, lasse keinen Schatten zu, flüstere, oder besser noch verschweige, das alte Lied vom eigenen Gesicht, hingeworfen auf ein Gegenüber, welches ohne Grund sein muss und bleiben, mit geschlossenen Ohren gar Echo überhörend, hole ich mir mein Bild in die Augen. Zurück.

Als hieße es stetig zu sein, bemüht er sich, materialreich geschildert und bis in Gegenteile vorangeschrieben, im so genannten Jahr Zwanzigachtzehn nicht die Forelle zu sehen, die keine Regung macht, ohne das sie sich wandelt, nicht bemooste Ränder, die das Wasser mit unaufhörlichem Gleichmut bewegt, sogar die Konservendose und der rostende Fahrradrahmen, in schlingernder Unruhe ihre Konturen verbergend, sind ihm, der Tragik zugedacht im kollektiven Unbewußten, kein Interesse wert.

Hei, wie das lacht, Brüder küssen sich die Stirn, skeptisch der eine, fordernd der andere, auch das wird berichtet, mal so mal anders. Aber es wurde aufgeschrieben, denn wer fragt will etwas hören, und wer antwortet erzählt, bis er nicht mehr kann, Ich, der ich hier liege, Naso, der Dichter, Spieler zärtlicher Liebesgeschichten, bin an meinem eigenen Talent zugrunde gegangen, jedenfalls, mit spärlichem Gewand und maßloser Jugend bekleidet, beugt sich ein Mann, schön an Gestalt und einem sensiblen Gesicht, anmutig über die Ufersteine, eine Handbreit übers Fließen.

Preisgeben soll es mir mehr als meinen Umriss, der zur Bleibe einlud im Mythos, in meiner Person, in meiner Mühe, in meiner Kraft und der Geschichte, die nicht als die meine gilt, sondern als traurige Phrase, so sie denn gilt, um mich nicht länger nur als vorläufig zu ertragen, oder nachläufig, wer weiß das schon, begehre ich mich selbst zu schauen, will kein Scheitern sehen und Misslingen, will Achtung und Respekt, Würde und Anerkennung, und suche verzweifelt nach dem, dem das da draußen gelänge, so rede ich zärtlich und kräusel das Wasser mit unruhigem Atem, versuche die Stille zu betören mit Wohlklang und rhythmischem Lauten.

Doch die Natur verweigert die Antwort, überliefern uns die Lohnschreiber, die stets mehr im Auftrag der öffentlichen Ordnung die Papyri beschrieben, als ihrer Intuition zu folgen, irgendein Gott fand sich immer, der zürnte, wenn der Mensch seine Träume fruchtbar machen wollte, keine glatte Oberfläche erschien, ihm seinen Blick zu offenbaren, das Gewässer verwischt die Bilder vom Körper und seinem Kopf.

Da fasse ich nach, mit schmeichelnder Hand, Hände erinnern sich stets wie die Seele was sie begriffen haben, aber meine Augen kommen nicht mehr mit, ich wär bei Sinnen könnte ich's, so verwirren mich die auf dem Wasser auseinanderstrebenden Teile, kühle Logik zieht bloß Farben nach sich und ein im Wind skizziertes Schweigen.

Mit Entsetzen ob solchen Rätsels hält er nicht inne, dass jedenfalls lehrte man uns, überall dort, wo Wissen seit jeher mit steuernder Absicht weitergegeben wird, in Klöstern, Schulen Kasernen und Krankenanstalten, Seniorenheime fügen sich nahtlos ein in die gängigen Konzepte von Unmündigkeit, er verfertigte sich in Eile doch mit Sorgfalt einen eigenen Spiegel aus schillernden Lauten und Zeichen, rastlos putzt er ihn, reibt ihn blank genug bis er meint, im kehligen Rahmen der Worte, entkommen dem Wimmern, Schreien und Jauchzen, sich zu erkennen.

Trotz dieser leicht durchschaubaren Tendenzpoesie durch die Jahrhunderte, mit zeitbezüglichen Vorlieben an mich und was an mir zu lernen wäre, gelingt mir manchmal die Enttäuschung, und ich vermag zu wissen, was ich längst habe, die furiose Fülle des ohne mich. Auch eine Metamorphose.

Dem Verstand schmeichelnd versichert ihn die Sprache eines schon menschlichen Wesens, rät ihm genüge zu haben mit diesem Einblick, bescheiden fortzufahren mit sich, denn Bescheidenheit ist eine Zier, in mittelalterlichen Ständen und Zünften eingeübt, in bürgerlicher Zwängen perfektioniert, heute nicht weniger in prekärer sozialer Bedrängnis ob in Tokio, Berlin, Peking, London, Paris und Prag, du versuchst dich ständig abzuwerten, klein zu halten, zu bestrafen und die machtvollen Formen deiner möglichen Gestalt ohne Handlungsimpuls zu belassen. Ist besser so, raunt es aus Spiegeln wie Facebook und Youtube, für dich und dich und dich, was einer wie du auch immer sein will. Andere bestimmen wie viel. Seit jeher.

Nun kann ich nicht länger nur eitel fragen, will Wahrheit, von mir aus mehrere, wenn es dem Zufall dient und der Veränderung, wer, zum ersten mal meinen Namen genannt, nach wortlosem Anfang, wer, mich wollend zum Bleiben bewegte, wer, mich geheißen hat, die quälende Frage meiner Eigenart zu stellen, auch wenn ich dafür offenbar so viele Leben brauchte, das ich mich an keines mehr erinnern kann, wer, von mir verlangt nun von mir abzusehen, um in ein Miteinander einzutauchen, denn dafür braucht es Unaussprechliches.

Nun murmelt die Sprache nur noch, neigt sich zum Schweigen, das älter ist als Lachen und Weinen, Mond und Sonne verweigern ihren symbolischen Dienst und die Sterne sammeln nicht länger Gebeine für ihre brüchige Knochenkiepe, man hört Νάρκισσος, hübsche Schreibweise im übrigen, gerät jetzt, nah an depressiven Schüben, ins Stammeln.

Für Wortscheue ist hier nichts zu holen, denn ich Narkissos schöner Sohn des Herrn des Flusses und seiner ihm sehr zugetanen Gespielin Leirioressa, was für ein Name Mutter, was für ein Name, wurde späterhin von A, einer olympischen Göttin der Lust und Begierde, die not amused war über soviel Selbstliebe, da sie den Fortbestand der Natur zu schützen hatte, amaryllisiert in weiß, mit Karotinkristallen gefärbter Mitte in Feuchtwiesen verbannt und Flachmoore, soviel Wikipeia muss sein, um in meiner Wurzel Narcipoetin vorzuhalten, nicht nur für Dichter hochgradig verwandlungsgefährlich.

Zornig geworden vor Ungeduld, nehme ich die wie Obsidian spiegelnden Bedeutungen und schlage sie, wie Narren das taten, mit irrem Grinsen in das Fließen vor und das Fließen zurück, plötzlich höre ich weithin ein Knirschen von Eis, Landschaft rings erstarrt, der Himmel gibt mir Wolken in die Hand, Dolmen sprechen unsere Ängste wieder laut, Füchse stellen ihr Lauschen ein, Vögel stehen ohne Flattern im Frost, unter Getreidefeldern bricht die Erde auf, Hummeln erstarren in der Blüte, Eichhörnchen mitten im Sprung.

Nur die Megacity fährt fort mit dem Tag, umdunkelt von Licht, vertreibt die Zeit, lässt nichts zu Wünschen übrig, nur Kinder halten ihre Lutscher fester, Mütter halten inne in ihrer unheilvollen Nachfolge von Medea, ob die Väter noch heiter und vergnüglich Geschichten weiter erzählen, wie die von Narkissos und Echo zum Beispiel, darf bezweifelt werden, denn ob der Mythos den Menschen noch erinnert, ist ungewiss.

Dies alles und noch viel mehr sehe ich mit einem einzigen Augenaufschlag von meinem Standort am Wasser, aber trotz Reue wird mir kein Trost zuteil und eh ich mich fassen kann, schreie ich mit Tränen in den Augen: das habe ich nimmer gewollt und ein gewaltiges Gebet bricht in mich ein, ein ungebrauchtes, ohne monotheistische Rituale berührt mein Scheitel Energien außerhalb von mir, die ich nicht sehen kann, aber als vorhanden spüre.

Weit außer sich, bittet er um die Gnade, entlassen zu werden aus der Sucht, nur sich selbst zu lieben, er braucht den Verzicht zum ersten mal nicht zu heucheln, ihn trägt eine grenzenlose Kraft, so fährt er fort, er, der Demut entwöhnt, nach mehr als sich selbst zu fragen.

Das hätten wir gern, Zeuge seines All-Ein-Seins zu sein, als der Fluss sich seines Eises entledigt, wie das Fließen mit Macht auch die Ufer ergreift, oder das, was wir bislang dafür hielten, wir spürten die Wärme im Haar unserer Kinder, hörten das Tirilieren der Amsel, sähen den vollendeten Sprung des Eichhörnchens, atmeten zusammen mit Hummeln den betörenden Duft von Sommerwiesen, deine Haut schmeckte nach Meer.

Eine Fröhlichkeit bewegt mein Gesicht, selten gewordenes Gefühl, dem Ernst entwachsen wage ich mich vor bis zu einem fremden Menschen, fühle mich ihm zugehörig, wie schon immer, mein Wissen wird schläfrig, ruht sich aus in großer Scheu, manch einer sagt mir schon nach, ich verdichte bereits neue Orte des Spielens.

Und er formt die Lippen, ruft zu mir herüber zum längst außer Sicht geratenen Ufer, er wisse um Liebe, sie liegt nie gegenüber, in Flammen steht seine Rede, wie soll ich es anders sagen, taucht zischend in jegliche Spiegel von alten Geschichten und Malereien, lässt sie beschlagen, Männer, Söhne, Brüder, deine legitimen Kinder, sind wieder frei sich liebenswert zu finden, so wie sie sind, ganz in der Nähe fängt eine Frau an zu singen.

Björn Petrov

Hylas auf Neeros

„Ein guter Platz", vernahm Hylas aus Herakles' Richtung, während dieser sich auf der Lichtung umsah. Der Sohn des Zeus lenkte seine Schritte dem nahen Waldsaum zu, ohne den anderen Männern von der ‚Argo' in ihrem Tun Beachtung zu schenken.

„Soll ich Euch begleiten?", rief Hylas ihm nach, den Bogen schon erwartungsvoll in der Hand. Herakles blieb stehen und wandte sich zur Feuerstelle um. Er lächelte Hylas zu. Der Jüngling konnte sich angesichts dieses Lächelns des Wunsches nicht erwehren, mit Herakles für eine Weile zwischen den Bäumen zu verschwinden, den Blicken aller anderen entzogen. Später würde sich womöglich ein geeigneter Moment dafür finden.

„Das Jagen überlassen wir wohl besser Laertes und Polyphemos", bekam er zur Antwort. „Ich brauche Holz für ein neues Ruder. Du geh inzwischen eine Quelle suchen und finde trinkbares Wasser, nachher werden wir alle durstig sein." Beflissen nickte Hylas, legte die Waffe ab, griff nach einem großen Krug und wandte sich zum Gehen. Er spürte, wie Herakles ihm nachschaute und bewegte sich so geschmeidig wie er nur konnte.

Es dauerte nicht lange, da hörte Hylas neben dem Wind zwischen den Blättern auch ein leises Plätschern. Sein Gespür und letztlich sein Gehör trogen ihn nicht, denn, sobald er der Biegung des Weges gefolgt war, sah er vor sich einen freundlich schimmernden Waldsee. Das nahezu runde Gewässer wurde aus einer Quelle gespeist, die ein Stück oberhalb des Ufers zwischen ungewöhnlich ebenmäßigen Steinen hervorsprudelte. Sattgrünes Schilf säumte den Seerand, das leise im Wind raschelte.

Der Pfad, auf dem Hylas gekommen war, wurde breiter und sandiger; er reichte bis an das Ufer und lud förmlich dazu ein, sich dem Wasser zu nähern. Der umliegende Hain war licht und verströmte einen würzigen Duft, Insekten schwirrten, von irgendwoher vernahm Hylas den Gesang eines ihm unbekannten Vogels. Beglückt, einen so herrlichen Ort gefunden zu haben, trat er ganz dicht an die leise schwappenden Wellen. Voller Vorfreude dachte er daran, Herakles hierherzuführen, ihn achtsam zu entkleiden und mit ihm ein Bad zu genießen.

Lächelnd kniete der junge Ephebe nieder, um den Krug zu füllen, doch das Wasser war zu flach. Er watete tiefer hinein, um beim Schöpfen den aufgewühlten Grund nicht mit einzulassen. Doch, noch bevor er das Gefäß eintauchen konnte, schien es ihm, als spiegele sich statt der Wolken ein Gesicht in der Oberfläche. Gleichzeitig kam es ihm vor, als bewege sich ein großer Fisch um ihn herum. Im nächsten Augenblick tauchte vor ihm tatsächlich ein Körper aus dem Wasser. Vor Schreck starr sah sich Hylas einem blassen Mann gegenüber, der sich mit anmutiger Geste das lange Haar aus der Stirn strich und ihn aus hellen Augen betrachtete. Noch bevor Hylas eine Silbe hervorbringen konnte, vernahm er eine Stimme. Sie musste wohl von dem Wasserwesen stammen, obwohl es die Lippen nicht bewegte. Die Worte klangen weich in Hylas´ Ohren, so dass sein Schrecken schwand.

„Komm mit mir", lockte der Nöck tonlos. „Lass uns schwimmen." Dabei strich er sich mit der flachen Hand funkelnde Tröpfchen von der glatten Brust, ließ die Finger ins Wasser gleiten, bewegte sie sacht und spritzte Hylas im nächsten Augenblick mit verspielter Geste nass. Dem Jüngling entglitt vor Überraschung sein Krug, doch bevor dieser auf den Grund sinken konnte, hatte der Wassermann danach gegriffen und hielt ihn ihm mit freundlichem Blick, entgegen, blieb jedoch außerhalb seiner Reichweite.

„Hol ihn dir!", rief er leise.

Ohne Wasser zum Schiff zurückzukehren, war für Hylas unvorstellbar. Entschlossen schritt er vorwärts, kam auf dem schlammigen Grund ins Straucheln, ruderte mit den Armen, fiel dennoch, tauchte unter und fand sich sofort in der Umarmung des Nöcks wieder. Kühl und fest hielt dieser ihn umschlungen, machte alles Wehren zunichte und zog ihn mit unmenschlicher Kraft in die Tiefe. Gelähmt vor Entsetzen sah Hylas den Krug neben sich durchs Wasser trudeln, starrte hinauf zur Oberfläche und ahnte den Himmel darüber.

„So soll ich enden?", ging es ihm durch den Kopf, während er tiefer und tiefer in immer kältere Wasserschichten gelangte, als fiele er wie ein Stern durch alle Himmel des Universums. Er machte sich bereit, wie ein solcher zu verlöschen, aber er erlosch nicht. Unbeirrt hielt er den Blick noch oben gerichtet, hinauf zu jener Welt, die nun nicht mehr die seine wäre. Hylas glaubte das Firmament dunkeln, Sterne aufziehen zu sehen. Er wähnte Gestalten am Ufer, die nach ihm riefen, Herakles, der auch noch unter der aufgehenden Sonne im Morgenlicht nach ihm suchte. Es war ihm unmöglich, den Blick auch nur für einen Wimpernschlag von ihm abzuwenden. Etliche Wechsel von Tag und Nacht konnte Hylas erkennen, während das eisig kalte Nass schier bodenlos zu sein schien, ebenso wie seine Überlebenskraft. Viel schlimmer als der Tod kam es ihm vor, Herakles rastlos, ratlos und allein am Ufer sehen zu müssen. In der nächsten Morgenröte war der Sohn des Zeus dann verschwunden und kehrte nicht zurück. Diese Erkenntnis traf Hylas in dem Moment, da er aus dem Wasser hinaus auf ein steiniges Ufer gestoßen wurde. Erst jetzt schloss er die Lider.

Hustend und frierend fand er sich zwischen rund gewaschenem Geröll, umweht von lauer Luft, durch die große Regentropfen auf ihn fielen, als gelte es, ihn keinesfalls trocknen zu lassen. Mit Mühe drehte Hylas sich auf den Rücken und wagte es schließlich, die Augen wieder zu öffnen. Sein Blick traf auf einen graublauen, wolkenverhangenen Himmel und gleich danach auf jenes Wesen, das ihn hierher gebracht hatte. Auf langen, schlanken Beinen stand der Nöck über ihm, gänzlich nackt, und streckte ihm eine Hand entgegen, als wolle er ihm aufhelfen. Zwischen den Fingern sah Hylas durchscheinende Schwimmhäute. Das dunkle, tropfende Haar reichte dem Wassermann bis zur Hüfte, seine Augen leuchteten hell. Im diffusen Licht schimmerte seine Haut wie die eines Störs.

„Ist das hier das Elysion?", brachte Hylas mit belegter Stimme hervor. Er drehte den Kopf zur Seite und erkannte üppige Bäume mit großen, farbenfrohen Blüten. Das Geräusch des Regens auf den Blättern klang beinahe wie Musik. Fragend schaute er den Nöck an. Dieser gab einen gurgelnden Laut von sich, nicht unähnlich einem menschlichen Lachen.

„Isten Neeros das", antwortete der Wassermann. Dieses Mal bewegte er seine Lippen. Ohne ein weiteres Wort griff er nach Hylas' Arm, zog ihn auf die Füße und fort vom Wasser. Hylas sperrte sich, entwand seinen Arm dem Griff und stemmte die Fäuste in die Hüften. Trotzig sah er seinen Entführer an.

„Bringt mich zurück", forderte er. „Auf der Stelle bringt ihr mich zurück!"

Der Nöck betrachtete ihn erstaunt, setzte sich dann auf einen Findling und antwortete in unmissverständlichem Tonfall: „Neen." Hylas schnaubte, wandte sich dem Gewässer in seinem Rücken zu, dem er soeben entkommen war, und stapfte festen Schrittes hinein. Erst, als er bis zur Brust nass war, drehte er sich zurück zum Ufer und rief: „Ihr werdet mich zurückbringen, auf der Stelle. Und weigert ihr euch, finde ich den Weg allein."

Vom Ufer her ertönte die gelangweilte Antwort: „Versuchenes, tuen du. Ertrinkenen alleen du. Verschwendenen neet meen Zeet. Kommenen aus dem Wasser du. Gebrauchtenen wirst du." Hylas merkte auf. Wofür bei allen Göttern sollte er hier gebraucht werden? Wo er doch nicht einmal wusste, wohin man ihn verschleppt hatte, was dieses Neeros war. Geschweige denn, warum er überhaupt noch am Leben war. Nachdenklich sah er an sich herunter, durch das Wasser. Viel weiter als bis zum Bauchnabel kam sein Blick nicht, unterhalb davon schien nichts als kalte Schwärze zu lauern. Zögerlich hob er den Kopf und sah zum Ufer hin, wo der Nöck in wartender Pose stand und ihn beobachtete. Hylas hatte keinen Zweifel daran, dass er ihn ertrinken lassen würde. Aber wenn am Ende tatsächlich dieses Schicksal für ihn vorgesehen sein sollte, konnte er es auch noch ein wenig aufschieben und zumindest in Erfahrung bringen, wohin es ihn verschlagen hatte. Seufzend watete Hylas zurück an Land.

„Wurdenen Zeet", nahm der Wassermann ihn in Empfang. Unversehens wandte er sich ab und ging in Richtung einer mächtigen Baumgruppe, die am Rande einer weiten Wiese stand. Bemüht, Schritt zu halten, folgte Hylas ihm. Ein letztes Mal drehte er sich zurück zum Ort seiner Ankunft. Aus der Distanz betrachtet sah das Gewässer jenem, in das er gefallen war, erstaunlich ähnlich.

„Warum habt ihr mich hergebracht?", fragte er im Laufen. Der Nöck antwortete nicht, sondern schritt unbeirrt weiter aus. Hylas fuhr fort. „Und zu welchem Zweck werde ich gebraucht? Ich habe wohl ein Recht darauf, das zu wissen." Er erntete nichts als Schweigen, was ihn nicht davon abbrachte, seine Fragen zu wiederholen. Schließlich blieb der Nöck so abrupt stehen, dass Hylas beinahe gegen ihn gestoßen wäre.

„Gesprachenen alle Gotten in deener Welt so viel?", fauchte er ihn an. Hylas staunte, wie schön der Wassermann in seinem offensichtlichen Zorn wirkte. Die Augen funkelten in einem klaren Meergrün, als er mit einem Rucken des Kopfes sein Haar in den Nacken warf. Hylas verspürte den Wunsch, die Haut des anderen zu berühren. Zumindest mit Blicken strich er bedächtig darüber.

„Ich bin kein Gott", erwiderte er, ohne dem Nöck ins Gesicht zu sehen. Der verschränkte die Arme vor der Brust und legte den Kopf schief.

„Bisten neet du, ach?", fragte er zweifelnd zurück. „Gestorbenen jeder, wen holenen ich auf Torzwischenwegen. Warenen zahllose. Überlebenen nur jener, wen taugenen uns Gotten." An dieser Stelle umrundete der Nöck seinen Fang und nahm ihn demonstrativ in Augenschein. „Überlebenen du, gewiss. Seienen Gotten, streitenen neet. Redenen genug nun, schweigenen."

Die rüde Erklärung des Wassermannes gab Hylas zu denken, so dass er ihm eine Weile still folgte. Schließlich brach er erneut die Stille. »Wenn ich ein Gott bin, dann verhaltet ihr euch äußerst respektlos«, begann er. „Fürchtet ihr nicht meinen göttlichen Zorn für euer Verhalten?" Der Wassermann hielt inne, warf ihm einen erheiterten Blick zu, legte den Kopf nach hinten und begann zu lachen. Es klang, als tobte Gischt in seinem Rachen, als brächen Wogen donnernd gegen Fels, als toste Sturm über dem Meer. Nie hatte Hylas ein furchtbareres Geräusch vernommen. Seine Dreistigkeit reute ihn, heimlich tat er einen Schritt rückwärts und harrte aus, bis der Nöck sich beruhigt hatte. Als jener ganz dicht vor ihn trat, bekam Hylas Angst. Das bis eben so anmutige Wasserwesen hatte seine Schönheit abgestreift wie eine Haut, nun schimmerte es am ganzen Körper nachtblau und bebte, als würde das Blut in seinen Adern lautstark trommeln. Selten war ein fremdes Antlitz dem seinen so nah gekommen, doch Hylas wagte nicht, sich zu regen. Den kalten Mund unmittelbar an seinem Ohr, hörte er den Entführer raunen: „Binen Gottenbringer ich. Fürchtenen neet wen oder was. Seienen Gotten du, dienenen uns. Schweigenen nun, folgenen. Tretenen vor Weesheeten du."

Trotz der fremdartigen Sprache hatte Hylas sehr wohl verstanden, was man ihm andachte. Offenbar pflegte man in dieser Welt nicht den Brauch der Götterverehrung, so wie er es aus der Heimat kannte. Mit Wehmut dachte er an diesen verlorenen Ort. Sein Herz wurde so schwer, dass er sich nicht fürchtete, das Schweigegebot zu brechen.

„Wenn ich euch als Gott gedient habe, bringt ihr mich dann zurück zu den meinen?", fragte er leise. Ohne stehenzubleiben, murrte der Nöck über die Schulter: „Kannen seen. Taugenen du uns erst." Stumm nickte Hylas, mehr zu sich selbst. Wenn der Preis für seine Rückkehr im Dienst an einem fremden Volk lag, wollte er den Argonauten und vor allem Herakles alle Ehre erweisen und seine Hoffnung stählen.

Inzwischen waren sie an der Baumgruppe angelangt. Hatte diese schon aus der Ferne mächtig gewirkt, schienen die gigantischen Stämme schier endlos in den Himmel zu ragen. Hylas konnte nicht erkennen, wo die Kronen endeten, so sehr er sich auch mühte. Als der Nöck ihm eine kühle Hand auf die Schulter legte, lenkte er seinen Blick fort von der Höhe, hin zum Ziel ihres Marsches, und erschrak. Mag es am steten Regen gelegen haben oder an den Nebelschwaden, die sie von Zeit zu Zeit wie Geister umgeben hatten – erst jetzt wurde Hylas gewahr, dass sie die ganze Zeit über einer schwachen Steigung gefolgt sein mussten. Zu seinen Füßen lag ein Tal, das eher einem Krater glich. Ganz unten, am Boden, sah er einen großen See, in dessen Mitte unablässig turmhohe Fontänen sprudelten. Der Regen schien sehr viel dichter über dem Wasser zu fallen; fast wirkte es, als fielen allein deshalb Tropfen aus der Höhe, weil die Wolken aus den emporschießenden Fontänen gespeist wurden. Noch viel beeindruckender als dieses Naturschauspiel aber waren die Wesen, die Hand in Hand rund um das Ufer des Gewässers standen. Es mussten tausende sein, die einen völlig geschlossenen Kreis bildeten.

„Was zeigst du mir?", fragte Hylas, und es war Wissbegier wie auch Furcht in seiner Stimme. Ohne die Hand von seiner Schulter zu nehmen, erwiderte der Nöck andächtig: „Seienen Quelle Welt unser. Seienen Gotten, zu hüten." Und nach eine Pause fügte er hinzu: „Gehenen du. Ablösenen jenen, wen schwach. Gehenen." Und er schob Hylas vorwärts.

„Wie lange schützen diese Hüter eure Quelle schon?", wollte Hylas wissen. Er ahnte, dass es weder von diesem Ort noch seiner Aufgabe ein Entkommen gab. „Und wie lange werde ich hier stehen müssen?" Tapfer sah er dem Wassermann ins Gesicht. Der erwiderte seinen Blick und erklärte: „Stehenen von Anbeginn. Bleibenen sehr lange, du. Gehenen jetzt. Jetzt." Aus der schiebenden Geste wurde ein Stoß. Hylas sah hinunter zu den Hütern der Quelle. Er dachte daran, wie sehr er sich gewünscht hatte, mit Herakles in den wundervollen Waldteich zu tauchen, der ihm zum Verhängnis geworden war. Daran, mit ihm zu schwimmen und später nackt zu rennen, bis sie wieder trocken waren. Daran, mit ihm im Ufersand zu liegen und zu den Sternen zu sehen.

Er gab sich einen Ruck und ging.

Melitta Kessaris

Wann soll ich Patroklos erschlagen?

Auszug aus: „Ilias light". ziemlich frei nach Homer

Phoibos Apollon quälen schwere Fragen:
‚Wann soll ich Patroklos erschlagen?
Zieh´ ich ihn gleich aus dem Verkehr,
oder wart´ ich ab, bis noch viel mehr
junge Männer fallen, ruhmgeküsst,
bis endlich selbst er an der Reihe ist?'

Patroklos ist auch indessen
nicht tatenlos herumgesessen.
Weil er nicht Kronions Ratschluss kannte,
er grad´wegs ins Verderben rannte.
Hätt´ er Achilleus´ Rat begriffen,
zög´ er jetzt rückwärts zu den Schiffen.

Der Jugend dummer Ungestüm
lässt ihn nun leider vorwärts zieh´n!
Hinter den Troern jagt er her,
tötet zehn, vielleicht noch mehr?
Und erreicht – zu Hektors Schauer –
mit seinem Heer der Feste Mauer.

Die versucht er zu erklimmen,
und lässt damit Apollon grimmen,
der oben steht und runter lugt,
ob ja kein Grieche unbefugt
den Wall, den hohen, überwindet
und seinen Weg nach Troja findet.

Patroklos stürmt an wie wild:
Mit einem Stoß auf dessen Schild
stößt ihn Phoibos wutentbrannt
tief hinunter in den Sand.
Der Held probiert's noch einmal,
der Gott bringt ihn neuerlich zu Fall.

*

Beim dritten Mal wird's ihm zu bunt:
‚Was glaubst du denn, du junger Spund?
Nicht mal Achilleus ist's bestimmt,
dass er das heil'ge Troja nimmt!'
Patroklos ist eingeschüchtert
und entfernt sich recht ernüchtert.

Hektor aber ruft unterdessen:
‚Kebriones, komm, aufgesessen!'
zu seinem Bruder linker Hand,
der g'rade ist vorbei gerannt.
Er schwingt sich auf den Bock behände;
Patroklos, es naht dein Ende!

Hektor, als er prescht dahin,
hat nur noch Patroklos im Sinn.
Alle ander'n lässt er leben,
als sie auf das Schlachtfeld streben.
Schon sehen sich die Opponenten,
die nur wenig' Meter trennten.

Patroklos, schnell wie der Blitz,
springt aus seines Wagens Sitz.
Einen Stein mit scharfem Rand
hält er plötzlich in der Hand,

wirft ihn dem Lenker ins Gesicht,
womit er ihm den Schädel bricht.

Kopfüber fällt Kebriones hart
Priamos' mut'ger Bastard.
Die Augen kullern aus den Höhlen,
Patroklos hör'n wir nun gröhlen:
‚Wär'st du so ins Meer gesprungen,
ein Tauchkunststück wär' dir gelungen!'

Kebriones, umhüllt mit Bronze schwer,
zieh'n die Achäer zu sich her
und sie streifen Ruck und Zuck
ihm herab den Waffenschmuck –
Statt dass er sich freut und lacht,
Patroklos nur Blödsinn macht:

Anstatt wie wild sich nun zu freuen,
stürzt er sich in der Troer' Reihen,
so stark wie Ares – auch so dumm –
bringt siebenundzwanzig Männer um.
Dreimal kam er und griff an,
bis Apollon dazwischen rann.

Patroklos erkennt ihn nicht,
denn eine Wolke schwarz und dicht
deckt den Gott, den fürchterlichen,
der sich hinter ihn geschlichen,
feige, aus dem Hinterhalt.
Patroklos, jetzt stirbst du bald!

Mit seiner Hand, so stark und groß,
versetzt Apollon ihm den Stoß
genau zwischen die Schulterblätter.

Patroklos seufzt: ‚Donnerwetter!'
Dann sieht er lediglich noch Sterne,
hört alles, wie aus weiter Ferne.

Apollon attackiert ihn wieder,
wirft vom Kopf den Helm ihm nieder,
öffnet seiner Rüstung Schnallen
- die Panzerteile krachend fallen -,
löst von der Schulter ihm die Wehr,
zerbricht ihm in der Hand den Speer.

Ohne Harnisch, ohne Wehr
torkelt Patroklos einher.
Der junge Euphorbos, denkt indessen:
‚Der Knabe ist ein leichtes Fressen!'
wirft in den Rücken ihm den Speer.
He Muse, findest du das fair?!

Dann schaut er, dass er sich verzieht,
weil er den großen Kämpfer flieht.
Denn selbst verwundet und entblößt,
Patroklos ihm Furcht einflößt.
Euphorbos sucht sofort das Weite –
er ist im Mörderbund der Zweite.

Patroklos merkt desparat,
dass er hier keine Zukunft hat.
Verzweifelt zieht er sich zurück,
da trifft ihn Hektors scharfer Blick.
Der sieht: das ist ein leichter Fang,
worauf er eilig vorwärts drang.

Sodann stößt er nach Heldenbrauch
dem Schwerverletzten in den Bauch,

mit seinem langen, spitzen Speere –
das macht ihm wirklich keine Ehre!
Doch Hektor sorgt sich da nicht sehr,
warum? Kaum einer liest Homer!

Was bleibt, ist was die Nachwelt predigt:
Hektor hat Patroklos erledigt!
D´rum tu ich es hier nochmals kund:
Hektor war im Mörderbund
der Dritte und damit Letzte,
der ihm den Todesstoß versetzte!

‚Hat dir Achilleus aufgetragen,‘
hören wir Prinz Hektor sagen
‚dass du eroberst unsre Feste?
Weiß er denn nicht, dass ich der Beste
bin und Mutigste von allen?
Darum bist du im Kampf gefallen!'

‚Hektor, nimm den Mund nicht voll,
mich bezwang ein Gott, Apoll!
Doch Phoibos war nicht gut genug,
d´rum kam Euphorbos auch zum Zug.
Den du erstachest, war eine Leiche!
Durch Achilleus blüht dir das Gleiche!'

Sprach Patroklos mit letzter Kraft,
denn seines Lebens roter Saft
entströmte aus zwei großen Wunden
dem Körper, den die drei geschunden.
Sein Atem flattert – ausgelebt –
die Seele Richtung Hades strebt.

Geliebt im Leben und verehrt
war Patroklos – doch höchstbegehrt
ist er nun erst in Leichenform,
der Andrang hier ist ganz enorm!
Menelaos, mit Schild und Speer
springt schützend um ihn, hin und her.

(Muse, verzeih mir irdisch' Wesen:
wär's denn besser nicht gewesen,
hätt' er ihn vor dem Tod geschützt?
Sag, was das Patroklos jetzt nützt?!
Muse, verstehe meine Zweifel,
er dauert mich, der arme Teufel!)

Euphorbos steht dabei und droht:
‚Lass' Patroklos, ich schlag' dich tot!
Ich habe ihn zuerst erlegt!',
ruft der junge Held erregt.
‚Die schicke Rüstung muss ich haben,
muss darin glänzen, stolz sie tragen!

Geh ich durch Troja, bronz'geschmückt,
gibt's keinen, der nicht auf mich blickt.
Mein Nimbus würde mächtig steigen,
könnt' ich mich in der Rüstung zeigen!
Nur ich, der ihn so schwer versehrt,
bin dieser Adjustierung wert!'

‚Was sind das für Posaunentöne!
Es scheint mir, dass Panthoos' Söhne
des Größenwahnes Opfer sind!
Hyperenor, sein and'res Kind
hat mich aufs Grässlichste befetzt,
d'rum hab ich tödlich ihn verletzt!'

So sprach in scheinväterlicher Art
Menelaos, doch dumm beharrt
Euphorbos – greift den König an;
er hält sich wohl für Supermann!
Doch an Menelaos' starker Wehr
biegt sich zurück sein langer Speer.

Ein Stoßgebet an Kronion
schickt des Atreus' blonder Sohn,
dann sticht dem jungen Gegner er
tief in den Hals den spitzen Speer.
Die schönen Locken tränkt das Blut –
fehlt das Hirn, was nützt der Mut?

7.
Nymphen

Skiron

Nachtschatten im gelben Mond
Nordwestmistral faucht aschigen Nebel
Träume erkalten in Wolken

Steffen Marciniak

Charlotte Ueckert

Arethusa – Eine Nymphe erfährt die Liebe

Überall in den Bergen gibt es Wasserscheiden. Zu verschiedenen Seiten quillt es und fließt nach Nord oder Süd. Diese voneinander geschiedenen Wasserquellen und -ströme treffen sich also nie. Dafür müsste es schon eine gleiche Richtung geben.

Arethusa sprudelte gerade genug Wasser, um ein paar Meter hoch in die Luft zu schießen, dann fiel es wieder in sich zurück. Nur ein kleiner Tümpel entstand irgendwo in den griechischen Bergen von Elis, an einem lieblichen Ort, wo eine Zeder Schatten über das Wasser legte, das sich zu ihren Füßen staute, damit Tiere bequem trinken konnten oder aber in dem die Nymphe selbst ein Bad nahm.

Unten im Tal glitzerte ein Fluss. Alpheios hieß er, der war ein Sohn des mächtigen Okeanos. Hätte die Nymphe ihren Quellplatz doch auf der anderen Seite der Wasserscheide gesucht! Dann wäre sie ihrem Schicksal entgangen. So aber sah der Flussgott, der sich in seinen Stromschnellen tummelte und um die Felsen hochsprang, die kleine Fontäne oben am Berg, die ihn neugierig machte. Ein Element wie seines. Und doch anders.

Nichts gibt es, was mehr reizt als das Gleiche, wenn es anders ist. Also machte sich der Flussgott den Weg bergauf. Das war mühsam, er musste sich immer wieder an Bäumen festkrallen, damit ihn seine eigenen Wassermassen nicht wieder ins Tal zogen. Er war so beschäftigt, dass er nicht merkte, wie in einer Stromschnelle ein schlankes Wesen an ihm vorbei huschte und immer weiter in Richtung Meer schwamm. Gerade noch rechtzeitig. Als Alpheios oben außer Puste ankam, dümpelte das Wasser des Tümpels im leichten Wind. Die Quellnymphe aber war verschwunden.

Wut erfasste den Flussgott. Alpheios raufte sich den Bart. Wenn sie auch weg war, er wusste, dass es nur eine Richtung für sie gab. Den Fluss hinunter bis zur Mündung. Dort würde er sie finden, wenn sie nicht leichtsinnig war und sich ins Meer gestürzt hatte. Ins Ungewisse, das sie doch bestimmt genauso scheute wie er. Er hätte sie lieber hier oben im seichten Tümpel unter den wiegenden Zweigen der Zeder an seine Brust genommen. Viel schneller als er hoch gekommen war, schoss er jetzt hinunter ins Tal und durchquerte seine breite Mündung. Verscheuchte ein paar Fischerboote und verschwand wellenschlagend im Meer. Einen Augenblick kam ihm der Gedanke, sie könne sich irgendwo an seinem Ufer versteckt halten, aber aufgepeitschte Wogen verrieten ihm ihre panische Flucht und ohne sich Bedenkzeit zu gönnen, schwamm er hinterher, quer durchs Mittelmeer, in die Tiefe, vorbei an Inseln und gefährlichen Klippen.

Habt ihr sie gesehen? fragte er die staunenden Fische, die sich verehrungsvoll vor ihm verneigten. Aber bitte, rief er, sagt nichts Vater Okeanos. Der würde ihm die Beute, wer weiß es, noch streitig machen.

Arethusa hingegen schwamm mit kräftigen Zügen vorwärts, immer weiter, schaute nicht rechts noch links, vor allem nicht zurück. Ewig dehnte sich die Zeit. Sie wusste, sie musste bald landen, aber wo? Ein paar Inseln verhießen nichts Gutes, sie waren zu klein, um ihr Zuflucht zu gewähren. Dann tauchte die große Insel der Nymphe Melite auf, die man einst Malta nennen würde und bald darauf stieß sie auf ein Stück Land, das frech eine kleine Landzunge ins Meer reckte. Schöne Paläste säumten das Ufer und dort fand sie ein Felsenrund, mit Wasser gefüllt, so eng der Zugang, dass niemand, der größer war als sie, hindurch schwimmen konnte. Es war auch höchste Zeit, denn vom Anhalten der Luft war sie völlig erschöpft. Mit einem tiefen Ausatmen ließ sie den Druck heraus und bald schon sprudelte sie so gleichmäßig atmend in die Luft wie zuvor in den Bergen Griechenlands.

Natürlich bemerkte Alpheios die kleine hübsche Fontäne sofort, als er sich vor Anstrengung ebenfalls schwer atmend dem

Land näherte. Kaum zu fassen, dass die Nymphe ihm bei der weiten Reise nicht entwischt war. Drohend baute er sich vor der Felsenenge auf, die ihm den Weg zu ihr versperrte. Und da geschah etwas Seltsames. Endlich sah er sie. Die Liebliche. Jeder Gedanke, seine Macht auszunutzen, schwand dahin. Und auch sie schaute ihn an. Sie sah einen schönen Mann, der sie durch seine tiefdunklen Augen bannte und ihr mit seinem Blick bis in die Seele drang. Er, einer der mächtigsten Flussgötter Griechenlands, bezaubert von einer kleinen sprudelnden Quelle auf der sikelischen Halbinsel Ortygia! Wasser vereinigt sich übrigens leicht, mischt das Strömende mit dem Ruhenden, das Salzige mit dem Süßen. Sie war es, die ihm entgegen schwamm. Und als Alpheios sich wieder dem Meer zuwandte, bat er in Gedanken seinen Vater Okeanos, dass er ihm bald Gelegenheit geben sollte, wiederzukommen. Der wiederum sandte den Gedanken zurück, auf die süße Quelle im Becken Acht zu geben.

Arethusa wurde auf Ortygia bald darauf Zeuge eines schändlichen Verbrechens. Und davon erzählte sie dem Geliebten, als er das nächste Mal kam. Diesmal nicht als wütender, fordernder Mann, sondern als zärtlicher Liebhaber, der sogar den Segen seines Vaters Okeanos zum Durchqueren des Meeres mitbrachte. Die Nymphe erzählte ihm ihre Beobachtung, wie Hades die Tochter von Demeter, die arme Persephone raubte. Denn die ganze Götterwelt hatte sich inzwischen auf Sizilien angesiedelt. Und auch darunter.

Die schöne Persephone war keineswegs von dem wüsten, uralten Hades begeistert, der sie von der blühenden Erde in seine finsteren Gemächer hinab zog. Aber so laut Persephone auch schrie, weder ihre Mutter Demeter noch sie, Arethusa, konnten ihr helfen. Da wurde der Nymphe bewusst, wie viel Glück sie hatte. Denn auch sie wurde begehrt, aber ohne Gewaltanwendung geliebt, weil sie wiederlieben konnte. Der Unterschied zwischen einem stürmischen Jüngling wie ihrem Alpheios und dem griesgrämigen Vergewaltiger und Herrn der Unterwelt war doch ersichtlich.

Und Alpheios, der mächtige Flussgott, der bisher Frauen gegenüber ähnlich gehandelt hatte wie der Gott der Unterwelt, erkannte staunend, dass man sich ja offensichtlich auch ohne Gewalt einer Frau nähern konnte – und dass es dann viel schöner war. Ein Entwicklungssprung in der Liebe, das war es.

Tamara Labas

Hyas, der vom Tode Geküsste

>schmetterlinge
>erhoben sich
>empor zum blau
>der trauer zu entfliehen
>und den krähen feind zu sein
>diese stolzieren auf der schwarzen erde
>unter der
>das leben
>nass und begraben
>sinnlos
>geboren zu werden
>sinnlos
>zu sterben
>die schmetterlinge ertrugen die trauer nicht
>und das begrabene leben unter dem sand
>erhoben sich
>zum blau des himmels
>aus dem es träume weinte
>die die flügel durchnässten
>und ihr zartes wesen
>zerbrachen

Ach, wie gerne würde ich diese Zeilen auf seinen Grabstein meißeln lassen. Aber es gibt keinen Grabstein.

Es gibt nur die Trauer, die mich ereilte, während ich ein Bad nahm und die Haare, diese tiefschwarzen und bodenlangen, mit Mandelbutter benetzt und gerade in ein Tuch gewickelt hatte, um die Pflege einwirken zu lassen. Das Haar, das Struktur hat, nicht zerläuft oder zerfällt. Nur wenn es auf dem Boden leblos liegt, erinnert es uns an den Tod.

Es war Ariza, die in mein Bad hinein gestürmt kam. Entsetzen und Trauer standen ihr im Gesicht geschrieben, erzählten ganze Geschichten, während ihr Mund offen zum Sprechen, die Lippen bebend, doch kein Satz, geschweige denn ein Wort oder gar Laut aus ihm schlüpfte. Ihre weit aufgerissenen Augen schienen dem Schlimmsten entgegengesehen zu haben, bewirkten für einen kurzen Moment, dass mein Herz erstarrte. Nur einen Wimpernschlag lang blieb es stehen und tränkte meinen Körper nicht mit frischem Blut. Meinen Brustkorb erfüllte ein brennender Schmerz, auch ohne zu wissen, was geschehen war. Wir ahnen schon alles, bevor wir einen Gedanken geformt oder gar ein Wort des Entsetzens ausgesprochen haben. Dieser brennende Schmerz, als hätte sich eine Schlange im Brustkorb eingenistet, mit Zähnen sich ins Herz verbissen und mit der Zunge ausgesaugt mein Herzblut, scheußliches Gift eingespritzt, ließ mich voraussehen, etwas Wertvolles war für immer verloren. Unabbringliches Schicksal geschehen. Wie ein Krieger, der ins Feld gezogen, nie wieder zu den küssenden Lippen seiner noch jungen Frau zurückkehren wird. So wusste ich, als meine Schwester vor mir stand, dass etwas zerbrach in diesem Leben, das auch mich, uns alle brechen würde. In die tiefste Trauer stürzen, wie zwei Liebende, die nicht zueinander finden dürfen und im gemeinsamen Bette das schönste Glück, das uns Menschen vom Gott gegeben, nicht teilen werden. Das Entsetzen der weit aufgerissenen Augen Arizas erzählten von jenem Schmerz einer Mutter, die ihr totes Kind in den Armen hält, welches sie doch über alles geliebt.

Ariza fasste sich langsam, und auf ihren Lippen formte sich sein Name, der ihr wie ein Engel entschwebte: Aaron. Aaron mein Bruder! Ich schlug mir mit der nassen Hand auf meinen Mund und presste gegen diesen, um den alles zerschneidenden Schrei zu dämpfen. Doch der Schrei weitete sich wie in Wellen und wurde am äußersten Rand lauter und lauter. Trug sich in die Welt. Aaron also. Um ihn war es geschehen. Mein Schrei, als hätte er den Sinn gehabt, meine Schwestern Areen, Areej und Amna herbeizurufen, so kamen sie ins Bad gestürzt.

Ariza setzte sich auf den Schemel, wischte mit ihrer Hand über das feuchte Gesicht und sprach heiser. Hamza hat die Nachricht überbracht. Gott stehe ihm bei. Er rief aus der Stadt an. Aaron wurde von dieser barbarischen Bande auf offener Straße erschossen.

Aaron, der Kluge und Schöne, wie sie ihn hier auch noch nannten, war so anders. Er las Bücher, in denen wundervolle Geschichten erzählt wurden. Und er war stets ein guter Schüler gewesen. Die Lehrer sagten, er solle weiter zur Schule in die Stadt gehen. Zur Universität. Gelehrter werden. Dort wollte auch ich eines Tages hin. Ich und Aaron standen uns so nahe. Bevor er in die Stadt abgereist war, hatte er mir einige seiner Bücher überlassen. Eins davon liebe ich besonders. Darin waren Geschichten von Göttern und Halbgöttern. Eine Touristin hatte ihm dieses Buch seinerzeit geschenkt. Sie unterhielten sich stundenlang. Ich war etwas eifersüchtig auf diese Fremde. Daran erinnere ich mich noch gut. Doch dieses Buch las ich wieder und wieder. Es erklärte mir das Leben.

Und während Ariza weitererzählte und ihre Vermutungen anstellte, warum Aaron ermordet wurde, stand ich auf und ging zu dem Kupfertopf, der an der Wand hing und in dem sich das Buch befand. Ich nahm es und klappte es auf. Mein Blick fiel auf die Widmung. Für Arwa, meine liebreizende und kluge Schwester. Jetzt blieben mir nur diese schön geschwungenen Schriftzeichen und Worte aus Aarons Hand, über die ich nun mit meinem Zeigefinger strich. Ein Wollfaden war im Buch. Mit ihm hatte ich die Stelle markiert, die ich zuletzt gelesen hatte. Ich schlug das Buch dort auf.

Es schauderte mich. Es war die Geschichte von Hyas. Ich fragte mich, warum ich gerade diese Geschichte so mochte. Als wäre es eine Vorahnung gewesen. Hyas, der geliebte Bruder der Hyaden und Plejaden. Es war heiß an jenen Tag, denn es ward Sommer, als sich Hyas auf die Jagd gemacht hatte in Libyen, meinem geschätzten Vaterland. Doch die Jagd ward nicht vom Erfolg gekrönt. Diese Sonne so unerbittlich. Wir haben es besser, denn wir finden Schutz vor der Hitze in der Altstadt. In den kühleren Monaten des Jahres leben wir, wie auch die anderen, in der neu erbauten Siedlung. Aber in den heißesten Monaten beziehen wir unser Haus in der Altstadt, die in der übrigen Zeit wie ausgestorben ist. Seit unser Land von diesen Barbaren geplagt wird, bleiben die Touristen aus, die mit Bewunderung die Altstadt erkundeten. Und diese Barbaren haben nun Aaron ermordet. Weil er zu klug und zu frei dachte. Sinnloser Mord. Wie der der Schlange, die Hyas einen tödlichen Biss gab.

Die große Hitze trocknete Hyas Kehle aus und er fühlte, als würde sich die Hitze in seinen Körper fressen und große Müdigkeit überkam ihn. Als läge er in Fieber. Hyas erblickte einen kleinen Felsen und legte sich sodann zu seinem Fuß nieder auf der Seite, die Schatten warf. Er ward zunächst äußerst verärgert über seinen Misserfolg bei der Jagd und damit über sich und seine Mannskraft. Das Wutgefühl verflocht sich alsdann mit einem Traum, in den er immer tiefer abstieg. Er kämpfte gegen eine Riesenschlange, die vorgab die Urschlange zu sein. Hyas, zwar überwältigt von ihrer Größe, nahm den Kampf mit ihr dennoch auf. Plötzlich biss er in ihren Körper. Das Blut rann entlang ihrer Schuppen und Hyas genoss es Sieger zu sein. Er spürte eine unendliche Stärke in sich, die ihn frei werden ließ. Seine Gedanken, seine Seele, sein Geist, tauchten in ein nebeliges Blau ein, das ihm das Gefühl der Schwerelosigkeit verlieh. Während sich Hyas dem Nebelblau hingab, geschah am Stein das, was ihn aus seinem Traume nicht mehr erwachen ließ. Eine Schlange erspürte seine Körperwärme und schlängelte sich an ihn heran. Hyas der Schöne und Kluge. Ich stellte ihn mir wie Aaron vor. Vielleicht hätte ich das nicht tun dürfen.

Als die Hyaden, die fünf Schwestern des Hyas, von seinem Tod erfuhren, zerbrachen ihre Herzen vor Trauer. Wieviel mehr konnte ich ihren Schmerz jetzt teilen. Auch ich könnte sterben vor Schmerz, der so unfassbar groß ist und mich zu Boden zerrt, als habe ein Löwe meine Brust mit seinen Reißzähnen aufgerissen. Der Gedanke, niemals wieder die schwarzen Locken Aarons zu bewundern, in seine braungrünen Augen zu schauen und die Grübchen in seinem Gesicht, wenn er lachte, mit meinen Blicken zu liebkosen. Die Vorstellung, nie wieder dieses gepflegte Gespräch über den Sinn des Lebens und des Todes mit ihm führen zu können, trieb mir weitere Dolche ins Herz.

Sterben wie die Hyaden wäre meine Rettung gewesen, doch trotz meines blutenden Herzens, lebe ich weiter. Wie gerne würde ich mein Leben für Aarons geben. Bestimmt wäre er ein bedeutender Denker geworden. Aber diese Barbaren löschen Denker aus, damit sie ihnen nicht gefährlich werden können. Sterben vor Trauer wie die Hyaden, die sich auf den Boden warfen, ihre Brust und Herz mit bloßen Fingernägeln aufkratzten und für immer einschliefen. Zeus sah die jungen Schönheiten darniederliegend auf der Erde, die sich an jener Stelle rot verfärbt hatte. Als habe er in einen zerbrochenen Spiegel geblickt, zerbrach auch sein Herz in jenem Augenblick. Doch dann nahm er eine nach der anderen in seine Arme und trug sie zu den Sternen. Dort sollten sie für die Menschen auf Ewigkeiten funkeln, um diese an ihre Liebe und ihr Mitgefühl zu erinnern.

Oder sich den Kopf mit Steinen wund zu schlagen wie die Plejaden, die anderen sieben Schwestern des Hyas, als sie von Bruders Tod erfuhren. Würde auch mich Zeus unter die Sterne heben, wie die Plejaden zum Siebengestirn des nördlichen Sternhimmels, würde ich ebenfalls zur Taube werden und ihm die Ambrosia unendlich dankbar überreichen, würde leuchten am Himmel und von meiner Seelenpein befreit sein. Ich aber bin eine Sterbliche. Wie mein Bruder Aaron.

Unser Fleisch löst sich auf, wie unser Geist und unsere Seele. Und die, die wir lieben und verlieren, hinterlassen einen Schmerz in unserer Brust, der sich erst mit unserem eigenen Tod erlöst.

Und mein Gedanke wandert zum scharfen Messer, doch die Pein in sich zu tragen, bis unser eigenes Leben endet, nach welchem Plan auch immer, ist ein größeres Geschenk an den Verstorbenen, denn es lässt ihn durch uns, noch Lebende, ein wenig verweilen.

> hier regnet es im sommer nie
> und meine flügel werden nicht durchnässt
> ich stürze nicht in den abgrund
> meine liebe trägt ihn

Slavica Klimkowsky

THETIS MACHTLOS

Türkisfarbenes Meer umflutete meinen Körper und warmer Wellenschaum streichelte mich bei jedem flüchtigen Auftauchen. In solchen Momenten löste ich mich gern in winzige Teile auf, ein jedes davon nicht größer als ein Salzkorn. Unsichtbar gleiten, vorbei an anderen Meereswesen und Korallenriffen, hinunter bis zum Meeresboden, in die Welt der Stille, die unendlich und beruhigend war, in der es außer Frieden nichts gab.

Die Anhänger meines Vaters Nereus nannten mich und meine Schwestern Nereiden, für die Bewunderer meiner Mutter Doris waren wir Doriden. Nereus und Doris gaben mir den Namen Thetis.

Älter werdend nahm ich mehr und mehr wahr, dass ich schöner aussah als meine neunundvierzig Nymphenschwestern und anziehender als so manche Göttin vom Olymp. Den anderen, Göttern wie Menschen, schien Schönheit wichtig zu sein. Für mich spielte sie nie eine Rolle, zumindest so lange nicht, wie Zeus sich nicht in mich verliebt und damit Unruhe in mein Leben gebracht hatte.

Plötzlich redeten alle von einer Vermählung und es fielen Worte wie „Vereinigung von Schönheit und Macht".

„Thetis. Deine Schönheit ist betörend, dein Liebreiz raubt mir die Sinne", sagte Zeus zu mir, und das nicht nur ein Mal. Ab und an schwärmte er mir vor, seine Liebesflamme brenne lichterloh. Er sagte immer dasselbe, die Worte hörten sich mit der Zeit so abgenutzt an.

Ich aber konnte zu Feuer werden und kannte mich mit jeder Art von Feuer aus – allein das Auflodern des Liebesfeuers war mir bislang entgangen.

Nachdem die zweite Gattin des Zeus, die weissagende Titanin Themis, ihn vor einer Beziehung mit mir gewarnt hatte, da einer meiner Söhne stärker werden würde als sein Vater, erlosch bei Zeus das angeblich so große Liebesfeuer augenblicklich. Und nach all dem aufdringlichen Werben voller leidenschaftlicher, wenn auch immer gleichartiger, Bekundungen und schmachtender Blicke war schlagartig alles vorbei. Kurz darauf beschloss Zeus meine Vermählung mit König Peleus, einem Sterblichen, einem Menschen.

Ich wollte weder Zeus, noch Peleus oder sonst jemanden heiraten. In mir glühte die Wut. Am liebsten hätte ich mich an ihm gerächt, ihm gezeigt, wie schön das Feuer brennen kann. Ein richtiges Flammenmeer, das alle Schneisen bricht.

Bevor ich aber zur Tat schreiten konnte, erschien Peleus. Der König bekräftigte seine Absicht, mich schnellstmöglich heiraten zu wollen.

Nein.

Das war zu viel.

Ich durchpflügte das Meer, kühlte meinen Zorn, wechselte einige Male die äußere Form, kroch als Schlange an Land und bekam mit, wie Peleus und unzählige seiner Untertanen nach mir suchten. Mir blieb nichts anderes übrig, als mich zu verstecken.

Das Meer war stets ein wohltuender Ort für mich, es bot mir Schutz, in ihm konnte ich untertauchen. Dorthin würde Peleus mir nicht folgen können.

So sehr ich das Unterwasserleben genoss und darin schwelgte, hin und wieder war ich gern an Land und beobachtete aus der Nähe das nächtliche Meer im violetten Mondenglimmer.

In einer schwer zugänglichen Höhle, die nur über steile Klippen zu erklimmen war, würde Peleus mich nicht vermuten, gar dort suchen. So dachte ich, wollte mich kurz darin ausruhen und schlief über diesen Gedanken ein. Als ich aus dem traumlosen Tiefschlaf erwachte, war ich gefesselt. Peleus beugte sich über mich und hielt mich fest.

Ich änderte meine Form, wurde zu Feuer, verwandelte mich in einen Löwen, eine Schlange, einen Tintenfisch. Die ganze Zeit hielt Peleus mich fest umklammert. Nie zuvor habe ich so hart gekämpft, habe ihn verletzt, zerkratzt, verbrannt, mit Tinte übergossen – er hat mich nicht losgelassen. Peleus wand sich, sein Gesicht war schmerzverzerrt, er keuchte. Unverständliche Laute lösten sich aus seiner Kehle, und dann rief er „Thetis" und wiederholte noch einmal mit zitternder Stimme und ganz leise „Thetis". Seine Muskeln waren angespannt und zuckten, er hielt mich weiterhin fest umschlungen.

Sein Wille war beeindruckend, so viel Ausdauer imponierte mir, und ich gab mich geschlagen.

Nach der Hochzeitsfeier gewährte ich Peleus eine Liebesnacht, in der ein Liebesfunke nicht übersprang, jedoch Achilleus gezeugt wurde. Allein deswegen blieb diese Nacht für mich besonders. Ein Kind kann die Mutter für eine gewisse Zeit an den Vater des Kindes binden, nicht aber die Frau an den Mann.

Mein Freiheitsdrang wuchs ins Unermessliche, und irgendwann verließ ich Peleus.

Ich sang und ich tanzte, liebte das Leben auf der Insel Lemnos, und doch zog es mich wieder hinaus in das Ägäische Meer, umrundete die Insel, das weite Meer, Meer, Meer. In Wellen zog es durch meinen Körper, wenn ich nur daran dachte, im Meer war ich sicher und gleichsam frei. Ich gab Acht auf den Frieden und die Ruhe des Wassers, ich tanzte auf seiner glitzernden Oberfläche, badete in seiner smaragdgrünen Tiefe, ließ mich am Meeresgrund treiben, um mich von jeglichen Anstrengungen zu erholen.

Wenn meine Freundin Eurynome, eine Okeanide, selbstvergessen und wild auf dem Wasser tanzte, sich so drehte, dass hinter ihr ein salziger Nordwind herumwirbelte, dann umfing ich sie sanft, wurde Teil ihres Tanzes und lenkte ihren Übermut in ein bedächtigeres Tempo, einen sanfteren Rhythmus, bis wir zusammen im Gleichmaß auf dem Wasser dahinglitten. Dann gab es nur uns beide und das Meer, in dem wir südwärts von Lemnos trieben, dabei die Weite aus Wasser, Luft und Wolken liebkosten.

Ausgelassen und glücklich kehrten wir an Land zurück, zu unseren spielenden Kindern. Manchmal fragte ich mich, ob Eurynome ohne meinen Einfluss zurückgekehrt wäre. Vor langer Zeit hatte sie mit ihrem Tanz den Himmel von den Wassern und das Licht von der Dunkelheit getrennt und die Elemente in die bestehende Ordnung gebracht. Eurynome wurde auch die ‚*in die Weite Wandernde*' genannt, aber auch ‚*Große Göttin aller Dinge*', was mir wesentlich besser gefiel. Als kleiner Junge spielte mein Achilleus mit ihren Töchtern, den drei Grazien Aglaia, Euphrosyne und Thalia.

Manchmal wurde ich heimwehkrank, dachte an vergangene Zeiten und an meine Träume. Ja, ich hatte vom Glück geträumt, das ich aus meiner Kindheit und Jugend kannte, und das auf dem langen Weg in die Unendlichkeit auf der Strecke geblieben war, weil Glück nicht für die Ewigkeit gemacht ist. Es war und blieb unbeständig und launisch, ging, wohin es gerade wollte. Wenn mich die Erinnerungen heimsuchten, Bilder auftauchten, die ich schwer ertrug, weil sie mich an meine ausweglose Situation erinnerten und weil mit den Bildern Jahrtausende alte Sorgen und die Einsamkeit zu mir kamen. Dann begab ich mich wieder unter Wasser, wo die sanften Bewegungen der Meeresgräser mich beruhigten.

Doch es kamen Zeiten, in denen nichts mehr in Ordnung war, in meinem Reich, dem Meer. Am seinem Rand sah ich die Segenswünsche von Müttern und Vätern, die ihren Kindern hinterher eilen, und mit ihnen schwebte Hoffnung. Ich übersprang die Wogen und fand die Kinder, junge Männer waren es, und Frauen, die Kinder in ihrem Bauch trugen, und immer hing Angst über den hölzernen Booten, und die Sorge sickerte durch undichte Bohlen.

Ich bin selbst Mutter, göttliche Mutter eines sterblichen Sohnes. Wie alle Mütter umhüllte ich mein Kind mit Segen und

Hoffnung und umgab es mit Schutzzaubern. Ich spüre noch den Fußknöchel meines Babys im Ring aus Daumen und Zeigefinger, als ich den zappelnden und brüllenden Achilleus mit dem Kopf voran tief in den Unterweltsfluss Styx tauchte, auf dass der Junge unverwundbar würde. Ich brachte ihn sogar weg von mir, fort aus meiner Nähe, als diese Gefahr für ihn bedeutete. Ich ließ ihn, den Jüngling mit der zarten Gesichtshaut, sich als Tochter verkleiden und unter den Töchtern des Lykomedes leben, nannte ihn Pyrrha, die Rothaarige, denn alle Lykomedes-Mädchen in Skyros hatten rotes Haar.

All meiner Vorsicht zum Trotz zog ihn die Lust an der Gefahr in eben diese. Mein Sohn übte sich in den Künsten des Kampfes, wählte sich das Schwert als Gefährten, schneidig und schnell wie er selbst. So konnte es nur eine Frage der Zeit sein, bis er entdeckt wurde, doch zählte es mir als Mutter viel, dass mein Junge Tage, Wochen und Jahre gewann, bevor er in den Krieg um Troja zog und schließlich ... wir alle wissen, was geschah.

Was mache ich nun, die mütterliche Retterin? Der kleine Hephaistos fällt mir ein. Von der eigenen Mutter aus dem Olymp geworfen, fing ich den Fallenden auf und nahm ihn zu mir an Kindes statt. Seine bei der kurzen Erdberührung gebrochenen Beine heilten unter meiner Hand, und er wurde groß und stark in meinem Schutz. Einst war ich Kämpferin, Helferin, treue Freundin und Mutter. Eine Mutter, die weiß, wie es ist, den Sohn zu verlieren.

Ich sehe, was sich auf der Meeresoberfläche abspielt und wie andere Mütter ihre Kinder einbüßen. Wie das Meer die Unschuldigen in seine kalten Arme nimmt und in nasse Grüfte legt. So viele sind es jetzt, dass mancherorts die Leiber übereinander liegen könnten. Und es werden immer mehr. Tagtäglich beruhige ich das Meer, versuche das Glück zu locken, zum Bleiben zu bewegen, um den Hilfesuchenden zur Seite zu stehen.

In der ewigen Suche nach Gleichgewicht zwischen Verstand und Herz, spüre ich, wie das Herz unterliegt. Ich überlege und sorge mich zu viel, will zu viel, will kontrollieren, beeile und bemühe mich. Die Zeiten sind schwierig und unsicher, die Gründe für Ängste berechtigt. Viele Menschen sind unterwegs, alle in eine Richtung, unter Bedingungen, unter denen keiner freiwillig reisen würde. Alles ist grau und gleich, die Gefühle, mit Ausnahme der Furcht, sind unterdrückt.

Der Verstand herrscht und bangt. Das Herz schläft, die Träume, die Farben und das Lachen hat es aufgegeben. Mein Herz sollte mein Kompass sein. Ich bin schwermütig, kenne keine Antworten, habe keinen Schlüssel.

Die Menschen an der Wasseroberfläche haben Angst, weil ihre Zeit so schnell vergeht und endlich ist, sie nicht wissen, wie viel ihnen von ihr noch zum Leben bleibt. Mich dagegen umfängt das Grausen wie ein Meer, weil meine Zeit unendlich ist und ich nicht weiß, wie lang diese Ewigkeit andauern wird.

Das ist eine völlig andere Art von Bangigkeit, nicht die Angst von früher, mit der ich mich schon fast angefreundet hatte. Manchmal stehe ich da und spüre, wie die Zeit durch mich hindurch fließt. Sie verweilt nicht und nimmt mich nicht mit. Mein zaghafter Wimpernschlag erscheint mir wie ein ganzes Menschenleben.

Ich bin machtlos.

Boris Schapiro

Chelona und Achill

Achill sah, wie ein junges Mädchen mit dem schweren
Weinkrug betörender Schönheit auf nackter Schulter
zur Quelle ging und so mit ihren Schenkeln wellte,
dass er nicht wusste, ob sie zu nehmen oder geben schritt.
Er staunt' über ihren Blick und ihren Gang und wusste nicht,
wie schnell das Langsame verfliegt, und wagte nicht, sie anzusprechen.
Er wusste nur, dass sie Chelona hieß und hat sie nicht erreicht.

Chelona sah mit einem Seitenblick, wie der Achill,
in Staunen versetzt, aus ihrer Quelle trinken will
und baden will in ihrer Quelle. Sie dachte nichts,
sie fühlte sich erfreut. Es tat ihr gut, nicht mehr.
Sie ging vorbei, doch langsamer als sonst. Und was Achill?
Er staunt' über sie und wusste nicht und dachte nicht,
wie schnell das Langsame verfliegt, wie schwer der Unmut wiegt.

Er wusste nur, dass sie Chelona hieß und hat sie nicht erreicht,
sie wieder nicht erreicht. Und was Chelona? Sie,
sie ging beim nächsten Mal noch langsamer. Achill
sah Ewigkeit vor sich in ihrer Schönheit und
in ihrer Anmut. Sie war schon längst vorbei, und er
sah immer noch den Gang und Blick und ihr Haar und noch –
ich weiß nicht was – er staunt' über sie, in seiner Vision.

Er wusste nicht, wie schnell das Langsame vergeht.
Er überholt es nicht. Nur als die letzte Tür
sich hinter ihm verschloss, sah er im Spalt,

wie Ewigkeit an ihm vorbei mit einem schweren Weinkrug
betörender Schönheit auf nackter Schulter kriecht.
Er wusste nur, dass sie Chelona hieß, und hat sie nicht erreicht.
Er wagte nicht, die alte Mär zu sprengen, und starb im Nu,

punktförmiger Achill.

Edeltraud Schönfeldt

Daphne – Vom Erdboden verschluckt

Welche Geschicke hat man ihr zumuten wollen – Hetäre? Höchstens doch Bettgespielin für zwei, drei Nächte oder einen Sommer lang. Hausmütterchen etwa? Die Lebensentwürfe, die man ihr entgegenträgt, weist sie empört zurück und mit ihnen den Mann, der sie ihr aufdrücken will.

Daphne ist frei, eine Priesterin der Erde, des weiblichen Prinzips. Gaia hat sie geboren, die Erde selbst. Wer der Vater war, darüber hört man Widersprüchliches; einer, der aus dem Wasser stieg. Ein Flussgott, hieß es, Peneios vielleicht, der aus Thessalien. Vielleicht auch nicht. Ob sie wirklich eine Nymphe der Berge war oder auch des Wassers? Was viel später dieser Römer, Publius Ovidius Naso, aus ihrer Geschichte zu machen beliebte, hat mit den wahren Geschehnissen nicht mehr das Mindeste zu tun. Worum es ging, das war, die Frau als solche zu unterwerfen, ganz allgemein und in jedem einzelnen Fall.

Wie sie schon herumläuft – die Haare ungekringelt, nicht mal hochgesteckt. Kein Mieder, keine durchbrochenen Strümpfe oder hervorblitzenden Spitzendessous, stattdessen so ein schmuck- und ärmelloses Hängerkleid, wie man es aus der Reformbewegung um 1900 kennt. Auch ist sie am Umgarnen und Verführen gänzlich desinteressiert. Ovid beschreibt recht plastisch, wie im Kontrast zu ihr die Frau zu sein hätte: putzsüchtig, willfährig und allzeit bereit. Mit einem Wort: nymphisch!

Hinschmelzen hätte sie doch müssen, hochgeehrt davon, dass ein Gott sich ihr mit Wohlgefallen nähert. Natürlich ist Daphne nicht die Erste und Einzige, der er nachstellt; etliche liegen- und sitzengelassene ledige Mütter verzeichnet die Chronik bereits. Aber doch Apollon! Der unwiderstehliche Apollon!

Und nicht etwa unausstehlich, ein Wüstling und skrupelloser Lebemann, wie sie, Daphne, das womöglich darstellen will. Apollon, nach längerem Besinnen, streut das Gerücht aus, Eros wäre schuld. Der habe sich für Apollons Scherzwort rächen wollen, er träfe schlecht, und deshalb mit einer bleiernen statt einer goldenen Spitze auf sie gezielt, was die Abneigung Daphnes verschuldet habe. Und aus diesem Grunde habe sie sich denn auch als ungenießbar erwiesen.

Ein Zwist unter Männern, wie man sieht. Frauen haben keinen Willen. Nicht, wenn er sich vom Willen des Mannes unterscheidet.

Daphne äußert sich nicht dazu. Sie lässt behaupten, dass sie sich verwandelt hätte: Dort steht sie, festverwurzelt, knorrig, fahlgraugrün, und keiner holzt sie um.

Tatsache ist, dass sie von der Bildfläche verschwand. Das war das Klügste, was sie machen konnte. Wir wissen, wie zickig sich gerade Götter aufführen, wenn sie zurückgewiesen werden. Vielleicht ist sie unerkannt bis an den Rand der Welt gepilgert und hat sich dort eine Karriere als lorbeerkauende Orakelfee aufgebaut, mit zahmen weißen Raben, schwarzen Katzen und Räucherstäbchen. Vielleicht eilte sie zu ihrem einzig Geliebten – nein, nicht Leukippos, sondern zu dem, den ihre Mutter einen unverschämten Waldschrat nannte, und hat mit ihm ein halbes Dutzend Kinder produziert, alle kerngesund und geistig auf der Höhe. Oder sie schrieb dem Großen Alexander heimlich seine Reden, ganz im Verborgenen und bestens situiert. Aber auch das entspricht ihrem Naturell nicht ganz.

Sie besucht mich hin und wieder, bringt wilden Thymian mit und erzählt mir von Nanotechnologien, teleportierenden Quanten und den 3D Performances der Postmoderne.

Gerburg Tsekouras

Syrinx und die Flöte des Pan

Die Nymphe Syrinx war seit Sonnenaufgang zusammen mit der Göttin Artemis und deren Gefolge durch die Landschaft Arkadiens gestreift, durch die bewaldeten Berge und steilen Schluchten, über blühende Wiesen und vorbei an rauschenden Quellen. Immer wieder hatte ihr Auge sich an neuer Schönheit erfreut, dem Ausblick auf die fernen, sich im Himmelsblau verlierenden Berggipfel, den Sonnenstrahlen, die durch dunkle Bäume drangen, den Pfaden, die sich durch grüne Täler schlängelten und den Blumen am Weg in wunderbar leuchtenden Farben. Nach all den wechselnden Eindrücken hatte sie das Bedürfnis verspürt, allein zu sein und sich von den anderen entfernt. Auf einem schmalen Wiesenweg war sie weitergegangen, während sich die Stimmen derer, die der Göttin folgten, in entgegengesetzter Richtung verloren. Es war eine friedliche Landschaft. Schafe und Ziegen grasten an den Hängen, von Hirten und ihren Hunden bewacht. Doch die scheue Nymphe hatte es vermieden, von den Hirten gesehen zu werden und sich jedes Mal, wenn sie in deren Nähe kam, hinter dichtem Buschwerk versteckt.

Es war Mittag geworden, und die Sonne brannte heiß. Der kühle Schatten eines Olivenbaums lud zum Ausruhen ein. Syrinx setzte sich ins Gras und lehnte sich an den rauen Stamm. Keinen schöneren Platz hätte sie wählen können. Er befand sich auf einer Anhöhe, von der aus sie in die weite Runde der Berge schauen konnte und hinunter in ein Tal, durch das sich wie ein silbernes Band ein Fluss wand. Ihre Mutter, eine Nymphe, hatte ihr erzählt, dort wohne ihr Vater, der Flussgott Ladon. Syrinx hatte ihn nie in seinem Zuhause besucht, und er war in ihrem Leben auch kaum je in Erscheinung getreten. Als Gott des gleichgültig dahinströmenden Flusses hatte er von Anfang an eine kühle Beziehung zu seiner

Tochter gehabt. Sie konnte sich nicht erinnern, jemals seine Aufmerksamkeit erregt oder eine Zärtlichkeit von ihm empfangen zu haben. Vielleicht hing es damit zusammen, dass Syrinx bisher ein eher auf Abstand bedachtes Verhältnis zum männlichen Geschlecht hatte. Ihre schöne, zierliche Gestalt und ihre helle, glockenreine Stimme hatten manche Verehrer angelockt. Doch jedes Mal befiel sie bei deren Annäherungsversuchen Angst, und allen war sie geschickt ausgewichen. Wohler fühlte sie sich in Gesellschaft der jungfräulichen Göttin Artemis und der sie begleitenden Nymphen.

Doch in letzter Zeit suchte Syrinx immer wieder die Einsamkeit, so wie jetzt, als brauche sie einen Ort, ihr eigenes Ich zu finden. In der Stille der Natur fühlte sie sich eins mit sich selbst und zugleich verbunden mit allem Sein. Sie schloss die Augen und entspannte sich. Der Wohlgeruch von wilden Kräutern, Thymian, Salbei und Oregano erfüllte die Luft und wirkte wie schläfernder Balsam, den sie tief einatmete. Der junge Lips, ein leichter Wind aus Südwest, rauschte sanft in der Krone des Olivenbaums. Von ferne hörte sie die Herdenglocken der Ziegen und Schafe des Hirten Daphnis, an dessen Weide sie auf ihrem Weg zu dem Rastplatz vorbeigekommen war, ohne dass er sie bemerkt hatte. Sie jedoch hatte ihn beobachtet, hatte sein Bild tief in sich aufgenommen. Es war eher die Gestalt eines jungen Gottes als die eines sterblichen Menschen. Er trug nur ein kurzes, durch einen Gürtel um die schmale Hüfte zusammengehaltenes Gewand, das seine starken, gebräunten Arme und seine wie von Künstlerhand geformten Beine freiließ. Sein ebenholzschwarzes, lockiges Haar fiel ihm tief in die Stirn. Einen Moment lang hatte sie geglaubt, dass seine dunklen Augen sie ansähen und war erschrocken. Doch er stand nur, auf seinen Hirtenstab gestützt, inmitten seiner Herde und schaute traumverloren in Richtung des Gebüschs, hinter dem Syrinx sich verbarg. Rasch und verwirrt war sie weitergegangen. Nun sah sie das Bild des schönen Hirten vor ihrem inneren Auge. Langsam verstummten in der Ferne die

Glocken von Daphnis' Herde, deren Geläut der Windgott Lips herüber trug, denn auch die Tiere lagerten sich zur Mittagsruhe. Syrinx fühlte die Flügel von Hypnos, dem Schlafgott, über sich und glitt langsam hinüber in das Land der Träume.

Während Syrinx friedlich schlief, stieg der Hirtengott Pan ganz in ihrer Nähe eine steile Anhöhe empor. Er war auf dem Weg zu seiner Lieblingshöhle hoch oben im Gebirge, wo er die Nacht zu verbringen gedachte. Erhitzt und mit am Gaumen klebender Zunge gelangte er zu einer Quelle und trank gierig das kühle Nass. Über das Becken gebeugt, in dem sich das Wasser sammelte, sah er verschwommen sein eigenes, dunkles Gesicht. Es war das eines Ziegenbocks mit Hörnern und einem spitzen Bart am Kinn, während die Hände, aus denen er wie aus einer Schale trank, Menschenhände waren. Warum nur flüchteten die Menschen voller Entsetzen vor ihm, sobald sie seiner ansichtig wurden, dachte der Gott mit Wehmut wie immer, wenn er sein eigenes Spiegelbild sah. Niemand würde vor einem Ziegenbock fliehen. Doch ein Zwitterwesen wie er, halb Tier, halb Mensch, mit einem Tierkopf und menschlichem Oberkörper, mit Bocksfüßen und einem Bocksschwanz war das Ungewöhnliche, das Erschreckende, das in keine Vorstellung und Norm Passende. Es machte ihn zum Ausgestoßenen, der nirgends hingehörte. Die Hirten opferten ihm Tiere und baten ihn um Fruchtbarkeit für ihre Herden. Doch sie hielten sich von ihm fern. Erst vor kurzem auf seinem Weg zur Quelle war auch er dem Hirten Daphnis begegnet, hatte sich diesem aus einiger Entfernung gezeigt. Doch Daphnis war mit einem Ausdruck von Fassungslosigkeit einige Schritte zurückgetreten, und Pan hatte sich entfernt, um den schönen Jüngling nicht zu verstören.

War Pan den Menschen ein Schrecken, so war er den übrigen Göttern ein Gespött. "Welche Frau hat dir denn diese Hörner aufgesetzt", hatte Zeus ihn erst kürzlich bei einem Besuch auf dem Olymp gefragt. Dabei wusste der Göttervater doch, dass die Frauen ihn ob seiner Hässlichkeit mieden. Bei den hübschen Nymphen, denen er sich zu nähern versuchte, hatte er kein Glück. Auch sie lachten über ihn, wenn er sie in Gruppen zusammen antraf. und sie ergriffen die Flucht, wenn er eine allein überraschte. Besonders die liebreizende Nymphe Syrinx hatte er immer wieder erfolglos für sich zu gewinnen versucht. Ihre schlanke, biegsame Gestalt, an deren leichtfüßigem Tanz er sich nicht satt sehen konnte, ihr langes, silbern schimmerndes Haar und vor allem ihre melodische, reine Stimme, die sich im Chor der anderen Nymphen glockenhell hervorhob, hatten in seinem Herzen Saiten berührt, die niemand vermutete. Nach außen hin gab sich Pan derb und fröhlich, besonders wenn er im Gefolge des Weingottes Dionysos zechend und lärmend durch die Lande zog. Doch in seinem Inneren war er ein Anderer, verletzlich, zart und empfänglich für alles Schöne.

Pan verließ die Quelle, an der er sich gelabt hatte, und gelangte im Weitergehen nach kurzer Zeit zu dem Olivenbaum, unter dem Syrinx schlief. Fast glaubte er zu träumen und fasste sich an seinem Ziegenbart, um sich zu vergewissern, dass er wach war. Da lag sie, ein Urbild von Lieblichkeit, nur mit einem leichten, durchscheinenden Gewand bekleidet, das ihren jungfräulichen Körper mehr freigab als bedeckte. Ihre kleinen Brüste hoben und senkten sich unter ihren ruhigen Atemzügen. Ihre Lippen waren halb geöffnet, als wolle sie im Schlaf sprechen. Pan konnte nicht widerstehen. Er berührte sanft ihre Schulter, beugte sich über sie, um sie zu küssen. Da schlug sie die Augen auf und ein Schrei des Entsetzens entfuhr ihren eben noch so ruhigen Lippen. Syrinx hatte vom Schäfer Daphnis geträumt, hatte geglaubt, seine Berührung an ihrer Schulter zu spüren. Morpheus hatte ihr vorgegaukelt, dass Daphnis' Gesicht sich zum Kuss über sie beugte. Was sie beim Erwachen stattdessen sehen musste, war ein dunkler, hässlicher Kopf mit Bockshörnern. Von Panik erfasst sprang sie auf und ergriff die Flucht.

So schnell sie ihre nackten, zierlichen Füße nur trugen, so rasch rannte Syrinx bergab, während Pan ihr folgte und ihren Namen rief: "Syrinx, Syrinx, Syrinx!"

Das Echo der Berge vervielfachte seinen Ruf, was Syrinx nur noch mehr verschreckte. Es wäre für Pan, der trotz seiner Bocksfüße ein schneller Läufer war, wohl ein Leichtes gewesen, die zarte Nymphe einzuholen, wenn nicht ein innerer Widerstand sein Vorwärtsstürmen gebremst hätte. In seinem Herzen hoffte er, Syrinx würde freiwillig stehenbleiben und sich ihm ergeben. Doch die Nymphe ließ sich weder durch Pans Stimme aufhalten, noch davon, dass ihr Gewand an einem Dornenstrauch hängenblieb und zerriss. Halb nackt erreichte sie endlich den Fluss Ladon und warf sich ihrem Vater, dem Flussgott, in die kühlen Arme. "Rette mich, Vater Ladon, lass mich ein in dein Reich!", stieß sie mit letzter Kraft hervor. Da spürte sie seine Hilfe, fühlte, wie sich ihr schlanker Leib zu einem Rohr zusammenzog, sich verhärtete und ihr nur noch ein Sich-Wiegen erlaubte. Ihr Haar wurde zu Blättern und Blütenbüscheln, mit denen die Winde spielten. Noch bevor Syrinx sich vollständig verwandelt hatte, hörte sie Pans Schritte. Nur einen raschen Blick konnte sie noch zurückwerfen und sah in seine Augen, erkannte, dass darin nichts Furchterregendes lag. Sie fühlte seinen Atem und die Wärme seiner Umarmung. War es falsch gewesen, ihm zu entfliehen? Doch zur Reue war es jetzt zu spät. Sie war schon eines unter vielen schwankenden Rohren im Schilf geworden.

Als Pan, der in unendlicher Sehnsucht dem wunderschönen, schimmernden Frauenkörper gefolgt war, schließlich den Fluss erreichte und Syrinx umfasste … hielt er nur mehr ein Schilfrohr in seinen Armen. Der Wind Lips strich durch die Halme mit einem leisen Seufzer. Oder war es Syrinx' Stimme? Pan war sich sicher, es müsse die ihre sein. So nah war ihm das geliebte Wesen und doch so unerreichbar fern! In plötzlicher Wut, Enttäuschung und Verzweiflung zerbrach er das Schilfrohr über seinem haarigen Schenkel in sieben Stücke. Er warf die Teile in wildem Schmerz zu Boden, um sogleich seine Tat zu bereuen. Was hatte er da getan? Er hatte sein Liebstes zerstört! Haltlos weinend setzte er sich ans Ufer.

Plötzlich fühlte er, dass jemand ihn berührte. Es war Pans Vater, der Götterbote Hermes, der mitleidig vom Olymp herabgestiegen war. "Es gibt einen Weg, wie du Syrinx für immer zu der Deinen machen kannst", versuchte er Pan zu trösten. Hermes bückte sich und sammelte die verstreuten Schilfrohrstücke auf. Der Größe nach geordnet band der geschickte Gott die sieben Teile zu einer Flöte zusammen. Mit Wachs, das er einem Stock wilder Bienen entnahm, versiegelte er deren untere Öffnungen. Dann hielt er das fertige Instrument an Pans Lippen. Zögernd blies Pan hinein. Und wirklich, es erklang Syrinx' Stimme und zugleich auch seine eigene, die sich mit der Stimme der Geliebten zu einer sehnsüchtigen, zugleich traurigen und tröstlichen Melodie vermischte.

Schon war es dunkel geworden, als Pan endlich an seinem Ziel, seiner Höhle hoch oben in den Bergen angekommen war. Müde setzte er sich vor ihren Eingang. Es war eine Vollmondnacht. Die Mondgöttin Selene kam hinter einem Berggipfel hervor und fuhr in ihrem silbernen Wagen über den Himmel. Pan erschien es, als lächle sie ihm zu. Ihr magisches, geheimnisvolles Licht ergoss sich über die Erde und hüllte ihn wie in einen Mantel ein. Grillen zirpten leise, und die Luft schien von deren Lied zu vibrieren. Pan setzte seine Flöte an die Lippen und weckte die in der göttlichen Siebenzahl schlummernde Melodie. Er spielte ein Lied von Liebe und Schmerz, von Sehnsucht und dem Verlangen, sich mit allem Sein zu vereinigen. Die Töne breiteten sich aus in der Stille der Nacht, drangen bis zu den fernen Bergspitzen, stiegen höher und höher, empor bis zu den Sternen. Pan fühlte Selenes Licht seinen Körper umfließen wie eine zärtliche Umarmung. Oder war es die Liebkosung von Syrinx? War es das Ewig-Weibliche, zu dem beide Frauengestalten verschmolzen? Wie von selbst erhob sich Pans Körper während des Spiels und fing an zu tanzen, gelöst, selbstvergessen, euphorisch. Um ihn kreisten die Gestirne, und ihre sphärische Musik trug die Melodie seiner Flöte, wob sie ein in überirdische Harmonie.

Erschöpft vom Spiel sank Pan schließlich vor seiner Höhle zu Boden, als er neben sich eine Gestalt wahrnahm. Im Mondlicht erkannte er den schönen Körper des Hirten Daphnis. Angezogen von Pans Spiel hatte dieser all seine Furcht vor der Hässlichkeit des Gottes verloren und sich vertrauensvoll zu ihm gesetzt. Schweigend saßen sie so eine Weile beieinander. "Wunderbar war dein Spiel, mit Worten nicht zu beschreiben", unterbrach schließlich Daphnis die Stille. "Lehre mich deine Kunst", bat der Jüngling. "Deine Musik hat mich im Innersten bewegt, und ich werde nicht weiterleben können, wenn ich ihr Geheimnis nicht erlerne." "Ich werde dich alles lehren, was man lehren kann. Dir zeigen, wie du deinen Mund gebrauchen, das Instrument an deine Lippen setzen und hineinblasen musst", versprach Pan. "Doch damit dein Lied bis zu den Sternen reicht, damit es sich einfügt in die Harmonie des Kosmos, muss es aus deiner Seele kommen. Sie muss sich weiten durch Sehnsucht, Liebe und Schmerz. Dies kann ich dich nur bedingt lehren. In deinem eigenen Leben musst du es erfahren." Unendlich zart und feierlich nahm Pan die Flöte und hielt sie Daphnis an die Lippen. "Du hast noch einen weiten Weg vor dir, mein junger Freund…einen weiten Weg!" Und wie zur Besiegelung seiner Worte küsste er Daphnis, dessen Locken zurück streichend, auf die Stirn.

8.
Heroen

Boreas

Muschelrauschen über Gipfeln
Stürme singen in frostigem Nordwind
Tränen geweiht zu Perlen

Steffen Marciniak

Iosif Alygizakis

Der Wunsch des Hephaistion

Da war ein Name, der rücksichtslos durch die Zeit reiste. Es begann als der Mythos, der vom Rande der Mythologie zur Entfaltung in die Geschichtsbücher schwankte, erzählt von den Mündern würdevoller Historiker und den Kalligraphien gebildeter Papyrusgehilfen. Er durchkreuzte Täler und taumelte über hölzerne Brücken, beinahe ertrinkend durchschwamm er Flüsse und kletterte über schneeige Gipfel der Berge, wandelte durch unerforschte Wüsten, ruderte auf antiken Kriegsschiffen der Vorzeit mit Dutzenden Galeerensklaven von Insel zu Insel – den barmherzigen Winden des Zephyros vertrauend – hin zum verhältnismäßig sicheren Festland.

Es war jener Name, der untröstlich in die mitleidlose Weite des Himmels geschrien wurde, wo die olympischen Götter ihn wohl nicht hören konnten, seitdem die endlosen schmerzgepeinigten Schreie aus Alexanders jugendlich verzweifelten Lungen so weit fort von ihrer Heimatstadt Pella in Mazedonien erklangen. Der Name lautet Hephaistion.

*

Ich war Alexanders treuer Freund und vertrauenswürdiger Soldat, doch auch eine Person, dessen Name völlig verblasste und unnötigerweise in den Berichten der Schreiber als bedeutungslos vergessen wurde. Genau wie meine verborgenen Gefühle zu meinem geliebten General, dem in jeder Hinsicht wunderbaren Alexander, meinem einzigartigen, heimlich bezaubernden Gott.

Mein Name ist Dimiskouros und ich hege in meinem alten Körper noch immer das Wenige an Erinnerungen, die er so schätzte. In meinem jetzigen Zustand, zeitlos wie alle wandernden Seelen, trage ich alles Wissen der Welt, alles, was Menschen über die Menschenalter hinweg angesammelt haben. Aber, als verfluchte Seele, muss ich noch immer über die Länder schweben, auf denen einst die Schritte aller meiner Vorfahren hallten, immer in der Hoffnung, mich zu einem bestimmten Zeitpunkt in ein zufälliges Schicksal einmischen zu können, um zu ergründen, wonach ich mich immer sehnte, die Liebe Alexanders zu gewinnen.

Am Tag des Todes von Hephaistion glich es einem Dolchstoß, der mein Herz zerriss, um den Augenblick zu begreifen, in dem die heiligste und herrlichste Verbindung zwischen zwei Männern endete. Der furchtbarste Moment war, als er das erste Mal sah, was von dem toten Leib seines Kameraden übrig blieb, bevor er dann anfing, wie ein wütender Bär auf seine Brust zu schlagen, seine steifen Finger zusammen zu krallen wie ein bösartiger Adler und wie der grimmigste Wolf in der Steppe zu den erstarrten, teilnahmslosen Wolken aufzuheulen. Zugleich auch die Stunde, in dem mein eigener tief sitzender Neid auf diese leidenschaftliche Hinneigung zerbrach wie dünnes Glas und ein Gefühl hinterließ, als schmelze ich dahin wie vulkanische Lava an dieser unwiderstehlichen Liebe, die ich vorher noch nie erlebte.

Jeden Schlag seiner athletischen Arme auf die eigene Brust fühlte ich auch auf der meinen, jedes Krallen seiner Finger zerfetzte meine Gedärme in unzählige Stücke, jedes Heulen erstickte meine eigenen vergossenen Tränen des Schweigens beim Anblick des Verlustes eines tapferen Anführers und Soldaten – schließlich beraubte mich der Verlust jeglicher Möglichkeit, dass Alexander mich jemals bemerken würde.

Während seiner Trauer gab es keinerlei Trost durch irgendeinen Sterblichen, irgendeinen anderen Menschen auf der Erde. Er hörte keiner Stimme, keinem Vorschlag, Rat oder Rede zu. Alles und jedermann war bedeutungslos nach Hephaistions Hinscheiden. Es schien der Moment, dass Hades die Zügel aus den Händen eines unbesiegten Kaisers nahm, der unerschrockene Führer in den Augen seiner Soldaten, Freunde und der Edelleute gedemütigt wurde, und völlig unglaublich, es war ihm einfach egal. Keine Meinung war wichtig, keine Erklärung konnte die Wunde heilen. Das gesamte Universum des Glücks war in kleine planetarische Bruchstücke einer unbeschreiblichen Einsamkeit zerschmettert.

Der Ausdruck „Gottesfurcht" nahm zu diesem Zeitpunkt seinen Anfang, aus Angst vor seinem Zorn und seiner Bösartigkeit. Und weil sein Geliebter als Gott unter Göttern angesehen und geachtet wurde, fühlte es sich an, als ob jeder Schrei ein Donnerschlag in das Haus seiner Mitgötter war, jedes Aufheulen einen Blitzstrahl über die Tore des Olymps hinaus verbreitete, um sie zu öffnen und jeden Fluch oder Wunsch hörbar oder gar wahr werden zu lassen. Es war dieser Bruchteil einer Sekunde – nicht weil es mir bewusst wurde, sondern aus ungeheurer Angst – dass auch ich meine tiefsten heimlichen Wünsche gesandt habe, zu wem auch immer, all denen, die sie hören konnten. Was ich damals nicht wusste, war, dass Wünsche vernommen und wahr werden können, aber niemand genau wusste, wann.

Hephaistion wurde mit den höchsten Ehren auf einem riesengroßen Haufen zahlreicher Holzstücke verbrannt, mit Feuer, das den Himmel streichelte und Flammen, die ihn warm aufheizten, um die Unbarmherzigkeit der Götter abzumildern hinsichtlich der abscheulichen Strafe, die sie Alexander auferlegten. Seine Asche wurde von den heldenhaftesten Kämpfern mit einem geschützten Kampfwagen des Königs weggeschafft, der von schwarzen Pferden gezogen wurde, die an Alexanders Bukephalos erinnerten. Seine Überreste brachten sie in eine edle Residenz in Amphipolis. Sie bestatteten ihn in einem königlichen Grab mit allen schmückenden Beigaben, die eines Gottes würdig waren, auf einem Hügel, den die Gabelung eines Flusses umarmte und der im Laufe der Jahrhunderte die Namen Konozos, Palaistinos und schließlich Strymonas tragen würde.

Es dauerte nicht lange, und auch Alexander entschied sich, seine eigene Existenz aufzugeben, um dem Weg seines Geliebten zu folgen. Nicht allein wegen seiner Wunden und der körperlichen Leiden aus den Schlachten und Widrigkeiten der fremden, barbarisch empfundenen Länder; sondern maßgeblich wegen des Leidens seiner Seele, sich so lange ohne ihn am Leben halten zu müssen.

Im Bemühen, meinen Geist von all dem Hass und der Eifersucht zu reinigen, die ich heimlich wegen dieser einzigartigen Beziehung in mir trug, gab ich meinem letzten Kind den Namen seines Geliebten. Das Kind meines Sohnes erhielt denselben Namen, dessen Sohn wiederum und so weiter und so fort durch die Generationen, unentwegt durch die Wirren der Zeit, wo sich im Leben der Menschen die historischen Hintergründe ebenso änderten wie ihre Kleidungsgewohnheiten und täglichen Haushaltsinstrumente. So kam der Tag, als derselbe Name sich in den späten sechziger Jahren des 20. Jahrhunderts auf einem Überseedampfer von Piräus nach Sydney einschiffte.

Ein Jahrzehnt, in dem viele Griechen dem Strudel der Unterdrückung zum Trotz über Berge, Flüsse und Meere auswanderten, um noch einmal in einem andersartigen fernen Land den Versuch zu wagen, sich unabhängig auf die eigenen Füße zu stellen.

In jener Zeit hatten die Griechen längst die Notwendigkeit einer Fülle von Göttern und Halbgöttern vergessen, statt dessen bereits eine wahrhaft volkstümliche, monotheistische, glaubensanfällige Gesellschaft geschaffen. Auch hatte diese neue Religion per Fingerzeig angewiesen, dass ein jeder Mann ein Mädchen heiraten sollte und jedes Mädchen sollte die ideale Hausfrau für ihren Ehemann und Kinder sein. Das waren die Jahre, wo die Vertreter dieses Gottes andere Beziehungen als verabscheuenswürdige Sünde predigten.

*

Ein Jüngling namens Hephaistion wurde in den frühen 1950er Jahren in Hydrama, dem späteren Drama, in Mazedonien, geboren. Erst vor einer Woche wurde er achtzehn Jahre alt. Doch sein Vater hatte es vollbracht, einen Beamten so großzügig zu entlohnen, dass er seines Sohnes Papiere fälschte und ihm zwei zusätzliche Jahre anschrieb, in der Hoffnung, dass der von den Zoll- und Einwanderungsbehörden als gute Arbeitskraft angesehen werden konnte. Diese List würde ihm helfen, in seines Onkels Restaurant im australischen Melbourne den Durchbruch zu schaffen.

Hephaistion war ein starker Bursche mit einem Vater, der das Beste für seinen jungen Sohn wollte. Er schickte ihn fort, damit er seinen eigenen Weg im Leben fände. Nur seine Mutter war untröstlich, aber als sie ihr Kind verabschiedete, nahm sie es als eine wohl weise Entscheidung ihres Mannes. Der Achtzehnjährige benahm sich erwachsen, wie man es ihn gelehrt hatte, rau klang seine Stimme im Bemühen, echte Männer nachzuahmen. Allerdings wusste er, dass alles nur Schein war, um sich zu schützen. Die lange Reise nach Australien war ein himmlisches Geschenk wie es sich seine Eltern nie würden vorstellen können. Es geschah gerade rechtzeitig, dass er begriff, dass die Bräuche, mit denen er aufwuchs, wie eine unerhört drückende Last auf seinen Schultern lasteten, mit der er sich vermutlich niemals würde anfreunden können.

Ein anderes Land schien ein großes Abenteuer zu werden, noch dazu ein fernes Land weit hinter den ihm bekannten Bergen, über Meere und Kontinente, das könnte wunderbar werden.

Er konnte sich nicht vorstellen, wie sich alles in diesem neuen Leben entwickeln würde, er erwartete, härteste Kämpfe austragen zu müssen, in einem Land, in dessen Sprache er nur ein paar Sätze Englisch sprechen und noch weniger verstehen konnte. Seine Eingebung, die Körpersprache, Mimik, Tonfall und Lautschattierung in der Aussprache sowie die Aura der anderen Menschen könnten ihm viel über die Personen erzählen, denen er begegnen und mit denen er sich befassen würde.

Die Überfahrt geschah auf dem Überseedampfer ‚Patris', das Schiff der Erlösung für alle griechischen Auswanderer, die nach Australien reisten. Es war das Tor in ein fernes Land, während alle anderen wie Deutschland und Amerika bereits mit zu vielen von ihnen angefüllt zu sein schienen.

*

Was ich im Laufe der Jahrhunderte bezeugen kann, war die Ähnlichkeit der Augen einiger meiner Ahnen. Wir pflegten zu sagen, dass die Augen den Spiegel unserer Seele tragen, die so einzigartig sind – wie Fingerabdrücke –, so dass es unmöglich scheint, genau das gleiche Augenpaar bei zwei Menschen wiederzufinden. Es sollte fast zwei Jahrtausende dauern, bis sich dieser Kreis vollendens schloss, und ich überraschend schwören kann, dass am Tag seiner Geburt ich ein genau gleiches Paar meiner Augen bei diesem jungen Aussiedler Hephaistion aus Drama feststellte.

*

Die billige Fahrkarte war die wertvollste Geste seines Vaters, gekauft nach vielen Jahren harter Arbeit als Schuster in seiner kleinen Werkstatt. Hephaistion hatte Glück, eine bequeme Koje in den unteren Decks zu bekommen, wo die Ärmeren untergebracht waren, nachdem ein anderer Passagier diese storniert hatte.

Die Nacht, zwei Tage vor ihrer Ankunft am ersehnten Ziel nach drei Wochen des Reisens und der körperlichen Erschöpfung, war ziemlich kühl, als Hephaistion sich entschied, zu einer metallenen Treppe zu gehen, die auf das Deck in die erste Klasse führte.

Er legte seine Wange auf das Geländer, das die Decks voneinander trennte, um sich ein wenig zu entspannen und zu versuchen, von dem Leben zu träumen, das er bald haben würde. "Ich wünschte, ich fände, wonach mein Herz sucht", äußerte er in seiner tiefen

Sehnsucht genau in jener Unendlichkeit von Raum und Zeit, in der seine Wünsche zu hören waren. Inmitten der Dunkelheit tauchte eine andere Hand auf und presste gegen dasselbe Geländer, an das er sich lehnte. Deshalb drehte er sich nur ein wenig, und schaute an der halb beleuchteten Stelle der Metalltreppe in ein Augenpaar, dessen Blick er nicht mehr ausweichen konnte. Die beiden jungen Männer musterten sich eine Weile, bis sie sich, ihres eigenen Daseins bewusst, entspannten und unbegreiflicherweise so fühlten, als würden sie einander schon endlos lange kennen. Im Moment der Befangenheit streckte der Jüngling aus der Oberschicht seinen Arm hinunter, hoffend auf die offenherzige Gegengabe eines festen Händedrucks, wobei er sich vorstellte: „Ich bin Alexander von Serres". Dazu zeigte er ein Lächeln, das Hephaistion, ohne es verstehen oder ergründen zu müssen warum, so sehr überzeugte, dass der andere jemand war, den er wirklich gern wiedersehen würde.

Und so handelten sie dann. Seit diesem Augenblick standen sie die überwiegende Zeit der Reise nur durch das Geländer getrennt und schauten einander an, erzählten ihre Familiengeschichten – reicher oder ärmer, mit ihren finanziellen und gesellschaftlichen Höhen und Tiefen, weswegen sie beide in ein besseres Leben umsiedeln wollten, an einen Ort, wo sie ihre geheimen Wünsche entsprechend verwirklichen könnten.

Sobald sie ausgeschifft wurden, folgte jeder den Wegen des anderen und sie teilten ihr Leben ohne irgendwelche Erklärungen oder das unnötige Vernunftdenken.

*

Nur ich konnte diese Begebenheit wirklich schätzen, weil ich wusste, was die beiden fühlten, ihre übereinstimmenden Empfindungen, Frieden in den Augen eines anderen zu finden, sich zuvor schon in ihren Träumen getroffen hatten, die nun endlich wahr geworden waren.

Und nun, da ich fühle, dass mein Wesen in einem schlussendlichen Dunstdasein verblasst, das an vorbeiziehende Wolken erinnert und diese Geschichte erzählt ist, bevor sie völlig in der dünnen Luft des Nichts verschwindet, da fühle ich mich unendlich erleichtert, zufrieden und heiter, da der Fluch, den ich vor so langer Zeit ausgesprochen habe, tatsächlich die Kraft finden konnte, sich in Liebe zu verwandeln, eine Stärke, die mein alter Körper niemals vorher fühlte ...

Endlich bin ich mit ihm.

Nach dem englischen Original übersetzt von Edit Engelmann, Übertragung von Steffen Marciniak

Gerd Adloff

Drei Momentaufnahmen: Hektor vor Achill

1

So geht das zu:
grad war ich noch der Schrecken
da hat er mich
ein ängstlich zitternd Wild
das geht entgegen seinem Jäger
und kann nicht anders
denn das Bild
das andre von mir machten
bildet mich
und macht den Spielraum eng
der mir noch bleibt:
Ging ich zurück, zerstörte ich das Bild
und blieb nicht länger der ich war
und bin
für diese Leute und für mich
verlör dies Leben
das ich doch gelebt
und geh ich vorwärts, sterbe ich:
dies Leben geht zuend
und bleibt mir nichts
so soll der Nachruhm mir doch bleiben
ich geh voran, viel ist es nicht.

2

Was denk an Tod ich jetzt
an Tote
die müd wie Steine

in den Gräbern schlafen
oder verbrannt sind
ach, die all den dunklen Fluß
hinunterschwammen
manchen schickt ich selber auf die Reise
der Fährmann führt den Nachen gut.

3

Nun stehn wir nah, Achill
mein Feind
ich seh das Weiß in deinem Auge
zu nah für Haß fast
steh ich starr
und seh den Tod, ein Mensch
der Tod.

Gregor Kunz

Aktive Spiegel.
Giorgos Seferis, die Argonauten und die Sprache der Engel

Man könne sich hier verlieren und werde dann verrückt, so S. Man könne auch anfangen zu verstehen. Wir sahen dem Meer zu, das bis Libyen reichen sollte, dann wieder den Eidechsen, die über den Sand rutschten, auf einen Melonenmond zu, Stücke abrissen und wieder davon ruderten, beides mühsam.

    Hier: Das waren grauer Sand und Kies, verbackener Stein, hell in der Sonne und rostfarben, glühend, Wind in Ästen und Insekten; das Meer lag da, eben noch vollkommen und dann wieder nicht, blau und so leer wie der Himmel. Keine Vögel. *Und die Seele/ soll sie sich selbst kennen/ dann im Blick/ auf auch eine Seele ...* So weit war ich gekommen mit den Argonauten und S. und Giorgos Seferis: bis ans Meer. Gelesen hatte ich in den Texten vordem schon, aber es war nichts geblieben, nur ein Wissen: Das gibt's also. Erst hier ging mich der Satz an, setzte sich fest und erschien fortan immer wieder, oft als Frage.

Es hatte hier einen Hafen gegeben, der großen Stadt im Innern der Insel zugehörend; Gesetzestafeln und Statuen hatten gestanden, große Häuser und Hundehütten weithin, Tempel, Kasernen und Bordelle, alles aus Stein. Hafen und Stadt sind seit langem verschwunden unter rotem Sand, zweifarbigem Olivenlaub, blauem Thymian, verschwunden mitsamt ihren weisen Regenten, egozentrischen Krämern, Straßenlaternen, mit den Toten und allen Göttern und fast allen Namen. *Kretas Völkern gebot Idomeneus, kundig der Lanze: Allen, die Knossos bewohnt und das festummauerte Gortyn, Lyktos und Miletos, und das weiße Lykastos, Phästos und Rhythios auch, die volkreichen Städte, und allen andern, die sonst noch Kreta bewohnt in hundert Städten:*

Diesen herrschte voran Idomeneus, kundig der Lanze, auch Meriones, gleich dem männermordenden Ares. Ihnen folgten achtzig dunkle Schiffe. Wohin? In Trojas Verderben, das auch ihr eigenes wurde, mochten sie heimgekehrt sein oder nicht. So sagt es Homer.

Fremd, wie ich war, wusste ich davon, kannte aber keinen der Bäume beim Namen, keinen Berg, keine Straße, keinen Stein. Aber das würde sich ändern. Die Eidechsen waren braun und verschieden groß, mal staubig, mal blank, hatten geknickte oder verkürzte Schwänze, fraßen Melone, und wovor sie Angst hatten, das war nicht ich. Namen sind Griffe an der Welt, und die Sprache der Engel, heißt es, bestünde aus Namen, ausschließlich. Hinten der Berg sah aus wie ein Löwe und rechts der andere wie ein Drache, und das Tier mit den traurig gefletschten Zähnen im Straßengraben hatte ausgesehen wie ein Dachs, tot und vertrocknet.

Von Seferis hatte ich nur den Namen. Aber auch das würde sich ändern. *Und auch die Seele/ soll sie sich kennenlernen/ muss in eine Seele/ schauen:/ den Fremden den Feind sahen wir im Spiegel.* Niemand sieht sich im Spiegel. Fremd, wie ich war, wusste ich nicht, dass Seferis ein Fremder gewesen ist. *Dein Blut gefror manchmal wie der Mond …*

Den Berg am Meer hatte Talos gesehen, der bronzene Wächter der Küste, dreimal am Tag bis zu jenem, der seinen bronzenen Augen die Argo zeigte, darauf noch 44 Männer und eine Frau, Medea, Enkelin der Sonne. Geblendet stürzte der Riese, zerschlug sich den Knöchel und vergoss sein weißes Blut in den Felsen. Ich habe es gesehen. An den Tagen um den Vollmond lag es nachts als Licht an der Küste, eingefasst vom dichten Schwarz der scharfen Schatten … *in der unausschöpflichen Nacht breitete dein Blut/ seine weißen Flügel aus über/ die schwarzen Felsen, die*

Schatten von Bäumen und Häusern/ mit einem schwachen Schein aus unserer Kinderzeit. Und immer dann schrien Leute ihr Leid, ihre Angst, ihre Wünsche in die Brandung, all das, was sie geworden sind und nicht ertragen.

Kinder? Eben nicht. Wenn er *Dein* sagt und wenn er *Blut* sagt, spricht Seferis von Seferis, schreibt eine Erfahrung. Was ich erfahre, wenn ich darin lese, ist noch einmal etwas anderes, Seferis, aufgehoben in der Stimme/Erfahrung und im Vermögen seiner Übersetzer, hier Christian Enzensberger und Asteris Koutoulas. *Dein Blut vereiste einst wie der Mond,/ in einer unerschöpflichen Nacht dein Blut, breitete seine weißen Flügel über/ die schwarzen Felsen die Formen der Bäume und die Häuser/ mit ein wenig Licht aus den Jahren unserer Kindheit.* Nur mehr mit den Augen aufnahmefähig, bin ich bei den Griechen taub und für die Griechen auch noch stumm, ich kann kein Griechisch: *... in jedem Alter ist der Mensch ein Säugling,/ die Sanftheit und das Tierische der Wiege ...* Schade oder auch nicht. Eine Welt ohne Namen ist die Welt zu machender Erfahrung.

Am letzten Tag auf der Insel, in diesem oder einem anderen Jahr, trieben Trümmer auf dem Wasser, weiß und blau bemaltes Holz. Polizisten standen oben am Berg. Es habe Tote gegeben, würde es später heißen, als das Kaiki am Kopf des Drachen zerbrach und die Flüchtlinge im Meer verteilte. Dann, 24 Stunden später, sah ich im Schatten der Fähre eine Schildkröte, einen Rochen und einen Delphin, alle auf dem Weg nach Piräus ...

Was suchen denn unsere Seelen reisend/ auf verfaultem Meergehölz/ von Hafen zu Hafen? Skala tou Vourla, Smyrna, Athen, Paris, London, Athen, London, das albanische Koritza, Athen, Alexandria, Kairo, Pretoria, Cava die Tirreni, Athen, Istanbul, London, Beirut, London, Athen ... Seferis hat es herumgezogen in der Welt wie ehedem Herakles, Iason, Odysseus. *Wir haben das Leben das wir zu leben hatten gelebt*, spricht mit ihren Stimmen die seine. Odysseus, Iason, Herakles hatten nur die Wahl, ihr Schicksal anzunehmen oder zu erleiden, so wie die Götter Homers es ihnen zugesponnen. Seferis hätte anders wählen können, ein anderes Schicksal, unbehelligt von den nunmehr Unzuständigen, den Moiren. War im Spiel ein Spieler, nicht nur Ball, war ein Spieler unter vielen und war ein Objekt wie viele, im Zugriff von Mächten und Menschen, der Geschichte und der Identitäten, Grieche unter Griechen ... Hatte er oder hatte er nicht?

Im August 1914, als wir Smyrna verließen, war ich vierzehn Jahre alt. Ich hatte sehr lebendig das Gefühl in mir, was das heißt: Sklaverei. In den beiden letzten Sommern waren wir nicht in die Sommerfrische an die See gefahren nach Skala tou Vourla, das für mich der einzige Ort war, den ich – selbst jetzt noch – Heimat im ureigentlichen Sinne des Wortes nennen kann: der Ort, wo meine Kinderjahre gewachsen und gediehen waren.

Smyrna, das war die unerträgliche Schule, die toten regnerischen Sonntagnachmittage hinter der Fensterscheibe, das Gefängnis. Eine Welt, unverständlich, unerträglich und verhasst. Skala war alles, was ich liebte.

Dem 1900 unter Osmanischer Herrschaft geborenen Giorgos Seferiades lag der Rechtsanwalt nahe und die Literatur, beides vom begüterten Vater her, der Jurist war und Literat; die Zeiten aber, in denen diese Biografie vorausschauend hätte angelegt werden können, waren vorbei. Was Seferis Sklaverei nennt, eine Atmosphäre der Bedrohung und der begründeten Furcht, vertrieb die Familie nach Athen, in Athen empfing die Türkenbrut Fremdenfeindlichkeit, in Paris waren sie endlich Griechen, Fremde unter Fremden. So ist es für Seferis geblieben, in Athen und in den anderen fremden Städten. Er, der Dichter werden wollte, studierte Jura und wurde 1926 Beamter im auswärtigen Dienst, diente loyal knapp vier Jahrzehnte lang den wechselnden

Cliquen einer politischen Klasse, die er verachtet hat. Und er diente der Dichtung, zwei Herren also, worüber er sich im klaren gewesen ist, mehr oder minder: *Um sich der Sprache widmen zu können, braucht man Geld.*

Distanz wird sein Leben, Herkunft und Heimatlosigkeit, Furcht und Schutzbedürfnis dürften seine Berufswahl bestimmt haben, auch der Wunsch und die Illusion, dennoch dem Lande zu dienen. *In meinem politischen Leben empfand ich, in den meisten Fällen, großen Ekel. Trotzdem habe ich niemals aufgehört, mit der ganzen Wärme meines Herzens an den „Hellenismus", das Griechentum, zu glauben, der die andere Seite meines Humanismus ist, jedenfalls wie ihn mein Charakter und die Zufälle des Lebens geformt haben.*

Seferis lebte in einer Art Spiegelkabinett und in der heroischen Routine einer Doppelexistenz, die zugleich Versteckspiel war. Unter den Fratzen, die er sah, sah er auch sich selbst, notwendigerweise – wäre es anders gewesen, hätte der Apparat ihn ausgeschieden oder gar nicht erst angenommen. Ohne Glauben an eine höhere Instanz hätte er das – und sich - kaum durchgehalten und für die Wahrnehmung seiner selbst, der Griechen wie der Welt, hatte das Folgen.

Im autobiografischen *„Manuskript von 1941"* fallen entsprechende Leerstellen auf. So nimmt er in dieser „Rechenschaft über sein bisheriges Leben" (Gisela von der Trenck) das Problem der sozialen und wirtschaftlichen Struktur Griechenlands kaum zur Kenntnis, und, was noch seltsamer ist, auch von den Verheerungen der Weltwirtschaftskrise nur das augenfälligste Ergebnis wahr, den Wechsel seiner Dienstherren: *in Europa und auf dem Balkan stand die Zeit im Zeichen des Konservatismus und des Despotismus. (...) das griechische Regime war selbst faschistisch.* Auch von seiner Kenntnis der Verfolgungen im Land unter Metaxas zeugen nur einige sehr allgemein gehaltene Bemerkungen.

Zum anderen suchen offensichtlich der Dichter und der um ehrbare Neutralität bemühte, überdies sehr tüchtige Diener gleichermaßen verzweifelt nach menschlicher Größe, nach großen Seelen oder wenigstens politischer Statur. Gesehen haben sie *Mediokritäten*, kleine Figuren, Mittelschichtexistenzen, die alles sein können, weil sie nichts sind: *alle gleich, hohl, unbedeutend, schädlich.*

Vor diesem Hintergrund schreibt er mit griechischem Material und den 4000 Jahren greifbarer Geschichte die Gedichte eines Griechenland, das es nicht gibt, und einer Welt, die es nicht gibt, schreibt er Gegenwelten und wird er von ihnen geschrieben. Vor diesem Hintergrund strahlt die „Dunkelheit" der Gedichte und erklärt sich auch der vergleichsweise schmale Umfang seines Werks. Dieses existenzbelastete Welt-Erschreiben kostet, dieses Bewegen des Materials (Identitäten/Mythen/Geschichte/Bilder …) zehrt und zerrt, und wenn seine Möglichkeiten im Gedicht gültige Realität geworden sind oder Gegen-Realität, aktive Spiegel, verhalten sie sich auch so.

Aber anders wäre es – für Seferis – nicht gegangen und anders wäre von Seferis nichts geblieben. Kunst verträgt keine Unehrlichkeit, das unterscheidet Kunst und Leben. *Wir haben das Leben das wir zu leben hatten gelebt …* Hier spricht ein Wunsch und steht eine Frage: Wir? Wer ist das? Wieder ein Wunsch, der aus der Existenz kommt und auf sie zugreift. Wahl ist wohl nicht das richtige Wort für die Wahl des Giorgos Seferis, und die Moiren, als sie noch zuständig waren, hatten ihr Gutes, sie ließen keinen Platz für Reue.

Den Titel Mythistorima habe ich gewählt, weil ich von einer festen Mythologie offen Gebrauch gemacht habe und weil ich darin, in einer gewissen Folgerichtigkeit, innere Zustände mitteilen wollte, die mit mir sowenig zu tun haben wie die einer Romanfigur. So wird es gewesen sein, aber was hinter dem letzten Komma steht, dementieren die Gedichte. Erschienen ist die Sammlung 1935 in Athen, geschrieben wurden die Texte vermutlich in London. Von einem noch jungen Mann, könnte man sagen, hieße der nicht

Seferis, oder einem lange Alterslosen, wie es die älteren Heroen der Griechen ja waren.

Nur wenige Namen in den 24 Gedichten rufen die Mythen direkt auf, über den Titel oder scheinbar beiläufig im Text gesetzt. Aber in Bild und Narration und wieder in den Titeln entfalten sich Geschichten und Geschichte, die ihrerseits Namen aufrufen, ausgreifend in der Zeit nach beiden Seiten. *Manchmal beweinten Weiber im Elend/ jammernd ihre verlorenen Kinder/ und andere rasten und suchten nach Alexander/ und nach versunkenem Ruhm in der Tiefe von Asien.* Das ist unter anderem Seferis' Gegenwart, die „Kleinasiatische Katastrophe" 1922. Unfähigkeit und Größenwahn führten eine griechische Armee nach Anatolien und in den Untergang, das kleinasiatische Griechenland ging danach blutig zugrunde. 1,5 Millionen Griechen und 500.000 Türken wurden vertrieben, viele umgebracht.

Der Titel *Hydra* verweist auf Herakles und seine Wege in die Anderwelt, die Asche – *was hast du gesucht in der Asche* – ist dann auch die seine. Die versunkene Stadt ist Troja, ist Smyrna, ist Gortyn, verschwunden unter Olivenbäumen, oder dieser riesige Haufen Steine am Rande des Dresdner Hellers, bewachsen mit Ahorn und Eschen. Der Nazarener aber ist der *Nazarener*, das Meer ist das Meer, eben dieses, jetzt und geschlagen von den Rudern der Argonauten. *Das Meer das zu Zeiten deiner Seele so bitter geschmeckt ...* Und, was habe ich denn gesucht in dieser Asche, in diesem Meer und in den Seelen? Oder gefunden anstatt? Verwaistes und Halt, einen Nagel der Argo und Antworten, zu denen die Fragen gefehlt haben.

Die Namen bilden Muster, gruppieren sich um *das Unglück Troja* (weiser Homer!) und das verfluchte Geschlecht der Atriden zum einen, zum anderen weisen sie auf die Wege zwischen den Welten, Leben und Tod, vielfach begangen von Herakles, Iason, Odysseus. Fern bleiben die Namen der Götter, nur die Rasenden,

Rächenden werden genannt, die Unschuld nicht kennen und Schuld niemals vergeben, dem Ödipus nicht, dem Orest und auch sonst niemandem. *Auf die Bahn, und wieder die Bahn, die Bahn,/ wie oft die Umdrehung, wie viele blutige Runden, wie viele/ Reihen schwarz von Menschen die mir zusehen,/ die mir zusahen als ich auf dem Wagen/ leuchtend die Hand hob, und jubelten.* Bei Seferis heißen die Erinyen Eumeniden = die Wohlmeinenden, aus gutem Grund, wie ich glaube, und mit gutem Grund dösen sie vor sich hin, da es Orest ist, der sie umkreist in Athen: *ich heimatlos...*

Seferis ist nicht Orest, aber er scheint sich auszukennen. Und natürlich sind sie da, die Götter, wohlmeinend oder auch nicht. *Das eigentliche Ziel des Dichters ist nicht, die Dinge zu beschreiben, sondern sie benennend zu erschaffen, das ist, denke ich, auch seine größte Freude.* O ja.

In meinem achten Lebensjahr sah ich die Argonauten das erste Mal. Ich bekam die Götter- und Heldengeschichten der Griechen geschenkt, für Kinder erzählt und gedruckt in Rumänien. Sie waren anders, als die Märchen, die ich kannte. Ihnen fehlte dieser Sirupgeschmack und sie nahmen kein Ende, weder im Guten noch im Bösen.

Wenn ich den Argonauten danach begegnet bin – bei Schwab und Hermlin, Kerényi, Müller und Ranke-Graves – waren es immer andere, weniger und mehr, wenngleich immer von Iolkos ausgefahren und angeführt von Iason, diesem seltsamen Helden ... *Gute Jungs waren die Gefährten, sie murrten nicht/ über die Mühsal, nicht über den Durst noch die eisige Kälte/ sie hielten sich nach Art der Bäume und Wogen/ empfingen den Wind und den Regen/ empfingen die Nacht und die Sonne/ ohne sich zu ändern in der Veränderung.*

Herakles und seine kleinere Inkarnation Iason verändern sich zwischen den Welten. Als grimmig Verwandelter kehrt

Herakles aus dem Hades zurück, ein Marodeur und Mörder. Iason pflügt in der Anderwelt bei den Toten und gewinnt das Goldene Vlies, beides nur durch die Hilfe der Medea, an die er verloren geht, von der ersten Begegnung an. Einen Verrat später verliert er Königtum, Frau, Braut und Kinder. Gehasst von Göttern und Menschen, stirbt ein Wrack unterm Wrack der Argo. Sonderbar ähnlich bleibt sich nur der Jüngste der Reisenden, Odysseus, obwohl auch er in den Hades gegangen ist und nun ein zweites Mal sterben muss, wie Kirke, die Sonnentochter sagt, während die andern Menschen nur einmal sterben. Aber es ist viel Tod um ihn, für Feinde, Gegner, Konkurrenten, Freunde und Gefährten, als wäre er, der Verhasste/Zornige, das, was er bringt. *Einmal sangen sie, mit gesenktem Blick/ als wir an der menschenleeren Insel mit den Feigenbäumen vorbeifuhren/ tief im Westen, noch hinter dem Kap der Hunde/ die bellen.*

Seferis spricht nicht von Iason. Aber wer die Mythen aufruft, bekommt sie im Ganzen. So spricht Seferis, wenn er von den Gefährten spricht, auch als Iason und im Namen der 50 Kameraden, der guten minyischen Jungs, von Akastos bis Zetes. Wovon? Gute Gedichte sprechen immer wieder auch von anderem, je nach dem, wann sie wem begegnen, glücklich oder unglücklich. Aber, denke ich nach meiner letzten Begegnung mit den Argonauten des Seferis am Stadtrand von Berlin, im kleinen Meer von Zeuthen, das aus kleinen Würfeln gemacht ist, und unterm Vollmond, der von Talos nichts weiß: Sie sprechen vom Leben des Menschen, und auch davon, dass mit dem menschlichen Schicksal, dem menschlichen Elend würdig umzugehen sei.

Wir fuhren vorbei an vielen Kaps vielen Inseln am Meer/ aus dem das andere Meer kommt, an Möwen und Robben/ an verzweifelten Frauen vorbei, die schluchzend/ um ihre verlorenen Kinder weinten/ und anderen, zornigen, die nach Alexander dem Großen suchten/ und nach Ruhm, versunken in den Ebenen Asiens./ Wir legten an vor Küsten voll nächtlicher Düfte/ mit dem Gesang der Vögel, Wasser, die auf den Händen hinterließen/ die Erinnerung an ein großes Glück./ Aber die Fahrten nahmen kein Ende./ Ihre Seelen wurden eins mit den Rudern und Dollen/ mit dem strengen Gesicht des Bugs/ mit der Rinne des Steuers/ mit dem Wasser, das ihre Gestalt zerbrach./ Die Kameraden endeten einer nach dem anderen/ mit gesenktem Blick. Ihre Ruder/ zeigen die Stellen, wo sie schlafen am Ufer.// Keiner erinnert sich an sie. Gerechtigkeit. Ohne Sinn ist schwer leben.

Peter Nusser

AIAS

Auszug aus der Tragödie „Aias" frei nach Sophokles –Dritte bis Fünfte Szene–

<u>Personen:</u>
Athene
Odysseus
Aias
Seeleute aus Salamis
Tekmessa
Bote des Teukros
Teukros
Menelaos
Agamemnon

Dritte Szene

(Seeleute aus Salamis, der Heimatinsel des Aias, vor seiner Hütte)

Erster Sprecher:
    Aias, wir rufen dich, komm doch heraus.

Zweiter Sprecher:
    Wir möchten wissen, ob es gut dir geht.
    Wir sind um dich in Sorge, Herr.

Dritter Sprecher:
    Du wirst verleumdet. Überall sagt man,
    du habest Vieh getötet, abgeschleppt.
    Wir glauben's nicht.
    Odysseus hetzt hier alle auf.

Erster Sprecher:
    Er sagt, du hättest es getan aus Neid,
    weil er die Waffen des Achill bekam.
    Wir können nichts dagegen tun,
    denn du sprichst nicht mit uns.

Zweiter Sprecher:
    Es kann nicht sein. Denn stets hast du
    die Ehre deines Namens hochgehalten.
    Komm, zeig dich deinen Leuten, sprich mit uns.

(Tekmessa, Aias' Frau, betritt die Szene)

Tekmessa:
    Ihr treuen Freunde aus der Heimat!
    Geflohen bin ich letzte Nacht von hier
    und kehre tief besorgt zurück.

Dritter Sprecher:
    Du geflohen, seine Frau?
    Was weißt du? Sprich, erklär es uns.

Tekmessa:
    Am Abend kam er blutbespritzt zurück,
    von Raserei ergriffen, stammelnd,
    zwei Widder trieb er vor sich her.
    Dem einen schlug den Kopf er ab,
    schnitt ihm die Zunge aus dem Maul;
    den anderen band kopfüber er
    am Pfeiler fest und peitschte ihn,
    stieß Schreie dabei aus, Schmähworte,
    die ganz unverständlich.
    Odysseus, schrie er immer wieder
    und lachte dabei grässlich.

Ich hatte Angst, bin weg.
Ich sehe jetzt nach ihm. Bleibt hier.

(sie geht in die Hütte)

Erster Sprecher:
Ich fürchte mich. Er ist vom Wahn ergriffen.
Was wird mit ihm geschehen, was mit uns,
wenn erst im Lager wird bekannt,
wie er, am Vieh sich rächend,
der Krieger Ehre hat beschmutzt.

Dritter Sprecher:
Wir sollten, ehe dies ein böses Ende nimmt,
auf unsere Schiffe geh'n, zur Flucht bereit.

Zweiter Sprecher:
Das wäre gegen unseren Schwur,
ihm treu zu dienen, beizustehen.
Wir warten, was Tekmessa sagt.

Tekmessa *(kommt aus der Hütte)*:
Er ist ganz ruhig, ganz bei Sinnen jetzt.
Er leidet, ist bestürzt, was er,
so ungehemmt in seiner Wut
mit all den Tieren angerichtet hat.
Jetzt ist er nicht mehr krank,
jetzt ist er abgestürzt ins Unglück.
Jetzt fragt er mich, in welche Sache
er so ohne Schuld geraten sei.
Er weiß nicht, wie ihm das geschah.
Er jammert. Hört ihr ihn?

(wütende Klageschreie aus der Hütte)

Erster Sprecher:
    Es hört sich an wie Wutgeschrei.
    Doch wenn er wütend ist nach solcher Tat,
    so richtet seine Wut sich auf ihn selbst.
    Ich fürchte, er hat Schlimmes vor.

Aias *(aus der Hütte)*:
    O weh! Weh mir!

Tekmessa:
    Vielleicht bringt ihr die Ruhe ihm zurück.
    Ich bitt' euch, geht hinein zu ihm.
    Ich öffne euch. Geht nur.

(Sie öffnet die Tür; das Innere der Hütte wird sichtbar; das Mobiliar blutverschmiert, Fleischfetzen überall; Aias verwildert)

Aias:
    Was wollt ihr? Helfen könnt ihr nicht.
    Denn töten muss ich mich allein!

Zweiter Sprecher:
    Sprich nicht so frevlerisch.
    Ein neues Übel heilt das erste nicht.

Aias:
    Du weißt doch, wer ich bin.
    Ich, Aias, unerschrocken, kühn,
    der Schrecken meiner Feinde.
    Und nun? Nun werd ich zum Gespött
    als einer, der hilfloses Vieh abschlachtet.
    Wer hat mich nur so handeln lassen?
    Bin ich das selbst? So ehrlos, niederträchtig?
    Ich habe keinen Platz mehr hier. Ich töte mich.

Tekmessa:
>Sag das doch nicht. Komm zur Vernunft.
>Bei allen Göttern, gib doch nach.
>Was zählt denn Ehre? Du sollst leben!
>Wie soll auch ich denn leben ohne dich?
>Und wie Eurysakes, dein Sohn?

Aias:
>Ich Unglücklicher! Statt Odysseus,
>den verhassten, statt das Brüderpaar,
>das ihn so schützt, erschlug ich Ziegen, Schafe.
>O Schande, Schande über mich.

Tekmessa:
>So rede doch nicht immer nur von Schande.
>Was wird denn besser, wenn du stirbst?

Aias:
>Sei still. Du störst nur meinen Schmerz.
>Ich bin den Menschen nichts mehr wert.

Tekmessa:
>Den Menschen? Diesen Ungeheuern hier,
>die nichts als Kampfeslust und Mord
>in ihren kleinen Hirnen haben, ihren Stolz,
>und gar nicht wissen, was der Sinn
>des Kampfes ist. Doch nicht etwa Helena.
>Um eure Machtgelüste geht es,
>um nichts anderes. Das ist die Schande,
>die ihr nicht erkennt.

Aias:
>Verwirr mich nicht. Geh weg.
>Weh mir! Einst war ich Held vor Troja, der

mit Hektor kämpfte. Jetzt lieg am Boden ich,
verachtet und, viel schlimmer noch, verlacht
von allen Kampfgenossen.
O, welche Schande, Götter,
habt ihr über mich gebracht.
Und jetzt? Was soll ich tun?
Soll ich nach Hause fahren, übers Meer,
dem Vater, Telamon, selbst einst ein Held,
ins Auge blicken, ohne Ehrenpreis?
Nein. Schändlich ist's für einen großen Mann,
an's Leben nur zu denken, ein Leben nur
zu führen ohne Ruhm und Anerkennung.

Tekmessa:
Ich fleh' dich an. Ich hab dein Bett
mit dir geteilt. Wie würdest du dich grämen,
wenn ein anderer, einer aus der Sippschaft der
Atriden mich zur Bettgenossin zwänge.
Denn wenn du stirbst, ergriffen sie mich
mit Gewalt. Sie würden mich missbrauchen,
nur um dich zu schmähen. So würd'
im Tode noch die Ehre dir genommen.
Und denke auch an deinen Vater Telamon,
der hoch im Alter ganz auf deinen Schutz
verzichten müsste; klagend, dass sein Sohn
mutwillig ihn verließ. Hab Mitleid auch
mit deinem eigenen Kind, das ohne Vater,
ganz ohne Vorbild, ohne Sicherheit,
von Weiberhand allein gelenkt,
zum edlen Mann wohl niemals reifen würde.

Aias:
Du machst das Herz mir schwer.

Tekmessa:
> Aus Güte nur wird Güte immer neu erzeugt.

Aias:
> Doch Güte ist nicht, was im Leben uns regiert.
> Es ist der Hass, der Neid, die Gier nach Macht.
> Und über allem der Triumph, wenn nach
> dem Kampf der Feind besiegt am Boden liegt.
> In solchem harten Leben lebe ich.
> In solchem Leben bin zum Helden ich geworden.
> Ganz ehrlos wär's, mich selber zu verleugnen.
> Die Schande wird allein durch einen frei
> gewählten Tod von mir genommen.
> Wer Fehler macht, muss für sie gerade stehen.
> Es ziemt sich auch nicht für den Arzt,
> zu klagen bei der Wunde, die
> den scharfen Schnitt verlangt.

(Tekmessa, die Seeleute und Aias in verschiedenen Richtungen ab.)

Vierte Szene

(Aias tritt wieder auf, das Schwert in der Hand)

Aias:
> Wie bring ich's meinen Freunden bei!?

(Er setzt sich; Tekmessa kommt hinzu und kauert sich zu seinen Füßen nieder)

> Auch ich, der ich mich hart wie Eisen zeigte,
> lass mich durch Worte wohl erweichen.
> Ich fühle Mitleid, Weib, mit dir,
> wenn du als Witwe mit dem Sohn

bei meinen Feinden bleiben musst.
Ein Sühnebad kann, denk ich nun, genügen,
die Schande von mir abzuwaschen.
Und auf dem Weg dorthin werd ich
dies Schwert vergraben – tief an einem Platz,
an dem es niemand sehen wird.
Dort können Nacht und Hades es bewahren.
Denn seit ich es von Hektor als Geschenk
nach meinem Kampf mit ihm erhielt,
bekam ich von den Griechen nichts,
was meiner wert gewesen.
Nie dankten sie mir meine Tapferkeit.
Es scheint das Sprichwort wahr,
dass Feindesgaben Unglücksgaben sind.
Und ich, der Stärkste aller Krieger,
hab den Atriden, Menelaos, Agamemnon,
stets nachgegeben. Auch ich bin Grieche zwar,
aus Salamis, sie aber sind die Herrscher,
mit hohen Ämtern, größerer Gewalt.
Besonnen also will ich sein, bereit sein,
meine Hilfe weiter ihnen zu erweisen,
weil auch so sehr Verhasste –
zu Freunden wieder werden können.

(schüttelt sich vor den eigenen Worten)

Ich gehe jetzt dorthin, wohin ich gehen muss.
Sag meinem Bruder Teukros, wenn er kommt,
er solle für uns alle sorgen. Vielleicht
könnt ihr von mir bald hören, dass ich,
auch wenn das Unglück bei mir ist,
gerettet bin.

(Er geht ab ins Freie; Tekmessa springt freudig auf)

Tekmessa:
> Ihr Freunde aus Salamis, kommt.
> Aias bleibt uns am Leben.

(Seeleute kommen auf die Bühne)

Erster Sprecher:
> Was sagst du da? Ich glaub es nicht.

Tekmessa *(vor Freude hüpfend)*:
> Ja, es ist wahr. Er hat es mir gesagt.
> Kommt. Macht Musik und lasst uns tanzen.
> Ein Übermaß an Freude gibt mir Flügel.
> Io, io, Pan, Pan, io, io!
> Aias hat sich besonnen.

(Tanzszene; Gesang; evtl. griechische Volksmusik)
(Krüge werden herumgereicht; Bote des Teukros erscheint)

Bote des Teukros:
> Was für unangemessenen Jubel hör ich hier.
> Seid einmal still. Ich komm von Teukros.
> Er ist besorgt um Aias, seinen Bruder.
> Die Feldherrn haben ihn mit Missgunst nur
> begrüßt und Aias wüst beschimpft, hohnlachend
> ihm von dessen Wahn erzählt.
> Sie wollen ihn nicht zu euch lassen.
> So komme ich nun als sein Bote.
> In seine Hütte sollt ihr Aias sperren.
> Er kenne seinen Bruder, sagt Teukros.
> Ihr sollt sein Leben sichern.

Tekmessa:
> Wir wissen schon, was Teukros fürchtet.

Doch sei nur unbesorgt. Aias ist bald zurück.
Er wäscht die Schande, die er über sich
gebracht, da hinten irgendwo am Flusse fort.
Wir freuen uns, tanz doch mit uns.

(Bote bleibt abseits stehen, während die anderen weiter tanzen und singen.)

Fünfte Szene

(Szenenwechsel, Aias allein zwischen Gehölz, mit dem Schwert in der Hand; gräbt es mit der Spitze nach oben in den Boden. Im Hintergrund die Musik und der Gesang Tekmessas und der Seeleute)

Aias:
Der Mordstahl steht.
In Trojas mir verhasstem Land.
Nur eine Bitte, Zeus:
Lass Teukros mich zu Grabe tragen.
Von Hunden will ich nicht zerstückelt werden.
Lass schnell mich sterben, wenn ich gleich
mit schnellem Sprung ins Schwert mich stürze.
Und melde meinem Vater mein Geschick.
Mein Salamis, mein heimatliches Land,
das ich nicht wiedersehen werde.
Dir gilt mein letzter Gruß.
Tod, komm' jetzt her und sieh mich an!

(Er stürzt sich in sein Schwert, während im Hintergrund der Jubelgesang Tekmessas und der Seeleute anschwillt.)

Detlev Block

Himmelsjäger Orion und sein Hund oder Der gestirnte Himmel

Wunderbar ist es, wenn es an einem klaren, wolkenlosen Spätnachmittagshimmel über Stadt und Land langsam Abend wird. Die Sonne feiert Abschied und schmückt sich mit einem warmen Goldrot, das die Augen nicht mehr blendet. Viel deutlicher als am helllichten Tag gibt sie ihre Gestalt als ein feuriger Gasball zu erkennen, der langsam hinübergleitet zu den anderen Ländern fern im Westen und dort den Morgen heraufführt. Wo sie im Untergehen begriffen ist, legt sich ein feiner Rosastreif über den Horizont, der noch eine Zeitlang nachglüht, ehe er in der blaugrünen Dämmerung erlischt.

Das ist die Stunde der Sterne. Nach und nach geben sie sich zu erkennen: zuerst die Sterne erster Größe, dann allmählich die vertrauten Sterngruppen und Sternbilder. In unserer Zeit, in der Städte, Ortschaften und Straßen abends hell erleuchtet sind, muss man schon dunklere Ausblicke auf einen noch nicht von künstlichem Licht verschmutzten Himmel suchen, um in den Genuss der Sterne und Sternbilder zu kommen.

Den *Großen Wagen*, der ein Teil des Sternbildes des *Großen Bären* ist, werden viele zuerst suchen und erkennen, denn er ist wohl die volkstümlichste der Sternengruppen. Der Große Wagen scheint um den Polarstern zu kreisen, der der letzte Deichselstern des *Kleinen Wagens* ist. Wenn wir den Abstand der beiden letzten Kastensterne des Großen Wagens etwa um das Fünffache über sich hinaus verlängern, stoßen wir auf den Polarstern, den Mittelpunkt unseres nördlichen Sternenhimmels.

Unsere – gedachte – Erdachse weist in seine Richtung, und da sich die Erde in 24 Stunden einmal um sich selbst dreht, haben wir den Eindruck, dass sich die Sterne der Nacht alle um den

Polarstern drehen. In Wirklichkeit spiegelt die scheinbare Drehung der Sterne nur die Drehung der Erde um sich selbst wieder.

Die Sterne und Sternbilder, die sich in der Polarzone befinden, können wir bei klarem Wetter zu jeder Jahreszeit am Himmel sehen. Sie heißen darum Zirkumpolarsterne. Dazu gehören zum Beispiel das Sternbild der *Kassiopeia*, das wie ein gedrucktes Himmel-„W" aussieht und gegenüber vom Großen Wagen um den Polarstern schwingt, aber auch, in der anderen Himmelsachse gegenüberliegend, der helle Stern *Capella* im Sternbild *Fuhrmann* und der ebenso helle Stern *Wega* im Sternbild *Leier*.

Alle weiteren Sterne und Sternbilder sehen wir nur zu bestimmten Jahreszeiten, da sie im Wechsel von Frühling, Sommer, Herbst und Winter auf- und untergehen.

Im Winter steht hoch im Süden der herrliche Himmelsjäger *Orion* mit der gelbroten *Beteigeuze* als linkem Schulterstern und dem blauweißen *Rigel* als rechtem Fußstern; und dem Orion zur Seite strahlen der *Sirius* im *Großen Hund*, der hellste Stern des Winterhimmels, und der *Procyon* im *Kleinen Hund*.

Im Sommer funkeln hoch im Süden die drei Sterne des Sommerdreiecks: der *Deneb* im *Schwan*, die *Wega* in der *Leier* und der *Atair* im *Adler*.

Aber auch ohne nähere Kenntnis der Namen der Sterne und Sternbilder ist es ein Erlebnis der besonderen Art, den Blick zu den Sternen zu erheben und die Weite und Tiefe des Weltraums auf sich wirken zu lassen., Da mag das Kinderlied in den Sinn kommen – Weißt du, wie viel Sternlein stehen … – oder Psalm 8:

Ich bestaune den Himmel, den du gemacht hast,
Mond und Sterne auf ihren Bahnen:
Wie klein ist da der Mensch!
Und doch gibst du dich mit ihm ab!

Alle Sterne, die wir abends am Himmel sehen – abgesehen von den Planeten, den Geschwistern unserer Erde, die wir nur zu besonderen Zeiten sehen können –, sind ferne Sonnen, Sonnen wie unsere Sonne, Sonnen unvergleichlich viel größer als unsere Sonne.

Nehmen wir einen Feldstecher zur Hand und richten ihn auf den offenen Sternenhaufen der *Plejaden* im Sternbild *Stier*: Welch ein Gedränge goldener Sonnen entwickelt sich da vor unseren Augen! Kein Fernsehen, kein Farbdia, kein Bildband ersetzt uns dieses selbst erlebte Schauspiel.

Oder sehen wir uns den *Orionnebel* in einem Nachtglas an: Wir schauen in eine Geburtskammer des Weltalls, in der neue, gleißende Sterne entstehen. Ich sehe darin: Der Schöpfer, dem ich mein Leben verdanke, ist größer und die Welt reicher, als ich es mir in meinen kühnsten Stunden vorgestellt habe.

Mir scheint, wir machen uns die großen Zusammenhänge, in denen wir leben, zu wenig bewusst. Würden wir uns im Alltag öfter Zeit für einen befreienden Blick zum Himmel nehmen, wir würden aufatmen und staunen und dabei Abstand gewinnen zu uns selbst.

Vergessen wir auch nicht, den *Andromedanebel* ausfindig zu machen, den wir schon mit bloßen Augen erkennen können. Er ist eigentlich gar kein Nebel, sondern eine riesige Ansammlung von Sternen und Sternsystemen, eine Schwester unserer Milchstraße, das heißt: derjenigen Galaxie, in der wir mit unserem Sonnensystem kreisen. Über zwei Millionen Jahre braucht das Licht, das in jeder Sekunde knapp 300000 Kilometer zurücklegt, auf dem Weg von jenem mattschimmernden „Wölkchen", das wir Andromedanebel nennen, bis zu uns!

Wie unermesslich ist das Universum, wie winzig die Erde! Monde umkreisen Planeten, Planeten umkreisen Sonnen. Milliarden von Sonnen bilden eine Galaxie. Viele Galaxien ordnen sich zu Galaxie-Haufen und die wiederum zu Super-Haufen – wo will das hinaus?

Manche Forscher sprechen schon von mehreren Universen, Multiversen, die sich nach- und auch miteinander ausdehnen wie Blasen und wieder vergehen. Ich sehe: Die Werkstatt des Schöpfers weitet sich ins Unabsehbare und nur einen kleinen Teil ihrer Ordnung und Geschichte erkenne ich mit Staunen und Bewunderung.

Flögen wir in Gedanken nur ein Stück weit in den Raum und wendeten uns um – ein zitternder, schwacher Lichtstrahl umfasste alles Glück und Leid der Menschheit auf dem Planeten Erde. Und flögen wir weiter, so würde das geborgte Licht unseres Planeten endgültig in der Unermesslichkeit des Alls verlöschen. Schon jenseits des Sirius weiß niemand mehr etwas von der Existenz der Erde.

Schon diese Gedankenübung kann mich wappnen vor Überheblichkeit und Egoismus, vor der Blindheit, mich selbst zu wichtig zu nehmen. Sie rückt die irdischen Dinge unbestechlich ins Lot.

Sind wir Menschen allein im Kosmos? Oder haben wir vielleicht in den Tiefen des Universums Geschwister? Sollte das Leben wirklich nur einmal Fuß gefasst haben und die bewohnte Erde mitten in dem Schneegestöber der Milliarden und Abermilliarden Sternsysteme die einzige Ausnahme sein?

Unter dem leuchtenden Sternenhimmel wird die Frage nach dem Leben zum faszinierenden Geheimnis, und manchen überkommt wohl mit einem Mal ein unsägliches Glücks- und Dankesgefühl, teilhaben zu dürfen an der trotz allem wunderbaren Bevorzugung, leben zu dürfen und Mensch zu sein.

*

Die Namen der Sterne und der Sternbilder gehen vielfach auf die alte griechische, römische und arabische Zeit zurück und damit auch auf sternmythologische Benennungen. Der Augsburger Rechtsanwalt Johann Bayer (1572-1625) führte in einem Sternatlas erstmals für die helleren Sterne in einem Sternbild altgriechische Buchstaben ein. Der hellste Alpha-Stern im Sternbild des

Großen Hundes, ist sogar der hellste Stern, den wir von der Erde aus beobachten können. Der Name Sirius kommt wahrscheinlich aus der Sternkunde Alt-Babyloniens und bedeutet soviel wie „Bogenstern". In Winter- und frühen Frühlingsnächten strahlt der Sirius, der 8,7 Lichtjahre von uns entfernt ist und dessen absolute Leuchtkraft 23-mal größer ist als die unserer Sonne, am Rand der Milchstraße auffallend hell.

Im Altertum setzte man die Gestirne mit Göttern und Dämonen gleich, entwickelte daraus einen Astralkult, der die Grundlagen für die spätere Sterndeutung (Astrologie) lieferte, die bis heute in Zeitungen und anderen Veröffentlichungen fortlebt, aber nichts mit der wissenschaftlichen Befassung mit den Sternen (Astronomie) zu tun hat. Bereits im 8. Jh. v. Chr. verarbeiteten die griechischen Dichter Homer und Hesiod den Sirius poetisch. Er war der einzige Fixstern, der in der griechischen Antike dauerhaft kultisch verehrt wurde. Sein heliakischer Aufstieg um den 20. Juli galt als böses Zeichen, da er als Bote peinigend empfundener Sommerhitze galt. Diese wird volkstümlich bis heute „Hundstage" genannt, nach Homers Bezeichnung für den Sirius als „Orions Hund".

Welcher Orions Hund genannt wird unter den Menschen;
Hell zwar glänzt er hervor, doch zum schädlichen Zeichen geordnet,
Denn er bringt ausdörrende Glut den elenden Menschen.

Homer: Ilias (XXII 29–31) - (Übs.: J.H. Voss)

Peter Völker

Gesang des jungen Paris

Dem Schwalbenflug
nachgeahmt erhebe
ich mich, segele über
Hänge und Herden
den Gipfeln zu, die
Federn gewärmt
vom Sonnenwind
des Tages,
Ikarus gleich.
Der Flügelschlag
eines Falken berührt mich.

Freudig und klar
das gefiederte
Denken aus dem
Käfig entlassen.
Meckern verhallt
über dürrem Gras
im Wachtraum meines
jungen Lebens.

Im Sturzflug
die Wipfel der
Ölbäume gestreift,
der spielende,
lustvolle Körper,
Übung für einen
kommenden Wettstreit.

Freundelos die
Augenblicke gesammelt
im Angesicht
einsamer Berge;
zusammengefügt und
angereichert mit
eigener Fantasie
das Lebensglück.

Manchmal im Zwielicht
der späten Stunde
verirrt sich
das Hirtenleben
in Traumbildern,
bilden sich aus
Schluchtwänden Mauern,
richten sich auf, die
Ziegen, wandeln sich
zu geschwätzigen
Tuchhändlern, die
Bergwiesen zu
Marktplätzen und
Schildkröten zu
stolzen Kriegern,
und ein fremder
Held rüstet
in der Ferne
zur Schlacht.

Dann scheint eine
Frau um mich,
so erhaben und
schön wie das
Rosengewächs,

lockt mich in die
glänzende Tiefe.
Ich aber trotze unverführt
der Versuchung, ahne
das Unvermeidliche.

Gesang des alten Achilleus

Zwischen dem Rot
des Morgens und dem
des scheidenden Tages
hebt sich mein Geist
in frische Lüfte,
befreit von Gier
und Macht,
dem Himmelsdach entgegen.

Die Pflanzen, Tiere
und die Elemente
sind Freunde mir
geworden am Ende
meiner Tage.

Ein Falke fliegt
mir auf den Arm
als sei´s ein Freund
aus längst verflossener Zeit.

Wo ist die Qual
nach Ruhm nur
hingeflogen? War je
die Sucht der Eitelkeit
ein Teil von mir?

Ich führ' die Hand
zu sanften Federn
und streichele die
eig'ne Seele,
entlasse sie von Ehrgeiz frei.

Ein Regensturz
beschenkt das
trock'ne Land.
In einer Lache kämpft ein Käfer
gegen das Ertrinken.
Ich reiche ihm die welke Haut.
Ich war zum Held bestimmt
und lebe nun als Hirte
dem Tod entgegen.

Thanasis Triantafyllou

Im Namen von Theseus
19 Betrachtungen einer Heldenreise

1
Wenn ein Mensch glücklich ist, dann staunt er aus weit aufgerissenen Augen. Er sieht viel mehr von dem, was ihm das Leben zeigt. Seine Beziehung zum Leben wird intimer. Wenn er das Meer sieht, dann schaut er viel mehr als nur Wasser. Er sieht wie sich Wasser und Himmel am Horizont küssen, um Fische zu zeugen. Er sieht wie Erde und Sonne, Sterne und Mond sich verbinden, und die Natur zeugen.

Ob der übergroßen Freude vergisst er auf dem Schiff seiner Heldenreise das Hissen der weißen Segel, wie Theseus, um den anderen seinen Erfolg mitzuteilen. Warum brauchen sie nur immer ein Zeichen?

2
Oft ist es schwierig, Schlafen und Wachsein auseinander zu halten. Ich kann schläfrig hin und her durch die Stadt fahren und träumend gehe ich meiner Arbeit nach. Ich kann ein volles Programm haben, ein viel beschäftigter Mensch sein, mit Recht und Erfolg. Im Land meiner Träume bin ich wahrscheinlich ein König. Ich träume von Reichtümern, wenn ich an der Börse spekuliere. Der Traum ist meine Alternative zur Wirklichkeit. Einst mit den Göttern tauchte jene Macht auf, die dem Menschen gab, was er brauchte, und die zugleich den Verkehrssünder zu einer Geldstrafe verdonnert. Der Mensch scheint laufend andere Optionen zu ahnen, bevor er eine davon verwirklicht. Vor dem Bildschirm oder im Kampf mit mir erwachen blitzartig neue Wege; zum Leben ohne Entbehrungen und ohne die Huldigung fremder Mächte. So kam es im letzten Jahr dazu, dass ich zaghaft beschloss, mich von all dem zu befreien, was an mir nagt und mein Sein erschwert, um endlich zu leben, was ich bin.

3
Schenke ich dem Glauben meine Kraft oder erprobe ich sie? Hierzulande fehlen all jene, die an Wunder glauben und darüber sprechen. Alle krabbeln, tüfteln, basteln, klettern, tauchen, gehen oder fahren – ohne zu wissen was sie tun. Es ist außergewöhnlich, deine dir eigene Mundart authentisch zu sprechen. Alle Menschen wären einzigartig, wenn sie die Dinge so ausdrückten.

4
Der in seinen Körper Gefesselte durchläuft eine Transformation durch mehrere Wandlungen: als Rebell, Revolutionär, Visionär oder Pionier. Aus drückenden Schmerzen destilliert er seinen Kampfeswillen, mit der Begeisterung einer jugendlichen Inspiration bricht er aus zum Heben und Meißeln des eigenen Glücks, heraus aus dem täglichen Geleise. Wenn er scheitert, bleibt er in der engen Haut seiner Kindheit stecken – für immer.

Mein Geist verfing sich täglich in den Fesseln allzumenschlicher Angelegenheiten, wo ich doch an den strengen Gesetzmäßigkeiten meiner Existenz unverbindlich vorbei gehen wollte. So durchlitt ich die dreifache Trennung. Als erstes verpflichtete ich mich. Das erkannte ich, weil ich mit den Konsequenzen meiner Handlungen zurechtkommen musste. Ich kann mich an meine Entfesselungskunst wagen, wenn ich ein Zauberer werde.

Weswegen konnte sich Morgan Freeman befreien? Weil er die Figur des Ellis Boyd Redding wählte, sie spielte. So bricht er immer wieder mit jedem aus, der sich mit der Rolle des zu lebenslanger Haft Verurteilten und mit dessen Freundschaft zu seinem Mithäftling identifiziert. Jede Phase braucht eine Freundschaft.

5
Wir sind bei den täglichen Proben nicht nur einfach da, um das Stück zu üben, das, was unser Drehbuch uns gerade abverlangt, sondern wesentlich um zu lernen, mit sich selbst als Mensch und

miteinander umzugehen. Das sind Fesseln, die müssen nicht gesprengt werden, um wahre Befreiung zu erleben. Tatsächlich gehört beides zusammen. Es ist eine mystische Erfahrung, wenn die Bereitschaft vorhanden ist, sich nicht mehr mit der Geschichte, die alles formt zu identifizieren, wohl aber mit dem großartigen Akt der willkürlichen Aufmerksamkeit eines ungebundenen Geistes, sich auf das Einzuschränkende einzulassen.

6
Mein Körper zwingt mich, ein neues Leben zu beginnen. Erst in der Gefangenschaft fand ich endlich Zeit, mich wirklich zu entdecken.

„Lieber hätte ich Offizier werden sollen – mir dieses Leiden erspart". So trat ich auf der Stelle, bis die Zeit ihre Arbeit an mir vollbrachte. – Eine neue Stimme, neu wie der Donner durch den Blitz, schreit aus mir: „Jetzt will ich mein Leben zurück."

Alles scheint klar und einfach, aber bis alles ins Licht stürzt, muss die Zeit in meinem Labyrinth ihre Irrwege verrichten. Sie sät den Preis, damit ich den Wert ernte.

Die Zeit hat mich benetzt, einen Gedanken anzuzünden, dann noch einen und noch einen …

7
Ein Olivenbaum wächst langsam und lebt lang.

Der König von Babylon kletterte auf den Turm, um den Himmel zu erreichen. Da er sich für den größten und mächtigsten König der Welt hielt, ließ er sich diesen gewaltigen Turm bauen, der bis zum Himmel reichen sollte. Als er einen Pfeil gen Himmel schoss, antwortete das himmlische Gewölbe mit einem Blitz. Wenn die Menschen ihren eingeschränkten Verstand verlieren, dann sind sie nur am Anfang verwirrt. Sie erkennen sich selbst, denn jeder von ihnen spricht seine eigene Sprache.

Der Prophet Moses beschritt dagegen einen langen Weg. Gott ruft ihn. Schließlich, am brennenden Busch begegnete Moses Gott.

Daraufhin befreite Moses die Menschen, die in einem fremden Land Untertanen waren und führte sie über das Meer in ein neues Land, ein Land, wo sie alles selbst aufbauen sollten. Im Gegensatz zum König von Babylon gelang es Moses, durch den Ausbruch aus dem Alten, frei zu werden. Er befreite sich von seinem Amt, dem fremden Königshaus. Moses wird neuerlich unabhängig und mündig. Er beschreitet den Weg des eigenen Lebens und begegnet einem neuen Gott, der ihm nun zur Seite steht.

8
Niemand kann das Versprechen eines Wunders in der Zukunft aus eigener Kraft einlösen. Kraft kann Nützliches nur mit dem Wissen der Zeit bewirken.

9
Zu Krisenzeiten wird offensichtlich, dass der Mensch leiden kann. Ob er darauf Einfluss hat oder haben kann?

10
Die Beziehung zum Publikum und die Beziehung zum bestimmten Anderen – die Welt ist eine Leiter, ein ausgeklügeltes System, um die Aufmerksamkeit zu verfeinern und ein Weg zum Glück. Gelegentliche Gewissheit ist nur ein Nebeneffekt.

11
Ich weiß nicht wie es geschah. Ich schloss die Augen und erblickte ein anderes Licht. Erst später konnte ich Farben in ihm erkennen und Formen unterscheiden. Auf Augenhöhe erstreckte sich ein weiter Horizont. Früher ging ich davon aus, dass der Himmel mit seiner Kuppel die Erde einschloss. An diesem Tag erkannte ich, dass in Wahrheit der Horizont den Himmel verschlingt und mir die Erde entgegen bringt. Der Horizont und ich, wir sind die neuen Maßstäbe meines Lebens.

12
Um frei zu werden muss ich mich ausdehnen, einen Ort finden, um mein Sein frei schweben zu lassen. Die Sinnlosigkeit der Liebe in Fesseln, eines Lebens in Vorschriften und dem Lernen durch Regeln sind mir schon nach dreißig Äonen voll bewusst geworden. Jede Bewegung im Exil der eigenen Seele strengt an, kostet mich wertvolle Kraft, die ich jetzt brauche, um die Heimat zu erreichen und das Herz ausströmen zu lassen. Wenn ich eine Möglichkeit finde, mich in der Stille zu erholen und im Glück zu verweilen: ‚Nutze jede Gelegenheit, sie ist flüchtig!'. Das ist der Raum, den meine Seele sucht.

13
Einst ein Knabe noch, verließ ich den Heimatort und meine Kindheit, um das Erwachsenwerden zu meiden und den dortigen Regeln auszuweichen. Ich konnte noch nicht auf den eigenen Beinen stehen und befasste mich schon mit dem Ausloten der Grenzen des Körpers im Laufen, Klettern und Springen.

14
Keineswegs muss hier zwangsläufig ein Schwächerer der Gewalt des Mächtigen unterliegen, vielmehr zeigt sich ein Paradebeispiel, wie man sich die alles übersteigende Kraft, eingewoben in der ausgehöhlten Zeit, zunutze macht. Man spürt die Kraft, die dem Menschen zur Verfügung steht, und wie ihn jene, die ihn zeugte, noch einmal schmückend übertrifft. Wenn dieser Mensch nur zu vollenden vermag, zu trotzen und zu fliehen den allgemeinen Anschauungen des Alltags zu Pessimismus, Katastrophe oder Flucht. Das liegt dem Menschen nah, mehr als jedem anderen Naturwesen. Gegen die Schwerkraft sich auszustrecken, sich entgegen der Trägheit fortzubewegen, um das Leben als immerwährende Bewegung weiterzuführen, dabei aber seine Träume dem Glauben, dem Zufall, einem vorgelegten Lebensentwurf geheuchelt vorgelebter Tugendhaftigkeit, bewacht

durch das unausweichliche Schicksal, anzuvertrauen oder aufzuopfern.

Sichtbar wird eine mythologische Gestalt zu Ehren theoretischer Kühnheit, wegen der man sich zu einem solch unbequemen Wagnis entschließt, sich von den hohen Uraniden herab wendet, dem leidvollen irdischen Leben mit all seinen Einschränkungen zu, um dann auf fremde Hilfe angewiesen zu sein, überhaupt je wieder frei zu kommen. Theoretische Kühnheit und wahre Leidenschaft haben sich in dieser mythischen Gestalt mindestens ebenso wirksam gebildet, wie die arrogante Spottlust der temporären Allmacht gegenüber einem solch absurden Weisen, die sich später als fatale Macht bedingter Ignoranz erweist.

Wenn man seine eigene Geschichte liest, erwischt man sich bei dem Eingeständnis, dass man das, was man verstanden hat, vortrefflich findet, und ahnt, dass das, was man nicht verstanden hat, noch unbegreiflicher ist. Aber es bedarf eines meisterhaften Seelentänzers, um eine solche psychische Leistung zu vollbringen, oder doch die Anwesenheit eines kosmischen Narren. Dessen Stil war von vornherein das Paradox, die überraschende Wendung, wo noch jeder sagt, so findet er das Unfassbare nie. Es gilt, die allgemeine tägliche Erwartung zu brechen und auf diese Weise neue Denkhorizonte zu öffnen.

Bis man dem begegnet, mag man denken: die Stärke steuert den Blitz, der alles vermag. Dabei braucht der Blitz den Donner nicht. Im Gegenteil, er schafft den Donner und genauso gibt er seine Macht weiter. Der Blitz liebt den Kontrast und gibt sich in spannungsvoller Widersprüchlichkeit zu erkennen. So erhellt er die Nacht und verändert blitzartig alles zum Gegenteil.

Dieses plötzliche Feuer zündet sich auch im menschlichen Geist an und ist durch irgendeine herrschsüchtige Macht nicht mehr auszulöschen. Von Augenblick zu Augenblick kann immer aus dem bekannten Einen sein Gegenteil werden. Niemand vermag zu sagen, worin sein Wesen besteht oder wie sein nächster

Auftritt aussehen wird, und diese irritierende Erwartung bestärkt durchaus die Faszination seiner Kraft. Sie ist unabwendbar als transformierende Kraft und übertrifft alle Stärke. Sie bekommt in jeder Epoche einen neuen Namen. Zudem steht sie Pate für die eigentümlichste menschliche Selbstüberwindungskraft.

15

Es geschah nach langer Zeit in Gefangenschaft,
Unendlich trabten die Stunden,
Gedanken erschöpften sich in den Schlachten der Sorge und des Verdachts
Durch ermattende Erschöpfung am Ende besiegt
Fühle ich in allen Schichten meines Körpers
Das Leben so prachtvoll.

Gedanken lehren nicht –
Handlungen und Zeit verbunden mit ihnen schaffen Erfahrungen.
Worte lehren nicht –
Lebensweisheit gepaart mit ihnen schadet oder rettet.

Zeit und Schicksal schmieden deinen Puls,
Hohle Ideen fallen wie ein Kartenhaus,
Schwere Last bleibt stetig unterwegs,
Dadurch gleicht sofort sich vieles aus.

Als ich ein Kind war, nicht wusste, dieses oder jenes,
Da spürte ich alles
Eine Macht kümmerte sich,
Die Zeit nährte mich, wie alles um mich herum,
Es gab keinen Grund
Ich kannte keine Naivität.

Ich weiß jetzt, weil ich Gedanken übe,
Keinen Bissen besaß ich vom Wissen,
Keine Schablone von Schuld,
Kannte keine Unterscheidung zwischen
Sorgen ohne Schande und Schuld ohne Scham
Noch keinen eingeschränkten Verstand.

Mein Herz war schwach aber ich tat nichts hinzu,
Wusste nicht, dass Liebe geißeln kann.
Sie war die universelle Anziehungskraft,
Schwach und stark.

Elektromagnetik stand nicht im Verdacht
Im Antlitz des Schönen
Erregt durch Essenzen
Gestiegen durch das Flattern meiner Lust
Das war als Kind mein Glück.

Jetzt, in Anstand und Benehmen gezüchtet
Kann ich zurück nicht mehr in jene Welt,
Suche vergebens Trost in Wissen und Erfolg
Bleibe ohnedies stecken, ich benommener Troll.

16

Du gehst ins Kino, um für ein paar Stunden in eine Geschichte einzutauchen und zu vergessen, dass du dir Sorgen um deine Zukunft machst. Dasselbe Gefühl suchst du in jedem Buch, in jedem Gespräch, in Kunst und Natur, du suchst das Auflösen deiner eingebildeten Fesseln.

Ein Filmemacher, ein Autor nutzt seine Chancen, die ihm sein Medium bietet, nach und nach die Geschichte seiner Perspektive durch Erzählung zu erweitern. Er hofft, sich im Zeitraffer seiner bunten Ellipsen und Spiralen die Starre deiner Geraden vor Augen zu führen, vor der er flüchtet.

17

Der menschliche Geist ist eine Antenne. Er empfängt nicht nur Ideen, er malt Bilder daraus. Er berechnet sogar eine mögliche Zukunft, die er an sich selbst und weiter sendet, wie eine Rekursionsschleife. Eine Schleife bei der sich die Berechnungsfunktion selber aufruft und mit jedem Aufruf die Intensität der Bilder verstärkt.

Er zeigt das Ende der Welt als eine vermeintliche Zukunftsdystopie. Dabei suggeriert er es den Menschen ständig, ohne Option. Eine prophetische Offenbarung, auf der eine ganze Kultur basiert. Eine Sanduhr, in die Mitte der Bühne gestellt, wie Theseus in das Labyrinth des Minotauros geworfen, wo alle anderen nur Publikum sind, zum Zuschauen genötigt. An sich zeigt die Sanduhr nur die Zeit, um alles anders zu machen. Aber das funktioniert nicht, weil wir, die Zuschauer, sie alle als eine Zeitbombe betrachten. Die Faszination einer solchen Gedankenfusion ist überwältigend.

Was die Liebe nicht schafft, bewerkstelligt der Horror ...

Abschalten ist unmöglich. Es gibt keinen Schalter für die Gedanken. Wir wissen, was angerichtet wird. Ist uns das egal? Nein, wir stecken alle darin. Stell dir vor, du denkst an ein mögliches Ereignis und hast Angst davor.

Was machst du mit dieser Information? Gehst du zu Politik und Wirtschaft? Oder zum Arzt? Wie überzeugt man diese? Mit Herz und Intuition? Diese Leute sind vollkommen beschäftigt. Für sie zählen nur Fakten, welche die Wirtschaft ankurbeln sollen, damit der Aktienindex rollt. Stell dir vor, man besäße ein Medium und setzte damit allen die Hiobsbotschaft direkt in den Kopf. Die Wahrscheinlichkeit einer globalen Verstörung wüchse durch jede wahrscheinliche Rückkopplung immer mehr an.

Ist es zu stoppen, indem man nur darauf hinweist? Welcher vernünftige Mensch bliebe untätig? Wenn alles zerstört wird, was der einzelne Mensch liebt und schätzt? Zur Rettung der Zivilisation zeige ich dir die Sintflut. Aber wie wird eine solche Vision aufgenommen? Wie reagieren die Leute auf das drohende Ende? Mit Angst!

Sie nehmen diese Angst hin wie ihre tägliche Chemotherapie. Sie fürchten zugleich das dramatische Ende und können doch nicht genug davon bekommen. Portioniert verabreicht in Videospielen, Fernsehshows, Kriminalromanen oder Filmen. Die ganze Welt verinnerlicht apathisch die Apokalypse und steuert panisch darauf zu. Und jetzt zerfällt die Welt dieser Kultur, weil ihr eingebrannter Höhepunkt erreicht ist.

Es gibt gleichzeitig Verschwendung und Hungersnot. Pflanzen und Tiere verschwinden von der Erde. Moralische Hemmungen schmelzen zusammen mit den Gletschern. Streit und Kriege wiederholen sich ständig, überall. Der Rumpf der „Titanic" hat volle Gestalt angenommen, sie kreuzt schon auf hoher, wankender See. Ihr Menschen nehmt die Warnsignale wahr, aber ihr seid kopflos, verwirrt. Zu jedem Moment wäre eine bessere Zukunft möglich. Aber ihr glaubt nicht daran, weil ihr nicht dahingehend herangezogen wurdet. Darum könnt ihr eure Realität nicht selber gestalten. Ihr klammert euch an die vorgegebenen Pläne; der Gestaltungsantrieb resignierte nach Eintreten der Pubertät. Aus einem einzigen Grund: Diese Zukunft verlangt nur Gehorsam von euch und keine Selbstverantwortung. Ja, ihr seht den Eisberg, seid aber benommen von der Größe eurer selbst erschaffenen „Titanic". Ihr steuert weiter mit voller Kraft auf den Eisberg zu.

Warum? Weil ihr den nächsten Untergang wollt, als Beweis eurer Sündhaftigkeit. Ihr habt das Leben nicht begriffen und schon längst aufgegeben. Nicht die Zeichen der Zeit oder eure Sinne sind falsch, sondern euer depressives Vorgehen. Der Grund liegt im Keim dieser Kultur. Eure Schuld!

18
Theseus bewies Mut!

Als zum dritten Mal die Gesandten des kretischen Königs Minos nach Athen kamen, sieben Jungfrauen und sieben Jünglinge als Tribut zu fordern, sie dem Ungeheuer im Labyrinth von Knossos vorzuwerfen, da meldete sich der athenische Königssohn Theseus freiwillig, um deren Ungemach aufzuhalten. Seine lange Reise begann. Gefesselt in den Schmerz seiner Ängste. Er dachte, er stürbe. Der erste Gedanke an den Tod schmerzte höllisch. Verlassen, dem Minotauros ausgeliefert, abseits der Heimat das Leben verlieren. Mit der Zeit wurde er geduldiger, der Schmerz der Angst ward erträglicher als am Anfang. Das Stierungeheuer würde erscheinen, wie im Albtraum einer jeden Nacht auf dem langen Weg seiner Heldenreise. Er würde ihm gegenübertreten müssen, mit Kraft und mit List. In all dieser Zeit erkannte er mehr und mehr den Grund seines Leids, nämlich, dass der Schmerz im Kopf entsteht.

Also erringt er zum ersten Mal Genialität durch die Überwindung des Schmerzes, erwirbt Intelligenz durch die Entdeckung, die er bei sich selber machte, und entwickelt Reife durch Geduld. Wie könnte er nun nicht über das Grauen obsiegen?

19

Den Stern des Nordens
Wird der Sternenhimmel bringen
Doch bevor draußen auf dem Meer ein Segel erscheint
Werde ich Welle und Feuer
Um dich zu umarmen, fremdes Land.
Und du, mein verlorenes entferntes Vaterland
Wirst Zärtlichkeit und Wunde sein
Wenn es auf anderer Erde tagt.
Jetzt fliege ich zum Fest des Lebens
Jetzt fliege ich zur Feier meiner Freude
Meine alten Monde
Meine neuen Vögel
Vertreibt die Sonne und den Tag vom Berg
Damit ihr seht, wie ich ein Blitz
Am Himmel vorbeirase.

9.
Menschen

Kaikias

Fallende Blätter im Nordost
Hagel schlägt hart in welkendes Gras
Eilig schwingt weiter der Kranich

Steffen Marciniak

Patricia Holland Moritz

Vom tiefen Fall des Tantalos

„Was bedeutet sie dir, diese Nähe zu den Göttern?"

Tantalos zuckte unter den Worten seines Sohnes zusammen. Er hatte ihn geschaffen, musste es nun aushalten, so mit sich reden zu lassen. „Es spricht sich leicht über den Hunger der Sterblichen, während man am gedeckten Tisch der Götter speist."

Pelops lachte. „An diesem Tisch lässt gerade du es dir besonders gut schmecken. Andere Söhne haben Krieger als Väter." Pelops musste den Satz nicht beenden, um seinen Vater restlos zu demütigen. Tantalos' Ansehen war der Gunst der Götter ausgesetzt wie ein Fisch in den Händen der Fischer. Und nun nahm ihm sein Sohn das letzte bisschen Würde. Fluch und Segen der Schönheit dieses Jungen bereiteten Tantalos bereits seit Langem schlaflose Nächte. Sein Sohn musste die göttliche Eingabe eines neuen Selbstbewusstseins erhalten haben, die ihn zu einem Anderen machte. Ihm fortan bei seinem selbstgefälligen Auftreten zuzuschauen, brachte Tantalos beinahe um den Verstand. Der Junge bewegte sich anmutig und aufreizend in einer Welt, in der Schönheit die Währung war und die Söhne gegenüber ihren Vätern diese Währung in Macht ummünzten.

Tantalos warf zum wiederholten Mal in dieser Nacht die Decke vom Bett und stand auf. Vor dem Fenster wand sich der Mäander durchs Tal. Die Berge beugten sich dem Mondlicht, das ihnen dämonische Umrisse verlieh. Die Schönheit dieses Anblicks hatte immer ihm allein gehört, und nun krochen vergiftete Gedanken in seinen Kopf und verzerrten das Bild zu einem einzigen Fluch.

Seine Welt war aus dem Gleichgewicht geraten, hinter seinem Rücken wurden Rollen neu verteilt, während er, der König dieses Reiches, nur wie gelähmt die abschätzenden Worte hinnehmen konnte, die über ihm ausgegossen wurden wie Fäkalien in die Kloake. Ein Vater setzte keinen Sohn in die Welt, um sich gegen ihn behaupten zu müssen. Genauso gut könnte er sich einen Stein aus den Bergen des Sipylos ans Bein binden und damit versuchen, im Fluss zu schwimmen. Den eigenen Instinkten und Erfahrungen trauen war alles, was Tantalos noch blieb. Der Junge war ein Augenschmaus. Nun würde er sollte zu seinem eigenen Leichenschmaus werden, beschloss der Vater in jener Nacht und wusste, dass jeder neue Tag unter dieser Demütigung den Verfall seines Ansehens vor den Göttern beschleunigen würde. Aus einem Chaos von Materie hatten die geschaffen, was sie nun nach ihrem Wissen formten. Eine in das Muster ihrer eigenen Gedankenwelt gegossene Selbstherrlichkeit, die keine weitere Lehre an ihrer Seite zuließ. Die Götter waren die Erde und das Meer, sie waren die Berge und der Himmel; waren Unterwelt und Liebe und hatten aus Finsternis und Nacht den Tag und die Luft geschaffen. Sie waren die Hoheit über alles, was sich atmen, sehen, hören und schmecken ließ. Und in ihrer göttlichen Herablassung wollten sie nun auch die Hoheit über ihn, Tantalos, den Stammvater der Tantaliden. Das würde er nicht zulassen. Es war Zeit, zur Tat zu schreiten.

– König Tantalos lud die Götter zu einem Gastmahl. – Der Ruf hallte schon bald in jeder Ecke seines Reiches wider. Die Götter vernahmen ihn und erklärten sich einverstanden, der königlichen Einladung zu folgen. Auch Pelops sagte zu, stand ihm so doch in Aussicht, zum ersten Mal an einer Tafel mit den Göttern zu speisen.

Am Tag des großen Mahles erschien Pelops im glänzenden Gewand. In voller Schönheit und siegessicherer Ausstrahlung freute er sich an seinem Spiegelbild.

„Lass uns ein Getränk nehmen", schlug Tantalos seinem Sohn vor. „Wir teilen uns den besten Wein meines Kellers, und du wirst sehen, dass die Götter dich nicht mehr nur als meinen Sohn, sondern endlich als meinesgleichen betrachten werden."

„Endlich deinesgleichen?" Pelops lachte seinem Vater ins Gesicht. „Du weißt, dass ich im Horizont der Gunst der Götter längst einen festen Platz habe, während die deine allmählich daraus verblasst. Jetzt noch eine Silhouette, die sich katzbuckelnd hin und her bewegt, bald schon aufgelöst in ein Nichts, geronnen zu einem Fleck, einem fettigen, störenden."

Neben der Folgsamkeit seiner Kinder Broteas, Daskylos und Niobe betrachtete Tantalos das Verhalten seines Sohnes Pelops längst nicht mehr nur als Frucht jugendlicher Rebellion. Und die Götter in ihrer maßlosen Überlegenheit vorgegebenen Wissens gehörten einer Prüfung unterzogen, wie sie noch kein Sterblicher an ihnen auszuführen gewagt hatte. So fügten sich für Tantalos zwei Notwendigkeiten zu einer einzigen Lösung, also hielt er den Mund und schluckte ein letztes Mal die bittere Kröte der Erniedrigung.

Pelops nahm Platz im Erker, von wo aus er den prächtigen Blick auf das Tal des Mäanders mit seiner efeuumwachsenen Brücke hatte. Er schaute auf die Berge, die sich in den Himmel streckten in Ehrerbietung vor den Göttern, mit denen Pelops heute zum ersten Mal speisen sollte. Dieses Gefühl ließ den Jungen noch mehr über die Größe hinauswachsen, die er bereits erreicht zu haben glaubte.

Tantalos griff zu der gefüllten Weinkaraffe und zwei Bechern. Er stellte alles auf den Tisch und zwang sich zu einem väterlichen Blick auf den Jungen, der selbstverliebt am Fenster saß und sich am Anblick eines Reiches ergötzte, das er bereits für sein Eigentum hielt. Erst jetzt schenkte Pelops seinem Vater, in dessen Haus er sich befand, einen Moment der Aufmerksamkeit. Doch selbst die galt nicht dem Vater, sondern nur der Karaffe, aus welcher Tantalos nun für beide den Wein einschenkte. Der Sohn witterte den Verrat des Vaters und das, stellte Tantalos mit einiger Genugtuung fest, war wohl ebenso Pelops' überdurchschnittlicher Intelligenz zuzuschreiben, für die er sich letztlich nur aus den Genen Tantalos' bedient hatte. Er würde seinen Sohn nicht nur mit an die Tafel der Götter komplimentieren, sondern er – Tantalos – würde Pelops selbst zu dem Gott machen, für den der sich in seiner Selbstüberschätzung bereits hielt. Denn so sagten es bereits die wirklichen Gelehrten, die Dichter: Ich bin eine Leiche. Leiche ist Mist. Mist ist Erde. Wenn aber die Erde eine Gottheit ist, so bin ich nicht eine Leiche, sondern ein Gott. Und Pelops sollte schneller zum Gott werden, als er sich erträumte.

Von dem Extrakt der Tollkirsche auf dem Boden des Bechers ahnte der ach so kluge Junge nichts, während er seinem Vater argwöhnisch beim Einschenken zuschaute. Der Geschmack der Kirsche ergänzte das bittersüße Bouquet des Weines, und das pelzige Gefühl auf der Zunge würde Pelops seiner Unerfahrenheit mit dem Weine zuschreiben. Der Vater prostete seinem Sohn zu. „Du wirst immer mein Sohn bleiben, Pelops. Auch wenn du dich im Moment dagegen zu wehren scheinst. Und es ist einer der Vorteile des Vaterseins, den einen oder anderen guten Rat in seinen Nachkommen verewigen zu können. Und nun, da du meine Gunst ganz offensichtlich für eine andere verlassen möchtest, gebe ich dir noch einen letzten Rat mit auf den Weg: Achte immer auf deine Feinde, denn niemand bemerkt deine Fehler eher als sie."

„Dafür, geehrter Vater, müsste ich Fehler haben. Mach dir also keine Sorgen. Zumindest nicht um mich." Pelops erhob das Glas, deutete ein Anstoßen an und trank es in einem Zug leer.

Es dauerte nicht lange, dass er den Kragen seines glänzenden Gewandes lockerte.

Tantalos schaute ihm zu. Genüsslich seinen Wein trinkend, fragte er seinen Sohn mit besorgtem Ton, ob es ihm nicht gut ginge. „Diese Rötungen auf deiner Haut, was hast du heute morgen gegessen?"

Doch Pelops rieb nur heftig mit den Händen über Arme und Beine, sprang vom Stuhl auf und griff panisch nach dem Weinkrug. „Trink das!", brüllte er seinen Vater an. „Trink alles aus!"

„Oh!", entgegnete Tantalos mit gespielter Überraschung, „dann werde ich angemessen betrunken sein, wenn unsere Freunde, die göttlichen Götter, hier erscheinen. Aber sei´s drum." Er nahm den Krug in beide Hände und leerte ihn bis auf den letzten Tropfen.

Pelops fuchtelte wie wild mit den Armen, zeigte auf Tantalos´ Becher, dann auf den Krug, und griff schließlich nach seinem eigenen Becher, reichte ihn dem Vater und schrie: „Dann trink auch das!" Doch der Becher war leer. Pelops hatte ihn selbst gierig ausgetrunken und damit seinem Vater wohl zeigen wollen, wie erwachsen er war.

Der Vater hielt den leeren Becher in der Hand, drehte ihn um. Ein letzter Tropfen landete auf seiner Hand, und er leckte ihn genüsslich ab. „Sprachst du nicht gerade von deiner Unfehlbarkeit, während du ihn austrankst?"

Pelops starrte seinen Vater aus schreckgeweiteten Augen an. Er schien das Gleichgewicht zu verlieren und hielt sich mit beiden Händen an der Stuhllehne fest. „Was ist nur los mit mir?" All seine Schönheit und damit auch sein Selbstvertrauen schien wie vom Hermesstab berührt und weggezaubert. Endlich war Pelops wieder der Junge, den Tantalos sich immer gewünscht hatte; bescheiden und seinem Vater lauschend. „Das wird nur eine kleine Magenverstimmung sein. Vielleicht waren es zu viele Trauben heute am Morgen, vielleicht auch zu wenig Schlaf." Doch Pelops konnte ihm schon nicht mehr folgen. Er verdrehte die Augen und brach auf seinem Stuhl zusammen.

Tantalos behielt im Auge, wie Pelops immer schwächer zu werden schien und in sich zusammenrutschte. Er zog die Decke von seinem Bett und breitete sie auf dem Boden aus. Dann griff er seinem Sohn unter die Arme, hob ihn unter größter Anstrengung vom Stuhl und legte ihn auf den Boden. Er drehte ihn auf den Rücken und beschaute sich sein Werk.

Pelops redete unzusammenhängend und wie im Wahn. Er stieß Kindersprüche aus, Gedichte, die seine Amme ihm aufgesagt hatte, und verfiel gleich darauf in fürchterliches Fluchen. Je tiefer sein Sohn in die Umnachtung glitt, umso bestärkter fühlte sich Tantalos in seinem Plan. Allein die im Wahn ausgestoßenen Flüche Pelops' verdeutlichten, wie wenig der von seinem Vater hielt, denn Menschen im Wahn oder im Rausch waren wie Kinder: Sie sagten die Wahrheit.

Tantalos griff nach einem zweischneidigen Dolch. Sein Vater Zeus hatte ihn in seinen siegreichen Kämpfen gegen die Titanen und Giganten geschwungen. Dieses Heiligtum lag nun in Tantalos' Händen, und es sollte keinem Kampf dienen, aber der Gerechtigkeit Vorschub leisten. Als er die Klinge auf die weiche, milchweiße Haut am Hals seines Sohnes legte, packte der den Vater bei den Armen, doch sein Griff war saftlos, kraftlos und am Ende – völlig nutzlos. Die Bewegung war von toter Energie gespeist und endete so abrupt wie sie begonnen hatte. Nur in Pelops' sanften Augen war noch so etwas wie Leben zu sehen; ein Flimmern, ein kleines Aufbäumen des Körpers gegen den Geist, die verzweifelte Gegenwehr des Willens gegen die Einsicht der Ausweglosigkeit.

Hatte sein Sohn sein Leben auch verspielt, so hatte er trotz allem auch die Gnade eines schnellen Todes verdient. Mit seinem ganzen Gewicht stützte sich Tantalos auf die beiden Enden des Dolches und trennte in Sekundenschnelle die feinen Knochen und Sehnen in Pelops' Hals bis zum Nackenwirbel. Er setzte den Dolch ein zweites Mal an und durchtrennte auch den Wirbel. Als nächstes schnitt er die Arme unterhalb der Schultern ab und dann die Beine. Schweiß floss ihm in Strömen am Körper hinab, tropfte auf den Körper seines Kindes und mischte sich mit dessen Blut. Tantalos spürte weder Anstrengung noch Schmerz und auch nicht die Zeit, die verging. Er vierteilte den Rumpf, trennte die Füße von den Beinen und die Hände von den Armen. Als sein Werk vollendet war, legte er die Teile nebeneinander und betrachtete sie zufrieden. In der Küche seiner Burg standen Amphoren in verschiedenen Größen, und schon bald garte Pelops in seinen Einzelteilen in allen verfügbaren Töpfen. Währenddessen nahm Tantalos ein reinigendes Bad unter der Brücke des Mäanders. Zufrieden schaute er auf die Berge, deren dämonische

Umrisse nun einem strahlenden Reif aus Sonnenlicht gewichen waren. Er kleidete sich in ein Gewand, noch festlicher als das seines Sohnes, das nun blutverschmiert in der Kloake lag.

Die Götter ließen nicht lange auf sich warten. Eifrig servierten Gehilfen das Mahl, dekoriert mit allerlei Früchten der Jahreszeit und gekrönt vom besten Wein, den Tantalos' Keller hergab. Tausende Kerzen brannten und erhellten die Burg mit einem geradezu heiligen Schein, den die Götter wohl zu schätzen wussten. Die Teller wurden gereicht und duftende Fleischstücke aufgetischt.

„Was bietest du uns hier an?", fragten die Götter, die immer wie aus einem Munde sprachen. „Wessen Tieres Fleisch ist das?"

Tantalos hatte ihn, seinen göttlichen Moment.

„Von einem jungen, zarten Stier, der noch heute morgen auf der Wiese vor meinem Fenster angepflockt war", sagte er mit Genugtuung. „Nach allerneuster Erkenntnis ist es das Fleisch des Stieres – und nicht des Ochsen, dieses Kastraten –, das uns Mannesstärke und Langlebigkeit gibt. Aber das wisst ihr sicher längst. Also lasst es euch gut munden und göttliche Kinder daraus zeugen."

Das laute Lachen der Fruchtbarkeitsgöttin Demeter hallte als einziges im Raum wider. „Auf die Fruchtbarkeit", sprach die Göttin selbiger und biss beherzt in ein Stück von Pelops' Schulter. Sie war den ganzen Abend aufgekratzt und dem Weine zugetan gewesen, so sehr litt sie noch unter dem Raub ihrer schönen Tochter Persephone durch Hades. Bei ihm in der Unterwelt fristete das Mädchen nun sein Dasein, und Demeter konnte nichts tun als sich in ihrer Trauer der Maßlosigkeit hinzugeben. So bemerkte sie auch nicht, dass sie als Einzige aß. Die Blicke der anderen Götter am Tisch waren auf den Gastgeber gerichtet.

„Wo ist dein Sohn?", fragte Poseidon. Er war am begierigsten, dem jungen Pelops zu beggegnen. Hatte ihn vom Meer aus gesehen, beobachtet und mit den Augen verzehrt. Längst war der Meeresgott seiner Schönheit verfallen. „Warum nimmt er nicht am Gastmahl teil, wie du es uns in Aussicht gestellt hattest?"

Tantalos übte sich weiter in Gelassenheit, obwohl die Spannung im Raum mit den Händen zu greifen war. „Ihr wisst, dass die Jugend ihre eigenen Wege geht." Und weil er noch immer in ungläubige Gesichter schaute, bemühte er einen berühmten Dichter und versuchte zu scherzen: „Nicht leicht zu hüten ist des Gartens reife Frucht." Das Lächeln gefror ihm im Gesicht. Nie hätte er die Allwissenheit der Götter in Frage stellen dürfen.

Es war die Schicksalsgöttin Klotho, die sich der Fleischstücke annahm. Sie sammelte alles ein und warf sie in einen Kessel, zog Pelops als Ganzes wieder daraus hervor. Der Junge war noch schöner als zuvor. Nur an seiner Schulter klaffte ein blutendes Loch. Demeter schrie auf, als sie sich ihres Frevels bewusst wurde, denn Pelops' Fleisch lag ihr nun schwer im Magen. Sie riss eine Skulptur aus Elfenbein von der Wand, brach ein Stück heraus und setzte es an die Stelle von Pelops' Schulter.

Die Götter erhoben sich von der Tafel. Mit einem Fingerzeig wurde es Nacht um Tantalos. Er spürte, wie er in einen brennenden Strudel gezogen wurde, aus dem ihm glühend heiße Sandkörner und haarige Schlangen mit nadeldünnen Giftzähnen entgegenschlugen. Das Letzte, was sich von der irdischen Welt als Erinnerung in sein Gedächtnis brannte, war das überlegene Lächeln seines schönen Sohnes Pelops an der Hand Poseidons. Neun Tage lang zog ihn der Strudel immer weiter in die Unterwelt, bis er aufschlug im Tartaros, der noch weit unter dem Hades lag. Vor Hunger und Durst war er nicht mehr Herr seiner Sinne. Er schaute an sich herunter, hier unten also blutete die Erde ihr Herz aus, dachte Tantalos und watete weiter, stundenlang durch trübes Wasser, beinahe vor Durst vergehend. Verzweifelt beugte er sich herab, hielt die Hände wie eine Schale und wollte aus der schlierigen Flüssigkeit zu seinen Füßen schöpfen und trinken. Doch sie versickerte ihm unter den Fingern weg in den Schlamm, auf dem sie nur eine dreckige Kruste hinterließ. Tantalos reckte sich verzweifelt zu den Feigen des Baumes über ihm. Näherten sich seine Hände, zog der Baum die Zweige ein wie ein Tintenfisch die Tentakel. Weit über Tantalos' Kopf und doch nah genug für ihn, um sein grausames Schicksal zu erahnen, hing ein Gesteinsbrocken, den die Felswand gerade noch so hielt und der jeden Moment auf ihn herabfallen und ihn unter sich zermahlen konnte.

Doch nichts wog für Tantalos so schwer wie die Lehre, die er nun nicht mehr ziehen konnte. Dass es nämlich so gar keine Rolle spielte, wer man war im Leben, sondern nur, wen man sich zum Feind machte.

Bertram Reinecke

Daidalos – Vom Menschenflug

Ich leugne nicht, dass Ikaros hoch flog, gewiss. Ich leugne nicht, dass er sich vielleicht mehr als nötig in Gefahr begab. Das nicht. Auch möchte ich nicht sagen, dass Daidalos seinen Sohn aus Eifersucht direkt zu Fall brachte, Daidalos war ein neidischer Mensch, aber nicht hier liegt seine Schuld. Wie auch immer er zu anderen war, mit seinem Sohn meinte er es wohl insgesamt gut.

Ich habe die beiden gesehen, als Ikaros stürzte. Einen anderen Zeugen weiß ich nicht und ich habe keine Beweise. Aber auch Daidalos hat keine für seine Geschichte. Deshalb fragt nicht nach mir. Ich kenne die Spiele eurer Rhetoren, ich bin hier kein ganz Fremder mehr. Ich weiß, dass Ihr gern die Achtung für einen Menschen in die Missachtung des anderen umschlagen lasst. Deswegen achtet mich oder achtet mich nicht. Fragt meinetwegen die wenigen unter euch, die mich kennen, was ich in meinem Beruf leiste, *fragt*, auch wenn ich naturgemäß nicht weiß, was sonst die allgemeine Meinung hinter vorgehaltener Hand wohlfeil über mich urteilt.

Ich bin Mechanikos und nur als Mechanikos spreche ich hier. Als Mechanikos muss sich selbst der große Daidalos trotz seines Adels und aller Tugenden mit mir messen lassen, denn die Messkunst achtet nicht auf Geburt. Und heikel genug bleibt diese Mission, denn die Edlen im Lande verlassen sich eher auf die Manuskripte ihrer Weisen als auf die Kenntnis der Dinge: Aber geht nur in die Werkstätten und fragt! Ihr werdet Achtung für die Leistung dort ebenso finden, wie einen Hohn auf dieses Wissen der Schrift. Es verletzt unsere Ehre, wie herausgehoben über uns andere Daidalos den Unverständigen unter euch gilt. Und weil niemand gegen seinen Ruhm aufkommt, messen wir uns darin, den Edlen weiszumachen, was sie uns immer glauben mögen über das Unmaß seiner Kunst. Vor wenigen Tagen noch war einer dieser jungen Philosophen, der sehr stolz auf seine Verse ist, bei mir und ich erzählte ihm, in Daidalos Werkstatt sei einst selbst die Säge erfunden worden, eine in Eisen nachgebildete Fischgräte; ein anderer preist vielleicht die Erfindung des Zirkels und es wird ihm geglaubt. Mögen diese Torheiten gegen jene sprechen, die sie gläubig weiterreden. Bedenkt: Die Säge! Der Zirkel! Mit vier Jahren mag es gewesen sein, dass mich mein Vater in ihren Gebrauch einwies. Und so geschieht es in allen Gewerken des Landes. - Als ich jung war, hielt ich den Menschen für klüger. Heute weiß ich, was ich auf mich nehme, wenn ich an Daidalos auch nur zweifle.

Er behauptet, er könne offenbaren, dass sein Bericht vom Absturz wahr ist. Und zeigt auf das geschmolzene Wachs an den Resten der Flügel, die die Bootsleute geborgen hatten. Das ist lächerlich: Das Wachs musste geschmolzen werden, schon um die Federn einzuleimen auf den Spanten! Hätte er seine eigenen Flügel vorgezeigt und nicht eilig beiseite geräumt, hätte man Spuren dieser Schmelze auch an den intakten Flügeln erkannt. Was ich gesehen habe, als ich die beiden hoch im Himmel erblickte, zeugt etwas anderes: Des Ikaros' Schwinge - und zwar nur die Linke - brach, genau als Daidalos aufkam und links zu ihm aufschloss ... Der junge Mann flog kräftig voraus, kreiste zuweilen, ganz wie ein Adler, um seinem Vater das Folgen zu erleichtern. Daidalos sagt, er wolle den Ikaros warnen, deshalb flöge er so nahe heran. Aber es sei schon zu spät gewesen.

Aber bedenkt: Sie flogen am Vormittag, sie flogen nach Nordosten, von Kreta, zwischen Lebinthos und Delos hindurch: Warum war es sein linker Flügel, der zerschellte? Wäre Daidalos Version die richtige, wäre es die Hitze der Sonne gewesen, wäre da nicht der rechte zuerst geborsten? Bedenkt, das Licht kam aus Südosten, die ganze Zeit war dieser Flügel allein der vollen Sonne ausgesetzt, während der Linke halbwegs geschützt durch den Schatten von Ikaros Körper lag. Von Fall zu Fall warf zusätzlich auch seine schwingende Rechte einen weiteren Schatten darauf. Bedenkt, diese rechte Schwinge war nicht allein der Hitze stärker ausgesetzt, es wirkten auch größere Kräfte, schlug Ikaros diese doch mit jenem kräftigeren Arm, der sonst das Schwert führt. Man kann ja die geborstenen Reste noch ansehen! Es wird dem geschulten Blick auch an den Resten noch offenbar: Es waren keinerlei Vorkehrungen getroffen, dieses merkliche Ungleichgewicht der Belastungen beim Bau der Schwingen zu berücksichtigen. Dennoch war es die Linke, die barst - Daidalos sagt, es sei ja keine andere Ursache vorhanden, es müsse die Hitze der Sonne gewesen sein, man solle keine Gründe hinzu erfinden, wo sonst nur Luft war. Als ich ihm meine Beobachtungen entgegen hielt, deutete er an, dass es irgendeine Unregelmäßigkeit im Wachs oder im Holz gegeben haben müsse, sodass die schwächste Stelle eben zufällig links gelegen habe. Natürlich blieb er vage. Denn wäre der Sturz nicht auch dann sein Fehler gewesen, wenn er das Holz nicht sorgfältig angesehen, das Wachs vor dem Bau der Schwingen nicht so lange verschmolzen und verrührt hätte, bis es eine gleichmäßige und beherrschbare Festigkeit angenommen hatte? Und ist es nicht vielmehr er selbst, der, wo er eine so bemerkenswerte Sonderung in Wachs oder Holz behauptet, eine Ursache hinzu erfindet, wo keine weitere, sondern, wie er richtig sagt, nur Luft ist?

Man muss im Übrigen keine Gründe erfinden, denn es ist die Luft selbst, die beim Absturz des Ikaros die Ursache abgab. Beobachtet eine Biene, wenn sie nur mehrere Handbreit über eine noch nicht abgetragene Tafel oder einen Kasten mit Asche fliegt. Man sieht, wie hier liegengelassene Brotkrumen weggewischt werden, dort Ascheflocken in den Wirbeln des Flügelwindes heraufstieben. Und das alles schon bei einem so kleinen Tier, dessen Flügel nicht einmal einen Zoll spannen. Sollte man da nicht annehmen, dass ein Mensch mit seinen um so viel kräftigeren Schwingen, deren Spanne sich viele Pecheis dehnen muss, und ebensoviel weiter in die Breite geht, damit weit größere Lasten versetzt? Und denken wir uns diese stürmische Kraft aus Daidalos' Flügelschlag nun zusätzlich übertragen auf die Schwinge des Ikaros! Da nimmt es kaum Wunder, wenn der Flügel, gerade stabil genug, die halbe Kraft eines Menschen zu tragen, in jenem Moment barst, als der Vater in seiner Nähe flog. Eher ist es allein schon zu bestaunen, dass die leichte Konstruktion aus Latten und Federn bis hierher standgehalten hat.

Wollen die Griechen, die solche Wunderdinge in der Astronomie oder den mechanischen Künsten vollbringen diesen einfachen Tatbestand nicht sehen? Wollen sie, die so scharfsinnige Lehrer für die Agora hervorbrachten, hier die Dinge nicht bis zum Ende in den Argumenten beider Seiten ausleuchten? Sagen sie vielleicht, der alte Mann sei mit dem Verlust seines Sohnes genug gestraft, warum die Sache also nicht auf sich beruhen lassen? - Siehe, wie er dort vornübergebeugt mit hängenden Schultern wandelt?

Ich denke aber, wir sollten Fragen stellen. Es war letztlich nicht sein Freiheitsdrang, der Ikaros in den Tod trieb. Es war die Angst seines Vaters vor dieser Freiheit. Weil der tote Sohn nicht mehr bezeugen kann, sollten wir nicht stumm ansehen, wie der Vater seine Schuld verleugnet. Freilich ist es nicht leicht, den grundlosen Tod des Sohnes auf das eigene Gewissen zu nehmen. Vielleicht kann diese Last niemand tragen, wer hätte nicht Verständnis! Aber verleugnet er, wo er diese Schuld von sich weist, nicht eigentlich seinen Sohn? Zumal Ikaros, als er sich in die Lüfte erhob, mit seiner Last schon einmal die Schuld seines Vaters trug, denn er hätte unbehelligt in Freiheit wandeln können, wenn Daidalos sich nicht eitel in Ariadne und Theseus Zeugen seiner Kunstfertigkeit gesucht hätte. Denn die Wut des Minos war abzusehen und vermeidbar. Einen verschwiegenen Boten zu dingen, wäre ein Leichtes gewesen und der Urheber der Idee mit dem Faden wäre niemals offenbar geworden. Aber um plumper Eitelkeit willen nahm Daidalos sehenden Auges die Rache des Minos für sich und die Seinen in Kauf.

Ist Ikaros gutes Angedenken, das Letzte, was von jenem blieb, zu opfern, nicht ebenso viel, wie ihn noch einmal hinzurichten? Seht nicht zu, wie Daidalos dem eigenen Kind den Platz in unserem Gedächtnis nimmt, um seine Ehre als Konstrukteur zu retten - eine so geringe Ehre, weil sie nicht den ganzen Menschen, sondern nur seine Fertigkeit betrifft! Welche Untugend dichtet er dem Ikaros, um dieser Eitelkeit willen, da an! Eine Sohnesliebe wie die des Daidalos, die um der eigenen Ehrbegriffe leichthin hingegeben wird, ist keine Liebe sondern Heuchelei. Was hätte ein wahrhaft liebender Vater getan, hätte er an seinem Sohn einen solch unbilligen Ehrgeiz bemerkt, wie Daidalos ihn dem Ikaros andichtet? Wäre ein solcher Vater nicht derart beschämt, dass er nicht vielmehr sich selbst niedrig gemacht hätte, wenn er damit einen solchen Fleck auf der Ehre des eigenen Blutes hätte vor der Öffentlichkeit verbergen können? Hier hingegen sucht sich der Vater, statt seines Sohnes in würdiger Trauer zu gedenken, einen Ruhm als Beherrscher der Lüfte zu erheucheln! Gewiss, seine Konstruktion war beeindruckend, kaum einer vollbrächte dieses. Ein guter Techniker aber hätte, wie ein guter Arzt dies tut, nicht bloß das Mittel benannt, sondern auch zuverlässig angegeben, wann und wie es wirkt. Und hat Daidalos zudem, das Flügelpaar mindestens des forschen Ikaros nicht eigentlich viel zu schwach ausgelegt? Daidalos gemahnt so nicht an einen fähigen Arzt, dessen Heilkunst zu Recht gepriesen wird, sondern an jene reisenden Scharlatane, die jedem und allen ihre Wundermittel preisen und sich mit Märlein herausreden, wenn die prophezeite Wirkung nicht eintritt.

Ikaros wird es nicht lebendig machen, aber um der Väter und Söhne willen, die folgen werden: Nicht das Fliegen war schlecht, nicht die athletischen Künste des Ikaros, sondern dass ein Vater seinen Sohn nicht in die Verantwortung entließ. Dieser Glaube, dass jede Zeit dunkler sei als die vorherige und dass diejenigen, die nach uns kommen, unsere Tugend nicht hätten und unsere Künste nur mangelhaft ausübten, diese andere Eifersucht des

Daidalos laste nicht wie eine Wolke auf den Zeiten. Lasst uns anderes bezeugen, dass nicht Vätern um Vätern die Fertigkeiten ihrer Nachkommen ins Dunkel gestellt sind, Söhne um Söhne, ganze Geschlechter die Last ihrer Ahnen schon mühevoll tragend, mit noch vervielfachter Last dem Ikaros nachstürzen.

Verzeiht, wenn die Worte hier größer klingen, als ihr es von mir gewohnt seid, nicht ein heiliger Wahn hält mich ergriffen, sondern eine ernste Sorge: Wenn ich nicht laut ausspreche, was ich sah, wird es in tausend oder zweitausend Jahren vielleicht niemand weiter bezeugen: Ikaros wusste, was er tat, sein Vater, der nur mit Mühe zu dessen Höhe heraufkam, riss ihn in den Tod.

Carmen-Francesca Banciu

Abschied von der schönen Klytaimnestra

Es ist still. Und doch so laut.
Im Dorf. Auf meiner Terrasse. Im Garten.
Und in den Gräsern und Bäumen der naheliegenden Olivenhaine.
Jemand arbeitet. Irgendwo im Nachbargarten. Ich höre ihn nicht.
Ich sehe Bewegung im Geäst eines Baumes. Obwohl kein Wind weht.
Es ist ruhig. Es ist still. Und doch so laut.
Über meinem Kopf hängen die Trauben. Schwer vom zukünftigen Wein.
Die Beeren sind prall. Voll vom Fleisch.
Und dem honigsüßen Saft der gelben Mädchentrauben.
Unter ihrer Haut höre ich das Rauschen der Säfte.
Ich spüre die Spannung der täglich durchsichtiger scheinenden Membranen.
Täglich durchlässiger für den berauschenden Duft.
Immer betörender schleicht sich der Duft in unseren Traum ein.
Mit seinem maßlosen Versprechen von Glück.

Die Trauben der Pergola sonnen sich am Morgen.
Sie kochen in ihrer eigenen Süße zu Mittag.
Umgeben von Wespen und Bienen.
Und am Abend, verträumt und lasziv,
hängen sie voller Hingabe.
Aufgabe.
Oder vollkommener Erschöpfung.

Es ist still. Und doch so laut. Im Dorf. Auf meiner Terrasse. Im Garten.
Und in den Gräsern und Bäumen der naheliegenden Olivenhaine.

Klytaimnestra liegt auf der Terrasse.
Niemand war hier außer mir.

Noch am Abend hatte sie sich über eine Traube hergemacht.
Und das Stück blutroter Melone gierig ausgesaugt.
Und danach ihren verbliebenen Fühler sorgfältig mit den Vorderbeinen geputzt.

Ich habe es nicht einmal krachen hören.
Wer war auf meiner Terrasse heute.
Ich habe sie doch nicht zertreten?
Die schöne Klytaimnestra liegt auf dem grauen Terrassenboden.
Wie in einem Kanalbett liegt sie da.
Mit ihrem feinen Seidenkleid. Durchsichtig und grün. Ophelia ist sie. Mit Blumen im Haar. Blass im Gesicht.

Entspannt. Ausgestreckt. Nur die Springbeine angewinkelt.
So liegt Klytaimnestra auf dem grauen Boden.
Ihre Schönheit ist vollkommen. Ihr Gesicht wie von einem Lächeln berührt. Ihre Augen blicken weit in die Ferne. Versunken im süßesten Traum der Unendlichkeit.

Klytaimnestra. Sie hat sich dem Tod hingegeben.
Einen Augenblick lang ist ihre Schönheit vollkommen.
Sie hat sich hingegeben einem fremden Prinzen in bunter Aufmachung. Er beugt sich über sie. Ein Prinz mit vernichtendem Beißwerk. Seine Fühler lässt er über ihren ausgestreckten Körper gleiten. Er umspannt sie mit seinen vier Vorderbeinen. Er lässt ihren letzten Atem ausklingen. Riecht an ihrem Kleid. An ihrem Körper. Öffnet die verzahnten Mandibeln. Und mit vollkommener Hingabe liebkost er ihren Körper. Knabbert ihr Kleid an. Knackt die Kutikula. Hackt sich ein. Frisst sich in ihre Brust. Schmatzt und saugt alles Fleischige. Alles Saftige.
Saugt die letzten Spuren ihres Lebens aus.
Der Prinz, in seiner bunten Aufmachung und mit seinem Beißwerk, zieht weiter. An einen schattigen Ort.

Frederike Frei

Medea

Erst einer Xanthippe fällt ein Sokrates in den Schoß.

In der Schule lasen wir Iphigenie von Goethe. Für mich hatte ihr Name zu viele ‚i's. Er erinnerte mich an meine Sandkastenfreundin Ingrid Kinne. Die hatte auch zuviele ‚i's. Ich übrigens auch: Tini war damals mein Spitzname. Meine ‚i's aber konnte man wenigstens kurz und schwungvoll sprechen, die in Ingrid oder Iphigenie auf keinen Fall. Jahre später kam mir Iphigenie nicht mehr als Name, sondern als Gestalt in den Sinn, nachdem ich Ingeborg Bachmann nach ihrer ‚Malina'-Lesung in Hamburg das Uni-Hauptgebäude am Arm zweier Literaten hatte verlassen und in eine Limousine einsteigen sehen, ohne dass ich den Mut hatte, sie anzusprechen. Jenseits der sechsspurigen Verkehrsader schwappte die grüne Welle der Ampel zu mir herüber und verschluckte das Taxi. Ich zitierte Goethes Iphigenie: *‚Und gegen meine Seufzer bringt die Welle / Nur dumpfe Töne brausend mir herüber.* Aber weder von Ingeborg Bachmann, noch von Iphigenie will ich erzählen, sondern von einer ganz anderen griechischen Sagengestalt, und zwar ohne jedes kleine ‚i', von Medea.

Was für ein Name. Wohlklang seliger Silben. Kein Mensch nennt heute seine Tochter Medea, schade. Hätte ich eine, ich würde sie so nennen mögen. Immerhin heißt Medea übersetzt: die Ratgebende.

Früher war ich wie alle und jedermann von der Sagengestalt Medea entsetzt: Kinder töten! Um sich am Mann zu rächen. Die Liebe als Hass fortsetzen auf Kosten der Kinder. Wer macht denn sowas? Ich zum Beispiel. Sehr viel später. Da hab auch ich mein Kind getötet für einen Mann oder um eines Mannes willen. Noch zu unseren gemeinsamen Zeiten lag ihm dieses Kind durchaus am Herzen, auch wenn es nicht mit ihm zusammen entstand. Doch als er sich abwendete von mir, ging ihn das Kind nichts mehr an. Er hat es gleich mit verlassen. Schon hatte ich als Mutter nicht mehr dieselbe Kraft wie zuvor, für dessen Unterhalt zu sorgen. So wurde auch mir das Kind gleichgültiger. Betuchte Bürger haben ja keine Ahnung, wie egal das eigene Kind werden kann, wenn es der Mutter saudreckig geht. Sollen es doch die andern aufziehen, wenn ihnen so an ihm liegt. Ein Kind ist zwar niedlich und süß, immer aber auch Konkurrent bis hin zum Feind.

Damit nun niemand ebenso entsetzt ist von mir wie ich damals von Medea, gebe ich zu, dass mein Kind nicht aus Fleisch und Blut bestand, sondern nur mit Herzblut ausgetragen wurde. Vergleichen darf man zwar in diesem Falle, doch nicht gleichsetzen. Es hat etwa zehn Jahre gelebt. Mein Kind war mein Literaturladen, eine Autorenselbsthilfeinitiative, die ich in Hamburg gründete mit viel Leidenschaft und Spucke. Jeder einzelne Autor oder Autorin darin wurde von mir handverlesen betreut, bzw. mutwillig begeistert.

Und dann verließ mich mein Freund für eine andere, doch letztlich um meinetwillen. Ich war ihm zu ruppig, zu selbstherrlich. Denn wer nicht meiner Meinung war damals, den köpfte ich, das hieß, ich missachtete seinen Kopf. Diesen Umstand allerdings musste ich leidvoll selber herausfinden. Gesagt hat es mir niemand. Auch die originale Medea wird sich Gedanken gemacht haben über ihr Verhalten gegenüber Jason und drauf gekommen sein, weshalb er sich eine andere nahm. Natürlich floss das nicht in die Sagengeschichte ein. Sie wird es für sich behalten haben.

Nun galt es, mir meinen Freund zurückzuerobern. Und dafür setzte ich alle Hebel in Bewegung sowie andere außer Kraft. Nur in seiner Nähe werde ich ihn los, beschloss ich. Ich zog aus meiner Stadt in seine Stadt, schob mein Fahrrad in seine Parterrewohnung. „Hier bleibe ich", sagte ich ihm. Ich gab meinen Laden auf. Den ließ ich sterben, denn er war wie ich am Ende.

Ich hätte mich in meiner Stadt einsetzen müssen, dass er weiterlebt. Er war noch zu jung, um alleine zu stehen. Diejenigen, die ihm durchaus aktiv zugetan waren, sind heute noch böse, dass ich ihn einfach eingehen ließ und mich nicht zurück in den Vorstand begab, um ihn zu retten. „Du hast deinen Laden umgebracht", sagen sie mir auf den Kopf zu. Einer nannte den Laden sogar mein Kind, ich hätte mein Kind umgebracht. Da habe ich plötzlich Medea verstanden. Noch heute versteht mich niemand und schüttelt den Kopf: Wie konntest du nur? Sie hätten lieber staunen sollen, dass ich es konnte. Es war doch mein Kind! Das bringt eine Mutter nicht freiwillig um. Auch Medea muss stolz gewesen sein auf ihren Mord, denn es ist nicht einfach, sein Kind umzubringen. Das geht nur, wenn man hundertprozentig an eine neue Welt glaubt, die es zu erobern gilt und sei es auf eigene Kosten. Und wie hat sie es umgebracht? Durch Nichtstunkönnen, vermute ich. Die Kinder nicht ernähren, nicht tränken können. Das wird natürlich ganz anders weiter erzählt. Man muss Medea nicht abbilden mit Messern oder Würgehänden. Ich würde Medea im Drama als eine ohnmächtig entschlossene Frau spielen oder inszenieren. Keine Angst vor dem Tod bis hin zum Mord. Eine, die Mut hat zum Lebengeben und Sterbenlassen. Wer kann das schon. Die meisten sagen jein statt ja oder nein.

Nur diejenige kann Rat geben, die selbst bis an die Grenzen geht und noch über sie hinaus zur Not, im Falle ihrer Not. Ich hatte etwas gutzumachen an meinem Freund, und das ging nur im Verein mit dem Gevatter Tod. Etwas von mir musste sterben.

Inzwischen leben wir verheiratet zusammen. Vielleicht hat auch Medea Jason wieder gewonnen? Auf die eine oder andere Art? Was weiß man denn? Es heißt von ihr: Über ihr weiteres Schicksal liegen unterschiedliche Angaben vor.

Als Frau bringt man sein Kind übrigens nur um, wenn man ein anderes schon in petto hat, vermute ich. Besaß die Mörderin der acht Neugeborenen von Wallenfels nicht noch fünf lebendige Kinder? Ein Gedanke, den niemand sich traut, auszusprechen und in die Zeitung zu setzen. Gottseidank. Er wäre absurd. Kinder aus Fleisch und Blut lassen sich nicht aufrechnen, niemals. Aber symbolische Kinder wie ein Laden durchaus. Auch ich hatte längst eine andere Literatur-Initiative mitbegründet. Für diese weidete ich später den Laden aus, bevor es ihn nicht mehr gab, auch wenn mir das zuvor nicht klar war. Seine halbe Stelle samt dazugehöriger Produktionsmittel wurde dann überführt in diese andere Initiative. Sie war letztlich seine Fortentwicklung. Wahrscheinlich hat auch Medea noch weitere Kinder geplant oder bekommen. Nur die Männer glauben, wir Frauen würden etwas restlos und für immer zerstören so wie sie. Irrtum. Wir haben ja zwei x-Gene. Eines bleibt. Wir lassen nur etwas sterben, wenn schon etwas anderes lebt. Ja. Nein?

Wolfgang Heyder

Bea & Phil

Eine Philemon- und Baucis Variation

Ich habe eine ungewöhnliche Angewohnheit. Ich bin auf der Hut. Ich beobachte Menschen und bin mir nicht sicher, ob sie die sind, als die sie erscheinen.

Ich weiß: Hinter der Fassade könnte ein Gott stecken, der sich als Mensch verkleidet hat und nicht erkannt werden will.

So geschah es mir neulich. Ich saß bei wunderschönem Wetter in einem Straßencafé in Berlin- Kreuzberg.

Mit einem Mal kommt, was nicht selten geschieht, ein Bettler an meinen Tisch.

In der letzten Zeit hat das Betteln, was mich besorgt, in der Straße, in der ich wohne, da es dort viele Touristen gibt, überhand genommen.

Dieser Bettler war bereits der siebente oder achte an diesem Nachmittag. Ich hatte mir einen Milchcafé und ein Croissant bestellt und wollte ihn durch Ignoranz fortwinken, doch dann schaue ich genauer hin. Vielmehr: ich fühlte mich durch seine Erscheinung und sein insistierendes Verhalten dazu gedrängt, näher hinzuschauen. Der Mann war besonders unangenehm. Er humpelte, hatte nur noch wenige dunkelgelbe Zähne, er stank aus dem Mund, das Gesicht übersät von Narben und Geschwüren ...

Er hatte alte verschwitzte Kleider an und hielt mir ein so armseliges Pappschälchen so penetrant hin, dass ich versucht war, ihn zu verfluchen.

„Vorsicht, Bea!" - hörte ich mich in meinem Kopf mir selbst zurufen.

Du weißt nicht, wer das ist, noch, wie er heißt. Du weißt nicht, was er erlitten hat. Vielleicht will er nur Gutes, und du gibst ihm keine Chance.

Hinter einer so abgerissenen Erscheinung, die Ekel erregt, das immerhin weiß ich mit Bestimmtheit, kann sich das Unsichtbare, der Unsichtbare mit den vielen Namen, die niemand nennen darf, der große unsterbliche Wandelbare, die Gottheit, verbergen.

Die Inkarnation des Unfehlbaren, vielleicht steht sie vor dir und du wirst dir später eingestehen müssen, dass du sie ignoriert, verfehlt, beleidigt, angespuckt und erniedrigt hast ... so wie es all die anderen taten, die Caféhaustischnachbarn, die ihn abgewiesen haben ..."

So ich zu mir, und: „Woher willst du kleine Leuchte, mit deinem mäßigen menschlichen Verstand, das wissen ...?"

Ich war also vorsichtig geworden, zum Glück, denn augenscheinlich ein Sippenverwandter des Bettlers, eine ebenso unangenehme Erscheinung auch er, flink in jeder Bewegung, ein Wiesel mit dem Kopf einer Elster, der einen langen Stab, einen Schlapphut und seltsame Schuhe trug, da sich das Leder in weiten Teilen so von den Sohlen gelöst hatte, dass es die Schuhe umflatterte wie kleine linkische Flügel, trat näher und umtänzelte mich, als wollte er mir seine Hand in den Schritt legen ... so dass ich meine Hand abwehrend unwillkürlich um meine Gesäßtaschen und meine Geldbörse legte, um sie zu schützen.

Der Wieseltyp sah mich insistierend an. Mit einem frechen Grinsen sprach er mich an, indem er die Stimme zu einem unverständlichen Singsang, wie vorgetragen zu einer Leier, erhob.

„Phil ... ich hatte Angst, dass er mich unflätig berühren, ja, dass die beiden mich von meinem Stuhl zerren, schlagen und treten und vergewaltigen würden."

„Dennoch hast du sie eingeladen, mit zu dir in unsere Wohnung zu kommen, um bei uns zu nächtigen ... Bea, das ist ungewöhnlich."

„Ja, Phil ... vielmehr: ich weiß nicht ... ja ... wie gesagt: Ich habe in mir diese Stimme gehört ... die nicht wahr haben wollte ... die dachte ... ein Fremder ... das ist jemand, der ein Gastrecht hat ... den du beherbergen ... beschützen ... bedienen musst ... das darfst ... das kannst du den beiden nicht verweigern ..."

„Was du getan hast, war gefährlich und dumm. Es war gefährlich, sie zu uns nach Hause ... einzuladen ..."

„Ich konnte mich der Dringlichkeit ihrer Anfrage nicht entziehen. Ich fühlte mich von den beiden wie in den Arm genommen ... entführt ... begleitet ... wie man eine Gefangene führt und begleitet ... Als sie in unserer Wohnung waren ... hat sich der eine geduscht und rasiert ... während der andere eine riesige Flasche Lambrusco auf den Tisch gestellt hat, die er in seinem Mantel versteckt hielt ... immerhin hat mich das an meine Jugend erinnert, an Trampfahrten quer durch Europa ... auch wir haben damals, junge Hippies, nicht immer sauber ausgesehen, hatten wenig Geld, waren auf Hilfe angewiesen ... Als auch der zweite, der mit den Flügelschuhen, sich gewaschen hatte ... immerhin ... wurde die Atmosphäre freundlicher ... aber dann bist ja auch du nach Hause gekommen, ganz verwundert darüber, dass Gäste im Haus sind. Ich hatte ehrlich gesagt das Gefühl, dass dir das nicht recht war ..."

„Der eine hat meine Pfeife geraucht und in meinen Tagebüchern gelesen, der andere hatte meine Hausschuhe an ... er trug mein bestes Hemd ... er hatte ungefähr meine Größe ... Bea, ich war verwundert darüber, zu entdecken, dass er eine Waffe bei sich trug ..."

„Sei froh, Phil, dass wir freundlich geblieben sind, es hätte nichts genützt, es sich mit den beiden zu verscherzen ... sie haben Unterschlupf gesucht, der eine hat durchblicken lassen, dass sie für eine Weile untertauchen müssen ..."

„Immerhin ... und darüber bin ich froh, Bea ... sie sind wieder gegangen ..."

„Ich denke, sie wollten uns testen, Phil, sie wollten wissen, ob wir auf ihrer Seite sind, ob wir uns treu sind, ob wir Gerechte sind, ob wir ihnen helfen und ob wir uns so benehmen, wie die Götter das von uns Menschen erwarten ..."

„Wir haben Glück gehabt, das ist alles ... Außerdem haben sie unser Erspartes, deinen Schmuck und unsere Fahrräder mitgenommen ..."

„Ja, Phil, aber das war ja alles nicht viel wert ... zudem war fast alles, was wir besessen haben, alt, irgendwie überflüssig, dafür aber hatten wir einen Wunsch frei! ... Immerhin, sie wollten sich bei uns bedanken ..."

„Bea ... Immer wenn du so mit mir redest, rauscht es in deinen Zweigen, der Wind fährt hinein ... lässt die Blätter zittern und beben wie früher dein Langhaar, wehend im Wind, wenn ich noch könnte, ich führe dir zärtlich, mit meinen Fingern, durch dein Haar, ganz so wie früher ...

„Phil ... wir durften sterben! In derselben Minute, sterben! ... Sie haben uns an unsere Stühle gefesselt und mit Riemen erdrosselt! Natürlich bin auch ich froh, dass es vorbei ist ..."

„Keiner von uns beiden hat den anderen überleben müssen. Ich wäre sehr einsam gewesen im Alter, ohne dich. Insofern bin ich froh, dass es so gekommen ist ..."

„Nun stehen wir hier, in diesem heiligen Hain, in diesem Garten ..."

„Zwei riesige Kastanien ... Verwandelte sind wir, Bea, Verwandelte ... und Gräser und Blumen blühen in unserem Schatten ..."

„Phil? ... Bist du eigentlich gerne ein Baum?"

„Ja, Bea. Es ist schön, ein Baum zu sein. Ein Baum unter Bäumen."

„Ich mag es noch immer, neben dir zu stehen ..."

„Wir können nicht anders. Wir haben Wurzeln. Wir sind hier festgewachsen."

„Neben dir, Phil. Neben dir ... über den Tod hinaus!"

„Ja, Bea. Neben dir ... über den Tod hinaus."

Thomas Luthardt

Menschen für die Götter

In Hypnos
Verliebt sich
Endymion
Im Schlaf besucht
Ihn die Göttin Selene
Vergießt eine Träne
Tröstet sich bald
Mit der schönen Helene
Gott Zeus
Greift sich Ganymed
Zuerst als Mundschenk
Dann für sein Bett
Ganymed der frühreife
Schlanke Knabe:
Eine wirkliche Göttergabe

Die Röschen des Adonis

Der Tag glüht.
Die Nacht peitscht Hagel
Gegen Büsche und Bäume.
Am Boden die roten
Blüten der Kastanie.
Der Adonisteppich
Am Oderhang
Zerfetzt.

KASSANDRA

Kassandra in Tschernobyl
Schreit sich laut-
Los durch Sarkophage
Im Niemandsland
Unbegraben Antigones Brüder
Klirrende Schatten
Verratner Jahre
Feuer löscht Feuer
Ariadnes Faden verbrennt
In alle Ewigkeit
Theseus im Labyrinth

Günther Rose

Teiresias vor den Göttern

Der Himmel glänzte in reinstem Blau. Die schneebedeckten Gipfel ringsum in all ihrer Pracht sonnten sich im wogenden Licht. Unten, im weiten Talgrund, erschien das Grün des baumreichen Hains mit der heiligen Quelle, dessen Wasser fern im Licht glänzte. Die uralten Bäume bildeten den Mittelpunkt des Hains. Fröhlich leuchteten im heiligen Bezirk die hohen buntbemalten Friese des Tempels, die Statuen auf den Giebeln und in den Gärten, die goldenen Weihgeschenke, die Säulengänge und die Häuser mit den Wohnungen der Priester und den Unterkünften für die Kranken, Ratsuchenden und Pilger.

Teiresias, ein junger Priester des Zeus, konnte sich nicht satt sehen an dem herrlichen Ausblick. Er liebte es sehr, die Pfade in der Nähe des Tempels zu durchstreifen. Im schnellen Aufsteigen drehte er sich immer wieder um. Er achtete kaum des Weges, es sei denn, sein schönheitstrunkenes Auge verweilte auf dem Purpur des Mohns.

Mit jedem Einatmen sog er die frische Bergluft tief und geräuschvoll in sich ein. Niemals wurde ihm dieser Strom reinen Odems selbstverständlich, genauso wenig wie das Getränk reinen Wassers aus der heiligen Quelle, wenn er von seinen ausgedehnten Wanderungen zurückkehrte. Teiresias' Herz sagte ihm, dass in allem die Götter gegenwärtig waren. In Freuden, aber auch in Leiden und Schrecken war ein Sinn verborgen. Alles war mit allem verbunden, doch das Licht würde am Ende über die Dunkelheit triumphieren. Und hatte es nicht schon gesiegt? Die ungeheuerlichen Titanen waren den Göttern des Olymp unterlegen, und wann immer sie sich zeigten, dem Blitz des Zeus hielt keiner stand. Teiresias zweifelte nicht daran.

Da er nun ganz allein war, sprach er die Worte: Danke, ihr Götter, für all das Schöne! Danke für meinen gesunden Körper, für den Reichtum der Sinne, für das herrliche Augenlicht, das schmeichelnde Hören, den Duft der Blumen, der Erde und des Meeres, das Fühlen des Windhauchs und der wärmenden Sonne, den Geschmack des süßen Honigs! Danke für die schnellen, unermüdlichen Füße, die Kraft meiner Männlichkeit, die Energie in meinem Bauch, die starken Lungen!

Und danke für mein lebendiges Herz, tanzender Rhythmus und Quelle der Liebe." In kurzer Zeit erreichte er den Gipfel des Berges. Hier legte er seinen Wanderstab ab und streckte sich auf den sonnendurchglühten Steinen aus. Niemals konnte sich Teiresias an den Adlern und ihrem Segelflug satt sehen. Mit dem Vogelflug verhält es sich wie mit den Schicksalen der Menschen. Auch der kraftvolle Adler hielt sich in der Höhe nur dank der Gunst des mächtigen Windgottes Aiolos. So sann der junge Tempeldiener auf seinem Stein und ließ seinen offenen Blick die Weite des Himmels ermessen.

Solange er sich erinnerte, sah er das Himmelsbild über sich und blickte zurück in der Zeit, hinein in seine Kindheit und dachte daran, wie er hierher gekommen war in das Kyllene-Gebirge. Sein Vater Eueres war Schafhirte und der Knabe begleitete ihn oft auf den Gängen mit der Herde. Eueres stammte aus Arkadien, aus dem Geschlecht des Sparten Udaios, und war in seiner Jugend mit großer Schönheit und einem regen Verstand beschenkt worden. Er wählte bewusst dieses einfache und friedliche Hirtenleben, obwohl er seine Ahnen bis auf die Sparten, „gesäte Männer", wilde Krieger, die aus den Zähnen des vom Thebengründer Kadmos getöteten Drachenwesens entstanden waren, zurückführen konnte. Ahnherr Udaios war einer der fünf Überlebenden der von Kadmos provozierten Kämpfe der Sparten gegeneinander und in der Folge einer der Stammväter Thebens. Eueres besaß durch diese Abkunft sogar ein Anrecht auf die Königswürde in Sparta, dem Staat der besten Krieger. Doch zu welchem Preis? Das Morden würde nie aufhören! Eueres erkannte es, und entschied sich dagegen, für das einfache Leben.

Auch seiner Mutter, der Nymphe Chariklo, verdankte Teiresias viel. Sie stand in so innigem Verhältnis zu den Göttern, dass diese, besonders Apollon und Athene, ihr in Gesichten und Erscheinungen manches Geheimnis zu erkennen gaben. Auch Tiere, Pflanzen, Steine, Bäche, Quellen und nicht zuletzt Menschen zeigten Chariklo ihre Seelen. Ihr war ein Wissen um die Heilkräuter gegeben und sie kannte so manches Zauberwort, doch mehr als all das heilte der Balsam ihrer schönen Seele. Die Berührung ihrer Hände stillte Wunden und nahm Leidenden die Schmerzen. Und Leiden gab es viele im von Sparta besetzten Arkadien.

Ihren Sohn Teiresias zu schlagen, wie es in Sparta üblich war, um schon die Knaben hart und gefühllos zu machen, das lehnten die Eltern ab. Der Knabe durfte weinen, wenn ein liebgewordenes Tier starb, und er durfte seine Gefühle offen zeigen. Teiresias musste nichts vor den Eltern verbergen, etwa aus Angst vor Strafe. Vertrauen ist besser als Strafe, sagte der Vater immer wieder. Auch seine früh aufkeimende Geschlechtslust musste Teiresias nicht ängstlich vor den Eltern verbergen. Diese bestimmten auch nicht, wie es sonst Brauch war, nach Ansehen und Vermögen über die Ehe ihres Sohnes, sondern ließen seinem Herzen freie Wahl. Als Teiresias seiner ersten großen Liebe begegnete, wussten beide, dass sie ihr Leben lang zusammenbleiben würden. Jedoch seine Frau starb mit dem ersten Kind an der Pest, die das Land heimsuchte; ein Fluch der Götter für nicht endende Freveltaten.

Seinen Vater fand Teiresias eines Tages erschlagen bei den Herden. Die Krypteia, eine berüchtigte Terrortruppe der Spartaner, die es besonders auf kritische Staatsbürger abgesehen hatte, war dafür verantwortlich. Sie hielten Eueres für einen unfreien Heloten, da die freien Bürger Spartas im Gegensatz zu Eueres nicht arbeiteten, denn sie pflegten ja allein das Kriegshandwerk. Von diesem Zeitpunkt an widmete die Mutter ihr Leben ganz der von ihr verehrten Göttin Athene. Teiresias nahm von ihr Abschied.

Sie segnete ihren Sohn noch einmal mit der ganzen Kraft ihrer Mutterseele. Nach langer Trauer fühlte Teiresias die Berufung, etwas zu tun, was ihn von zu Hause aufbrechen ließ. Die Barbarei musste doch einmal aufhören, sobald die Menschen endlich zur Vernunft kämen. Teiresias suchte einen Ort des Friedens, und fand ihn nach langer Wanderschaft im Tempel des Zeus in der ehrfurchtgebietenden Landschaft um das Kyllene-Gebirge, weit entfernt von den Schauplätzen der großen Kriege, und doch erreichbar für alle, die nach Antworten für ihr Leben suchten.

Sieben Jahre waren seitdem vergangen. Teiresias lebte in der Priestergemeinschaft des Tempels, war hier vom jugendlichen Priesternovizen zu einem jungen Mann gereift.

Teiresias ruhte auf dem sonnengewärmten Stein. Seine so lauffreundlichen Glieder wurden langsam schwer, doch er mühte sich, nicht in der Sonne des Nachmittags einzuschlafen. Gedanklich zurück in der Gegenwart erhob er sich von seinem steinigen Lager, zog wieder sein einfaches, ärmelloses weißes Gewand an, ergriff den Wanderstab, den er sich auf Rat seiner baumkundigen Mutter aus dem Holz einer Kornellkirsche geschnitzt hatte, und den er auf allen Wegen mit sich führte, und betrat einen unscheinbaren Pfad, der schnell abwärts in ein kleines Seitental führte. Teiresias berauschte sich am Duft der sonnengesättigten Kiefern, die ihm ihre Heiterkeit mitzuteilen schienen. Das Wäldchen war erfüllt vom fleißigen Tagwerk der Bienen. Seinem Blick zeigten sich alsdann mächtige Steineichen, die hier, am entlegenen Ort, schwer erreichbar für korinthische Schiffbauer, ein paar Jahrhunderte überdauerten. Teiresias liebte es, an einen ihrer Stämme gelehnt, dem Tönen des Windes in den Blättern zu lauschen.

Jäh erklang aus dem Gezweig der Bäume der Schrei eines Eichelhähers, und schon flog der blaubebänderte Vogel auf einen Ast dicht vor ihm, schaute ihm ungewöhnlich lange in die Augen, als wolle er ihm etwas mitteilen, und schwang sich wieder davon.

Auch die Tiere sind heilig, dachte Teiresias. Alles ist vom göttlichen Atem durchweht. Urplötzlich, wie aus dem Boden gewachsen, erschienen zwei Schlangen vor ihm auf dem Weg. Scheinbar ineinander verknotet, so sah sie Teiresias und bemerkte ihre Geschlechtslust. Der junge Priester kannte viele Schlangenarten, die zwischen den warmen Gesteinsbrocken nisteten. Die Mehrzahl von ihnen war giftig, aber sehr scheu. Mehr die eigene Unachtsamkeit musste ein Wanderer in den Bergen fürchten. Jedoch dieses Schlangenpärchen, das er hier sah, war anders. Ihr Hals dehnte sich ungewöhnlich breit aus, und sie konnten sich ziemlich hoch aufrichten, was ihnen ein stolzes und königliches Aussehen verlieh. Ihre verschlungenen Leiber schimmerten nachtblau, und seltsame silberne Zeichen leuchteten darauf.

Teiresias wollte weiter schreiten, seinen gewohnten Weg zu den Steineichen einschlagen, um dort in einsamer Stille den Nachmittag vergehen zu sehen.

Da durchzuckte ihn ein Gedanke, ein Bild erstand. Darin sah er sich selbst mit seinem Wanderstab auf eine der Schlangen einschlagen, um sich gewaltsam den Weg zu bahnen. Kaum ward er sich des erschreckenden Gedankens bewusst, schnellten die Schlangen panisch auseinander, und bewegten sich auf ihn zu. Kurz vor ihm hielten sie an und blieben wie angewurzelt stehen. „Du wagst es, Mensch!", hörte Teiresias eine Stimme sagen. Ihm war es oft geschehen, dass Tiere und Pflanzen, die Wolken, die Berge und auch die Menschen etwas in sein Herz einflüsterten, ohne dass sie dafür Worte gebrauchten. Es war mehr ein Ahnen. Jetzt aber vernahm er deutlich Wort für Wort. Dennoch, im herkömmlichen Sinne gesprochen schien es nicht zu sein.

„Nein, wir brauchen unsere Zunge nicht, du Narr!", sagte die zweite Stimme.

Jetzt war kein Zweifel mehr, Teiresias verstand der Schlangen Sprache wirklich.

„Höre!" rief das erste Tier, „Wir Schlangen lebten schon hier als noch kein Mensch die unbefleckte Erde schändete. Längst hätten wir dich getötet für deinen Angriff", und die zweite Schlange beendete bedächtiger den Satz, „wenn du nicht das Priestergewand des Zeus trügest!"

„Aber ich habe gar nichts getan!", entgegnete Teiresias.

„Die Gewalt beherrschte deine Gedanken, und für empfindsame Wesen ist bereits das schmerzhaft." So sprach wieder die erste Schlange, die ihm am nächsten war, und die langsam weiter auf ihn zu schlängelte. „Für deinen Größenwahn sollst du bezahlen. Mögest du etwas daraus lernen. Sieh zu!" Mit diesen Worten richtete sie sich noch höher auf. Teiresias gelang es nicht, ihrem bohrenden Blick auszuweichen. Hinter ihren schillernden Augen schien sich eine große Kraft zu sammeln, die jäh und mit unwiderstehlicher Kraft den Körper von Teiresias durchzuckte. Ohnmächtig fiel er auf die Knie.

„Wach auf, schöne Frau!"

Wie aus weiter Ferne vernahm Teiresias eine männliche Stimme.

„Du hast sehr lange geschlafen."

Geschlafen? Ja, er hatte wohl zu lange geruht, und ein Tempelbruder weckte ihn jetzt, damit er den abendlichen Dienst im Tempel nicht versäume. Er spürte in seinem Körper eine große Weichheit und Schwere. Oh, er war wohl krank, fühlte sich so müde wie sonst nicht. Dann war sein Spaziergang nur ein Traum, und somit auch das Erlebnis mit den unheimlichen Schlangen.

Die Person mit der männlichen Stimme, die ihn aufgeweckt hatte, schien seine Gedanken zu erraten.

„Nein, du bist nicht krank! Verzeih, ich bin Arzt, die meisten meinen, sogar ein guter."

Teiresias hörte ein helles Lachen.

„Ich habe dich untersucht. Asklepios ist mein Name."

Endlich öffnete Teiresias seine Augen, und wusste nicht, wie ihm geschah. Er befand sich in einem ihm unbekannten Raum. Die Wände waren mit farbigen Fresken geschmückt, die den Lichtgott

Apollon zeigten, wie er den kriegerischen Kentauren und ihren Gegnern, den Lapithen mit der unwiderstehlichen Geste seines ausgestreckten rechten Armes Frieden gebot.

Asklepios sah mit Wohlgefallen die Genesung seines Schützlings und meinte, als er dessen Blicke auf die Wandmalereien bemerkte: „Auch die Kentauren sind nicht immer nur wild. Einer von ihnen, Cheiron, mein Meister in der Heilkunst, ist der weiseste Lehrer, den ich kenne."

Teiresias erblickte den Sprechenden nun auf einem schön geschnitzten Schemel neben sich, ein braunhaarig gelockter junger Mann mit lachenden blauen Augen.

„Warum nanntest du mich eben eine schöne Frau, wo ich doch ein Mann bin."? fragte Teiresias verwundert. Asklepios griff nach einem Spiegel von einem zierlichen Tisch neben sich und hielt ihn Teiresias vor das Gesicht.

„Nun, was siehst du?"

Erst sah er die ihm vertraute Blondheit seiner Haare, doch dann sofort das Gesicht einer Frau. Dieses Antlitz trug wohlgeformte, harmonische Züge und war von blonden Locken umrahmt. Und nun errötete diese Frau.

Es war also doch kein Traum.

Wohl waren es heilige Schlangen, mit Mächten im Bunde, die er nicht kannte, die ihn verwandelt hatten, damit er „etwas lerne", wie ihm eine der Schlangen vorausgesagt hatte.

„Wer brachte mich hierher?"

„Das war ich selbst", sagte Asklepios. Ich fand dich in Streifen weißen Leinens auf dem Weg vom geweihten Hain des Zeus und der Hera, wo ich, oft Gast bin. Du musst Schlimmes erlebt haben. Jetzt befindest du dich in meinem Haus in Korinth. Wie darf ich dich nennen, wie ist dein Name? Teiresias staunte, wie schön dieser Asklepios aussah, wie er sprach, wie er sich bewegte. Es ging soviel Wärme von ihm aus. Dieser Mann besaß eine gute Seele. Teiresias wurde ganz warm um sein Herz, es glühte wie noch nie zuvor.

„Teiresias …", flüsterte er so leise, dass die letzte Silbe kaum zu verstehen war.

„Ah. Theresa! Ein wundervoller Name!", meinte Asklepios.

Zögernd kam es nun auch über IHRE Lippen: " … ja, Theresa …"

Ihr empfindsames Frauenherz ließ sie auch gleich Tränen weinen. Tränen, die sie noch nie weinte, weinen durfte, als sie noch ein Mann war, Tränen über das Leid, das sich die Menschen zufügten.

Tränen über ihr verlorenes männliches Leben als Priester.

Asklepios beugte sich zu ihr und streichelte ihre Stirn.

Ihr schien es, als würde sie nun in Ewigkeit so dahin schmelzen.

Doch der Tränenstrom versiegte wieder, und das Schluchzen löste sich.

Weinen ist manchmal seliger als Lachen", sagte Asklepios.

Er ging zum Fenster, entfernte dort ein schön besticktes Seidentuch, das bis eben fröhlich im frischen Lufthauch des Morgens wehte und deutete auf den herrlichen Ausblick, der den Sonnenaufgang über einem glänzenden Meer und die Silhouette einer großen prächtigen Stadt zeigte.

„Für dich beginnt jetzt ein neues Leben, Theresa!"

Das Haus des Asklepios war in seiner Pracht fast schon ein Palast. Geld spielte für den Heiler keine Rolle, denn von nah und fern suchten die Kranken seine Hilfe. Und wo es ans Leben ging, da verlor auch für die Reichen das Gold plötzlich an Wert. Nur die zähesten Tyrannen blieben auch dann noch unbelehrbar.

In ihr neues Frauenleben fand sich Theresa leicht. Sie war dabei auch nicht allein. Asklepios hatte eine Gemeinschaft Gleichgesinnter im Haus geschaffen, Männer und Frauen, die mehr als nur die gemeinsamen Güter teilten. Sie waren durch die tiefe Erfahrung verbunden, dass Eifersucht und Besitzdenken, auch in der Liebe, den Menschen um ein hohes Maß an Freiheit und individueller Entfaltung betrogen. Zudem waren sie eine unerschöpfliche

Quelle von Tragödien, von Mord und Intrigen. Theresa dachte an die Göttin Hera, die ihren Gemahl und seine zahlreichen Geliebten mit nie endender Eifersucht verfolgte, und wie viel Leid sie damit über die Menschen brachte. In der Gemeinschaft des Asklepios gab es stets genug Liebe für alle. Asklepios betonte immer wieder, dass dieses Gemeinsame auch die meisten Krankheiten fern hielte.

Theresa konnte sich fallenlassen in mehr als zwei Hände, die in der liebevollen Berührung das beste Heilmittel sahen und ein Fest des Lebens. Sie erlebte das Wunder, dass sich mehr als zwei Menschen auch in körperlicher Liebe vereinigten. Asklepios und seine Gefährten gingen sehr weit, sie zeigten dem an der Liebe kranken Menschen die ersten Schritte aus dem Trauma heraus, auch mit dem Einsatz ihres ganzen Körpers. Dazu gehörten sehr viel Erfahrung und Selbstvertrauen.

Schließlich, nach drei Jahren im Schutz dieser kleinen Gemeinschaft erschien Theresa die Göttin Aphrodite im Traum. Sie sagte nur zwei Worte: „Verschenke dich!"

Theresa wusste sofort, was zu tun war. Ihre Entwicklung bereitete Asklepios Freude, und er gab sein Einverständnis, Theresa sogleich als Gehilfin der Liebeskunst aufzunehmen. Sie hatte ihre Berufung gefunden.

Theresa konnte nun etwas für andere tun, die Menschen genau dort abholen, wo sie am meisten litten. Dieses Leiden war nicht mit dem Verstand zu heilen, sondern mit neuen angstfreien und lustvolleren Erfahrungen.

Sie konnte oft kaum glauben, wie wenig sich die Menschen gönnten, aus Unwissenheit, aus Angst, oder schnell verbrannter Gier. Doch sie war dankbar, den Neuankömmlingen zeigen zu können, dass es auch anders geht, ihnen Räume des Erlebens zu öffnen, die sie bisher vielleicht geahnt, aber nicht zu entdecken gewagt hatten. Schnell sprach sich ihr Talent herum. Alle schwärmten von ihren magischen Händen und ihrer Schönheit. Sie galt als auserwählte Priesterin der Liebesgöttin Aphrodite.

Es war unmöglich, so begnadet zu sein, wenn es nicht Wunsch und Wille der Göttin war. Dennoch hatte sie nie das Gefühl, nur Dienerin zu sein, und mehr zu geben als zu empfangen. Im Gegenteil, sie erlebte Höhepunkte der Lust, Wellen des Genusses, und ein Verschmelzen mit der Glückseligkeit, die ihre Seele fast sprengte.

Im siebten Herbst ihres Frauenlebens besuchte Theresa den Tempel der Aphrodite auf der Akropolis von Korinth. Selten hatte sie diesen Tempel zuvor aufgesucht. Doch an diesem Tag sah sie die sich üblicherweise hier aufhaltenden Scharen von Tempelliebesdienerinnen nicht. Stille herrschte, als sie den Tempel betrat und sich vor dem Bildnis der Göttin verneigte. Golden glänzte deren Haar, blau leuchteten ihre Augen und von Marmor schimmerte ihr vollkommener Leib.

Theresa sprach ein Dankgebet, und genoss die Kühle des heiligen Raumes. Als sie sich nach einer Weile des Schweigens erhob, um den Tempel zu verlassen, sprach die Göttin erneut zu ihr. Klar und eindringlich fielen die Worte in ihre Seele: „Es ist genug!"

Theresa erwachte wie aus einem Traum. Ihr früheres Leben als Mann und Priester des Zeus kam ihr mit Macht zu Bewusstsein. Sofort wusste sie, was zu tun war. Sie verließ die Stadt in Richtung des einsamen Tales, in dem vor genau sieben Jahren ihre wundersame Verwandlung geschehen war. Der Abend kam. Helios mit dem Sonnenwagen verschwand hinter dem Horizont. Silbern glänzten die Sterne auf nachtblauem Grund.

Der Weg war ihr vertraut. Sie suchte wieder den Platz mit den alten Steineichen auf. An einen der Stämme gelehnt, blickte sie noch einmal zurück in Richtung der Stadt, die sieben Jahre ihre Heimat gewesen war. Plötzlich zuckte ein Blitz über der mächtigen Mauerkrone von Korinth auf. Theresa spürte es wie ein Aufflammen des Blutes in ihren Adern. Etwas geschah mit ihr. Ein silbriger Lichtstrahl leuchtete vor ihren Augen auf. Wenige Meter von den Steineichen drang er in die Erde ein. Ein zweiter Blitz folgte.

Am Boden rührte sich etwas. Im Mondeslicht der Nacht glänzten die silberfarbenen Zeichen zweier Schlangenleiber auf.

Teiresias erkannte sie wieder. Es waren die beiden unverwechselbaren Schlangen, denen er am gleichen Ort schon einmal begegnet war. Schon hörte er ihre Stimmen in seiner Seele widerhallen.

„Ja, wir sind es, Teiresias! Wir gaben dir auch deine männliche Gestalt zurück!"

So erklärte sich also das Kochen des Blutes in seinen Adern!

„Und erkennst du nun auch, wer wir wirklich sind?"

Teiresias spürte eine unglaubliche Macht. In diesen Schlangen verbarg sich viel mehr als seine Augen sehen konnten.

„Wir sind Götter, Teiresias, und dir wurde die seltene Gunst zuteil, dass du uns, wenn auch nur in dieser Form als Schlangen, nun schon zum zweiten Male begegnest. Als Priester des nahen Zeus-Tempels erkanntest du uns nicht, als du uns vor sieben Jahren in dieser Gestalt hier fandest."

Teiresias ahnte, dass ihm etwas Besonderes vorbehalten war. Mit jedem Wort hatten die Götter ein wenig mehr den Schleier gelüftet, den seine Seele vor dem Schauen ihrer wahren Gestalt schützte. Er durfte nur soviel erkennen, wie er gerade noch ertragen konnte.

Jetzt waren es die göttlichen Namen. Während sein Geist die Namen plötzlich erkannte, hatte seine Seele sie schon erfühlt. Da waren sie: Die männliche Gottnatur, die sich ZEUS nannte, und die weibliche Gottnatur, deren Name HERA war. Die göttlichen Naturen ließen ihn erschauern. Und aus der Tiefe der offenbarten Gottheiten erkannte er endlich auch ihre Frage: „So sage uns jetzt, du zweigeschlechtlich Erfahrener, welches von beiden Geschlechtern empfindet den größeren Genuss in der Liebe?"

Teiresias wunderte sich nicht, dass die Götter etwas nicht wussten. Er war ja jetzt mit ihren Naturen verschmolzen und konnte den Grund der Frage erspüren. Er fühlte, dass bei aller unvorstellbaren Macht, die Zeus und Hera auszeichneten, sie doch eines nicht vermochten: sie konnten ihr Geschlecht nicht verwandeln. Zeus blieb immer das Männliche, Hera das Weibliche. So gelang es auch nur Hera, in der Form der weiblichen Schlange, Teiresias vor sieben Jahren in eine Frau zu verwandeln, und nur Zeus war in der Lage, ihn in sein altes Geschlecht Mann zurückzuholen.Nicht verwunderlich, Zeus, der große Liebhaber, und Hera, seine stets zum Streit neigende Gemahlin, brauchten einen Schiedsrichter. Für die Beantwortung ihrer Frage kam nur jemand in Betracht, der ein Leben in beiden Geschlechtern kannte: Teiresias.

Zeus war der Meinung, dass die Frau mehr von der Liebe habe. Hera behauptete das Gegenteil, den größeren Genuss habe der Mann. Teiresias musste nicht lange überlegen. Seine ganze Seele war erfüllt von dem Höchstmaß lustreicher Erfahrungen, die er in den letzten sieben Jahren erleben durfte. Für ihn war das keine Frage, sondern vollständige Gewissheit. Mit der Inbrunst seiner Seele antwortete er: „Wenn die ganze Lust des Mannes EINS ist, dann ist die der Frau wie die Zahl der Musen: NEUN." Im Nachhinein wunderte sich Teiresias, warum Hera, die ja das weibliche Geschlecht besaß, nicht genau wie er empfand. Zugleich wurde ihm klar, dass Hera nicht aus ihrem Herzen sprach. Sie wollte das Geheimnis der Frauen nicht preisgeben. Teiresias ahnte auch den Grund. Im Glauben, dass die Frau der Lust entbehre, würde der Mann immer mehr Einsatz zeigen müssen, und doch immer in der Schuld der Frau bleiben. In das Spiel der Lust mischte sich stets das Spiel der Macht. Diesen Gedanken las Teiresias in Heras Wesen.

Er selbst hatte das als Liebesdienerin der Aphrodite erfahren. Die versagte Lust holten sich die Männer und auch manche Frau von den Liebesdienern, wenn sie nicht lernten, in der Liebeschule wieder zu ihren Gefühlen und Bedürfnissen zu stehen. Dies las nun auch Hera in den Gedanken des Teiresias, was sie sofort erzürnte: „Mich, die große Göttin Hera, willst du belehren? Dafür strafe ich dich mit Blindheit! Niemals mehr sollen deine Augen das rosige Licht schauen!"

Teiresias spürte den göttlichen Zorn, und sah, dass sich eine der Schlangen hoch aufrichtete. Ihr Kopf und der breite Hals leuchteten von innen. Die silbrig glänzenden Zeichen auf der nachtblauen Haut waren nun deutlich zu erkennen. In einem der Zeichen erkannte Teiresias ein Auge. Dieses zog seinen Blick an sich. Teiresias konnte sich nicht abwenden. Er bemerkte, wie seine Sehkraft langsam entwich. Das magische Auge sog sie gleichsam auf. Ihm blieb nichts als die Dunkelheit. Seine Seele schrie. Plötzlich war er vollkommen blind.

Nun erbebte auch Zeus. Teiresias hörte mit gewaltigem Schall einen Blitz in eine der umstehenden Steineichen einschlagen: „Oh du rachsüchtige Frau! So achtest du die Wahrheit?"

Teiresias fühlte Hoffnung, die ihm vom mächtigsten der Götter zuströmte. Er wusste aber auch, dass kein Gott die Tat eines anderen Gottes ungeschehen machen konnte.

Und Zeus sprach: „Höre Teiresias! Du hast die Wahrheit gesprochen, wie es dein Herz dir sagte. Du bist ein Wahrsager. Zum Trost für dein verlorenes Augenlicht öffne ich dir ein inneres Auge, das auch die Zukunft zu erschauen vermag, und sieben Generationen sollst du leben."

Schon zeigte sich Eos, die Göttin der Morgenröte.

Teiresias' Antlitz leuchtete.

Günter Kunert

Pygmalion 1978

Millenien später arbeiteten Bildhauer weniger aus der Fantasie als nach Modellen; das mag daran liegen, dass sich gewisse menschliche Eigenschaften im Laufe der Zeiten abnutzen und wahrscheinlich eines Tages gänzlich verschwinden. Solche Hypothesen kümmerten den Bildhauer P. wenig: er war sich seines künstlerischen und gesellschaftlichen Auftrages so sicher, nämlich Schönheit zu verbreiten, dass ihn kein Zweifel am Schaffen hinderten. Sein Leben wäre auch komplikationslos verlaufen, der bekannte steile Aufstieg von Ehrung zu Ehrung, hätte er nicht irgendwann an einem seiner Modelle mehr Interesse genommen oder gefunden, als für die Bildhauerei vonnöten ist. Diese Sympathie expandierte zu einer unverhohlenen Zuneigung, zu Liebe gar und steigerte sich zur Leidenschaft für das Geschöpf, dem P.'s Gefühle wenig bedeuteten. Seine Anträge, Ruhm und Dasein mit ihm zu teilen, wurden regelmäßig abgelehnt; sie, das weibliche Original unterschiedlich gelungener Abbilder, hatte wohl andere Neigungen, gar Bindungen, von denen P. nichts ahnte, obwohl er das Schlimmste befürchtete. Freilich, ein Konkurrent im Metier war nicht auszumachen, so dass er nicht begriff, warum sie seine großzügigen Angebote zurückwies.

Als seine Bitten nichts fruchteten, pochte er ihr gegenüber auf seine guten Beziehungen; er könne auch andere Mittel anwenden, doch das schien sie nicht zu glauben, bis P. es ihr bewies, indem er sich an jene Mächte wandte, deren Gunst er sich stets rühmte, und so geschah, was zu erwarten war: das Modell verlor zunehmend seine Bewegungsfreiheit und wurde langsam statuarisch. Jedoch vollzog sich die Petrifizierung nicht von heute auf morgen, aber die Erstarrung nahm zu, bis sie das ganze Wesen ergriff. Es verließ eines Abends nicht mehr seinen Sockel, die schönen, doch versteinerten Beine hielten es dort oben fest. Zusätzlich ereignete sich, womit keineswegs zu rechnen war: ein völliges Verstummen, nachdem die Marmorwerdung Stimmbänder und Zunge ergriffen hatte; auch die Augen wandten sich P. nicht mehr zu, wenn er den Sockel umkreiste, jene wundervollen Formen zu preisen, ihm allein nun ganz und gar zu eigen. Da sie es auch nicht mehr zu hören schien, kamen ihm irgendwann seine Monologe sinnlos vor und er stellte sie ein, ja, die tägliche Besichtigung seines Besitzes wurde ihm lästig, nachgerade bedrückend, so dass er die Statue von heute auf Morgen auf den Boden schaffen ließ, um sie nicht mehr zu sehen. Er spielte sogar mit dem Gedanken, sie einfach zu verkaufen, an eine Parkverwaltung vielleicht, deren Bedarf an Dianen und Nymphen bodenlos ist. Möglicherweise würde er sie auch umarbeiten, indem er das farblich ungleiche Material zu Mosaiksteinen zerschlüge; dazu konnte er sich jedoch nicht recht entschließen, und so wurde dieser Einfall, während er auf einer Studienreise im Ausland weilte, von seinem Gehilfen, dem er davon gesprochen, prompt ausgeführt.

Aber P. hat niemals ein Mosaik geschaffen, wie man seinem Werkverzeichnis entnehmen kann, was übrigens außer seinen Förderern auch wir als seine Verehrer immer bedauert haben.

Karyatiden

Schon zwanzig Jahre später wurde von ihnen gesagt, sie hätten an den Berliner Häusern nichts zu suchen und zu tun: diese brustfreien Damen, die ihre Schamgegend hinter Zementfalten versteckten, den Blick voller Entsetzen in die Kunstgeschichte gerichtet, aus der sie extrahiert worden waren. Daß ihr strammer Nacken nichts stütze, redete man ihnen nach, und dass sich unter keiner Bürde ihre prallen Arme spannten.

Als jedoch wenig später infolge eines der letzten Weltuntergänge die Häuser abbrannten bis in die Keller, fielen die mürben Fassaden in Schutt zusammen. Die Ziegel bröckelten weg, und was blieb, war hier und da eine jener Figuren, einsam ragend, die feuergeschwärzten Schultern plötzlich beladen mit einer Last, welche keine andere Stütze mehr hatte als sie, die unverhofft aus einem dekorativen Dasein zu antikem Auftrag gelangten: den Himmel zu tragen.

Nachwort

Steffen Marciniak

Mnemosyne oder Der Versuch eines Ausklangs

Mnemonsyne ist die Tochter des Titanenpaares Uranos und Gaia, den Göttergestalten aus der ersten Generation: Uranos, Gott des Himmels und Gaia, Göttin der Erde. Nach Mnemosyne heißt auch ein Unterweltfluß, dessen Wasserstrom nicht, wie einer der anderen Unterweltflüsse, Lethe, das Vergessen bringt. Vergessenheit, die vielleicht auch nur Verborgenheit ist. Lethe, aus dem ein jeder, der in das Totenreich eingeht, trinken muß. Lethe bedeutet auch, aus diesem Vergessen der eigenen Vergangeneheit heraus, die Voraussetzungen für die Wiedergeburt zu erfüllen.

Mnemosyne hingegen bedeutet Erinnerung, Bewahrung dessen, was einst war. Aus diesem nach der Titanentochter benannten Fluß zu trinken, bewirkt gleichfalls, Allwissenheit zu erlangen. Unbegrenztes Wissen über das Ein und Alles heißt, es gibt kein Vergessen, es gibt keinen Tod.

So wie die Karyatiden im obigen Text von Günter Kunert immer wieder auftauchen, die den Zeitgenossen entbehrlichen Reste aus alter Zeit, über die sie schimpfen; tut es weg, das alte Zeug, begrabt alles, was Schein ist und an frühere Pracht erinnert, schafft glatte Fassaden aus Beton und Glas. Viel zu glatt, als dass jemand sich noch gemahnt fühlt an Menmosyne, die Erinnerung. Wären da nicht bei allen immer wieder stürzenden Häusern und Städten vergangene Zeichen wie es die Karyatiden symbolisieren, über die wir stolpern und unsere alten Träume ins Bewußtsein zurückholen.

Unser Buch mit Geschichten und Gedichten soll ein möglichst breites Kaleidoskop solcher Karyatiden auffächern, schön anzusehende Stolpersteine sein, zum Aufheben, Weitertragen, sollen Altes neu erzählen, anregen und verführen. Mnemosyne ist die Mutter der neun Musen, den Schutzgöttinnen der Künste, die in antiken griechischen Hymnen und Epen zu deren Anfang gern angerufen werden. Mit der Bitte um Inspiration, dem Wunsch nach Beistand für das besondere Werk. 63 Schriftsteller der Gegenwart haben ihren Beitrag geleistet, ein Licht zu werfen in eine alte Zeit, die uns heute noch wie einst begeistern kann, in all den früheren Jahrzehnten und Jahrhunderten.

Wo wir uns erinnern, da sind wir, da bleiben wir, da gehen wir nicht ein, in eine Welt des schattenden Vergessens, des Nichts. So mögen wir mit unseren Mitteln der Kunst immer wieder Mnemosyne wecken und Lethe meiden, mit Mnemosynes Töchtern, den Musen, die Menschen und uns selbst anregen, noch mehr Geschichten zu suchen, sie aufzuschreiben, ein Reich aus Erinnerungen und Träumen in einen jeden Tag unserer Gegenwart versetzen.

So möchte ich als Schlusspunkt unter diese Auswahl einen weniger bekannten Dichter aus dem vergangenen Jahrhundert setzen, ihn, den ich sehr liebe, wieder einmal dem Wasser des Letheflusses entreißen, mit seinem Mnemosyne-Gedicht.

Albert H. Rausch (Henry Benrath)

MNEMOSYNE

Mnemosyne ist Erinnerung nicht,
Nicht Versenkung, nicht Versunkenheit:
Mnemosyne ist das Licht
Über Zeiten ohne Zeit.

Vor dem Hingang – Eingang in die Flamme,
Auen, hingedehnt in Eis.
Mnemosyne sagt, woher ich stamme.
Und im Ursprung schließt der Kreis.

Autorenverzeichnis

Marciniak, Steffen (der Herausgeber)
Geb. in Stralsund, seit 1988 in Berlin, lebte 2011 zwischenzeitlich in Lima und Manila. Studierte Kulturwissenschaften an Humboldt-Uni Berlin. Buchhändler, Antiquar, Lektor. Schreibt seit der Jugend Prosa, Lyrik, Essay. Ab 2012 Arbeit an Novellen und Gedichten über Nebenfiguren der griechischen Mythologie, so die Nonalogie *Ephebische Novellen*. Veröffentlichungen im Aphaia Verlag: *HYLAS oder Der Triumph der Nymphe*, 2014, *KYPARISSOS oder Die Gabe des Orakels*, 2015. Lyrische Dichtungen in Bänden der Edition Lyropa im Anthea Verlag: *Äolsharfenklänge*, 2018 und *Erzengelgesänge*, 2019. Im Verlag PalmArtPress erschien *GANYMEDES oder Die Geburt des Mythos*, 2019 als Einblattdruck 135. Mehrere Kurznovellen im Größenwahn-Verlag, *HARMODIOS oder Das Ende der Tyrannis* in: Griechische Einladung in die Politik, 2015, *AMPHION oder Die Magie der Lyra* in: Griechische Einladung in die Musik, 2017, *Der Prinz aus dem Schnee* in: Mord im Spinat, 2018. Außerdem *IKAROS oder Der Fluch der Lyra*, 2017 hg. bei Radio Kreta. Weitere Kurzgeschichten oder Gedichte u.a. in Anthologien im Konkursbuchverlag, Poesiealbum Neu, Verlag Mikrotext. 2016/17 Moderator der ‚Karlshorster Abendgesellschaft', seit 2017 Mitorganisator des Griechisch-Deutschen Lesefestivals, Mitglied u.a. im Verband deutscher Schriftsteller, Autorenkreis Plesse.

Adloff, Gerd
Geb. 1952 in Berlin, wo er auch lebt. Lyriker, Fotograf, Kulturjournalist und Literaturwissenschaftler. Studierte Germanistik mit Diplomabschluss an der Humboldt-Universität in Berlin. 1981-92 Arbeit am Zentralinstitut für Literaturgeschichte der Akademie der Wissenschaften der DDR u. a. an einem Lexikon zur deutschsprachigen Literatur. 1985 erschien sein erster Gedichtband *Fortgang* im Verlag der Nation. 1989 Mitherausgeber des vierten Bandes der Reihe *Bizarre Städte*. 1992-99 im Literaturverein Orplid, zeitweilig Lektor der Lyrikheftreihe Poet's Corner.

Gedichte und Fotografien in zahlreichen Anthologien und Zeitschriften, Übersetzer von Lyrik aus dem Ungarischen. Letzte Gedichtbände bei der Corvinus Presse: *Zwischen Geschichte und September*, 2015 und *Alles Glück dieser Erde*, 2017.

Alygizakis, Iosif
Geb. 1967 in Chania, Kreta (Griechenland). Studierte in Belgrad, Cambridge und Athen. An Athener Universität Studiumabschluss in Anglistik. Eröffnete in Chania ein Fremdspracheninstitut, unterrichtete Englisch an der Akademie der Handelsmarine, Kreta. Neben Englisch beherrscht er auch Serbisch, Kroatisch, Italienisch, nach 18-monatigem Kopenhagen-Aufenthalt auch Dänisch. Seit 1994 schriftstellerisch tätig, gehört zu den wenigen griechischen Gegenwartsautoren, die offen homoerotische Themen aufnehmen. Bisher sieben Romane veröffentlicht, der erste übersetzt ins Englische , der zweite unter dem Titel *Das Blau der Hyazinthe* ins Deutsche beim Größenwahn Verlag, 2014. Schrieb und bearbeitete Theaterstücke, drei davon in Athen und Chania aufgeführt.

Banciu, Carmen-Francesca
Geb. 1955 in Lipova (Rumänien), lebt seit 1992 in Berlin. Studierte Kirchenmalerei in Arad und Außenhandel an Fachhochschulen in Bukarest. Tätigkeit als Autorin, freischaffende Publizistin, Übersetzerin, Lektorin und Kommentatorin für verschiedene Nachrichtenmedien, leitet Seminare für Kreativität und kreatives Schreiben. Seit 1996 schreibt sie ihre Werke hauptsächlich auf Deutsch. Ihre Texte erschienen beim Rotbuch Verlag, Volk und Welt, Ullstein und seit 2015 bei PalmArtPress, zuletzt: *Lebt wohl, Ihr Genossen und Geliebten!*, 2018.

Block, Detlev
Geb. 1934 in Hannover, lebt in Bad Pyrmont, evangelischer Pfarrer im Ruhestand, Professor (h.c.), Schriftsteller, Lyriker und Kirchenlieddichter. Veröffentlichte über 80 Bücher, ist in mehr als 300 Anthologien und Sammelwerken mit Liedtexten, geistlicher Lyrik, Prosa und Meditationen vertreten. Zahlreiche Artikel und Vorträge als Vermittler sternkundlicher

Fachkenntnisse, 1982 erschien sein Werk *Astronomie als Hobby*, Falken Verlag, Gesammelte Gedichte in *Lichtwechsel*, 1998, Vandenhoeck & Ruprecht, *Die große bunte Kinderbibel*, 2001, Loewe Verlag. Einige seiner Geistlichen Lieder sind im Evangelischen Gesangbuch, viele wurden vertont. Er ist Burgschreiber zu Plesse, u.a. Mitglied der Europäischen Autorenvereinigung Die Kogge.

Böhme, Thomas
Geb. 1955 in Leipzig. Lehrerstudium, Ausbildung zum Bibliotheksfacharbeiter, Arbeit als Bibliothekar und Werberedakteur. 1982–1984 Fernstudium am Literaturinstitut Leipzig. Bekannt vor allem als Lyriker, schrieb auch Erzählungen, Romane und Essays. Die ersten fünf von zahlreichen Einzelveröffentlichungen im Aufbau Verlag beginnend: *Mit der Sanduhr am Gürtel*, 1983. Mehrere Bände bei Galrev, z.B. *Heimkehr der Schwimmer*, 1996. Weiterhin: *Die Cola-Trinker. Gedichte von 1980-1999*, MännerschwarmSkript, 2000, *Abdruck im Niemandswo*, 2016, Poetenladen, 2016, *Klavierstimmer auf der Titanic*, Ornament, 1998. Auch Fotobände, z.B.: *Jungen vor Zweitausend. Porträtfotos*, Fliegenkopf Verlag, 1998. Mitglied des P.E.N. und des Deutschen Schriftstellerverbandes, mehrere Literaturpreise.

Braun, Volker
Geb. 1939 in Dresden, lebt in Berlin. In der DDR einer der bedeutendsten Dramatiker. 1960 Studium der Philosophie in Leipzig, parallel dazu erste literarische Arbeiten. Sein Werk umfasst Gedichte, Theaterstücke, Romane, Erzählungen. Arbeitete am Berliner Ensemble und am Deutschen Theater. In den 1980er Jahren zunehmend Schilderung des deprimierenden Lebens in der DDR. In dieser Zeit entstand *Verfahren Prometheus*, 1982, Reclam. Leitete 2006–2010 an der Akademie der Künste (Berlin) die Sektion Literatur, ist Mitglied des P.E.N. Zahlreiche Veröffentlichungen und Auszeichnungen. Zuletzt erschienen: *Demos, Die Griechen/Putzfrauen*, Henschel, 2015 und im Suhrkamp Verlag: *Handbuch der Unbehausten*, Gedichte, 2016, *Verlagerung des geheimen Punkts*, Schriften und Reden, 2019, *Handstreiche*, 2019.

Bünemann, Matthias
Geb. 1972 in Bielefeld, wo er auch lebt. In Grundschulzeit erste Kurzgeschichte in örtlicher Tageszeitung. Ausbildung zum Friseur, Visagist, Kosmetiker, international als Model unterwegs, kreierte Frisuren und Make-up für Foto und Film. Studierte Kreatives Schreiben, absolvierte Kurse zu Kunst und Schreiben bei Harvard und der Brown University. Die ersten beiden Bände seiner Fantasy-Reihe 2015 im Main Verlag: *Pyre - Osculum* und *Pyre - Complexus*. Zwei Kurzgeschichten mit Illustrationen von Jörg Rautenberg: *Nur zwischendurch*, 2015, dazu zahlreiche Veröffentlichungen in Anthologien, wie *Das schwule Auge*, Konkursbuchverlag. Seine Malerei stößt im Ausland (v.a. Italien, Dubai) auf großes Interesse.

Chekurishvili, Bela
Geb. 1974 in Gurjaani (Georgien), wohnt in Bonn. Doktorandin für Komparatistik an der Universität Tbilisi, studiert zurzeit an der Universität Bonn Kulturjournalistin. Autorin mehrerer Lyrikbände. 2016 wurde in Georgien der Kurzgeschichten-Band *Rheinische Aufzeichnungen* bei Intelekti verlegt. Ihr letzter georgischer Lyrikband *Detektor der Nacktheit* erschien 2017 bei Intelekti. In Deutschland wurden erstmals 2015 vier Gedichte in der Anthologie *Aus der Ferne - Neue Georgische Lyrik* von der Corvinus Presse publiziert, danach 2016 im Verlag Wunderhorn in der Reihe P der erste Gedichtband: *Wir, die Apfelbäume*. Übersetzungen bzw. Nachdichtungen von Norbert Hummelt. Neueste Lyriksammlung: *Barfuß*, Wunderhorn, 2018.

Drushinin, Max
Geb. 1989 in Jekaterinburg (Russland). Erste fünf Schuljahre im weißrussischen Minsk, nach Ende der Sowjetunion Emigration mit den Eltern nach Deutschland. Lebte bis 2013 und wieder ab 2018 in Magdeburg, in der Zwischenzeit in Düsseldorf. Im Rahmen seines Kommunikations-Studiums Auslandsreisen nach Australien und Russland. Dank seiner Kulturbegeisterung fand er den Weg zur Musik und zum Schreiben, neben anderem insbesondere zur Lyrik. 2015 erster Lyrikband

Mitlesebuch 140 im Aphaia Verlag. Kurzgeschichte *Die Sänger der alten Griechen* in: Griechische Einladung in die Musik, Größenwahn Verlag, 2017.

Engelmann, Edit
Geb. 1957 in Nordhessen. Marketingstudium in Frankfurt/M., Arbeit in nationalen und internationalen Konzernen. Lebte in Athen, Brüssel und Amsterdam. Arbeitet als freie Lektorin, Übersetzerin und Autorin. 2013 Gründerin des Griechisch-Deutschen Lesefestivals. 2017 zum 3. Festival Herausgeberin der Anthologie *Über das Kretische Meer*, zus. mit Radio Kreta. Kinderbuch *Ella und der Regenbogenstein*, 2013, *Korinthen und Musketen: Ein Leben in den Wirren des griechischen Unabhängigkeitskrieges*, 2013 und *2084 – Entopischer Dialog*, 2016, *Frieden – Aristophanes reloaded*, 2017. Mehrere Publikationen im Größenwahn-Verlag: *KRISE! KRISE! Schulden*, 2011; *Zitronen aus Hellas – Von einer die auszog um griechisch zu leben*, 2011; *Es war einmal im Ringgau*, 2013; *Scherben vor Gericht*, 2014. Herausgaben von Anthologien der Reihen Griechische Einladung und Märchenbüchern.

Fakitsa, Maria Ioanna
Geb. 1976 in Athen (Griechenland), Kindheit und Jugend in Athen, später in der Region Apokoronas, Kreta, lebt seit 2016 in Berlin und Kreta. Sang im Chor der Athener Oper. Prägende frühe Begegnungen mit Melina Mercouri und Jannis Ritsos. Tätig u.a. als Fremdsprachenlehrerin für Englisch, beherrscht Deutsch und weitere Sprachen. Erste deutschsprachige Veröffentlichung eines Essays: *Apokoronas – Ippokoronion* in der Anthologie *Über das Kretische Meer*, hg. v. Radio Kreta, 2017.

Fehse, Wolfgang
Geb. 1942 in Nürnberg, lebt in Berlin. Grad. Sozialpädagoge, Poesiepädagoge, studierte Theaterwissenschaften. Veröffentlicht seit 1964 Lyrik, Prosa, Dramatik, oft bibliophile Drucke in Kleinverlagen, z.B. in der Atelier Handpresse: *Das Loch in der Mitte des Kuchens*, 1994 und *Der dickste Hund*, 1999; bei Bonsai-typArt: *Der Turm*, 1995, *Der*

Teppich zum Glück, 1996 und *Die Bunker bei Port de Miramar*, 2002; in der Corvinus Presse: *11 Limericks*, 1999, *11 kleine Limericks*, 2004; im Kulturmaschinen Verlag der Roman *Karneval in X oder Die Macht der Poesie*, 2010 und zuletzt im Pohlmann Verlag *Der Enkel des Fabrikanten*, 2019. Herausgeberschaften u.a. der Zeitschrift *Sodom & Gomorra* (Nr.1-7). Sein Theaterstück *Das Gerät* wurde vom Berliner Volkstheater und vom ‚Theater der Autoren' aufgeführt.

Frei, Frederike
Geb. 1945 in Brandenburg, lebte in Hamburg, jetzt Berlin. Studierte Germanistik, Theologie und Theaterwissenschaften an der Uni Hamburg. Schauspielausbildung; Schauspielerin in Wilhelmshaven, Verden und Hamburger Kammerspiele, in Filmen und Fernsehserien. Seit 1976 mit ‚Lyrik im BaUCHLADEN' unterwegs in Deutschland. 1980 Mitbegründerin der ‚Literaturpost e.V.', später ‚Literaturlabor e.V.', 1994 ‚Writers Room e.V.'. 1997 organisierte sie in der Hamburger Christianskirche das ‚Festival zum Tod'. Zahlreiche Preise, Stipendien. Veröffentlichte Lyrik, Prosa, Hörspiele, u.a. bei Eichborn, Dölling und Galitz, Ralf Liebe. Zuletzt im Achter Verlag: *Apfelgeschichten*, 2011 und *Bissiges Gras*, 2016. *Mitlesebuch 126*, Aphaia Verlag, 2015, *Poesiealbum 319*, Märkischer Verlag Wilhelmshorst, 2015, *Aberglück*, Gedichte, Edition Bärenklau, 2019.

Geiser, Christoph
Geb. 1949 in Basel, lebt abwechselnd in Bern und Berlin. Studierte Soziologie, arbeitete als Journalist und ab 1978 als freier Schriftsteller. Mitglied im Schweizer Autorenverband und des Deutschschweizer P.E.N.-Zentrums. Nach den ersten Erzähl- und Lyrikbänden erste Erfolge mit den im Verlag Benziger erschienenen Romanen *Grünsee*, 1978 und *Brachland*, 1980. Bei Nagel & Kimche erschienen u.a. *Wüstenfahrt*, 1984, der Caravaggio-Roman *Das geheime Fieber*, 1987, *Das Gefängnis der Wünsche*, 1992 und *Kahn, Knaben, schnelle Fahrt*, 1995; spätere Bücher u.a. bei Ammann und Männerschwarmskript. Zuletzt *Verfehlte Orte*, Erzählungen, Secession, 2019.

Gnosa, Ralf
Geb. 1970 in Mönchengladbach, aufgewachsen in Süchteln am Niederrhein. Studierte Germanistik und Philosophie in Bonn. Nach rund zehn Jahren in der literarischen Nachlaßerschließung seit 2011 freier Schriftsteller (Lyrik, Prosa, Essay, Nachdichtung). Aufsätze und Editionen vorwiegend zur Dichtung ca. 1890-1960. Zahlreiche Lesungen und Vorträge. Sammelt für Lyrikanthologien (Themen u.a. lyrische Wasserleichen, Raben, Stefan George). Stellv. Vorsitzender der Paul-Ernst-Gesellschaft, Vors. der Leopold-Ziegler-Gesellschaft. Zuletzt Hrsg. *Paul Ernst: Polymeter*, Reinecke & Voß, 2016 (mit ausführlichem Nachwort *Im Steinbruch der klassischen Moderne – Zur Neuausgabe von Paul Ernsts Frühwerk ‚Polymeter' (1898))*.

Grasnick, Ulrich
Geb. 1938 in Pirna, lebt in Berlin. Gesangsstudium an Hochschule für Musik ‚Carl Maria von Weber', Dresden. Engagiert am Ensemble der Komischen Oper Berlin. Lyriker mit Veröffentlichungen, oft im Verlag der Nation: *Liebespaar über der Stadt*, 1979, *Hungrig von Träumen*, 1990 – beide zu Bildern von Marc Chagall, *Das entfesselte Auge. Hommage à Picasso*, 1988 oder *Pastorale*, 1978 – zu Karl Schmidt-Rottluff, *Fels ohne Eile*, 2003 – zu Stefan Friedemann, 2003. Vertonungen einiger Gedichte von Günter Schwarze. z.B. *Akatombo – und die Libelle flog* (Madrigal und Memento), 2011 in Japan uraufgeführt. Jüngste Gedichtbände: *Fermate der Hoffnung. Hommage an Marc Chagall*, Anthea Verlag, 2018, *Auf der Suche nach deinem Gesicht. Gedichte zu Johannes Bobrowski*, Quintus Verlag, 2018. Seit 1975 Leiter des Köpenicker Lyrikzirkels und der Lesebühne der Kulturen Adlershof. 2017 lobte er erstmals den von ihm gestifteten Ulrich-Grasnick-Lyrik-Preis aus.

Gröhler, Harald
Geb. 1938 in Hirschberg, wuchs im Fichtelgebirge auf, 1960-90 in Köln, seitdem in Berlin. Schreibt Romane, Erzählungen, Lyrik, Bühnenstücke. Ist Essayist und Herausgeber, studierte Psychologie und Philosophie. Anfangs Literaturkritiker (u.a. für WDR und FAZ) und Pressefotograf,

danach freier Schriftsteller. 1976-1984 Vorstandsmitglied der ‚Literarischen Gesellschaft Köln'. Bis 1995 realisierte und moderierte er über 950 Schriftsteller-Veranstaltungen. Mitglied des P.E.N., Union des poètes & Cie, des Verbands deutscher Schriftsteller, ‚Die Kogge', Vorsitzender des Autorenkreises Plesse. Gründungsmitglied des Literaturhauses Köln und des Autorenkreises Historischer Roman ‚Quo vadis'. Zahlreiche Veröffentlichungen, u.a. bei Schneekluth, Corvinus Presse, Bergstadt Verlag Korn, zuletzt erschienen im Verlag Neuer Weg *Inside Intelligence. Der BND und das Netz der großen westlichen Geheimdienste*, 2015 und im Pop Verlag: *Der Sprung durch den Teich. Die Metaphysik der Gedichte*, 2015 sowie *Eile, im Mantel. Neue Stories*, 2018.

Groeper, Kerstin
Geb. 1961 in Berlin als Tochter des Schriftstellers Klaus Gröper, lebt in Hohenthann. 20 Jahre Sicherheitschefin für ‚Mama-Concerts'. Verbrachte einen Teil ihres Lebens in Kanada. In Kontakt mit nordamerikanischen Indianern entdeckte sie ihre Liebe zur indianischen Geschichte, Kultur und Sprache. In Deutschland regelmäßige Referate und Seminare über Sprache, Kultur und Spiritualität der Lakota-Indianer. Schreibt historische Romane, Jugend- und Kinderbücher sowie Krimis, arbeitete als Autorin für ‚Omni', ‚Penthouse'. Veröffentlichungen im Traumfänger Verlag und Hey! Publishing, u.a.: *Donnergrollen im Land der grünen Wasser*, 2018, *Adlerkralle*, 2018, sowie Krimis *Im Schatten des Palio*, 2017 und *Im Schatten des Schamanen*, 2018.

Günther, Alexander
Geb. 1995 in Hamburg. Kindheit und Jugend in einer christlich geprägten Familie, mit zwei Geschwistern. Zum Leben entwickelte er eine idealistische Einstellung. Sein Motto: ‚Je mehr Träumer es gibt, desto weniger bleibt es ein Traum.' Nach dem Abitur im Jahr 2013 erschienen einige seiner Gedichte in Lyrik-Anthologien. Studierte Islamisch-religiöse Studien an der Friedrich-Alexander Universität Erlangen-Nürnberg. 2015-18 Ausbildung zum Buchhändler in Limburg. 2015 erste Buchveröffentlichung im Aphaia Verlag mit Lyrikdebütband „Mitlesebuch 111". Zuletzt erschienen:

Klagelied an den Olymp in: Griechische Einladung in die Musik, Größenwahn Verlag, 2017.

Gutzmer, Renate
Geb. 1946 in Hamburg, lebt in Berlin. Studium der Germanistik und Altphilologie, Ausbildung in Gestalt- und Kunsttherapie, Zweitstudium Kunstgeschichte. Lehrtätigkeit im In-und Ausland, Teilnahme an verschiedenen Textwerkstätten und Lektoraten, Erfahrung als Coach für Kreatives Schreiben in Einzelberatung, Arbeit als Schriftstellerin und Autorin. Mitglied im Verband deutscher Schriftsteller und beim FDA (Freier Deutscher Autorenverband). Letzte Veröffentlichungen im Elsinor Verlag: *26 Gefährdungen. Kurzprosa und Lyrik*, 2014, *26 Rettungen. Kurzprosa und Lyrik*, 2015, *Zwischenräume. Kurzprosa und Lyrik*, 2016.

Hansen, Dirk Uwe
Geb. 1963 in Eckernförde, lebt in Greifswald. Lyriker, Übersetzer und Altphilologe. Studierte Klassische Philologie in Hamburg und Köln, seit 1995 wissenschaftlicher Mitarbeiter an der Universität Greifswald. Im Verlag Reinecke & Voß seit 2016 Herausgeber der Reihe edition metáfrasi. Neugriechische Poesie in deutscher Übersetzung. Arbeit auch an Übersetzungen aus dem Altgriechischen. Eigene Gedichtbände: *Sirenen*, Degener, 2011, *zwischen unge/sehnen orten*, Silbendekunst, 2013, *Wolkenformate*, Gutleut, 2016, *sonne geschlossener wimpern mond*, Gutleut, 2018.

Hattenberg, Patrick & Kevin
Geb. 1992 in Kiel. Die Zwillingsbrüder studierten von 2013-2018 Psychologie an der Christian-Albrechts-Uni Kiel. ‚Der Mensch und das Menschsein in der Gesellschaft' sind die zentralen Themen ihres Studiums und vor allem in ihrem kreativen Werk. Nach einer Veröffentlichung von Gedichten in diversen Anthologien des Sternenblick-Verlags erschien dort 2015 ihr erster gemeinsamer Gedichtband *Hirnherbst*. Patrick arbeitet auch als Fotograf mit eigenen Ausstellungen von Landschaftsfotografie.

Heyder, Wolfgang
Geb. 1954 in Ratingen, lebt als Autor, Dramaturg und Bildender Künstler in Berlin. Neben dem Schreiben zahlreiche Ausstellungen, Installationen, Performance-Arbeiten. Studierte Bildende Kunst, Germanistik, Philosophie, Musik- und Theaterwissenschaft in Düsseldorf und Berlin. Arbeit als Galerist, Deutschlehrer für Ausländer, Dramaturg, Journalist, Rundfunksprecher, zuletzt als Dozent an einer Film-Hochschule in Berlin für Dramentheorie und Dramengeschichte. Zuletzt erschienen u.a.: *Achill in Vaduz*, Gedichte, Corvinus-Presse, 2013, *Lots Weib*, Gedichte, Katalog, Hörbuch, edition eY, 2015, *Beim Schälen eines Apfels*, Ausgew. Gedichte 1970-2015, Aphaia Verlag, 2017, *Youtopia*, Einakter und Kurzdrehbücher, edition eY, 2019.

Hochhuth, Rolf
Geb. 1931 in Eschwege, lebt in Berlin. Dramatiker, Lyriker, wesentlicher Anreger des Dokumentartheaters. Internationaler Erfolg mit *Der Stellvertreter*, 1963, bis heute in 25 Ländern aufgeführt und 2002 verfilmt. Er setzt sich mit geschichtlichen Fragen, der NS-Vergangenheit und aktuellen politischen und sozialen Themen auseinander. Nach Buchhändlerlehre tätig in Buchhandlungen und Antiquariaten, Lektor, Herausgeber von Werkausgaben und Erzählanthologien. Buchveröffentlichungen u.a. bei Rowohlt, Insel. Neben Dramen veröffentlichte er Gedichte, Novellen und Erzählungen, u.a. *Die Berliner Antigone*, sowie zahlreiche Essays zu Geschichte und Zeitgeschichte. Mitglied des P.E.N., der Bayerischen Akademie der Schönen Künste in München, der Freien Akademie der Künste Hamburg. Sein umfangreiches Archiv befindet sich seit 1997 im Schweizerischen Literaturarchiv in Bern. Zuletzt erschien bei Rowohlt u.a. *Das Grundbuch*, 2016 und *Bei Coco Chanel*, 2017.

Holland Moritz, Patricia
Geb. 1967 in Chemnitz, lebt in Berlin. Arbeitete u.a als Buchhändlerin in Leipzig, Speditionskauffrau in Paris, studierte Nordamerikanistik, begann erst in Berlin, Krimis zu veröffentlichen. Der erste Roman *Zweisiedler* erschien 2012. Drei Krimis im Gmeiner Verlag, zuletzt *Mordzeitlose*, 2018.

Arbeitete als Co-Autorin für den Mitinitiator der Friedlichen Revolution 1989, Pfarrer Christian Führer: *Und wir sind dabei gewesen. Die Revolution, die aus der Kirche kam*, Ullstein, 2009 und für den Kultfriseur Frank Schäfer: *Ich bin nicht auf der Welt, um glücklich zu sein*, Schwarzkopf & Schwarzkopf, 2018; letzte Veröffentlichung: *Der Menschenleser*, Klak Verlag, 2019.

Hummelt, Norbert
Geb. 1962 in Neuss, lebte lange in Köln, jetzt Berlin. Studierte Germanistik und Anglistik an der Uni Köln. Verfasst hauptsächlich Gedichte und Essays, ist Übersetzer und Kulturjournalist. Anfangs experimentelle Lyrik, wandte sich mit 2. Gedichtband *singtrieb*, 1997, traditionellen Formen zu und näherte sich Konzepten der Romantik. Lehrte u. a. am Deutschen Literaturinstitut Leipzig. Herausgeber lyrischer Publikationen. Mehrere Gedichtbände bei Luchterhand: *Zeichen im Schnee*, 2001, *Stille Quellen*, 2004, *Totentanz*, 2007, *Pans Stunde*, 2011, *Fegefeuer*, 2016. Im Nimbus Verlag: *Der Atlas der Erinnerung*, 2018. Neben anderen Auszeichnungen zuletzt 2018 der Hölty-Lyrikpreis.

Kebelmann, Bernd
Geb. 1947 bei Berlin, lebte mit Familie seit 1988 in Westfalen, seit 2010 in Berlin. Chemiestudium, Erblindung. Seit 1985 Autor: Lyrik, Prosa, Feature, Hörbilder, Kunst- und Literaturprojekte. Schrieb für den Rundfunk, z. B. den WDR die Sendung ‚Lebenszeichen'. Bisher erschienen zwölf Bücher, Gedicht- und Erzählungsbände. Fünf Prosa-Bände, u.a.: *Hiddensee mon amour – eine doppelte Liebesgeschichte*, BS-Verlag, 2011, *Lied vom Mangobaum Sonny Thet*, Ars pro Memoria, 2016, *Blind Date mit Ägypten*, Pop Verlag 2017, Vier Lyrik-Bände, u.a. *Menschliche Landschaften*, BONsai – typART, 1993, *Auf dem Tastweg*, Dahlemer Vl.anst., 2007. Mitglied u.a. im Verband deutscher Schriftsteller, Europäische Autorenvereinigung ‚Die Kogge'.

Kessaris, Melitta
Geb. 1946 in Wien, lebt mehr als 40 Jahre in Athen. Ihre österreichischen Ahnen wanderten Mitte des 18. Jhds. aus Griechenland in die

Donaumonarchie ein. 2003 erschienen humorvolle Geschichten aus dem griechischen Alltag: *Chaos ist ein griechisches Wort*, Larimar Verlag. Die Erfahrung, dass man mit Humor auch Dinge, die einem in der Schule vergällt werden, dem Leser nahebringen kann, veranlasste sie, ihre Lieblingsopern satirisch umzudichten: *Lang lebe Siegfried*, 2005. Anschließend begann sie ihr Homer-Verführungsprojekt, ein Versuch, dem Leser mittels Satire die antiken Dichtungen näherzubringen: *Ilias Light*, 2008 und *Odyssee Light*, 2018, beides bei Larimar. Darüber hinaus Lyrik und Übersetzungen.

Klimkovsky, Slavica
Geb. 1958 in einem Dorf östlich von Zagreb (Kroatien), lebt seit 40 Jahren in Berlin. Medizin-Studium an der FU Berlin. Seit Studientagen schreibt sie Rezensionen, Essays und Kurzprosa, veröffentlicht in Anthologien, Preisträgerin bei mehreren Literaturwettbewerben, Herausgeberin zweier Anthologien: *30 Jahre Anfang*, Verlag am Schloss, 2014 und *Der Kühlschrank verweigert jedes Gespräch*, zba.Buch, 2015. Sie arbeitet mit internationalen Kollegen an literarischen Projekten, die unterschiedliche Sprachen, Kulturen und Denkweisen zusammen bringen.

Kunert, Günter
Geb. 1929 in Berlin. Nach fünf Semestern Grafik lernte er bei B. Brecht und J. R. Becher. In der 1970er Jahren Gastdozent an Universitäten in den USA und England. 1979 ermöglichte ihm ein mehrjähriges Visum das Verlassen der DDR. Gilt als einer der vielseitigsten und bedeutendsten Schriftsteller der Gegenwart. Neben Lyrik sind es Kurzgeschichten (Parabeln), Erzählungen, Essays, autobiographische Aufzeichnungen, Aphorismen, Glossen und Satiren, Märchen und Science-fiction, Hörspiele, Reden, Reiseskizzen, Drehbücher, eine Vielzahl von Vor- und Nachworten, Libretti, Kinderbücher, ein Roman, ein Drama. Viele Texte von Kurt Schwaen vertont, auch als Maler und Zeichner hervorgetreten. Veröffentlichungen zur Antike: *Kunerts Antike*, 2004, Rombach Verlag. Letzte Veröffentlichungen *Aus meinem Schattenreich‹* Gedichte, Hanser, 2018 und *Ohne Umkehr*, Notate, Wallstein, 2018, *Die zweite Frau*,

Roman, Wallstein, 2019 und *Zu Gast im Labyrinth* Gedichte, Hanser, 2019. Günter Kunert starb im September 2019, zur Zeit der Fertigstellung dieses Buches.

Kunz, Gregor
Geb. 1959 in Berlin, lebt in Dresden. Arbeitete als Forstarbeiter, Grabungshelfer, Briefträger, Hauswirtschaftspfleger und Kinohilfskraft, ist Mitarbeiter in kulturellen Projekten, Journalist, freier Autor und Künstler. Bis 1981 und ab 2000 arbeitet er an Bildern, vor allem Collagen, seit 2011 auch an großen mehrteiligen Arbeiten. In den 1980er Jahren veröffentlichte er Gedichte und Kurzprosa, u.a. in Samisdat-Zeitschriften (u. a. in ‚Bizarre Städte') und teilweise selbst gestaltete Künstlerbücher. Letzte Einzelveröffentlichung: *Versensporn 7, Gedichte,* 2012.

Labas, Tamara
Geb. in Zagreb (Kroatien). Studium der Germanistik und Kunstgeschichte an der Goethe-Universität Frankfurt. Psychoanalytische Paar-, Familien- und Sozialtherapeutin. Mitglied im Internationalen Exil-P.E.N., Sektion deutschsprachige Länder und im Verband Deutscher Schriftsteller (VS), Autorin der ‚Bibliothek der Generationen' im Historischen Museum Frankfurt – Schwerpunkt ‚Gastarbeiterkind'. Lyrik und Prosa in diversen Anthologien. Mitherausgeberin der Anthologie *Wortwandlerinnen* mit eigenen Beiträgen. 2017 erschien ihr Lyrikband *zwoelf* im Größenwahn Verlag.

Luthardt, Thomas
Geb. 1950 in Potsdam, lebt seit 1953 in Berlin-Friedrichshagen. Er schreibt Gedichte, Prosatexte, Kinderbücher, Ballettlibretti. Sein erster Gedichtband *Assistenz* erschien 1982 im Mitteldeutschen Verlag, seitdem zahlreiche Veröffentlichungen, z.B. *Bei.nahe Weltstadt,* Ed. Schwarzdruck, 2003, *Die weniger leichte Bewegung,* Aphaia, 2010, *Winterengel und sanfte Matrosen,* Männerschwarm, 2015, *Das sanfte Bellen der Libellen,* Pegasus, 2017.

Maiwald, Salean A.
Geb. 1948 in Wuppertal, studierte Psychologie und Kunst in Tübingen. Lebt seit 1983 als freiberufliche Autorin in Berlin, bereist oft Griechenland und Israel. Veröffentlichungen in zahlreichen Anthologien, Mitherausgeberin im Konkursbuchverlag (u.a. Konkursbuch *Scham*). Veröffentlichungen in verschiedenen Verlagen: *Der fehlende Akt in der Kunst von Frauen: Psychoanalytische Betrachtungen eines Tabus*, Peter Lang, 1993, *Von Frauen enthüllt. Aktdarstellungen durch Künstlerinnen vom Mittelalter bis zur Gegenwart*, AvivA, 1999, Lyrik im *Mitlesebuch 60*, Aphaia, 2003. Zuletzt: *Schwebebahn zum Mond*, Konkursbuch, 2017.

Meckel, Christoph
Geb. 1935 in Berlin, lebt in Freiburg/Breisgau und Berlin. Sohn des Schriftstellers Eberhard Meckel. Studierte Grafik an der Kunstakademie Freiburg/Br. und der Akademie der Bildenden Künste München. Seit 1956 als Schriftsteller und Grafiker tätig. Als Lyriker publizierte Meckel meist in Kleinauflagen, oft bibliophilen Drucken. Auseinandersetzung mit dem Vater und dessen Generation in der NS-Zeit prägten ihn und sein Werk *Suchbild. Über meinen Vater*, Claassen, 1980. Zum 80. Geburtstag erschienen seine gesammelten Gedichte: *Tarnkappe*, Hanser, 2015. Sein grafisches Werk dreht sich seit seiner Jugend um die *Weltkomödie*. In 12 Zyklen (bis 1993), führt er seine Hauptfigur durch Leben und Welt, Zeit und Raum. Mitglied des P.E.N., der Akademie der Wissenschaften und Literatur sowie der Deutschen Akademie für Sprache und Dichtung. Zahlreiche Preise, und Ausstellungen seines grafischen Werks.

Nusser, Peter
Geb. 1936 in Berlin, wo er auch lebt. Studierte Ältere und Neuere Deutsche Literatur, Geschichte, Philosophie und Erziehungswissenschaften in Berlin, Basel und Göttingen. Wissenschaftlicher Assistent bei Walther Killy, Lektor des DAAD und Assistant Professor am College of Wooster, Ohio. 1969 Dozentur, ab 1971 Professur für Deutsche Philologie und ihre Didaktik an der Pädagogischen Hochschule Berlin, ab 1980 Professor für Neuere Deutsche Literatur an der FU Berlin. Forschungsschwer-

punkte: Literaturtheorie, Literatursoziologie, Literatur des 19. und 20. Jahrhunderts, populäre Lesestoffe und Literaturdidaktik. Letzte Veröffentlichung: *Deutsche Literatur. Eine Sozial- und Kulturgeschichte. Vom Mittelalter bis zur Frühen Neuzeit* (Band I); *Vom Barock bis zur Gegenwart* (Band II), Wissenschaftliche Buchgesellschaft, 2012.

Papanastasiou, Kostas
Geb. 1937 in Thessalien, Griechenland. Nach Bauingenieur- und Architektur-Studium in Wien und Berlin 1959/60 Schauspielausbildung. 1961 seine erste Schallplatte *Stavrossi 67* (Kreuzigung 67). Während der Militärdiktatur in Griechenland engagierte er sich 1967-1974 gemeinsam mit Biermann, Wader, Roski u.a. politisch gegen das Regime, Auftritte gegen Folter, politischen Terror und Verfolgung in der Welt. 1972 zweite Schallplatte *Paroussia* (Anwesenheit) und Eröffnung seines Berliner Restaurants ‚Terzo Mondo'. Bekannteste Filmrollen in Bernhard Wickis Filmen *Die Eroberung der Zitadelle,* 1977 und *Das Spinnennetz*, 1989. 1984-1995 Dauerrolle als Gastwirt in der Fernsehserie *Lindenstraße*. Gedichte in Zeitschriften (u.a. im ‚Paian') und Anthologien, Einzelausgabe: *Gedichte*, Heidi-Ramlow-Verlag, 2009.

Petrov, Björn
Geb. 1966 in Rostock, lebt und arbeitet als Architekt in Schottland. Hegt tiefe Leidenschaft für Schokolade, kann zwischen 10 Sorten Regen unterscheiden, hat absolut keinen grünen Daumen. Freizeit verbringt er im Schwimmbecken, auf dem Motorrad oder im Bett, dort vorzugsweise mit der Lektüre russischer Phantasten. Erste Veröffentlichung zweier Kurzgeschichten in der Anthologie *In seiner Hand*, Incubus Verlag, 2015, die Geschichte *Bloody summer* in der Anthologie *Sein schönster Sommer* folgte 2017. Ebenfalls erschienen die Erzählungen *Die Geschichte vom Golem, Herzliebs Villa* und *Gelb*.

Polinske, Jürgen
Geb. 1954 in Potsdam, lebt in Berlin. Studierte Kristallographie, juristisches Fachschulstudium, Bibliotheksfacharbeiter, 1990-2018 Obermagaziner der

Zentralen Universitätsbibliothek der Humboldt-Uni Berlin. Frühe Veröffentlichungen und erste Artikel in der Schulzeit; später Lyrik in Zeitschrift ‚neues leben', Anthologien und Zeitungen. Veröffentlichungen: *In guter Gesellschaft*, Nora, 2004, Gedichte zu Griechenland in: *Stürmische Umarmung*, Nora, 2007, mehrsprachige Gedichtbände: *Infinitamente Azul y Sabor a Cacao*, Ed. Aedosmil Universal, Lima 2007, *Erborgtes Licht*, RediRoma, 2010, *Am Ende der Siesta / AlFinal de la Siesta*, Ed. Viernes Literarios Lima, 2010. Herausgeber von Anthologien.

Ramlow, Heidi
Geb. 1941 in Hinterpommern, lebt in Berlin. Autorin, Verlegerin, Fotografin , Regisseurin, Schauspielausbildung, drei Jahrzehnte bei ARD und ZDF, u.a. als Regisseurin für *Ehen vor Gericht, Verkehrsgericht* (inkl. 15 Drehbücher) und *Streit um Drei*. Seit 2009 erscheinen Kurz-Krimis in Anthologien. 2011 erschien ihre Kriminalkomödie *Blutroter Waschgang,* 2019 wird sie mehrfach im Berliner Kriminal-Theater aufgeführt. Mitglied im Verband der Schriftsteller, der ‚Mörderischen Schwestern', im ‚Syndikat', der Gesellschaft für neue Literatur und dem Literatur Kollegium Brandenburg. Regie und Drehbuch u.a.: *Auf Disco-Tour und XTC, Asphaltflitzer, Tödliche Falle*.

Rausch, Albert H.
Geb. 1882 in Friedberg, gest. 1949 in Magreglio am Comer See/Italien, schrieb ab 1932 unter dem bekannter gewordenen Pseudonym Henry Benrath. Studierte erst in Gießen Germanistik, Romanistik und Geschichte, später an der Sorbonne, Paris. 1906 traf er Stefan George, was seine schriftstellerische Laufbahn wesentlich inspirierte, ohne in dessen Kreis zu sein. Unter dem Namen Rausch veröffentlichte er seit 1907 vor allem Lyrikbände, auch Novellen und Reiseschilderungen über Italien. 1932 erhielt er den Büchnerpreis. Als Henry Benrath schrieb er vor allem genau recherchierte historische Romane und posthum *Die Geschenke der Liebe*, welches seine immer stärkere Hinwendung zu einer Verschmelzung europäischer und asiatischer Kultur beweist.

Reinecke, Bertram
Geb. 1974 in Güstrow. Studium der Germanistik, Philosophie und Psychologie an der Uni Greifswald, anschließend bis 2006 Studium am Deutschen Literaturinstitut Leipzig, später dort Gastprofessor. Schriftsteller und Verleger, Verfasser von Lyrik, Essays, Kritiken und Texten zu musikalischen Kompositionen. Seit 2009 betreibt er den Verlag Reinecke & Voß. Debütiert im Jahr 2000 mit dem Gedichtband *An langen Brotleinen*, Verlag Wiecker Bote. Seine letzten Veröffentlichungen: *Gleitsichtwochen*, edition buchhaus loschwitz, 2015 und *Mitlesebuch 141*, Aphaia Verlag, 2017.

Reschke, Renate
Geb. 1944 in Berlin. Studium der Kulturwissenschaft, Germanistik, Philosophie an Humboldt-Uni Berlin, dort und an Filmhochschule Potsdam-Babelsberg langjährige Lehrtätigkeit. 1993-2009 Lehrstuhlinhaberin und Professorin für ‚Geschichte des ästhetischen Denkens' am Seminar für Ästhetik der Humboldt-Uni. Über 300 Veröffentlichungen zur Ästhetik der Antike, klassischer und moderner Antike-Rezeption seit Winckelmann, zur Ästhetik und Kulturkritik von europäischer Aufklärung bis zur Moderne, besonders zu Nietzsche. Vorstandsmitglied der Nietzsche-Gesellschaft, 2. Direktorin der Nietzsche Stiftung, Kuratoriumsmitglied des Nietzsche Kollegs der Stiftung Klassik Weimar. Herausgeberin der *Nietzsche-Forschung* Letzte Veröffentlichung: *À supposer que Stendhal ait raison ... Nietzsche et Stendhal, le beau antique et le classicisme de Winckelmann* in: Stendhal et Wincklemann, UGA Éditions, Grenoble 2017.

Retzlaff, Anselm
Geb. 1991 in Radebeul in einer Künstlerfamilie. Kindheit in Meißen, Abitur an der Freien Werkschule Meißen, derzeit Ausbildung zum Ergotherapeuten in Kreischa. Praktika u.a. bei „Die Macher GmbH" zu Plastiken und Dekoration, Stadtarchiv Meißen, Institut und Atelier für Kunsttherapie ‚Dr. Ruth Janschek'. Zeichner (Porträt und Landschaft): 2012 gemeinsame Kunstausstellung mit dem Vater Markus Retzlaff:

Geisteslandschaften – Zeichnungen und Grafiken, 2014/15 am Theater Meißen Schauspieler im Jugendtheater. Schreibt seit 2009, philosophische Aphorismen und Gedichte. Buchillustration zu Steffen Marciniaks Novelle *PHAETHON oder Der Pfad der Sonne*. Voraussichtlich noch 2019 erscheint sein erster Gedichtband im Mirabilis Verlag.

Rose, Günther
Geb. 1967 im Land Brandenburg. Seit frühester Jugend in der Welt der Literatur heimisch. Sein besonderes Interesse gilt außerdem der Geschichte, Philosophie und Ökologie. Die vorliegende Kurzgeschichte ist seine erste Veröffentlichung, sie inspirierte ihn dazu, aus dem *Teiresias* einen Roman werden zu lassen, eine große spirituelle Reise zu den Wurzeln des Seins. Dabei wird das Schreiben selbst zum Weg der Auseinandersetzung und Sinnstiftung. Die Schicksalsreise wird zur Seelenreise durch die Welten der Menschen und Götter.

Schapiro, Boris
Geb. 1944 in Moskau, lebt seit 1975 in Deutschland, seit 1996 Berlin. Mathematiker, Physiker, Theologe, deutsch- und russischsprachiger Schriftsteller und Dichter, absolvierte 1968 die Moskauer Lomonossow Universität. Zu seinen Veröffentlichungen zählen zahlreiche Bücher, verschiedene Übersetzungen, Essays über Lyrik, Erzählungen und Rezensionen. U.a. im Verlag Ralf Liebe: *Nur der Mensch*, Lyrik, 2007, *Was wünscht mir meine Geliebte*, *Prosa*, 2010 und bei PalmArtPress: *Die deutschen Rubaiyat*, 2015 und als 21. und derzeit letzte Einzelveröffentlichung: *Aufgezeichnete Transzendenz*, Lyrik, 2019, PalmArtPress.

Schilling, Rolf
Geb. 1950 in Nordhausen, lebt im Erfurter Raum. Philosophiestudium an Humboldt-Universität Berlin. Vornehmlich Lyriker, auch Essayist. Seine Gedichte vorwiegend von mythologischen Themen angeregt, im Aufbau metrisch exakt, vergleichbar dem Neuen Formalismus, aktuelle politische Bezüge aussparend. Sein Werk kennzeichnet hohe poetische Formkunst mit mythisch-archaischer Ausrichtung. Publikationen erst

nach Ende der DDR: Werkausgabe, Arnshaugk (1990-97) – darunter mehrere Gedichtbände, Essays, Nachdichtungen und vier Tagebuchbände. Letzte Gedichtbände: *Lingaraja*, Telesma, 2012 und *Im Spiegel der Blitze*, Arnshaugk, 2017.

Schönfeldt, Edeltraud
Geb. 1950 in Berlin, wo sie auch lebt und als freie Lektorin und Schriftstellerin arbeitet. Diplombibliothekarin, Diplom-Psychologin. Erste Texte 1972, Veröffentlichungen in Zeitschriften, Zeitungen und Sammelbänden seit 1985, Stipendien in Wiepersdorf und Wewelsfleth, eigenständige Veröffentlichungen: *Schattenfarbe*, BONsai-typART-Verlag, 1996, *Mitlesebuch 81*, (Gedichte und Kurztexte), Aphaia-Verlag, 2009, *Einblattdruck 147*, Verlag PalmArtPress, 2019.

Speier, Michael
Geb. 1950 in Renchen, Baden, wuchs in Berlin auf, wo er auch lebt. Studierte an der FU Berlin, Heidelberg, Paris, Chicago. Seit 1997 Adjunct Professor am Department of German Studies an der University of Cincinnati. Gründer und Herausgeber der Literaturzeitschrift ‚Park' und des Paul-Celan-Jahrbuchs. Mitglied des P.E.N., zahlreiche in- und ausländische Auszeichnungen und Stipendien. Herausgeber wissenschaftlicher Publikationen, u.a. zu P. Celan bei Reclam. Mit Gedichten in über 50 Anthologien, Gedichtbände u.a. *Traumschaum*, F. Nolte, 1977, *Die Akribie der Zärtlichkeit*, Vacat, 1995, *Scherbenschnitte*, Agora, 1998, *Wüste Pfade*, Ars amelia, 2004, *welt / raum / reisen*, Aphaia, 2007, *Haupt / Stadt / Studio*, Aphaia, 2012.

Stephan, Dennis
Geb. 1989 in der westlichen Herzhälfte Deutschlands, lebt in Berlin. In jungen Jahren wollte er Comiczeichner werden. Von der Schülerzeitung zum Journalistik-Studium. Begann bei diversen Lifestyle-Magazinen, arbeitet er heute als Autor, freier Journalist und Texter. Debütroman im Incubus Verlag: *Der Klub der Ungeliebten*, 2013, der zweite Roman *Und in mir ein Ozean*, Querverlag, 2019. Kurzgeschichten in

diversen Anthologien, u.a. 2013-2015 im Konkursbuchverlag: *Mein schwules Auge* Nr. 10,11,12 sowie bei Incubus *In seiner Hand*, 2015.

Tappe, Erika
Geb. in Essen, lebt in Künstlerehe mit Hans-Christian Tappe in Berlin. Synchronisation, Drehbuchassistenz und Film in München. Ausbildung in Malerei, Berlin. Sie begleitete ihren ersten Mann, Dr. Ernst-Ludwig Schwandner, u.a. sieben Jahre lang zu Ausgrabungen am Aphaia-Tempel auf der Insel Aigina in Griechenland. Darüber drehte sie einen 30-minütigen Super 8 Film. Seit 1982 gemeinsame Ausstellungen mit H.C. Tappe im In- und Ausland mit Malerei und Grafik. Buchillustrationen in den Verlagen Zeitgut und Aphaia. Seit 1999 Textveröffentlichungen in den Anthologie-Bänden 7, 14, 17, 19 des Zeitgut Verlags sowie im Größenwahn-Verlag, 2017.

Tappe, Hans-Christian
Geb. 1943 in Stralsund, wuchs an der Nordsee auf, lebt seit 1967 in Berlin. Studium der Architektur und Malerei. Tätigkeit als Architekt. Buchillustrationen zu eigenen Texten und für andere Autoren. Künstlerehe mit der Malerin Erika Tappe, zusammen viele Reisen durch Griechenland. Seit 1982 gemeinsame Ausstellungen im In- und Ausland sowie Ausstellungen seiner Illustrationszyklen in Berlin, Münster, Stralsund. Neben Anthologiebeiträgen eigenständige Lyrik-Veröffentlichungen im Aphaia Verlag: *Stadtsplitter*, Gedichte und Grafik, 2008 und *Mit gelbem Stift. Mitlesebuch 138*, 2015. Illustrationen zu Lyrikbänden, zuletzt im Anthea Verlag für Steffen Marciniak 2018 und Joachim Hildebrandt 2019. Für den vorliegenden Band *Entführung in die Antike* schuf er die Illustrationen der 9 Windgötter.

Triantafyllou, Thanasis
Geb. 1970 in Chania, Kreta, beendete mit dem Abitur für Naturwissenschaften die Schule in Athen. 1987 verließ er Griechenland für Informatik-Studium an Universitäten Leipzig, Dresden und Berlin zu Ost- und Westzeiten. Lebte 1990-2017 in Berlin seine Heldenreise der

Bildung und Forschung neuer Anwendungen in Wissenschaft, Kunst und Gesellschaft aus, wo Einflüsse aus Kampfkunst, Philosophie und Informatik verschmelzen. Ab 2009 schreibt er Blogs, unterrichtet Aikido, spielt Theater und untersucht die Kunst der kleinen Dinge. Seine Theaterbearbeitung *W.I.R,* wurde 2017 in Berlin im Rahmen des Griechisch-Deutschen Lesefestivals aufgeführt, danach Rückkehr nach Griechenland, zurück zu den Wurzeln … 2019 in Kreta erneute Teilnahme an diesem Festival.

Tsekouras, Gerburg
Geb. 1944 in Gießen, lebt seit 1975 in Athen. Studierte Anglistik, Germanistik, ev. Theologie in Frankfurt/M., Bristol, Mainz. In Athen im Schul- und Kirchendienst sowie in eigenem Sprachinstitut tätig. Seit dem Rentenalter Violine und byzantinische Kirchenmusik unterrichtend, musikalische Arbeit mit Behinderten. Neben Beiträgen in Anthologien vier eigene Bücher: *Zwischen Römer und Akropolis,* Gedichte, Epla, 2015, *Der Schlüssel des Glücks,* Märchen, Epla, 2017, *Auf Trümmern blühen Rosen,* Geschichten der Nachkriegszeit, Lorbeer, 2017, *Gestern, heute, jederzeit,* Erzählungen, Papierfresserchens MTM, 2018.

Ueckert, Charlotte
Geb. 1944 in Oldenburg, lebt in Hamburg. Ausbildung zur Bibliothekarin, studierte Psychologie, Literaturwissenschaft und Kunstgeschichte. Als wissenschaftliche Mitarbeiterin an der Uni Hamburg arbeitete sie über Exilliteratur und Nachkriegsliteratur. Dozentin und Lektorin, leitet Schreibwerkstätten, u.a. im Klappholttal auf Sylt. Seit 1979 Lyrikbände sowie Biografien (über M. Susmann und E. Lasker-Schüler, Europ. Verlagsanstalt, 2000, P. Modersohn-Becker, Rowohlt, 2007, Christina von Schweden, Ed. Karo, 2016. Gedichte in: *Einstimmen,* Pop Verlag, 2015, *Die Fremde aus Deutschland,* Kurzprosa und Reisegedichte, Pop, 2017. Zuletzt *Nach Alphabet gesammelt aus vierzig Jahren,* Pop Vl., 2019. Mitglied des P.E.N. und Vizepräsidentin der Europäischen Autorenvereinigung Die Kogge.

Völker, Martin A.
Geb. 1972 in Berlin. Dr. phil., Kulturwissenschaftler und Ästhetiker. Nach langjähriger Lehrstuhlassistenz am Seminar für Ästhetik der Berliner Humboldt-Universität arbeitet er heute als Publizist, Lektor, Moderator, Dozent und Sciencecoach. Schreibt Essays zu vergessenen Autoren der Literaturgeschichte des 18.-20. Jahrhunderts, deren Werke er neu herausgibt (u.a. Axel Lübbe, Max Dreyer, Peter Baum), daneben Lyrik und Kurzprosa. Er ist Mitglied des P.E.N., des Internationalen P.E.N. sowie der Autorenvereinigung Die Kogge. Herausgeber der ‚edition Lessinghaus' und ‚Europa2go' im Anthea Verlag. Letzte literarische Einzelveröffentlichung: *Trost Hawaii. Dichtung und Klarheit*, Aphaia, 2015.

Völker, Peter
Geb. 1949 in Gründau. Arbeitete in der Verkehrswirtschaft. 1980er Jahre beim Deutschen Verkehrsverlag Redakteur für Außenwirtschaft u. Verkehr, Hamburger Werkstatt des Werkkreises Literatur der Arbeitswelt. 1983-1989 Redakteur für Europapolitik bei Nachrichtenagentur vwd. 1989-2007 Bundesgeschäftsführer für Rundfunk, Film, AV-Medien beim Bundesvorstand der Gewerkschaft ver.di. Mehrere Buchbeiträge zur Zukunft der Medien im digitalen Zeitalter. Schreibt Romane, Kinderbücher, Lyrik, u.a. deutsch-griechische Lyriktrilogie: *Agamemnon und Kassandra in Lakonien*, Gallas, 2001, *Odysseus und Seussydos*, Triga, 2005, *Achilleus und Thetis*, Aphaia, 2008. Internationale Kulturakademie Orient-Occident, Sitz in Rumänien, ehrte ihn 2013 mit dem ‚Prix d'Excellence' für Poesie und Berufung zum Ehrenmitglied der Akademie. Letzte Veröffentlichung: *Sonnentanz und Nachtschatten*, Engelsdorfer, 2018, zus. mit Nahid Ensafpour.

Walther, Jana
Geb. 1977 in der Oberlausitz, wo sie immer noch im Haus ihrer Vorfahren lebt. Sozialpädagogin. Seit 2008 erschienen literarische Beiträge in mehr als 20 Anthologien, darunter in verschiedenen Ausgaben von *Mein heimliches / lesbisches / schwules Auge* des Konkursbuchverlags. Ihr erster Roman *Benjamins Gärten*, 2010 im Debütverlag. Weitere

u.a.: *Im Zimmer wird es still*, B. Gmünder, 2011. *Phillips Bilder*, dead soft, 2014 und zuletzt: *Anna & Eva. Nur eine Frage der Liebe*, 2016 *Phillip & Christoph*, und *Marek - Ein Zuhause finden*, 2018. Herausgeberin der Anthologie *Sein schönster Sommer*, 2017.

Wang, Wenhung

Geb. 1981 in Taiwan, lebt in Taipeh als freier Schriftsteller und Sprachlehrer für Chinesisch und Englisch, spricht Deutsch. Studierte Dramaturgie und Theaterwissenschaft an der National Taiwan University of Arts. Erste Drehbücher für Kurzfilm und ein Bühnenspiel bereits an der Uni. Kurzfilm *Alien*, ein Roadmovie, erzählt von der Begegnung einer einsamen Frau mit einem Alien und ihrer Reise durch Taiwan. Bühnenspiel ist inspiriert von klassischer chinesischer Literatur (13. Jhd.) *Jiu Feng Chen – Rettet die Prostituierte* von Guan Hanqing. 2017 Nominierung für den 30. National Tsinghua University Yuehan Literatur Wettbewerbspreis mit dem unveröffentlichten Roman *Athen*. Die Geschichte *Hermaphroditos in Taiwan* ist seine erste ins Deutsche übersetzte Arbeit.

Wannicke, Achim

Geb. 1950 in Berlin, lebt in Potsdam. Studierte Erziehungswissenschaft in Marburg und Wien, Diplom in Pädagogik. Von 1992-2008 gründete und betrieb er die ‚Kinderakademie Sterntaler', eine sich an Kinder wendende ‚Akademie für Neues Lernen'. Erster Gedichtband bei Luchterhand: *Manchmal geborgen*, 1982. Darauf zahlreiche Beiträge in Anthologien namhafter Verlage und Zeitschriften. Beim Aphaia Verlag: *Liebesmüh* (auch Hörbuch), 1988 und *Zeitenwäscherin*, 2010 sowie *Mitlesebuch 73 und … 131*, 2004/2014. Auszeichnungen 1980: LCB-Aufenthaltsstipendium, 1987: Literaturpreis zur 750-Jahr-Feier Berlins, 1988: Döblin-Stipendium, 2012: Arbeitsstipendium des Kultusministeriums Brandenburg.

Weber, Peter

Geb. 1961 in Euskirchen, arbeitet als DaF-Lektor in Pisa (Italien). Sozialwissenschafts- und Geschichtsstudium in Bonn und Aachen. Seit

1991 zahlreiche Artikel zur italienischen Politik. Auslandskorrespondent für ‚Das Parlament'. Seine Dramentetralogie zum Peloponnesischen Krieg: *Die Demagogen - Der Untergang des Attischen Reiches*, 2011, ist eine Satire über den italienischen Politiker Berlusconi. Antike Geschichte auch im noch unveröffentlichten biographischen Roman über den hellenistischen Staatsmann Aratos von Sikyon, aus dem das hier vorgestellte Gedicht *Talos* entnommen ist.

Werneburg, Joachim
Geb. 1953 in Erfurt, lebt in Weimar. Verfasst Zyklen lyrisch-epischer Dichtungen, die der Konzeption eines ‚Weltgedichts' folgen. Ein thematischer Schwerpunkt liegt in der hellenisch geprägten Natur und Zivilisation des Mittelmeer-Raums. Die Metren der Texte orientieren sich an altgriechischen Mustern. Prosabände im Verlag Scidinge Hall: *Das Kupferbergwerk*, 2011 und *Notizen auf der Felswand*, 2016, zeigen Voraussetzungen seines Dichtens auf und geben Einblick in Umbruchsituationen seines Lebens. Gedichtbänden *Das Zeitalter der Eidechse*, Goldhelm Vl., 2002 und *Die Schlangenfüßige Göttin*, Engelsdorfer, 2009, folgten bei Scidinge Hall: *Die Rabenfibel*, 2010, *Thüringer Meer*, 2012, *Die Wiederkehr des Delphins*, 2013, *Die Klage der Gorgonen*, 2015 und zuletzt *Der Untergang Europas,* 2019. Als Nachdichter von Pelothien zeigt er sich in *Die Reise nach Südost*, 2017.

GLOSSAR DER IM BUCH VORKOMMENDEN GESTALTEN UND BEGRIFFE

Achilleus: Held der Griechen vor Troja in der Ilias von Homer. Sohn des Peleus, des Königs von Phthia in Thessalien, und der Meernymphe Thetis. Oftmals als „Pelide" (Sohn des Peleus) bezeichnet oder als „Aiakide" (Abkömmling des Aiakos), die an seine Vorfahren erinnern. Thetis badet ihn als Kind im Unterweltsfluss Styx, was ihn beinahe unverwundbar macht. Seine Ferse, an welcher ihn Thetis festhielt, bleibt unbenetzt und er genau dort verwundbar. Nimmt mit seinem Gefährten Patroklos am Kriegszug der Griechen gegen Troja teil.

Adonis: ursprünglich ein syro-phönizischer Vegetationsgott. Bei den Griechen Sinnbild oder Gott der Schönheit und der Vegetation und einer der Geliebten der Aphrodite. Sein auf den Boden fallendes Blut verwandelt sich in ein Adonisröschen (Anemone), als ihn der eifersüchtige Ares tötet.

Agamemnon: Herrscher von Mykene und Anführer der Achaier im Trojanischen Krieg. Sohn des Atreus (somit aus dem Geschlecht der Atriden) und der Aërope. Stammt von Tantalos ab, unterliegt daher dem Fluch der Tantaliden. Seine Ehefrau ist Klytaimnestra, die ihn zusammen mit ihrem Geliebten nach seiner Rückkehr im Bad erdolcht.

Aglaia: jüngste der drei Chariten (Grazien), den griechischen Göttinnen der Anmut, Namensbedeutung: "die Strahlende, Glänzende, Prachtvolle".

Aias: einer der Helden des Trojanischen Krieges auf Seiten der Griechen. Als Sohn des salaminischen Königs Telamon und der Periboia wurde er „der Telamonier" genannt. Aias ist ein riesiger Mann, viel größer als andere Männer. Mit seiner Beutesklavin Tekmessa verbindet ihn eine starke gegenseitige Liebe, aus der ein Sohn, Eurysakes, hervorgeht.

Aiolos: Gott der Winde, mit Eos, der Göttin der Morgenröte, verheiratet und von Zeus als Herrscher über die acht Anemoi, die Windrichtungsgötter, gesetzt. Odysseus und seinen Männern zeigt er sich gastfreundlich, zur Heimfahrt gibt er ihm einen Schlauch aus Rindsleder mit ungünstigen Winden, der verschlossen bleiben soll.

Alekto: („die niemals Rastende"). Sie und ihre beiden Schwestern Megaira („Beneiderin") und Tisiphone („Mordrächerin") bilden als Trio die Erinnyen (lat. Furien). Seit der klassischen Zeit werden sie auch als Eumeniden bezeichnet.

Alexander: („der Große") (* 356 v. Chr. in Pella; † 323 v. Chr. in Babylon) ist von 336 v. Chr. bis zu seinem Tod König von Makedonien und Hegemon des Korinthischen Bundes. Alexander dehnt die Grenzen des Reiches durch den sogenannten Alexanderzug und die Eroberung des Achämenidenreichs bis in den indischen Subkontinent aus. Private Beziehung zu seinem General Hephaistion für den er nach dessen Tod in der Oase Siwa bei den Zeus-Ammon-Priestern um eine Gottverehrung anfragt, diese aber nur einem Heroenkult zustimmen.

Alpheios: Flussgott, der im gleichnamigen Fluss lebt. Sohn des Okeanos und der Tethys. Bei Pausanias wird er als begabter Jäger dargestellt, der erst später durch Verwandlung göttlich wird.

Ananke: Personifizierung des unpersönlichen Schicksals, im Unterschied zu dem von den Moiren zugeordneten persönlichen (gerechten) Schicksal und zu Tyche, die für den sowohl zum Glück als auch zum Unglück blinden Lebenszufall steht. In Tragödiendichtungen erscheint sie als die oberste Macht, der selbst die Götter gehorchen.

Andromeda: Tochter des äthiopischen Königs Kepheus und der Kassiopeia. Perseus besiegt das von Poseidon gesandte Seeungeheuer Ketos mittels des abgeschlagenen Hauptes der Medusa und befreit Andromeda, nimmt sie zur Gattin.

Anemoi: Götter des Windes, Kinder des Titanen Astraios, des Gottes der Abenddämmerung, und der Eos, Göttin der Morgenröte. Bei Hesiod werden zunächst nur drei genannt: Boreas (Nordwind), Zephyros (Westwind), Notos (Südwind). Das entspricht den nur drei Jahreszeiten bei den Griechen zur Zeit Hesiods. Der vierte Wind, der Euros, der aus dem Südosten bläst und dem Herbst entspricht, erscheint bei Homer in der Odyssee. In den Reliefs am Turm der Winde aus dem 1. Jh v. Chr. erscheinen neben diesen vier Winden vier weitere Winde: Apheliotes (Osten), Kaikias (Nordosten), Lips (Südwesten), Skiron (Nordwesten).

Anteros: („erwiderte Liebe"), Gott der Gegenliebe, der verschmähte Liebe rächt. Sein Bruder ist Eros, der Gott der zeugenden Liebe. Der Kult von Eros und Anteros scheint als mythologische Entsprechung des Verhältnisses von Erastes und Eromenos aus dem Umfeld der Palästra zu stammen.

Antigone: Tochter des Ödipus und der Iokaste. Der Antigone-Mythos gehört zum thebanischen Zyklus, dem zweiten großen antiken Mythenkreis neben dem trojanischen Zyklus. Mit Abweichungen zu den Überlieferungen erzählt Sophokles ihre Sage in seinem Drama.

Antinous: (auch Antinoos), (*zwischen 110 und 115 in Bithynion-Klaudiopolis, Bithynien; † 130 im Nil bei Besa) ist der Geliebte des römischen Kaisers Hadrian, der ihn auf seinen Reisezügen entdeckt und mit sich nimmt. Nach seinem rätselhaften, als Selbstopferung überlieferten Tod im Nil, wird er auf Hadrians Betreiben zum Gott erklärt und kultisch verehrt, bis heute gilt er als Gott der homoerotischen Liebe.

Apheliotes: Gott des Ostwindes, einer der Anemoi. Seine Eltern sind Astraios, der Gott der Abenddämmerung, und Eos, die Göttin der Morgenröte. Nach Aristoteles ist der Apheliotes feucht und weht genau von Osten, wird dargestellt als Jüngling, der ein mit Früchten und Getreide gefülltes Manteltuch trägt.

Aphrodite: Göttin der Liebe, der Schönheit, der sinnlichen Begierde und eine der kanonischen zwölf olympischen Gottheiten, als Schutzherrin der Sexualität und Fortpflanzung verehrt, die sowohl den Fortbestand der Natur als auch die Kontinuität der menschlichen Gemeinschaften gewährleistet.

Aphros: Ichthyokentaur, ein Meerwesen mit den Vorderbeinen eines Pferdes, dem Oberkörper eines Menschen und dem Schwanz eines Fisches. Personifikation des Schaumes (Meerschaum), Bruder des Bythos (Abgrund).

Apollon: Gott des Lichts, der Heilung, des Frühlings, der sittlichen Reinheit und Mäßigung sowie der Weissagung und der Künste, insbesondere der Musik, der Dichtkunst und des Gesangs; außerdem Gott der Heilkunst und der Bogenschützen, gehört zu den Olympischen Göttern, den zwölf Hauptgöttern des Pantheon, Vater der Musen.

Arachne: begabte, aber hochmütige Weberin forderte Athena zu einem Wettstreit auf dem Gebiet der Webkunst heraus, den sie gewinnt. Dies erzürnt die Göttin so sehr, dass sie ihre sterbliche Konkurrentin in eine Webspinne verwandelt.

Ares: (der „Verderber", der „Rächer"). Gott des schrecklichen Krieges, des Blutbades und Massakers, gehört zu den zwölf olympischen Gottheiten, den Olympioi. Ares wird als roher, nicht zu bändigender Kriegsgott beschrieben, der Gefallen an Gewalt findet, mit den wilden Tieren zieht, um sich an deren Blut zu laben. Im Kampf um Troja kämpft er auf Seiten der Trojaner, Athena (Göttin der Kriegslist, Sinnbild des heroischen Kampfes) auf Seiten der Griechen.

Arethusa: Najade, eine Quellnymphe, zugleich Schwester der Hesperiden. Es existiert eine von Pindar, Ovid und Pausanias vorgetragene Sage um Arethusa, in welcher sie vor dem Flussgott Alpheios flieht und in eine Quelle verwandelt wird.

Ariadne: Tochter des kretischen Königs Minos und seiner Gattin Pasiphaë. Sie hilft Theseus, mit Hilfe eines Fadens, Minotauros zu besiegen, wird später die Braut des Weingottes Dionysos.

Argonauten: Die Argonauten-Sage handelt von der Fahrt des Iason und seiner Begleiter nach Kolchis im Kaukasus, auf der Suche nach dem Goldenen Vlies und von dessen Raub. Die Reisegefährten werden nach ihrem sagenhaft schnellen Schiff, der „Argo", Argonauten genannt.

Artemis: Göttin der Jagd, des Waldes, der Geburt sowie Hüterin der Frauen und Kinder. Sie zählt zu den zwölf großen olympischen Göttern und ist eine der wichtigsten Gottheiten, Tochter des Zeus und der Leto, Zwillingsschwester des Apollon.

Asklepios: Begründer und Gott der Heilkunst. Die Schlange, die sich in den meisten Darstellungen um seinen Äskulapstab windet, weist ihn den chthonischen oder Erdgottheiten zu, er gilt als Sohn des Apollon und der Koronis.

Astraios: Titan und der Gott der Abenddämmerung. Mit seiner Gattin Eos (Göttin der Morgenröte) zeugt er die Windgottheiten der unterschiedlichen Himmelsrichtungen, die Anemoi.

Athena: auch Athene oder Pallas Athene, Göttin der Weisheit, der Strategie und des heroischen Kampfes, des Handwerks und der Handarbeit sowie Schutzgöttin und Namensgeberin der griechischen Stadt Athen. Sie gehört zu den zwölf olympischen Gottheiten. Ihr bedeutendstes Heiligtum ist der Parthenon in Athen.

Atreus: König von Mykene, Sohn des Pelops und der Hippodameia, Enkel des Tantalos und Vater von Agamemnon und Menelaos, den Atriden, zweier griechischer Helden von Troja. Erneuerer der Olympischen Spiele.

Baucis: Ovid beschreibt in den Metamorphosen den Besuch des Göttervaters Zeus und seines Sohnes Hermes in einer Stadt in Phrygien. Die Einwohner gewähren beiden Wanderern keinen Einlass. Allein Baucis und ihr Mann Philemon, ein altes verarmtes Ehepaar gewähren Gastfreundschaft, die Götter erfüllen ihnen einen besonderen Wunsch.

Boreas: Gott des winterlichen Nordwinds, einer der Anemoi, Sohn des Titanenpaars Astraios und Eos, dargestellt als Mann mit Mantel und Muschel, in die er bläst. Seine Nachkommen werden als Boreaden (so die an der Argonautenfahrt teilnehmenden Zwillingsbrüder Kalaïs und Zetes) bezeichnet.

Bythos: Ichthyokentaur, ein Meerwesen mit den Vorderbeinen eines Pferdes, dem Oberkörper eines Menschen und dem Schwanz eines Fisches. Personifikation des Abgrunds, Bruder des Aphros (Schaum).

Chaos: Zustand vollständiger Unordnung oder Verwirrung (Wirrwarr) und damit der Gegenbegriff zu Kosmos, dem griechischen Begriff für die (Welt-)Ordnung oder dem Universum. In der Theogonie des Hesiod ist Chaos der Urzustand der Welt. Das Chaos besitzt in diesem kosmogonischen Mythos Ähnlichkeit mit dem Nichts und der Leere. Kinder oder Abkömmlinge des Chaos bei Hesiod sind Gaia (Göttin der Erde), Nyx (Göttin der Nacht), Erebos (Gott der Finsternis), Tartaros (die Unterwelt, Ort und Person zugleich) und Eros (Gott der Liebe). Alle fünf Götter sind zeitgleich aus dem Chaos entstanden.

Chariklo: Nymphe, Gattin des Hirten Eueres und von diesem Mutter des Teiresias. Als Teiresias Athena beim Bad erblickt, bestraft diese ihn mit Blindheit. Chariklo bittet ihre Freundin Athena, dies rückgängig zu machen, diese wäscht ihm aber lediglich die Ohren für ein perfektes Gehör aus.

Chariten: drei den Göttern dienende Untergöttinnen, entsprechend den drei Grazien der römischen Mythologie: Aglaia, Thalia, Euphrosyne.

Charon: düsterer, greiser Fährmann, der die Toten für einen Obolus (Münze) in einem Boot über den Totenfluss – meist den Acheron, häufig auch die Flüsse Lethe und Styx – bringt, damit sie ins Unterweltreich des Hades gelangen.

Cheiron: Sohn des Kronos und der Philyra, Halbbruder des Zeus und einer der Kentauren, gleicht körperlich den wilden Mischwesen aus Pferd und Mensch, die von Ixion abstammen, ist selbst jedoch anderen Ursprungs. Bereits in der Ilias wird er seinem Wesen nach hoch über die übrigen Kentauren gestellt: Er gilt als der Gerechteste unter ihnen.

Chelona: eine Orade (Bergnymphe) aus Arkadien. Weil sie sich weigert, auf die Hochzeit von Zeus und Hera zu gehen, wirft Hermes ihr Haus in einen Fluss und verwandelt sie in eine Schildkröte. Sie wird verurteilt, ihr Haus für immer auf dem Rücken zu tragen.

Chimäre: allgemein ein Mischwesen, abgeleitet von Chimaira, einer Tochter der Ungeheuer Echidna und Typhon, ihre Geschwister waren die Hydra, der Kerberos, die Sphinx und Orthos.

Daidalos: Gestalt insbesondere der kretischen Mythologie um König Minos aus dem minoischen Sagenkreis. Brillanter Erfinder, Techniker, Baumeister und Künstler, Vater des Ikaros, bei Homer Schöpfer einer großen Tanzbühne für Ariadne. Aus Eifersucht auf seinen noch begabteren Neffen Perdix stößt er diesen von der Athener Akropolis, wird deshalb mit Ikaros aus Athen verbannt und gelangt so nach Kreta.

Daphne: Bergnymphe, Tochter des Flussgottes Peneios in Thessalien, in anderer Version Tochter des Flussgottes Ladon in Arkadien, ist wie die Göttin Artemis eine jungfräuliche Jägerin. Flucht vor Apollon und mit der Hilfe ihres Vaters erfolgt ihre Verwandlung in den Lorbeerbaum.

Daphnis: Hirte auf Sizilien, Sohn des Hermes und einer Nymphe. Seine Mutter gebiert ihn in dem Lorbeerhain, nach dem er benannt wird, oder sie setzte ihn dort aus. Ein Treuebruch gegenüber der Nymphe Nomia hat seine Erblindung zur Folge. Hirtengott Pan verliebt sich in ihn und lehrt ihn das Spielen der Panflöte.

Demeter: eine Muttergöttin aus dem griechisch-kleinasiatischen Raum. Sie gehört zu den zwölf olympischen Gottheiten, zuständig für die Fruchtbarkeit der Erde, das Getreide, die Saat und die Jahreszeiten.

Dionysos: Gott des Weines, der Freude, der Trauben, der Fruchtbarkeit, des Wahnsinns und der Ekstase ist der jüngste der großen griechischen Götter. Er wird von Griechen und Römern wegen des Lärms, den sein Gefolge auf den Dionysienzügen veranstaltet, auch noch Bromios (Lärmer), Bakchos oder Bacchus (Rufer), in der Dichtung auch Lysios und als Lyäus (Sorgenbrecher), aber auch als Anthroporrhaistes (Menschenzerschmetterer) genannt.

Dioskuren: (Zeuszwillinge) sind die Halb- und Zwillingsbrüder Kastor und Polydeukes. Faustkämpfer Polydeukes ist der Sohn von Leda und Zeus, der sie in Gestalt eines Schwans verführt hatte. Der Rossebändiger Kastor gilt als Sohn der Leda und des Tyndareos, wird in derselben Nacht wie Polydeukes gezeugt. Da sie in derselben Nacht empfangen werden, sind sie Zwillinge und unzertrennlich, Polydeukes als Zeus' Sohn ein unsterblicher Halbgott, Kastor aber ein Sterblicher.

Doris: eine Okeanide (Meernymphe), Tochter der Titanen Okeanos und Tethys. Mit Meergott Nereus hat sie 50 Töchter, die Nereïden, und einen Sohn, den Meermann Nerites.

Endymion: der schöne und ewig jugendliche Liebhaber der Mondgöttin Selene und des Schlafgottes Hypnos. Einer Legende zufolge verliebt Hypnos sich in Endymion aufgrund dessen schöner Augen. Um diese allzeit bewundern zu können, verzaubert er den Schlafenden, sodass seine Augen auch im Schlaf geöffnet bleiben. Eine andere Variante beschreibt Endymion als Geliebten der Selene, und Hypnos schenkt ihm die Fähigkeit des Schlafens mit offenen Augen, damit Endymion die Mondgöttin auch bei Nacht betrachten kann.

Eos: Göttin der Morgenröte, eine Titanin. Nach Hesiod ist sie die Tochter des Titanenpaares Hyperion und Theia. Ihre Geschwister sind der Sonnengott Helios und die Mondgöttin Selene. Mutter der Windrichtungsgötter, den Anemoi.

Ephebe: allgemeine Bezeichnung für einen jungen Mann unmittelbar nach der Pubertät. Es wird auch ein hierarchisches Schüler-Lehrer-Verhältnis angedeutet; außerdem werden Jünglinge des Gymnasions oder des Lykeions so genannt. In Athen verstand man darunter ab dem 4. Jh. v. Chr. einen jungen Mann von etwa 18 Jahren, der als Voraussetzung für die Erlangung des vollen Bürgerrechts eine zweijährige staatliche Ausbildung erhielt (Ephebie).

Erastes: so bezeichnet man den (auch platonischen) Liebhaber eines Epheben (Eromenos) in einer männlichen Beziehung, die nicht unbedingt von praktizierter Homosexualität geprägt ist, immer aber einem Schüler-Lehrer-Verhältnis entspricht. Er ist bereits Mitglied einer Polis (ab 21 Jahre).

Erebos: Gott und Personifikation der Finsternis. Wie Tartaros wird er als Teil der Unterwelt betrachtet. In Hesiods Theogonie wie auch später bei Hyginus entsteht Erebos als einer der ersten Götter aus dem Chaos. Seine Geschwister sind Gaia, Tartaros, Eros und Nyx. In der Kosmogonie der Orphiker ist er Nachkomme des Chronos und der Ananke.

Erinnyen: ähnlich wie die Moiren werden sie oft in bestimmten Situationen angerufen, greifen aber nur selten direkt als Akteure in die Handlung ein. Ihre Funktion liegt in der Erfüllung von Verfluchungen, der Bürgschaft für Eide und Schwüre, der Bestrafung von Verbrechen, besonders bei familiären Vergehen, oder dem Stiften von Wahnsinn.

Eromenos: der jüngere Geliebte in einer männlichen Liebesbeziehung, die entweder von praktizierter oder von platonischer Homosexualität geprägt ist, immer auch einem Schüler-Lehrer-Verhältnis entspricht, beginnt meist im nachpubertären Alter und dauert bis zum Ende des 21. Lebensjahres, reicht manchmal darüber hinaus oder mündet oft in lebenslanger Freundschaft.

Eros: Gott der begehrlichen Liebe. Neben der alten Vorstellung von Eros als Urmacht, Schöpfer und erstem der Götter wird auch ein anderes Bild von ihm verbreitet: Eros als verspielter, mutwilliger Knabe, diese Gestalt und das Auftreten dominiert in der Kunst des Hellenismus. Seit Apollonios von Rhodos gilt Eros als Sohn der Aphrodite und des Ares.

Eueres: einfacher Schafhirte aus Arkadien, aus dem Geschlecht des Sparten Udaios, der mit Schönheit und viel Verstand beschenkt ist. Die Nymphe Chariklo verliebt sich in ihn und nimmt ihn sich als Geliebten. So wird er Vater des Teiresias, des größten Sehers der damaligen Zeit.

Euphorbos: Sohn von Panthoos und der Phrontis. Held im Trojanischen Krieg, kämpft auf der Seite der Verteidiger. Er verwundet den von Apollon betäubten Patroklos, bevor dieser von Hektor getötet wird. Im Kampf um Patroklos' Leichnam fällt er selbst durch die Hand des Menelaos.

Europa: Tochter des phönizischen Königs Agenor und der Telephassa. Zeus liebt sie und verwandelt sich wegen seiner eifersüchtigen Gattin Hera in einen Stier. Er entführt sie und schwimmt mit ihr auf die Insel Kreta, wo er sich zurückverwandelt. Auf Grund einer Verheißung Aphrodites wird der Erdteil Europa nach ihr benannt.

Euros: Gott des Südostwinds, einer der Anemoi, Sohn des Titanenpaars Astraios und Eos. Speziell als Wind, der im Winter aus Südosten bläst, wird der Euros auch als Eurónotos bezeichnet, dargestellt als in einen Mantel gehüllter Greis.

Eurydike: thrakische Dryade (Dryaden=Nymphen der Eichen), die durch ihre Beziehung mit Orpheus bekannt wird. Als Aristaios versucht, sie zu vergewaltigen, flieht sie vor ihm, tritt aber auf eine Schlange, stirbt an ihrem Biss. Dem magischen Klang seiner Leier folgend, versucht Orpheus vergeblich, sie aus der Unterwelt zurückzuholen.

Euphrosyne: eine der drei Chariten (Grazien), „die Frohsinnige".

Eurynome: Okeanide, Tochter des Okeanos und der Thetys. Sie und ihre Schwester verstecken neun Jahre lang Hephaistos im Meer vor dem Zorn Heras, nachdem diese ihn vom Olymp geworfen hatte, woraufhin er viele Werkzeuge für die beiden Meeresnymphen fertigt. Von Zeus geschwängert, gebiert sie die drei Chariten.

Gaia: die personifizierte Erde, eine der ersten Gottheiten, entsteht aus dem Chaos. Gaia gebiert von Uranos die Titanen, die einäugigen Kyklopen und schließlich die hundertarmigen Hekatoncheiren. Ihr Name ist indogermanischen Ursprungs und bedeutet wahrscheinlich „die Gebärerin".

Galateia: Nymphe der Nereiden, also Tochter des Meergottes Nereus und der Doris. Dem Kyklopen Polyphem verbunden, durch ihn Mutter eines Knaben namens Galatos, wird zugleich von dem Hirtenknaben Akis geliebt. Der eifersüchtige Kyklop erschlägt den Liebhaber, worauf die Nymphe aus Mitleid das strömende Blut des Knaben in einen Fluss verwandelt.

Ganymedes: Sohn des trojanischen Königs Tros, Bruder des Assarakos und des Ilos, der „Schönste aller Sterblichen", wird von Zeus leidenschaftlich geliebt und von ihm in Gestalt eines Adlers auf den Olymp entführt, damit er dort als Mundschenk für die Götter auf ewig lebe.

Glaukos: Meergott, in den sich ein Fischer nach dem Verzehr eines Unsterblichkeit verheißenden Wunderkrauts verwandelt. Nach anderer Quelle stürzt der Fischer sich zugleich aus Liebe zu dem jugendlichen Meergott Palaimon in die See und wird selbst zum Meergott.

Gorgonen: drei geflügelte Schreckgestalten mit Schlangenhaaren, die jeden, der sie anblickt, zu Stein erstarren lassen. Töchter des Phorkys und der Keto. Ihre Namen lauten: Stheno, Euryale und Medusa. Medusa ist die einzige Sterbliche unter ihnen, wird von Perseus enthauptet.

Hades: Herrscher über die Unterwelt, erstgeborener Sohn des Titanenpaares Kronos und der Rhea, Bruder des Zeus, des Poseidon, von Hestia, Demeter und Hera. Seit der Spätantike wird auch die Unterwelt Hades genannt. In nichtchristlichen kultischen Zusammenhängen bezeichnet das Wort aber stets nur die Gottheit, nicht die Unterwelt.

Hadrian: Publius Aelius Hadrianus; (*76 in Italica (nahe des heutigen Sevilla in Hispanien); † 138 in Baiae) 14. römischer Kaiser, regiert von 117 bis zu seinem Tod. Besondere Wertschätzung gilt der griechischen Kultur. In seiner Regierungszeit entstehen u.a. die Bibliothek in Athen, das Pantheon, die Engelsburg in Rom sowie die Hadriansvilla bei Tivoli. Privat spielt seine homoerotische Beziehung zu dem Jüngling Antinoos eine zentrale Rolle. Nach dessen frühem Tod setzt reichsweit eine kultische Verehrung als Gott oder zumindest als Heros ein, die viel Anklang findet, u.a. zur Gründung der Stadt Antinoupolis führt.

Han: Geistwesen aus der Schöpfungsgeschichte der Lakota, einem Sioux-Volk. Es bedeutet „Mond". Weiteres nachzulesen unter Inyan.

Harpyie: Mischwesen in der Gestalt einer geflügelten Frau. Harpyien verkörpern die Sturmwinde und sind die Töchter des Meerestitanen Thaumas und der Okeanide Elektra. Ihre Anzahl ist unbestimmt, namentlich bekannt sind Aello, Okypete, Podarge, Kelaino.

Hekate: Göttin der Magie, der Theurgie (religiöse Riten) und der Nekromantie (Totenbeschwörung). Sie ist die Göttin der Wegkreuzungen, Schwellen und Übergänge, die Wächterin der Tore zwischen den Welten, auch der Hexerei. Ihr Kult wird eher im Verborgenen gepflegt.

Hektor: Heldengestalt aus Homers Ilias, ältester Sohn von Priamos, des Königs von Troja und von Hekabe, wichtigster Held und Heerführer Trojas im zehnjährigen Trojanischen Krieg. Wird von Achilleus im Zweikampf getötet und um die Mauern Trojas geschleift, nachdem dieser dessen Freund Patroklos umgebracht hatte.

Helena: aus einem Ei geborene Tochter des Zeus und der Leda. Um sie werben viele Griechenfürsten. Sie wählt unter ihnen Menelaos zum Gatten. Im Streit der Göttinnen Hera, Aphrodite und Athena um den Apfel der Eris wird sie von der obsiegenden Aphrodite dem trojanischen Prinzen Paris versprochen. Helena lässt sich von diesem einverständlich nach Troja entführen. Hera und Athena beschließen, gegen Troja zu kämpfen, der entehrte Menelaos bittet u.a. alle abgewiesenen Freier um Hilfe für den Krieg gegen Troja.

Helios: Sonnengott, mit seinen Titanenschwestern Selene (Mondgöttin) und Eos (Morgenröte) ist er das Kind von Hyperion und Theia. Seine Aufgabe ist es, den Sonnenwagen über den Himmel zu lenken, was er auch nach dem Titanensturz unter den Olympiern weiter tun kann.

Hemera: Personifikation des Tages. Tochter des Erebos und der Nyx. Sie steigt jeden Morgen aus der Unterwelt auf, wo sie ein Gemach hat, das dann von der Nacht, welche die Oberwelt auf der anderen Seite verlässt, bezogen wird.

Hephaistion: (*um 360 v. Chr. in Pella, Makedonien; † 324/23 v. Chr. in Ekbatana), Sohn des Amyntor, makedonischer Adeliger, engster Freund, General, Leibwächter und Geliebter Alexanders des Großen. Antike Autoren schildern ihn als den intimsten Vertrauten des späteren Makedonenkönigs. Er wird als einziger der engen Freunde Alexanders nach dessen frühem Tod mit einem Kult als Held geehrt. Ihre Beziehung wird früh mit der von Patroklos und Achilleus in Homers Ilias verglichen und analog interpretiert.

Hephaistos: Gott des Feuers und der Schmiede, gehört zu den zwölf olympischen Gottheiten. Ihm obliegen das gesamte künstlerische Spektrum der Metallverarbeitung, einschließlich der Herstellung von Geschmeide, Waffen, sakral-rituellen und profanen Gebrauchsgegenständen. Da er klein und hässlich ist, von seiner Mutter Hera vom Olymp geschleudert, fällt in den Okeanos, dort von den Meernymphen Thetis und Eurynome gerettet und aufgezogen. Bei ihnen lernt er die Schmiedekunst. Erwachsen, schickt er seiner Mutter einen goldenen Thron. Als sich Hera darauf setzt, kann sie nicht mehr heraus. Nach inständigen Bitten anderer Götter kehrt Hephaistos auf den Olymp zurück und befreit Hera.

Hera: Gattin und zugleich Schwester von Zeus und somit Tochter von Kronos und Rhea. Wächterin über die eheliche Sexualität. Ihr obliegt der Schutz der Ehe und der Niederkunft, Schutzherrin der Hochzeitsnacht. Sie gehört zu den zwölf olympischen Gottheiten. Zu ihren Attributen zählen der Kuckuck, der Pfau, die Kuh und der Granatapfel, wird dargestellt mit Krone oder Diadem und einem Zepter. Ihr zu Ehren wurden an verschiedenen Orten „Heraia" genannte, regelmäßig stattfindende Wettkämpfe veranstaltet.

Herakles: ein für seine Stärke berühmter Held, dem göttliche Ehren zukommen und der in den Olymp aufgenommen wird. Seine Attribute sind das Fell des Nemeischen Löwen, Keule, Bogen und Köcher. Sohn des Zeus und der Alkmene, Gatte der Deïaneira und nach seinem irdischen Tod auch der Göttin Hebe, außerdem Geliebter der Iole, des Hylas und des Abderos und Vater zahlreicher Kinder.

Hermaphroditos: Zwittergestalt, die sowohl männliche als auch weibliche körperliche Merkmale aufweist. Ursprünglich eine besonders in Zypern als Gottheit verehrte männliche Form der Aphrodite, die Aphroditos genannt wird. Später ein Jüngling, den Aphrodite dem Hermes geboren hat. Durch Götterwirken verschmilzt sein Körper mit dem der Nymphe Salmakis, wodurch er zum Zwitter wird.

Hermes: Schutzgott des Verkehrs, der Reisenden, der Kaufleute und Hirten, auch Gott der Diebe, der Kunsthändler, der Redekunst, der Gymnastik und somit der Palästra und der Magie. Als Götterbote verkündet er die Beschlüsse des Zeus und führt die Seelen der Verstorbenen in den Hades. Er gehört zu den zwölf großen Olympischen Göttern.

Himeros: Gott der liebenden Sehnsucht, der gemeinsam mit Eros die neugeborene Aphrodite zum Olymp begleitet. Wohnt mit den Chariten in der Nähe der Musen.

Hippokampos: Fabelwesen, vorn Pferd, hinten Fisch. Zug- oder Reittier verschiedener Meeresgötter, sein Vorderteil hat manchmal Flügel, der hintere Fischteil mit Rückenflosse ist oft eingerollt wie eine Schlange.

Horus: ein Hauptgott in der frühen Mythologie des alten Ägypten. Ursprünglich ein Himmelsgott, außerdem Königsgott, ein Welten- oder Lichtgott und Beschützer der Kinder.

Houyi: ursprünglich unsterblicher Bogenschütze in der chinesischen Mythologie, mit seiner Frau Chang'e im Himmel lebend. Als sich die zehn Söhne des Jadekaisers in zehn Sonnen verwandeln, um die Erde zu versengen und die Anweisung des Kaisers an seine Söhne, sie mögen mit der Zerstörung der Erde aufhören, fehlschlägt, bittet er Houyi zu Hilfe, er möge seinen berühmten Bogen nutzen, um neun der zehn Sonnen vom Himmel zu schießen, einem Sohn aber dieses Schicksal ersparen. Doch der Kaiser ist über den Tod seiner Söhne unglücklich, er verbannt Houyi und Chang'e vom Mond und bestimmt, sie sollen als bloße Sterbliche auf der Erde leben. Houyi findet ein Mittel, dass beide zurückkehren können, doch seine Frau schluckt alles und steigt allein auf, zurück zum Mond. Chang'e und Houyi repräsentieren das Yin und Yang, die Sonne und den Mond.

Hyaden: Nymphen, deren Zahl und Abstammung sich immer wieder verändert hat. Schon Homer kennt das Sternbild der Hyaden, auch Regengestirn genannt. Nach Hyginus Mythographus soll die Okeanide Aithra oder Pleione dem Atlas zwölf Töchter und einen Sohn namens

Hyas geboren haben. Als dieser auf der Jagd von einer Schlange (oder einem Löwen) getötet wird, werden von Zeus aus Mitleid fünf Schwestern unter dem Namen Hyaden, die anderen sieben als Plejaden, unter die Sterne versetzt.

Hyakinthos: Sohn des Spartanerkönigs Amyklas, Geliebter des Apollon. Die auffällige Schönheit des Hyakinthos fällt sowohl Zephyros, dem Gott des Westwindes, als auch Apollon auf. Ein Unfall beim Diskuswerfen tötet den Jüngling. Aus dem vergossenen Blut lässt der trauernde Apollon eine Blume, die Hyazinthe, entstehen.

Hyas: Sohn des Atlas und der Pleione (oder Aithra), Bruder der Hyaden. Während der Jagd in Libyen wird Hyas von einem Tier getötet. Vor Trauer sterben fünf seiner Schwestern, die man fortan Hyaden nennt, der mitleidige Zeus erhebt sie unter die Sterne. Seine anderen sieben Schwestern sterben später aus gleichem Grund und werden als Plejaden zum Siebengestirn in den nördlichen Sternhimmel versetzt.

Hylas: junger, sehr schöner Liebling des Herakles, den er beständig als Waffenträger begleitet, gemeinsam schließen sie sich den Argonauten an, um das Goldene Vlies zu erobern. Beim Wasserholen in Mysien ziehen Nymphen ihn in ihren Quellteich hinab. Herakles sucht von nun an jedes Jahr aufs Neue vergeblich nach ihm.

Hyperenor: Sohn von Panthoos und Phrontis. Held im Trojanischen Krieg, kämpft auf der Seite der Verteidiger, Bruder des Euphorbos, in der Ilias von Menelaos getötet.

Hypnos: Gott des Schlafes, einer der chthonischen Götter (Tod und Leben oder die unterirdischen Götter betreffend). Nyx, (Nacht) gebiert ihn vaterlos; sein Bruder ist Thanatos, der Tod. Die Oneiroi, Götter der Träume, gelten einerseits als Brüder des Hypnos. Ovid nennt Hypnos allerdings als Vater der Träume. Gemäß späterer Überlieferung ist er Sohn der Nyx (Nacht) und des Erebos (Finsternis).

Iason: (auch: Jason), Heldensohn des Aison, König von Iolkos, und der Polymede (oder Alkimede). Bekannt als Anführer der Argonauten, erobert das Goldene Vlies, die in ihn verliebte Medea hilft ihm mit Zaubermitteln. Iason wird König von Korinth, nimmt sich in seiner Verzweiflung über den Tod der geliebten Glauke und seiner von Medea ermordeten Kinder selbst das Leben.

Ichthyokentauren: (auch: Meerkentauren). Meerwesen mit den Vorderbeinen eines Pferdes, dem Oberkörper eines Menschen und dem Schwanz eines Fisches. Hummerähnliche Fortsätze ragen ihnen aus dem Kopf. Der Begriff wird erst durch den byzantinischen Schriftsteller John Tzetzes im 12. Jahrhundert geprägt. Ein gefundenes Mosaik aus dem 3. Jh. n. Chr. zeigt zwei Meerkentauren, wie sie den Muschelwagen der Aphrodite ziehen, mit den Inschriften Aphros und Bythos.

Idomeneus: kretischer König, griechischer Held vor Troja, der sich im "Hölzernen Pferd" verbirgt, was den Sieg der Griechen einleiten wird. Zugleich derjenige, dem die Kreter den Ruf verdanken geborene Lügner zu sein.

Inyan: Geistwesen aus der Schöpfungsgeschichte der Lakota, einem Sioux-Volk. Es bedeutet „Stein". Inyan steht am Beginn der Lakota-Schöpfung. Religiöse Experten klassifizieren die Wakan („wunderbar", „unbegreiflich", „geheimnisvoll") in vier Paare von Geistwesen. Diesen wiederum können weitere acht Geistwesen zugeordnet werden, die alle jeweils essentieller Teil des nächsthöheren sind. Die Paare sind: Skan (der Himmel) und Tate (der Wind); Wi (die Sonne) und Han (der Mond); Inyan (der Stein) und Wakinyan (der Donner); Maka (die Erde) und Whope (die schöne „Weiße Büffelfrau"). Zu diesen acht kann man weitere acht hinzufügen.

Ikaros: Sohn des Daidalos, nach Verbannung des Vaters wegen des Mordes an seinem Neffen Perdix, folgt Ikaros ihm nach Kreta an den Hof des Königs Minos, dort werden beide bald im Labyrinth des Minotauros gefangen gehalten, dass Daidalos baute und dieses Geheimnis nicht verraten soll. Dort konstruiert Daidalos die Flügel für sich und seinen Sohn, mit denen sie über das Meer fliegend entfliehen.

Io: Tochter des Flussgottes Inachos und der Hera-Priesterin Melia, Geliebte des Zeus. Um die Verführung vor der eifersüchtigen Hera zu vertuschen, verwandelt Zeus Io in eine weiße Kuh. Hera bemerkt es, fordert die Kuh als Geschenk, was Zeus nicht abschlagen kann. Io entkommt dem sie in Heras Auftrag bewachenden hundertäugigen Riesen

Argos. Auf der Flucht vor einer von Hera gesandten gefährlichen Rinderdassel überquert sie das nach ihr benannte Ionische Meer. Als Hera sich beruhigt, erhält Io, derweil am Nil angelangt, ihre Menschengestalt zurück und gebiert den Zeussohn Epaphos.

Iphinos: ein für die hier erzählte Geschichte erfundener Kentaur, ohne Überlieferung aus den Mythen.

Iris: Göttin des Regenbogens, nach der physikalischen Vorstellung der damaligen Griechen kann sie Winde erzeugen. Sie hat meist die Funktion einer jungfräulichen, geflügelten Götterbotin, vorzugsweise der Göttin Hera.

Isis: Göttin der ägyptischen Mythologie, der Geburt, der Wiedergeburt und der Magie, aber auch Totengöttin. Erscheint erstmals in Inschriften des Alten Reiches. Verehrung gemeinsam mit ihrem Gemahl Osiris und ihrer Zwillingsschwester Nephthys. Isis wird von den in Ägypten lebenden Griechen und Römern noch bis in die christliche Zeit hinein verehrt.

Ixion: König der Lapithen, Bruder der Koronis, ist jene Figur, die erstmals einen Mord an einem Verwandten begeht. Ixion bedrängt im Olymp Hera im Weinrausch. Zeus formt eine Wolke nach Heras Ebenbild, die Nephele (Wolke) genannt wird. Als Ixion mit dieser verkehrt, wird Kentauros geboren, der später mit den Stuten des Berges Pelion weitere Kentauren zeugt.

Kadmos: Sohn des phönizischen Königs Agenor von Tyros und der Telephassa. Mit den von ihm in Ackerfurchen gesäten Drachenzähnen überlebenden Stammvätern der Thebaner, den Sparten, baut er die Stadt Kadmeia, aus der später durch die Errichtung der siebentorigen Mauer durch Amphion, Theben entsteht.

Kaikias: Gott des Nordostwindes, einer der Anemoi. Er wird als bärtiger Mann mit einem Schild voller Hagelkörner dargestellt, so auf dem Turm der Winde in Athen. Der Name wird abgeleitet von dem Fluss Kaïkos in Mysien, bzw. dem gleichnamigen Flussgott.

Kalypso: Meernymphe und Göttin, die auf der sonst unbewohnten Insel Ogygia lebt. Tochter des Titanen Atlas und der Pleione. Sie verspricht

Odysseus Unsterblichkeit und ewige Jugend, wenn er bei ihr bleibt, Zeus befiehlt ihr jedoch, ihn freizugeben.

Karyatide: Skulptur einer weiblichen Figur mit tragender Funktion in der Architektur. Karyatiden ersetzen in der Architektur Säulen oder Pfeiler bei Portalen und in der Fassadengliederung. Sie tragen Ziergiebel, Architrave, Dächer oder andere Dachelemente.

Kassandra: Tochter des trojanischen Königs Priamos und der Hekabe. Apollon gibt ihr wegen ihrer Schönheit die Gabe der Weissagung. Als sie jedoch seine Verführungsversuche zurückweist, verflucht er sie und ihre Nachkommen, auf dass niemand ihren Weissagungen Glauben schenken werde.

Kassiopeia: Gattin des äthiopischen Königs Kepheus und Mutter der Andromeda. Behauptet, schöner als die Nereiden, die Meernymphen, zu sein, was Poseidon erzürnt, der Überschwemmungen über das Land sowie das Meeresungeheuer Keto sendet. Ein Orakelspruch besagt, Andromeda sei zu opfern, sie wird im letzten Moment von Perseus gerettet. Kassiopeia ist Teil der königlichen Familie des Himmels, wo sie als Sternbild auf einem Stuhl sitzend erscheint.

Kastor: einer der Dioskuren (mit Polydeukes), der sterbliche der unzertrennlichen Zwillingsbrüder, Sohn der Leda und des Tyndareos. Die Brüder nehmen an der Argonautenfahrt teil, begleiten Herakles zu den Amazonen. Nach Streit mit Idas, einem der Aphariden-Zwillinge, von diesem getötet. Polydeukes trauert fortan um ihn, bittet seinen Vater Zeus, der möge ihm die Unsterblichkeit nehmen, damit er zu Kastor ins Totenreich gelangen könne. Zeus bietet Polydeukes an, ewig jung zu bleiben und unter den Göttern zu wohnen oder mit Kastor jeweils einen Tag in der Unterwelt und einen Tag im Olymp zu verweilen, dabei zu altern und letztlich zu sterben, was Polydeukes dann wählt.

Kebriones: Sohn des trojanischen Königs Priamos, Halbbruder und Wagenlenker Hektors, er fällt in der Ilias durch Patroklos' Hand.

Kentauros: Mischwesen aus Pferd und Mensch, vom Lapithenkönig Ixion und Nephele abstammend, der sich später mit den Stuten Magnesias, einem Gebiet in Thessalien, paart und damit die Kentauren erschafft, die zu Erzfeinden der Lapithen und von diesen aus Thessalien auf die Peloponnes vertrieben werden.

Ker: Tochter der Nyx (Nacht), Verkörperung des gewaltsamen Todes, der das Leben entreißt, im Unterschied zu ihren Geschwistern, dem sanften Schlaf (Hypnos) und Tod (Thanatos). Ker erscheint auch als Gruppe, bei den sogenannten Keren.

Kerberos: mehrköpfiger Hund, „Dämon der Grube", bewacht Eingang zur Unterwelt, damit kein Lebender eindringt und kein Toter entrinnt.

Klotho: eine der drei Moiren (Schicksalsgöttinnen). Ihre Aufgabe ist es, den Lebensfaden zu spinnen, der von ihren Schwestern Lachesis bemessen und von Atropos abgeschnitten wird. Nach Hesiod war Klotho eine Tochter von Zeus und Themis. Anderswo in der Theogonie werden die Moiren als Kinder der Nyx genannt.

Klytaimnestra: Tochter des Spartanerkönigs Tyndareos und der Leda, Gemahlin des mykenischen Königs Agamemnon, Schwester der schönen Helena. Als Agamemnon aus dem Trojanischen Krieg zurückkehrt, ermordet Klytaimnestra ihren Mann und dessen trojanische Geisel Kassandra ziemlich bald. Die Kinder Elektra und Orestes rächen die Tat.

Kore: Tochter des Zeus und seiner Schwester Demeter, trägt den Namen Kore (Tochter) in dem halben Jahr als Fruchtbarkeitsgöttin auf der Erde, während sie unter dem Namen Persephone das andere halbe Jahr als Toten- und Unterweltgöttin als Gattin des Hades in der Unterwelt lebt.

Kronos: jüngster Sohn der Gaia (Erde) und des Uranos (Himmel), Anführer der Titanen und Vater von Zeus. Da Uranos seine Kinder – die Kyklopen und Hekatoncheiren – so sehr hasst, dass er sie in den Tartaros verbannt, bringt Gaia ihre weiteren Kinder – die Titanen – im Geheimen zur Welt. Sie stiftet schließlich Kronos an, den Vater mit einer Sichel zu entmannen. Kronos wird durch diese Tat zum Herrscher der Welt und Begründer des Goldenen Zeitalters.

Kyklopen: gottgleiche, aber einäugige Söhne des Uranos und der Gaia, ihre Geschwister sind die Hekatoncheiren und die Titanen. Ihre Namen sind Brontes, Steropes und Arges. Sie werden von Uranos in Gaia, der Erde, eingeschlossen und erst von Zeus befreit, der dafür von ihnen Blitz, Zündkeil und Donner für seinen Kampf gegen die Titanen erhält.

Kyparissos: Sohn des Königs Telephos, Geliebter des Apollon. Freundschaft mit einem wilden Hirschen, der sich ihm schließlich als Reittier anbietet. Als er das Tier aus Versehen mit seinem Jagdspieß erlegt, während es im Unterholz schläft, bittet er Apollon, ihn von seiner unsäglichen Trauer zu befreien, der ihn in die seither als Trauerbaum geltende Zypresse verwandelt.

Ladon: Sohn des Meergottes Okeanos und der Nymphe Tethys, Flussgott in Arkadien, Vater der Nymphen Daphne und Metope. Die später in einen Lorbeerbaum verwandelte Daphne hat er mit der Erdgöttin Gaia gezeugt.

Laertes: König von Ithaka, Gatte der Antikleia, Vater des Odysseus. Teilnehmer an der Argonautenfahrt und der Jagd nach dem Kalydonischen Eber. Kämpft mit Odysseus, dessem Sohn Telemachos sowie treuem Gesinde gegen die Mitglieder der mächtigen Familien der von Odysseus erschlagenen Freier.

Laokoon: Priester des Apollon in Troja. Als die Griechen vorgeben, aus Troja abzuziehen und der Stadt zur Ehrung der Götter ein hölzernes Pferd schenken, das in Wirklichkeit jedoch mit griechischen Kämpfern gefüllt ist, erkennt Laokoon als einziger den Betrug. Er stößt auf das Pferd mit einem Speer ein; dieser prallt aber ab. Daraufhin sendet Athena Schlangen, die Laokoon und seine beiden Söhne erwürgen.

Lapithen: sagenhaftes Volk von edler Gesinnung im nördlichen Thessalien. Ein Streit mit den ungehobelten Kentauren, beschrieben in der Kentauromachie, den Kampf zwischen den Edelmenschen (Lapithen) und den wilden, die unheimliche Natur verkörpernden Tiermenschen, steht für die Auseinandersetzung zwischen Intellekt und Triebhaftigkeit im einzelnen Menschen.

Leda: Gemahlin des Spartanerkönigs Tyndareos. Zeus verliebt sich in Leda, nähert sich ihr in Gestalt eines Schwanes und schwängert sie, auch Tyndareos schläft in dieser Nacht mit ihr. Leda gebiert zugleich vier Kinder – von Zeus Helena und Polydeukes, von Tyndareos Klytaimnestra und Kastor, weswegen erstere unsterblich, letztere dagegen sterblich sind. Kastor und Polydeukes werden aus demselben Ei geboren, die Zwillinge erhalten den Namen Dioskuren.

Lethe: Daimona der Vergessenheit, Tochter der Eris, Göttin der Zwietracht. Ihre Gegenspielerin ist Mnemosyne, die Erinnerung. Als Frauengestalt wie als Unterweltfluss reicht Lethe den Verstorbenen beim Eintritt in den Hades den Trank des Vergessens.

Leukippos: Sohn des Oinomaos, verliebt in die jungfräuliche Jägerin, die Nymphe Daphne. Da Daphne den Umgang mit Männern meidet, lässt er sich die Haare wachsen und verkleidet sich als Frau, schließt sich ihrem weiblichen Gefolge an. Der eifersüchtige Apollon verrät ihn, gibt der Gesellschaft die Eingebung, ein Bad im Fluss Ladon zu nehmen. Leukippos weigert sich, seine Kleider abzulegen, da ziehen sie ihn gewaltsam aus, in ihm einen Mann erkennend, töten sie ihn mit ihren Speeren.

Leukothea: die unter die Meeresgötter aufgenommene Ino, die als Gattin des Königs von Böotien, Athamas, einen Anschlag auf die Kinder aus Athamas' erster Ehe, Phrixos und Helle, plant. Der zornige König versucht, Ino und den Sohn Melikertes zu töten, doch Dionysos rettet seine Amme und ihren Sohn, seinen Milchbruder Melikertes, durch einen Nebel. Ino stürzt sich mit Melikertes ins Meer. Beide werden Meergötter, Melikertes wird Palaimon, Ino wird Leukothea.

Lips: Gott des Südwestwinds, einer der Anemoi. Knabe mit einem Schiffssteven, der nach der Seeschlacht von Salamis die Trümmer der besiegten persischen Schiffe an die attische Küste wirft. Versinnbildlicht günstigen Wind für in den Hafen Piräus einlaufende Schiffe.

Maka: Geistwesen aus der Schöpfungsgeschichte der Lakota, einem Sioux-Volk. Es bedeutet „Erde". Weiteres nachzulesen unter Inyan.

Marsyas: ein Satyr (oder Silen), halbgöttliches Wesen, Sohn des Hyagnis, Begleiter der Kybele. Erfindet nach der Enthauptung der Gorgone Medusa die Doppelflöte (Aulos) und eine, die Totenklage der Euryale, der Schwester Medusas, nachahmende Melodie. Fordert Apollon zum musischen Wettkampf. Die Musen sehen zunächst Marsyas als Sieger.

Als Apollon seinem Kitharaspiel den Gesang hinzufügt, gewinnt er. Dem zur Strafe für die Herausforderung aufgehängten Satyr wird bei lebendigem Leib die Haut abgezogen.

Medea: zauberkundige Tochter des Königs Aietes von Kolchis, verliebt sich in den Argonautenführer Iason und hilft ihm das Goldene Vlies zu erringen, heiratet ihn. Aus Eifersucht tötet Medea in Korinth die Geliebte Iasons, Glauke, den König Kreon und auch ihre beiden Kinder von Iason. Als Iason, nun König von Korinth, sich selbst tötet, flieht sie mit dem Sohn Medeios nach Athen.

Medusa: eine Gorgone, Tochter der Meeresgottheiten Phorkys und Keto, Schwester von Stheno und Euryale, als einzige der drei Gorgonen sterblich. Ihr Anblick läßt jeden zu Stein erstarren. König Polydektes fordert den Helden Perseus auf, ihr Haupt abzuschlagen, in der Hoffnung ihn loszuwerden, doch mit Athenas Hilfe gelingt es ihm, sie zu besiegen. Der Anblick des Medusenhauptes versteinert nun den König.

Megaira: (die „Beneiderin"), mit ihren Schwestern Alekto und Tisiphone eine der drei Erinnyen (Eumeniden, Furien).

Menelaos: mitunter Beiname „der Blonde". Nach der Ermordung seines Vaters durch Aigisthos flieht er mit seinem älteren Bruder Agamemnon aus Mykene nach Sparta, wo er sich mit Tyndareos' Tochter Helena vermählte und durch sie Erbe dieses Staates wird.

Meriones: Sohn des Molos, kämpft mit seinem Gefährten, dem König Idomeneus gegen Troja, Held im hölzernen Pferd. Gemeinsam mit dem König Anführer des 80 Schiffe umfassenden kretischen Kontingents im Trojanischen Krieg, den beide überleben. Nach ihrem Tod werden sie in Knossos in gemeinsamem Grabmal bestattet.

Minos: König von Kreta, Sohn von Zeus und Europa, Gatte der Pasiphaë. Errichter der ersten Thalassokratie, die die Piraterie im östlichen Mittelmeer erfolgreich bekämpft und die Quelle des kretischen Reichtums ist. Nach Thukydides soll Minos die Karer von den Kykladen vertrieben und große Teile des ägäischen Meers beherrscht haben. Nach seinem Tod herrscht Minos mit goldenem Zepter als Richter der Toten im Tartaros an der Seite seines Bruders Rhadamanthys und seines Halbbruders Aiakos.

Minotauros: Mischwesen als Mensch mit Stierkopf. Poseidon ergrimmt über ein Vergehen des kretischen Königs Minos und schlägt dessen Frau Pasiphaë mit dem Begehren, sich mit dem Stier vereinigen zu wollen. Sie lässt sich von Daidalos ein hölzernes, mit Kuhhaut verkleidetes Gestell bauen. Darin verbirgt sie sich, lässt sich von dem Stier begatten. Als Frucht dieser Vereinigung gebiert sie den Minotauros, den Minos in einem Labyrinth gefangen hält. Als Tribut fordert Minos von den besiegten Athenern: Alle neun Jahre müssen sie sieben Jünglinge und sieben Jungfrauen nach Kreta senden, wo sie dem Minotauros geopfert werden. Erst Theseus kann den Bann brechen.

Mitakuye Oyasin: das ist Lakota und bedeutet: für alle meine Verwandten. Wie das Amen im Christentum, wird es am Ende eines Gebetes, Segens oder einer Zeremonie gesprochen und damit zugleich die gesamte Schöpfung mit einbezogen.

Mnemosyne: Tochter des Uranos und der Gaia, gehört somit zu den Titanen und gilt als Göttin der Erinnerung. Als Fluss in der Unterwelt führt ihr Wasser im Gegensatz zur Lethe nicht Vergessen, sondern Erinnerung herbei. Mnemosyne ist die Mutter der neun Musen, die sie ihrem Neffen Zeus in Pierien am Olymp gebiert, nachdem sie sich neun Nächte lang vereinigt haben.

Morpheus: Gott der Träume (Oneiroi), Sohn des Schlafgottes Hypnos, der mächtigste der Traumgötter. Er formt in den Träumen menschliche Figuren, kann sich in jede beliebige Form verwandeln. Sein Symbol ist die Kapsel des Schlafmohns, aus dem Opium hergestellt werden kann.

Narkissos: (auch: Narziss), von Jünglingen und Mädchen gleichermaßen umworbener wunderschöner Sohn von Kephissos und Leiriope, der die Liebe anderer zurückweist, sich stattdessen in sein eigenes Spiegelbild verliebt, so erkennt er die Unerfüllbarkeit seiner Liebe, ohne dass es ihm etwas hilft, er verzehrt sich und verschmachtet vor seinem Ebenbild bis zur Verwandlung in eine Narzisse.

Nemesis: Tochter der Nyx und des Erebos, Göttin des gerechten Zorns, der ausgleichenden Gerechtigkeit, wodurch sie zur Rachegottheit wird. Ihre Begleiterin ist Aidos, die Göttin der Scham. Nemeis straft vor allem menschliche Selbstüberschätzung (Hybris) und die Missachtung der Themis, der Göttin des göttlichen Rechts und der Sittlichkeit.

Nephele: personifizierte Wolke, Spenderin des Regens. Von Zeus geschaffene Wolke in Gestalt der Hera, auf die es Ixion, König der Lapithen, abgesehen hat. Als Ixion dieses Trugbild in seinem Weinrausch schwängert, wird der Kentauros geboren, ein Bastard, halb Mensch, halb Pferd, der später mit den Stuten am Berg Pelion die Kentauren zeugt. Später ehelicht sie den böotischen König Athamas und wird die Mutter des Phrixos und der Helle. Sie versucht ihre Enkel, die Kentauren, vor dem wütenden Herakles zu schützen, indem sie es regnen lässt, was diesen nicht daran hindert, etliche Kentauren zu töten.

Nerea: eine der 50 Nymphentöchter des Nereus und der Doris, Schwester des Nerites.

Nereiden: 50 Töchter des Meergottes Nereus und der Nymphe Doris. In Platons Kritias taucht als Anzahl 100 auf. Sie sind Nymphen des Meeres, die Schiffbrüchige beschützen und Seeleute mit Spielen unterhalten. Sie wohnen in Höhlen am Grund des Meeres und sind Begleiterinnen des Gottes Poseidon. Auf altgriechischen Darstellungen reiten sie auf dem Rücken von Delfinen oder Hippokampen.

Nereus: Meeresgott, ältester Sohn des Pontos und der Gaia (Zuerstgeborene = Protogonoi), zu seinen Geschwistern zählen Keto, Phorkys, Thaumas und Eurybia. Mit Doris Vater der 50 Nereiden. Gemeinsam mit seiner Familie bewohnte er die Ägäis. Er ist weise und besitzt die Gabe der Prophetie.

Nerites: kleine Seegottheit, ein Nymphenjüngling, Bruder der 50 Nereiden. Sohn von Nereus und Doris (einziger männlicher Spross). Er wird von Kindheit an beschrieben als von atemberaubender Schönheit. Mehrere Götter, Aphrodite, Helios und Poseidon verlieben sich in ihn. Letzterer macht ihn zu seinem Wagenlenker.

Nestis: sizilische Wassergöttin der griechischen Mythologie. Philosoph Empedokles ordnet sie in seiner Vier-Elemente-Lehre dem Element Wasser zu, während Zeus, Hera und Aidoneos den drei übrigen Elementen entsprechen. Mit ihren Tränen spendet Nestis Wasser.

Notos: Gott des Südwinds, einer der Anemoi, der Kinder der von Zeus in den Tartaros vertriebenen Titanen Astraios (Abenddämmerung) und Eos (Morgenröte), dargestellt als junger Mann, der eine Kanne entleert.

Nymphen: weibliche Naturgeister niederen Ranges, die als Personifikationen von Naturkräften überall auftreten, teils als Begleiterinnen höherer Gottheiten. Man unterscheidet u.a Wassernymphen (Najaden u.a.), Meernymphen (Nereiden und Okeaniden), Wald- und Baumnymphen (Dryaden, Meliaden u.a.), Berg-, Grotten- und Höhlennymphen (Oreaden), Tal- und Wiesennymphen (Leimoniaden u.a.), Regennymphen (Hyaden), Sternnymphen (Plejaden).

Nyx: Göttin und Personifikation der Nacht. Laut Homer fürchtete sich selbst Zeus vor der Nacht. In Hesiods Theogonie entsteht Nyx als eine der ersten Götter aus dem Chaos. Ihre Geschwister sind Gaia, Tartaros, Eros und Erebos.

Ödipus: Sohn des Laios, des Königs von Theben, den er an einem Streit tötet. Später erhält er als Belohnung dafür, dass er Theben von der Sphinx befreit, Iokaste, die Witwe des Königs zur Ehefrau, die auch seine leibliche Mutter ist.

Odysseus: Sohn des Laërtes und der Antikleia. Von seinem Vater übernimmt er die Herrschaft über Ithaka und hat mit seiner Gemahlin, der spartanischen Königstochter Penelope, einen Sohn namens Telemachos. Außerhomerische Genealogien machen ihn zum Vater zahlreicher weiterer Kinder, von denen Telegonos, sein Sohn von der Zauberin Kirke, hervorzuheben ist. Odysseus gehört zu den bekanntesten griechischen Helden im Trojanischen Krieg.

Okeaniden: Töchter des Okeanos und der Tethys. Sie sind Nymphen des Meeres wie auch von Süßgewässern, spielen im Kult eine untergeordnete Rolle.

Okeanos: göttliche Personifikation eines die bewohnte Welt umfließenden gewaltigen Stromes, der als der Vater aller Flüsse und der Okeaniden gilt und gelegentlich gar als Vater der Götter und Ursprung der Welt erscheint.

Oneiroi: Verkörperung der Träume bzw. des Träumens. Nach Homer ist das Land der Träume Teil der Unterwelt. Es befindet sich jenseits des Okeanos, jenseits des weißen Felsens und der Tore der Sonne, bevor man zur Asphodelenwiese gelangt, wo der Aufenthalt der Schatten der Toten ist, Ovid nennt namentlich die drei Brüder Morpheus, Phobetor und Phantasos.

Orestes: König von Mykene, Sohn von Agamemnon und Klytaimnestra, Bruder von Iphigenie und Elektra, diese rettet ihn vor der Mordgier des Aigisthos. Er wächst mit seinem Freund Pylades auf, rächt die Ermordung des Vaters und tötet Aigisthos und seine Mutter Klytaimnestra. Die Erinnyen (Rachegöttinnen) schlagen ihn mit Wahnsinn und verfolgen ihn bis nach Athen, wo er frei gesprochen wird.

Orion: riesenhafter, später unter die Sterne versetzter Jäger der in Böotien und Kreta lebt. Bei der Jagd von seinen Jagdhunden Sirius und Procyon begleitet, die auch am Himmel sein Sternbild umgeben. Verliebt sich in Merope, die Tochter des Dionysossohnes Oinopion, der diese Verbindung nicht billigt. Er vergewaltigt sie, wofür ihm ihr Vater die Augen aussticht. Der Göttin der Morgenröte, Eos, gelingt es, sein Augenlicht zurückzugeben, Eos verliebt sich in ihn, woraufhin er aus Eifersucht von Artemis mit Pfeilen getötet wird. Später versetzt Artemis ihn aus Reue als Sternbild an den Himmel, wo er bis heute den schönen Plejaden nachstellt – die Plejaden gehen als Siebengestirn kurz vor Orion auf und unter.

Orpheus: Sänger und Dichter, Sohn der Muse Kalliope, Autor der orphischen Schriften. Teilnehmer des Argonautenzuges, singt so schön, dass er „das wütende Meer und die Feinde durch den Zauber seiner Lyra bezwingt", übertönt mit seinem Gesang sogar die Sirenen. Seine Frau Eurydike stirbt auf der Flucht vor dem ihr nachstellenden Aristaios, Gott der Imkerei und des Olivenanbaus, durch einen Schlangenbiss. Ihre Befreiung aus dem Hades misslingt. Orpheus wendet sich von der Frauenliebe ab, der Jünglingsliebe zu, namentlich dem Boreadensohn Kalaïs. Wird von Mänaden, den berauschten Anhängerinnen des Dionysos, zerrissen, weil er ihnen nicht zu Willen ist. Sein Kopf wird mitsamt seiner Lyra in den Fluss Hebros geworfen, beides schwimmt in das Ägäische Meer und wird auf der Insel Lesbos an Land gespült. Der Kopf singt immer weiter, bis Apollon ihm gebietet zu schweigen.

Osiris: ägyptischer Gott des Jenseits, der Wiedergeburt und des Nils. Der Osirismythos gilt als übertragener Mythos auf die Natur, ohne dass Osiris selbst als Vegetationsgott wirkt. Sein Hauptkultort ist Abydos. Als König der ersten Götterdynastie ist er auch Bestandteil der Götterneunheit von Heliopolis. Im Hellenismus findet eine Zusammenführung des Osiris-Kults mit dem des Apis-Stieres sowie einigen griechischen

Göttern wie Dionysos statt. Die Ptolemäer erheben Osiris unter dem Namen Serapis zum Reichsgott.

Palaimon: unter dem Namen Melikertes ein Sohn des Athamas und der Ino, der Tochter des Kadmos. Von Hera in den Wahn gestürzt oder aus Furcht vor Athamas, stürzt sich Ino mit Melikertes ins Meer. Da Melikertes der Milchbruder des Dionysos ist, wird er als Palaimon und seine Mutter, die Amme des Dionysos, als Leukothea unter die Meergötter aufgenommen.

Pan: Gott von Wald, Natur und Hirten, Mischwesen mit menschlichem Oberkörper und Widderunterleib. Bevorzugter Aufenthaltsort ist der Berg Lykaion in Arkadien. Trägt einen gekrümmten Hirtenstab oder eine siebenröhrige Flöte, die Panflöte, gehört auch zum Gefolge des Dionysos, des Gottes der Fruchtbarkeit und wird der Ekstase zugeordnet, wo er mit seiner Flöte musiziert. Für seine Wollust bekannt, ist er von Nymphen und Satyrn umgeben. Seine besondere Liebe gilt der Mondgöttin Selene und dem Jüngling Daphnis, den er das Flötenspiel lehrt.

Panthoos: heldenhafter Kämpfer für Troja, Vater von Polydamas, Hyperenor und Euphorbos.

Paris: Sohn des trojanischen Königs Priamos und der Hekabe. Er ist damit Bruder des Hektor und der Kassandra. Indem er Helena, die Frau des Spartanerkönigs Menelaos, entführt, löst er den Trojanischen Krieg aus.

Patroklos: einer der jüngsten griechischen Kämpfer vor Troja, Sohn des Menoitios und der Sthenele, Geliebter und Waffengefährte des Achilleus. Aischylos zufolge nimmt Achilleus die Rolle des „Liebhabers", Patroklos die des „Geliebten" ein. Platon kritisiert Aischylos im Symposion, indem er das Verhältnis zwischen Achilleus und Patroklos umgekehrt deutet: Achilleus sei der „Geliebte", da er jünger und schöner sei als Patroklos.

Pegasos: geflügeltes Pferd, Mischwesen, Kind von Poseidon und Medusa, aus deren Nacken er entsprungen ist, als diese von Perseus geköpft wurde. Dabei kommt er als Zwilling des Riesen Chrysaor zur Welt. Pegasos trägt den korinthischen Helden Bellerophon bei dessen Kampf gegen die Chimaira und die Amazonen. Bevor er Bellerophon beisteht, bringt Pegasos Blitz und Donner zu Zeus, kehrt nach Bellerophons Tod zum Olymp zurück.

Peleus: König der Myrmidonen von Phthia in Thessalien, Sohn des Aiakos (daher auch der Aiakide genannt) und der Endeis. Als Gemahl der Thetis ist er der Vater des Achilleus.

Pelops: Sohn des Königs Tantalos, der ihn benutzt, um die Allwissenheit der Götter auf die Probe zu stellen, diese merken aber den Betrug. Liebling des Poseidon und König von Elis, bei Pindar wird er von Poseidon in den Olymp entführt.

Peneios: Flussgott des Pinios in Thessalien, Sohn von Okeanos und Tethys, Gatte der Krëusa, Vater der Nymphe Daphne. Peneios und seine Nachkommen spielen in der Geographie Thessaliens eine große Rolle. Sein Sohn Atrax gründet die gleichnamige Stadt Atrax und der Ort Trikke (Trikala) wird nach einer Tochter des Flussgottes benannt.

Persephone: Toten-, Unterwelt- und Fruchtbarkeitsgöttin, Tochter des Zeus und seiner Schwester Demeter, trägt oft den Namen Kore („Tochter"). Ihr Vater Zeus verliebt sich in Kore. In der Schlangengestalt kriecht er in sie und befruchtet sie, daraufhin gebiert sie Zagreus, der Zeus' Nachfolger werden soll. Als Kore Blumen pflückt, steigt Hades aus der Unterwelt empor und entführt Kore auf seinem Gespann.

Perseus: einer der berühmtesten Helden, Sohn des Zeus. Gründer von Midea und Mykene. König Polydektes fordert ihn auf, Medusas Haupt zu bringen, in der Hoffnung, ihn wegen der Aussichtslosigkeit der Lösung dieser Aufgabe loszuwerden, doch mit Athenas Hilfe gelingt es ihm, Medusa den Kopf abzuschlagen. Der Anblick des Medusenhauptes versteinert Atlas, Polydektes und andere Feinde des Helden und rettet die dem Opfertod geweihte Andromeda.

Phaethon: Sohn des Helios und der Klymene, Neffe der Eos und der Selene. Die Mutter versichert Phaethon erst im Jünglingsalter, dass er Sohn des Sonnengottes ist, rät, den Vater im Sonnenpalast aufzusuchen und ein Zeugnis seiner Vaterschaft einzufordern. Dort erbittet er sich, für einen Tag den Sonnenwagen lenken zu dürfen. Erst Zeus bereitet der Chaosfahrt mit einem Blitz ein Ende, der Wagenlenker stürzt in die Tiefe. Sein Geliebter Kyknos in Gram wird von Apollon aus Mitleid in einen Schwan verwandelt.

Phantasos: einer der drei Götter der Träume (Oneiroi), Sohn des Schlafgottes Hypnos. Phantasos gestaltet alles Unbeseelte, also Erde, Steine, Wasser und Bäume, Naturgewalten. Sein Name bedeutet „Fantasie, Einbildung".

Philemon: Ovid beschreibt in den Metamorphosen den Besuch des Göttervaters Zeus und seines Sohnes Hermes in einer Stadt in Phrygien. Die Einwohner gewähren beiden Wanderern keinen Einlass. Allein Philemon und seine Frau Baucis, ein altes verarmtes Ehepaar, gewähren Gastfreundschaft, die Götter erfüllen ihnen einen Wunsch.

Phobetor: einer der drei Götter der Träume (Oneiroi), Sohn des Schlafgottes Hypnos. Phobetor kann sich in den Träumen der Menschen und Götter in wilde Tiere verwandeln. Sein Name bedeutet „der Schrecken, der Erschreckende".

Plejaden: Sternnymphen, Töchter des Titanen Atlas und der Okeanide Pleione. Durch ihre Abstammung von Atlas werden sie auch als Atlantiden bezeichnet. Sie werden als jungfräuliche Begleiterinnen der Artemis bezeichnet, die Orion über die Wiesen Böotiens verfolgt, bis sie in Tauben verwandelt als Sternbild in den Himmel versetzt werden.

Pluton: Gott der Totenwelt in der Erdtiefe. Platon meint, Pluton sei positiv zu sehen, Spender von Reichtum, Hades dagegen der Name des unsichtbaren Todbringers, dessen Namen die Menschen nicht zu nennen wagen, den sie deshalb euphemistisch Pluton bezeichnen. Im Gegensatz zu Hades wird Pluton zusammen mit Demeter und Kore verschiedentlich kultisch verehrt.

Polydeukes: einer der Dioskuren (mit Kastor), der unsterbliche der untrennbaren Zwillingsbrüder, Sohn der Leda und des Zeus. Beide nehmen an der Argonautenfahrt teil, begleiten Herakles zu den Amazonen. Nach Kastors Tod in einem Streit mit den Aphariden-Zwillingen trauert er, bittet seinen Vater Zeus, er möge ihm die Unsterblichkeit nehmen, um zu seinem Bruder ins Totenreich zu gelangen. Zeus bietet ihm an, ewig jung zu bleiben und unter den Göttern zu wohnen oder mit Kastor jeweils einen Tag in der Unterwelt und einen Tag im Olymp zu verweilen, dabei zu altern und letztlich zu sterben, was er dann wählt.

Polyphem: (ausführlich: Polyphemos), ein Kyklop, einäugiger Riese. Sohn des Poseidon und der Meeresnymphe Thoosa, besitzt nur ein einziges, mitten auf der Stirn befindliches, kreisrundes Auge, lebt an einer Küste, vor der eine waldbedeckte Insel liegt, abseits der anderen Kyklopen, auf der er Schafe hütet. Odysseus betritt mit seinen Gefährten seine Höhle, entkommt ihm mit einigen von ihnen nur, indem er den Kyklopen blendet und überlistet. Polyphem bittet seinen Vater Poseidon, ihn zu rächen, der jagt Odysseus zehn Jahre über die Meere.

Polyphemos: Sohn des Lapithen Elatos und dessen Gemahlin Hippeia, segelt mit den Argonauten, bleibt mit dem Freund Herakles in Mysien zurück, um nach dem verschwundenen Hylas zu suchen, wo er dann die Stadt Kios gründet. Später fällt er im Kampf gegen die Chalyber.

Poseidon: Gott des Meeres, Bruder des Zeus und eine der zwölf olympischen Gottheiten, in der Tiefe des Meeres steht sein kristallener Palast. Ähnlichkeiten zwischen Zeus und Poseidon stützen die These eines ursprünglich gleichen Ranges beider Götter. Wie Zeus verfügt Poseidon über den Blitz als Waffe, mit dem er die Salzquelle im Erechtheion öffnet und ein Blitzmal hinterlässt, er kann ebenso wie Zeus Erdbeben verursachen und zeigt eine vergleichbare sexuelle Aktivität mit entsprechend großer Nachkommenschaft.

Priamos: der sechste und letzte König von Troja während des von Homer geschilderten Trojanischen Krieges. Als junger Mann hilft er Phrygern, die sich am Sangarios niederlassen, als diese von Amazonen angegriffen werden. Erbittet im Trojanischen Krieg von den Griechen den Leichnam seines Sohnes Hektor, den er auch erhält, wird bei der Eroberung Trojas von Neoptolemos, dem Sohn des Achilleus, am Zeusaltar getötet.

Priapos: Gott der Fruchtbarkeit, Sohn des Dionysos und der Aphrodite, erscheint als Beschützer von Schafen und Ziegen, Bienen, Fischen und Früchten. Aufgrund der Zauberkräfte Heras wird er durch einen übergroßen Phallus missgestaltet. Aphrodite verleugnet ihn deshalb und setzt ihn aus. Anfangs gibt es einen lokalen Priaposkult, der verbreitet sich über die griechische und römische Welt: Man opfert ihm die Erstlingsfrucht von Feld und Garten.

Procyon: einer der beiden Jagdhunde des riesenhaften Jägers Orion, der auch dessen Sternbild als „Kleiner Hund" umgibt.

Prometheus: der ‚Vorausdenkende', ‚der Vorbedenker', gehört dem Göttergeschlecht der Titanen an, betrachtet die Menschen als seine Schützlinge, Zeus verweigert den Sterblichen den Besitz des Feuers, worauf Prometheus den Göttern das Feuer entwendet und es den Menschen bringt, dafür in der Einöde des Kaukasusgebirges angeschmiedet wird, dort frisst ein immer wiederkehrender Adler von seiner Leber, die sich immer wieder nachbildet. Erst Herakles befreit ihn von dem Schmerz, Zeus begnadet ihn schließlich.

Proteus: früher Meeresgott, hütet Poseidons Robben und andere Meeresgeschöpfe, hat mehrere Wohnstätten, unter anderem die Inseln Karpathos und Pharos. Markante Kennzeichen sind ein würdiges Greisenalter, die Gabe prophetischen Wissens und seine Fähigkeit zur spontanen, polymorphen Gestaltverwandlung.

Pygmalion: Künstler auf Zypern, Frauenfeind, lebt nur für seine Bildhauerei. Ohne bewusst an Frauen zu denken, erschafft er eine Elfenbeinstatue, die wie eine lebendige Frau aussieht, in die er sich wie in einen echten Menschen verliebt. Er fleht die Göttin der Liebe an, bittet darum, seine künftige Frau möge so sein wie die Kunstfigur. Als er heimkehrt und die Statue wie üblich zu liebkosen beginnt, wird sie langsam lebendig.

Salmakis: eine Nymphe, Najade, die nicht mit Artemis jagen will, sich nach dem Hermaphroditos verzehrt und sich gegen dessen Willen mit ihm zu einem einzigen zweigeschlechtlichen Wesen verbindet.

Satyr: Dämon im Gefolge des Dionysos, Mischwesen, Gegenstück der Nymphen. Man unterscheidet die Silene (ältere Satyrn mit dicken Bäuchen und Glatze) und Satyrisken (jugendliche und kindliche Satyrn). Römisches Gegenstück sind die Faune. Satyrn und Silene sollen als Truppe des Dionysos in der Gigantomachie gekämpft und mit dem Geschrei ihrer Esel die Giganten in Furcht und Schrecken versetzt haben.

Selene: Göttin des Mondes, Personifikation des Monats, eine Titanide als Tochter des Hyperion und der Theia, Schwester des Helios und der Eos. Selene gebiert Zeus die Pandia und Ersa; mit Endymion, dem König von Elis, dem sie mit Hilfe des Schlafgottes Hypnos ewigen Schlaf schenkt, hat sie 50 Töchter. Die Zahl 50 wird mit den 50 Monaten zwischen zwei Olympischen Spielen in Zusammenhang gesehen.

Sirene(n): meist weibliches, seltener bärtiges Mischwesen aus ursprünglich Mensch und Vogel, später auch Mensch und Fisch, das durch betörenden Gesang vorbeifahrende Schiffer anlockt, um sie zu töten. Nachdem sie an Odysseus scheitern, stürzen sie sich ins Meer und sterben. Andere Version des Selbstmords ist das erfolgreiche Vorbeisegeln der Argonauten oder ihr Scheitern beim Versuch, die Musen gesanglich zu übertrumpfen. Nach ihrem Tod Verwandlung in Inseln oder Klippen.

Sirius: einer der beiden Jagdhunde des großen Jägers Orion, der auch dessen Sternbild als „Großer Hund" umgibt.

Sisyphos: König zu Korinth, soll um das Jahr 1400 v. Chr. gelebt, sich durch große Weisheit ausgezeichnet und zur Vergrößerung Korinths viel beigetragen haben. Heute bekannt als Schalk, gerissenes Schlitzohr und Urbild des Menschen und Götter verachtenden „Frevlers", dem es durch skrupellose Schlauheit mehrfach gelingt, trickreich den Tod zu überlisten und den Zustrom zum Hades zu sperren, indem er den Todesgott Thanatos fesselt.

Skan: ein Geistwesen aus der Schöpfungsgeschichte der Lakota, einem Sioux-Volk. Es bedeutet „Himmel". Weiteres nachzulesen unter Inyan.

Skiron: ein Anemoi, der Windrichtungsgötter, der aus dem Nordwesten weht, dargestellt als bärtiger Mann, der einen mit Holzkohle und heißer Asche gefüllten bronzenen Behälter trägt.

Syrinx: für ihre Keuschheit bekannte Hamadryade (Baumnymphe), Tochter des Flussgottes Ladon, verschmäht die Liebe des Hirtengottes Pan, um ihm zu entgehen bittet sie den Vater, sie in Schilf zu verwandeln. Pan schneidet sich daraufhin Schilfrohr und fertigt sich die Syrinx genannte Panflöte, auf der er fortan spielt.

Talos: kretischer Held, der Letzte des Ehernen Geschlechts, Sohn des Kres, des Oinopion oder eine Schöpfung des Hephaistos. Bronzener Riese, den ein vom Kopf bis zur Ferse reichender „Blutkanal" lebendig macht. Er soll entweder von Zeus zum Schutz der Europa auf Kreta stationiert oder dem Minos von Hephaistos zum Geschenk gemacht worden sein. Auf der Heimfahrt der Argonauten betört Medea ihn, indem sie ihm Unsterblichkeit verspricht; dann zieht sie ihm den verschließenden Pfropfen aus der Ferse, woraufhin das Blut heraus floss und der Riese starb.

Tantalos: Stammvater des Geschlechts der Tantaliden. Er frevelt gegen die Götter und zieht damit ihren Fluch auf sein Haus, das über fünf Generationen hinweg von innerfamiliären Morden beherrscht sein sollte. Er selbst erlitt im Tartaros die sprichwörtlichen „Tantalosqualen".

Tartaros: ein personifizierter Teil der Unterwelt, der in der tiefsten Region des Hades liegt. Nach der Theogonie des Hesiod entstand Tartaros als einer der ersten Götter aus dem Chaos. Seine Geschwister sind Gaia, Eros, Erebos und Nyx. Zugleich ist Tartaros der Strafort der Unterwelt.

Teiresias: blinder Prophet, Sohn des Schafhirten Eueres und der Nymphe Chariklo, aus dem Geschlecht des Sparten Udaios. In der antiken Überlieferung seit Homer gilt Teiresias als Seher schlechthin.

Tekmessa: Tochter des phrygischen Königs Teleutas, von Aias geraubt, der verliebt sich in sie, ihr gemeinsamer Sohn hieß Eurysakes. Dessen Erziehung legt Aias vor seinem Suizid in die Hände seines Halbbruders Teukros.

Telamon: König von Salamis und Sohn des Aiakos, des Königs von Ägina und der Endeis, Bruder von Peleus. Argonaut und Teilnehmer an der Jagd auf den kalydonischen Eber. Nach dem mit Peleus gemeinschaftlich begangenen Mord an beider Halbbruder Phokos müssen sie Ägina verlassen, er gelangt nach Salamis, dort durch Heirat König, Vater von Aias und Teukros.

Teukros: Sohn des salaminischen Königs Telamon, kämpft mit seinem Bruder Aias im Trojanischen Krieg, hervorragender Bogenschütze, kämpft auch gut mit dem Speer. Nach dem tragischen Tod seines Bruders wird er der Erzieher von dessen Sohn Eurysakes. Als er mit diesem nach Salamis zurückkehrt, lehnt Telamon es ab, ihn bei sich aufzunehmen, weil Teukros den Tod seines Bruders nicht rächte. Teukros geht nach Zypern, baut ein neues Salamis, kyprische Könige nach ihm werden als Teukriden bezeichnet.

Thalia: eine der drei Chariten (Grazien), "die Blühende".

Thanatos: Gott des sanften Todes, häufig zusammen mit seinem Bruder Hypnos, dem Gott des Schlafes, dargestellt. Beider Schwester ist Ker, die Göttin des gewaltsamen Todes. Laut Hesiod wohnt Thanatos dort, wo

Nacht und Tag einander begegnen und wo Atlas das Himmelsgewölbe trägt, wohin nie die Strahlen der Sonne, des Helios, dringen, und auch der Schlaf, Hypnos wohnt, in der Unterwelt.

Thaumas: Meeresgott, Sohn des Pontos und der Gaia, durch die Okeanostochter Elektra Vater der Harpyien und der Iris. Nach der spätantiken Tradition auch Vater des indischen Flussgottes Hydaspes.

Themis: Göttin der Gerechtigkeit, Ordnung, Philosophie, Tochter von Uranos und Gaia aus dem Göttergeschlecht der Titanen. Sie ist – nach Metis – die zweite Gattin des Zeus, der mit ihr die Horen (Göttinnen, die das geregelte Leben überwachen) und der Moiren (Dreiergruppe von Schicksalsgöttinnen) zeugt. Themis kennt die Zukunft und besitzt ein Wissen um die Dinge, das selbst dasjenige von Zeus übersteigt.

Theseus: legendärer König von Athen. Er ist einer der berühmtesten Helden. Seine Nachkommen werden als Thesiden bezeichnet. In der Parischen Chronik ist der Beginn seiner mythischen Königsherrschaft in Athen für 1259/58 v. Chr. angegeben. Am Bekanntesten sind sein Besiegen des Minotauros, sein Zug mit Herakles gegen das Amazonenheer und sein Kampf mit den Lapithen gegen die Kentauren.

Thetis: Meeresnymphe, die Schönste der Nereiden. Die Titanin Tethys ist ihre Großmutter. Aus der Verbindung mit dem Myrmidonenkönig Peleus geht Achilleus hervor, den Thetis in den Fluss Styx taucht, um ihn unverwundbar zu machen; nur seine Ferse, an der sie ihn hielt, bleibt unbenetzt – dies ist die sprichwörtliche Achillesferse, die dem Helden zum Verhängnis wird.

Tisiphone: („Mordrächerin"), mit ihren Schwestern Alekto und Megaira eine der drei Erinnyen (Eumeniden, Furien).

Titanen: mächtiges Göttergeschlecht, das in der legendären Goldenen Ära herrscht. Wie die Kyklopen und Hekatoncheiren Nachkommen der Gaia und des Uranos. Weibliche Titanen werden auch Titanide genannt. Vom Titanenkampf zwischen Olympiern, Hekatoncheiren und einer Reihe von Titanen erzählt das verlorene Epos „Titanomachie", in welchem sie schließlich besiegt und in die Tiefen der Unterwelt, den Tartaros, getrieben werden.

Triton: Meeresgott, Mischwesen aus Mensch, Pferd und Delphin, Sohn von Poseidon und Amphitrite. Sein goldener Palast steht in der Nähe des Tritonischen Sees (heutiges Tunesien). Nach der Argonautensage zieht Triton die Schiffe der durch einen Wirbelsturm in der Wüste gestrandeten Seefahrer zurück ins Meer. Sein Haupttempel steht in Aulis, wird dargestellt mit seiner Schneckenschale (Tritonshorn) in das er bläst, und mit der er das Meer aufwühlen oder beruhigen kann.

Tritonen: Begleiter und Diener des Poseidon, die zugleich mit den Nereiden, als den weiblichen Begleitern, neben seinem Wagen schwimmen, und auf Meermuscheln blasen. Sie sind Meergötter, haben ihren Namen von ihrem Vater Triton. Sie werden am Kopf und Oberleib wie Menschen, am Unterleib jedoch mit bläulichen Schuppen wie Fische dargestellt.

Udaios: einer der Sparten, entsteht aus von Kadmos in Ackerfurchen gesäten Drachenzähnen, der mit vier anderen Sparten überlebt und so zu einem der fünf Stammväter der Thebaner wird. Der blinde Seher Teiresias und sein Vater Eueres stammen von ihm ab.

Uranos: stellt den Himmel in Göttergestalt dar und herrscht in der ersten Generation über die Welt. Uranos ist einer der Protogenoi, der ältesten Götter der Elemente und der Erstgeborene der Gaia (Erde), den diese ohne Begattung durch Eros im Schlaf hervorbringt. Mit Uranos kommt das männliche Element in die Welt.

Wi: Geistwesen aus der Schöpfungsgeschichte der Lakota, einem Sioux-Volk. Es bedeutet „Sonne". Weiteres nachzulesen unter Inyan.

Zephyros: (auch Zephyr), Anemoi, Windgottheit des milden Westwinds. Als Frühlingsbote und „Reifer der Saaten" verehrt, dargestellt als Jüngling, der ein mit Blumen gefülltes Manteltuch trägt. Bekannt ist seine Verliebtheit zu Hyakinthos und die Eifersucht gegenüber Apollon, die dessen Diskus ablenkt, als der mit Hyakinthos Werfen übt und letzterer vom Wurfgerät tödlich verwundet wird. Mit der Harpyie Podarge zeugt Zephyros den Xanthos und den Balios, die unsterblichen Rösser des Achilleus. Bei Ovid ist er der Gatte der Blütengöttin Chloris (Flora), daher auch Sinnbild des Frühlings.

Zeus: oberster olympischer Gott, mächtiger als alle griechischen Götter. Über ihm steht nur das personifizierte Schicksal – seine Töchter, die Moiren, denen er sich zu fügen hat. Er ist der Sohn des Titanenpaares Kronos und Rhea, Bruder von Hestia, Demeter, Hera, Hades und Poseidon.

Quellenverzeichnis

Adloff, Gerd:
„Drei Momentaufnahmen: Hektor vor Achill" in: „Fortgang", Berlin, Verlag der Nation, 1985, S. 74/75
Böhme, Thomas:
aus: „Die schamlose Vergeudung des Dunkels", Berlin, Aufbau, 1985
„Zephyr im Januar", S. 12, „Ödipus", S. 37
Braun, Volker:
aus: „Verheerende Folgen mangelnden Anscheins innerbetrieblicher Demokratie", Leipzig, Reclam, 1988, S. 22ff.
Chekurishvili, Bela:
„Sisyphos" in: „Wir, die Apfelbäume", Heidelberg, Wunderhorn, 2016
Hansen, Dirk Uwe:
aus: „Wolkenformate", Frankfurt, Gutleut Verlag, 2016
Auszug aus: „sag mir sirene was", S. 28 ff.
Hochhuth, Rolf:
„Gaia" in: „Schwarze Segel", Reinbek, Rowohlt, 1986, S. 53
Hummelt, Norbert:
„sonett mit morpheus" in: „Zeichen im Schnee", München, Luchterhand, 2001, S. 24 „pans stunde" in: „Pans Stunde", München, Luchterhand, 2011, S.9
Kessaris, Melitta:
aus: „Ilias light", Hockenheim, Larimar Verlag, 2008. Auszug: S. 119 ff.
Kunert, Günter:
„Pygmalion 78" in: Camera obscura. Kurzprosa, München, Hanser, 1978, S. 41 f.
„Karyatiden" in: „kramen in fächern", Berlin, Weimar, Aufbau, 1968, S. 89
Marciniak, Steffen:
„Neun Epigramme zu den Windgöttern" aus: Äolsharfenklänge, Anthea, 2018
Meckel, Christoph:
aus: „Werkauswahl", München, Nymphenburger, 1971, S. 117
Rausch, Albert H. (unter Pseudonym *Henry Benrath*):
aus: „Erinnerung an die Erde", Stuttgart, DVA, 1953, S.5
Völker, Peter:
aus: „Achilleus und Thetis", Berlin, Aphaia Verlag, 2008
„Gesang des jungen Paris", S. 16, „Gesang des alten Achilleus", S. 49

Glossar u.a. unter Verwendung von Informationen der Wikipedia.